Mark Zahel

kurz & gut! Harz

88 ausgewählte Touren

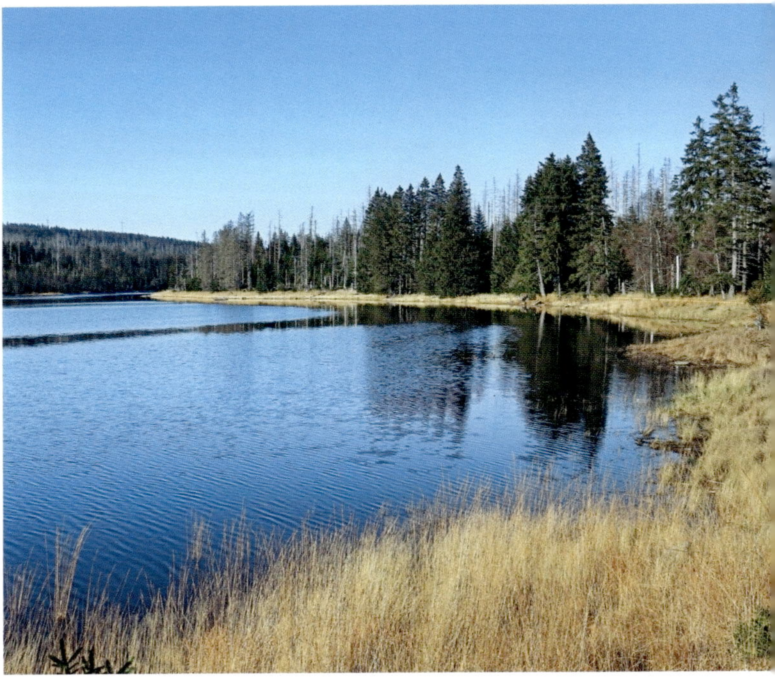

ROTHER BERGVERLAG

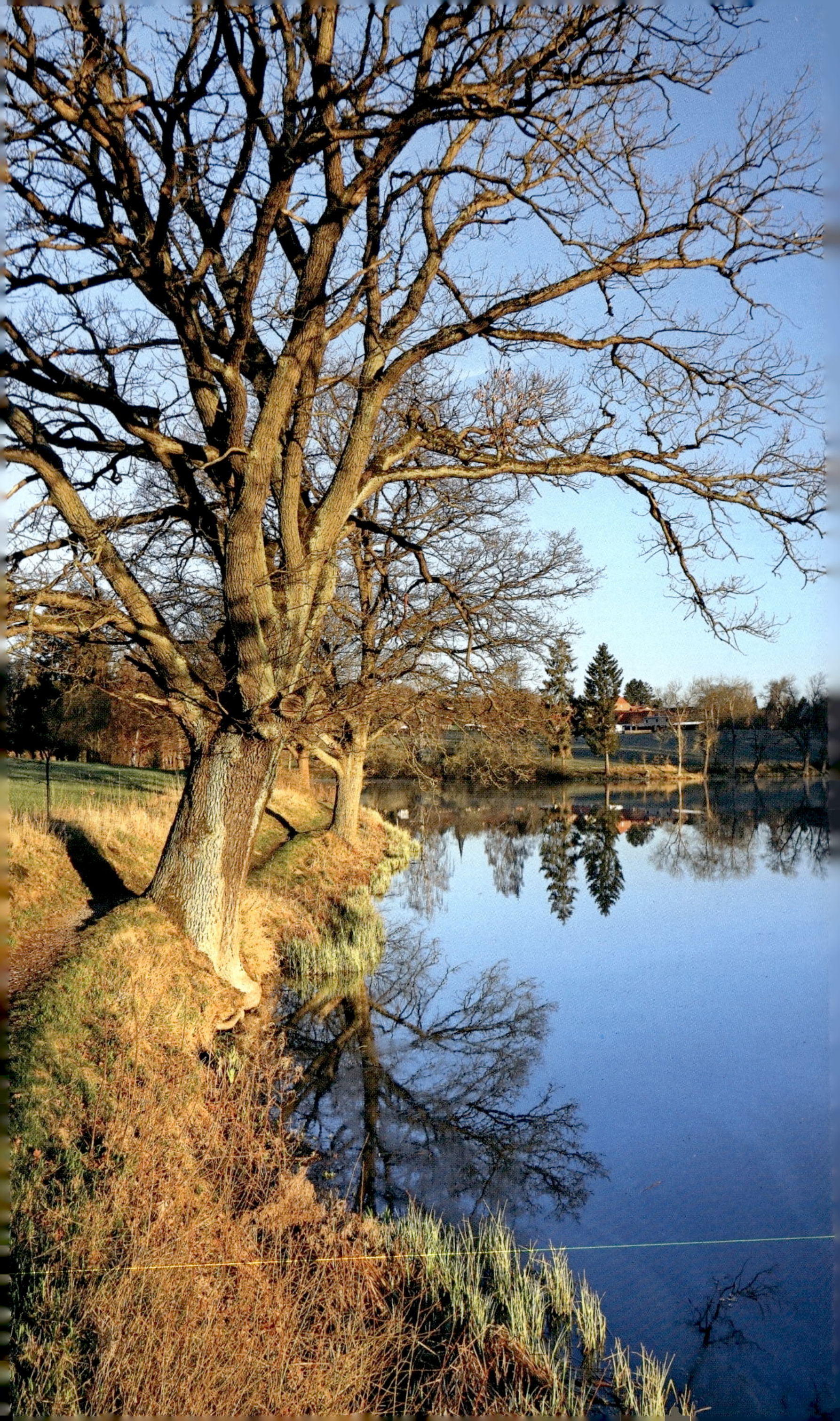

Vorwort

Der Harz: ein Begriff, welcher sofort Assoziationen mit dunklen Fichtenwäldern, Granitklippen und einer großen, auf den Bergbau zurückgehenden Anzahl von Seen und Teichen hervorruft – überragt vom Brocken, dessen immense Popularität kaum noch steigerbar erscheint. Bei Wanderern und Ausflüglern steht das Mittelgebirge an der Schwelle zum Norddeutschen Tiefland seit jeher hoch im Kurs, bietet es doch so viel mehr als nur den früher »Blocksberg« genannten Hotspot. Man kann hier wirklich ausschweifende Streifzüge unternehmen. Wie die Praxis zeigt, ist die Mehrzahl der Besucher allerdings eher an kürzeren Unternehmungen interessiert. Genau darauf ist dieses Wanderbuch zugeschnitten, ganz nach dem Motto: kurz und gut!
Vorgestellt wird eine sehr umfangreiche und dichte Auswahl von insgesamt 88 Touren, die sich über das gesamte Mittelgebirge erstrecken. Die meisten klassischen Wanderziele sind darunter zu finden, aber auch viele Überraschungen, die unsere Entdeckerlust beflügeln. Wir besuchen zahlreiche Gipfel und Aussichtspunkte, sind in romantischen Tälern unterwegs, erkunden die teils ausgedehnten Teichlandschaften, die vor allem das Oberharzer Wasserregal bilden, zudem einige größere Stauseen, lernen viele urtümliche Naturpfade kennen, auch einige interessante Lehrwege, kommen mitunter an kulturhistorischen Besonderheiten vorbei und machen nicht zuletzt immer wieder an netten Einkehrmöglichkeiten, die manchmal inmitten der Waldnatur liegen, Station. Insofern vermittelt dieser Führer eine ziemlich detaillierte Gesamtschau des Harzes. »Stempeljäger« der begehrten Wandernadel werden reich bedient ...
Und was bedeutet nun das Attribut »kurz«? Bei den meisten Tourenvorschlägen liegen die Strecken zwischen 5 und 10 Kilometern, mitunter etwas drüber oder auch drunter. Entsprechend belaufen sich Gehzeiten auf durchschnittlich zwei bis drei Stunden, was ausgiebig Gelegenheit zum Genießen belässt und auch Familien oder Senioren häufig ideal erscheint. Man kann sich durchaus noch ein kleines Rahmenprogramm zurechtlegen.
Mit der Einbettung des Nationalparks in drei Naturparke besitzt der Harz im Grunde den Status eines Großschutzgebiets. Gleichwohl machen aktuelle Umweltprobleme auch hier nicht halt, zeigen sich in der sensiblen Waldökologie sogar besonders offenkundig. Die Wälder im Harz befinden sich momentan in einem radikalen Umwälzungsprozess. Was vielerorts nach »Sterben« aussieht, bedeutet laut Wissenschaftlern längerfristig gesehen eher »Erneuerung« – zumindest in einer positiv konnotierten Prognose. Dies schließt ein, dass wir für die künftige Entwicklung Sorge tragen und respektvoll mit der Natur umgehen – im Harz und anderswo ...
Ich wünsche Ihnen viele schöne Entdeckungen in diesem spannenden Mittelgebirge im Herzen Deutschlands!

Sommer 2023 — Mark Zahel

Der Gondelteich bei Neudorf im Unterharz.

Inhalt

Ostharz

Burg Falkenstein im Selketal.

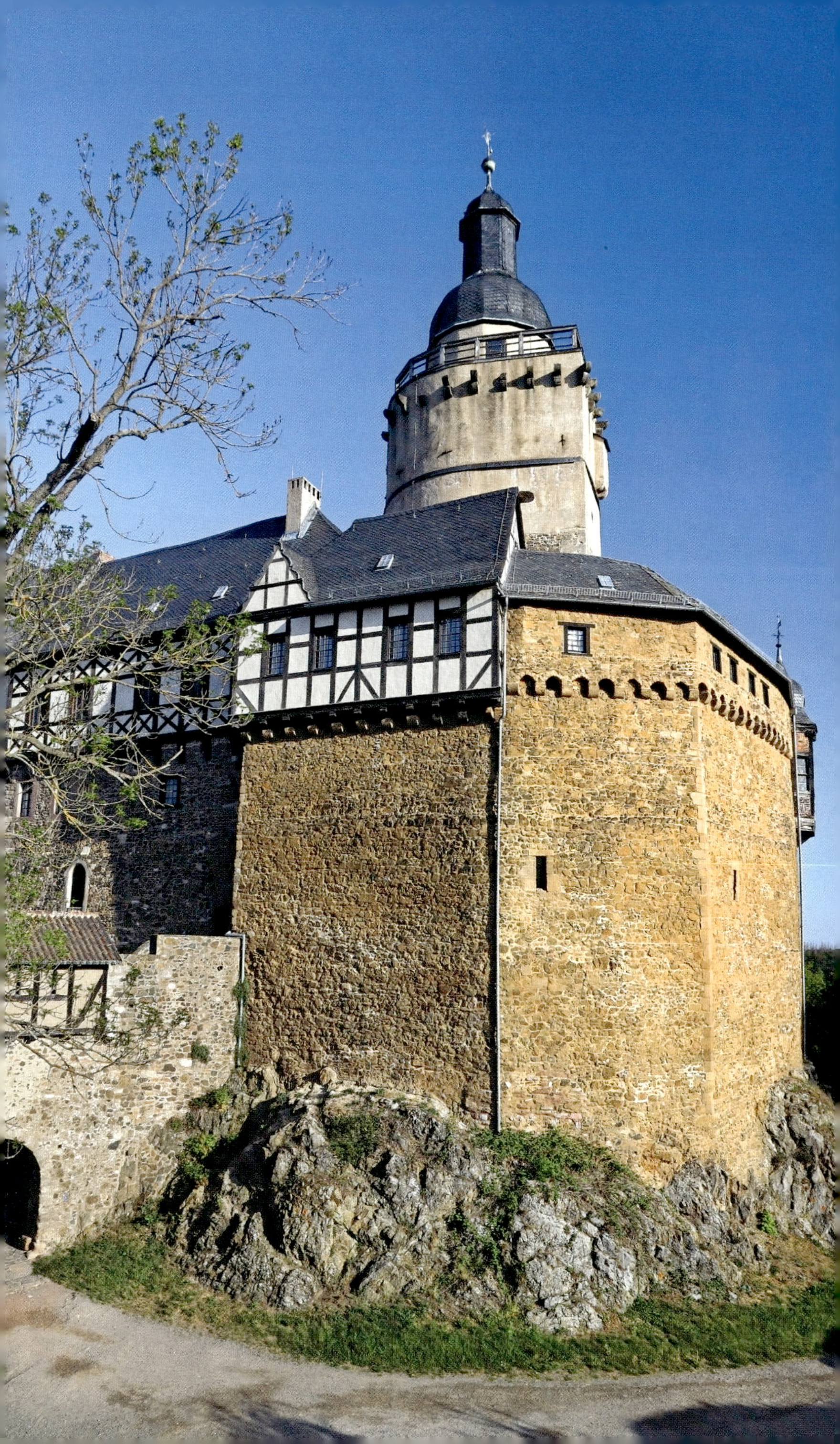

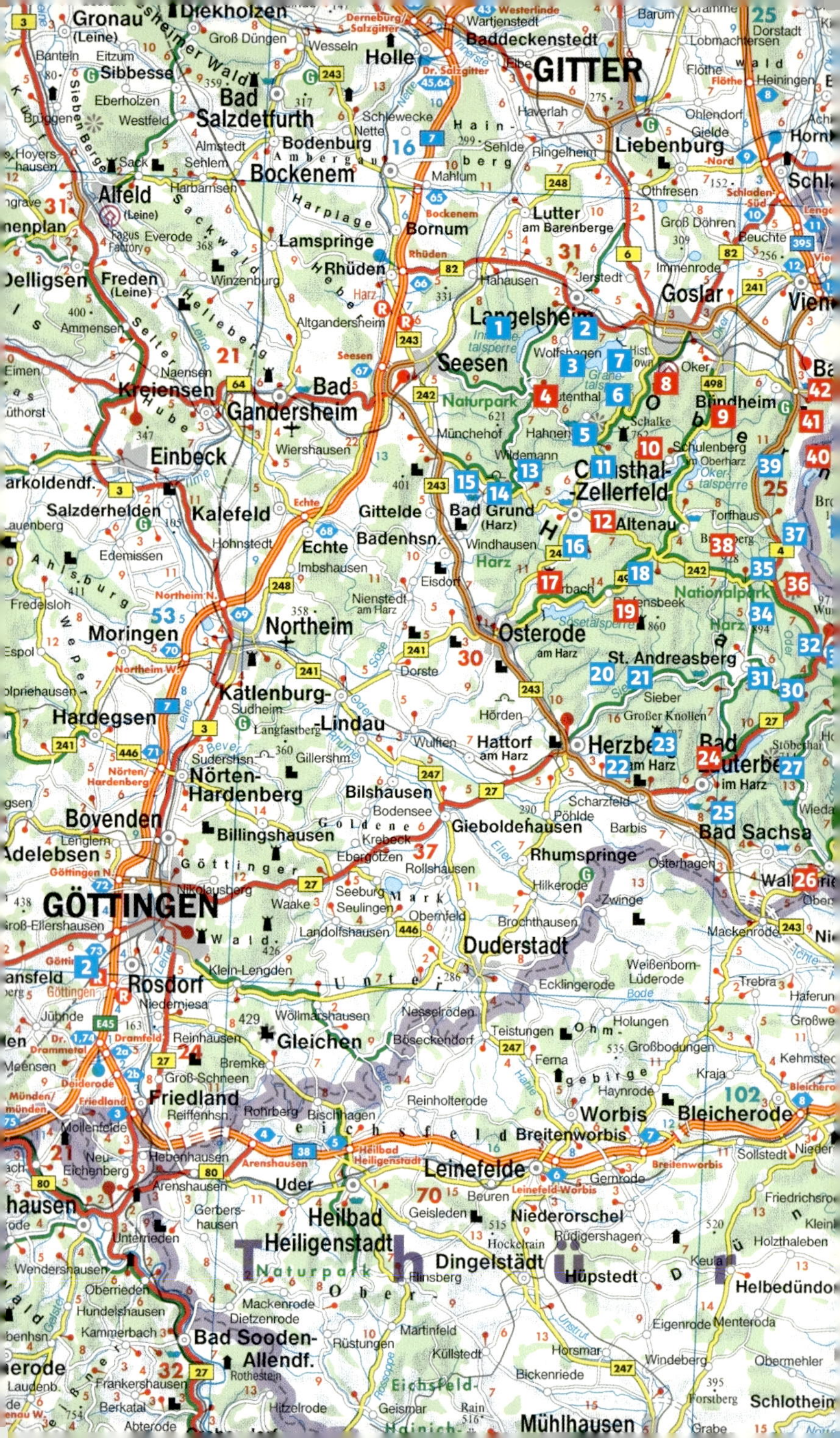

Gronau (Leine)
Diekholzen
Holle
Baddeckenstedt
GITTER
Sibbesse
Bad Salzdetfurth
Bodenburg
Bockenem
Liebenburg
Alfeld (Leine)
Lamspringe
Bornum
Lutter am Barenberge
Goslar
Delligsen
Freden (Leine)
Rhüden
Langelsheim
Seesen
Kreiensen
Bad Gandersheim
Einbeck
Clausthal-Zellerfeld
Salzderhelden
Kalefeld
Gittelde
Bad Grund (Harz)
Altenau
Echte
Badenhsn.
Osterode am Harz
Moringen
Northeim
St. Andreasberg
Katlenburg-Lindau
Hardegsen
Hattorf am Harz
Herzberg am Harz
Bad Lauterberg im Harz
Nörten-Hardenberg
Bilshausen
Bovenden
Gieboldehausen
Bad Sachsa
Adelebsen
Billingshausen
Rhumspringe
GÖTTINGEN
Duderstadt
Rosdorf
Gleichen
Friedland
Worbis
Bleicherode
Breitenworbis
Leinefelde
Uder
Heilbad Heiligenstadt
Niederorschel
Dingelstädt
Hüpstedt
Bad Sooden-Allendf.
Mühlhausen
Schlotheim
Naturpark Harz
Nationalpark Harz
Naturpark Eichsfeld

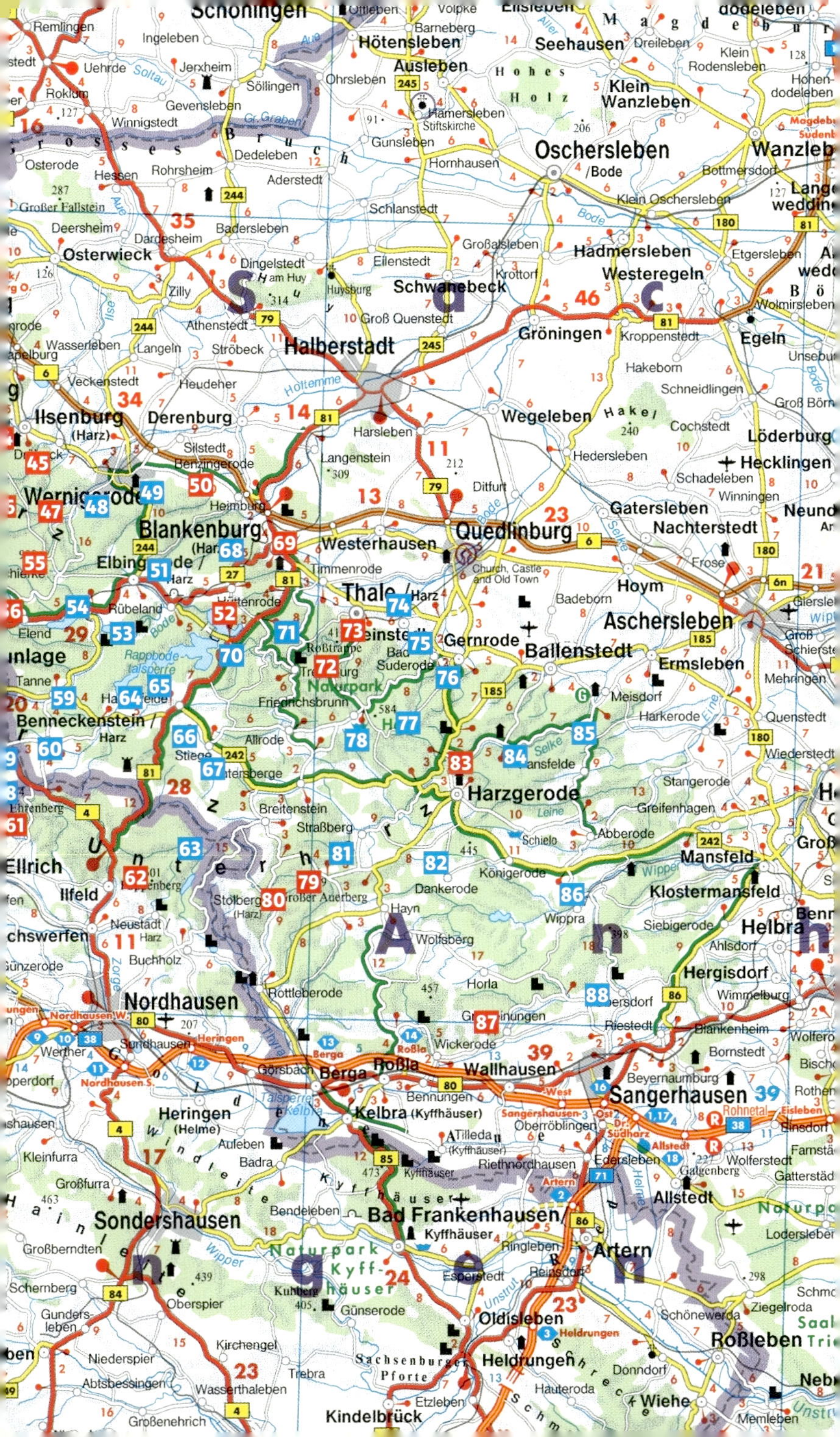
Schöningen
Hötensleben
Ausleben
Seehausen
Klein Wanzleben
Oschersleben /Bode
Wanzleben
Remlingen
Uehrde
Roklum
Ingeleben
Jerxheim
Söllingen
Gevensleben
Winnigstedt
Großes Bruch
Osterode
Hessen
Dedeleben
Rohrsheim
Aderstedt
Gunsleben
Hornhausen
Hamersleben Stiftskirche
Ohrsleben
Hohes Holz
Dreileben
Klein Rodensleben
Hohendodeleben
Bottmersdorf
Klein Oschersleben
Großer Fallstein
Deersheim
Dardesheim
Badersleben
Schlanstedt
Großalsleben
Hadmersleben
Westeregeln
Etgersleben
Osterwiek
Dingelstedt
Huy
Huysburg
Eilenstedt
Schwanebeck
Krottorf
Egeln
Wolmirsleben
Zilly
Athenstedt
Groß Quenstedt
Gröningen
Kroppenstedt
Wasserleben
Langeln
Ströbeck
Halberstadt
Hakeborn
Schneidlingen
Veckenstedt
Heudeber
Holtemme
Ilsenburg (Harz)
Derenburg
Harsleben
Wegeleben
Hakel
Cochstedt
Löderburg
Hecklingen
Silstedt
Benzingerode
Langenstein
Hedersleben
Schadeleben
Wernigerode
Heimburg
Ditfurt
Winningen
Gatersleben
Nachterstedt
Blankenburg (Harz)
Westerhausen
Quedlinburg
Church, Castle and Old Town
Elbingerode / Harz
Timmenrode
Hüttenrode
Thale /Harz
Frose
Hoym
Badeborn
Aschersleben
Rübeland
Elend
Roßtrappe
Treseburg
Naturpark
Bad Suderode
Gernrode
Ballenstedt
Ermsleben
Rappbode-Talsperre
Tanne
Hasselfelde
Friedrichsbrunn
Meisdorf
Benneckenstein / Harz
Allrode
Harkerode
Quenstedt
Stiege
Güntersberge
Alexisbad
Mägdesprung
Selke
Wiederstedt
Stangerode
Harzgerode
Greifenhagen
Ellrich
Breitenstein
Straßberg
Schielo
Abberode
Leine
Mansfeld
Ilfeld
Unterharz
Poppenberg
Stolberg (Harz)
Großer Auerberg
Dankerode
Königerode
Klostermansfeld
Neustadt / Harz
Hayn
Wippra
Wipper
Siebigerode
Helbra
Buchholz
Wolfsberg
Ahlsdorf
Hergisdorf
Nordhausen
Rottleberode
Horla
Breitenbach
Wimmelburg
Grillenberg
Riestedt
Blankenheim
Wickerode
Bornstedt
Werther
Sundhausen
Heringen
Görsbach
Berga
Roßla
Wallhausen
Beyernaumburg
Sangerhausen
Nordhausen-S.
Kelbra (Kyffhäuser)
Bennungen
Tilleda (Kyffhäuser)
Oberröblingen
Rohnetal
Heringen (Helme)
Auleben
Badra
Kyffhäuser
Riethnordhausen
Edersleben
Wolferstedt
Allstedt
Windleite
Kyffhäuser
Bendeleben
Bad Frankenhausen/ Kyffhäuser
Artern
Hainleite
Sondershausen
Großberndten
Naturpark Kyffhäuser
Ringleben
Reinsdorf
Schernberg
Oberspier
Kuhberg
Esperstedt
Günserode
Unstrut
Oldisleben
Schönewerda
Ziegelroda
Roßleben
Niederspier
Kirchengel
Sachsenburger Pforte
Heldrungen
Donndorf
Trebra
Abtsbessingen
Wasserthaleben
Etzleben
Hauteroda
Wiehe
Memleben
Kindelbrück
Großenehrich
Schrecke
Sachsen-Anhalt
Thüringen

Top-Touren

Bielstein und Maaßener Gaipel
Panoramawege um das malerische ehemalige Bergstädtchen Lautenthal in der Nordwestecke des Harzes *(Tour 4, 2.10 Std.).*

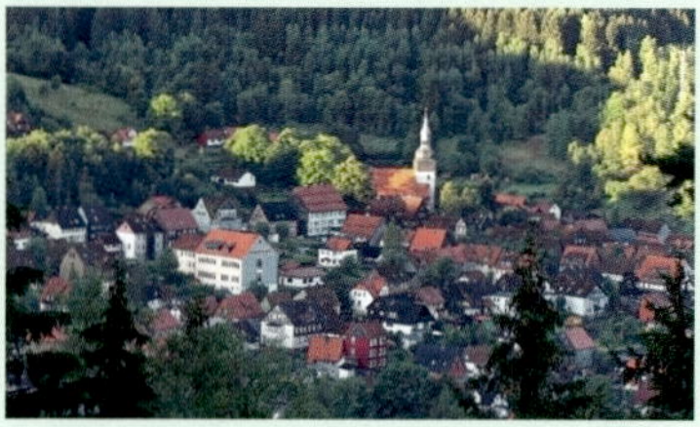

Buntenbocker Teiche
Typisches Flair der sanft gewellten Clausthaler Hochfläche, die von unzähligen Teichen gekennzeichnet ist; allein sechs Exemplare werden auf dieser Wanderung berührt *(Tour 16, 2.00 Std.).*

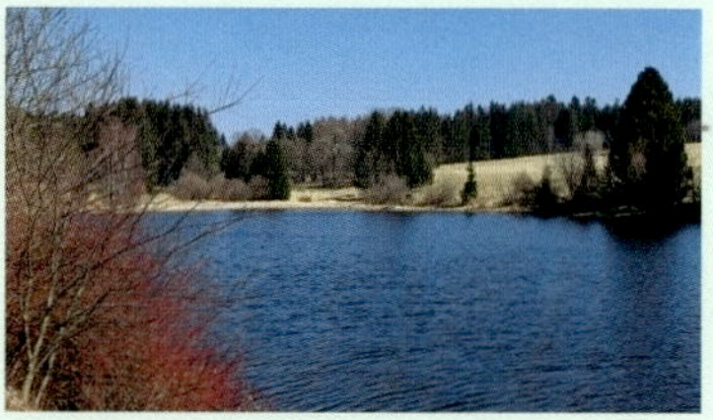

Sachsenstein bei Walkenried
Schleichpfad entlang einer Klippenfront am Harzsüdrand, eingebettet in eine abwechslungsreiche Landschaft, in der auch einige Teiche nicht fehlen (Tour 26, 2.30 Std.).

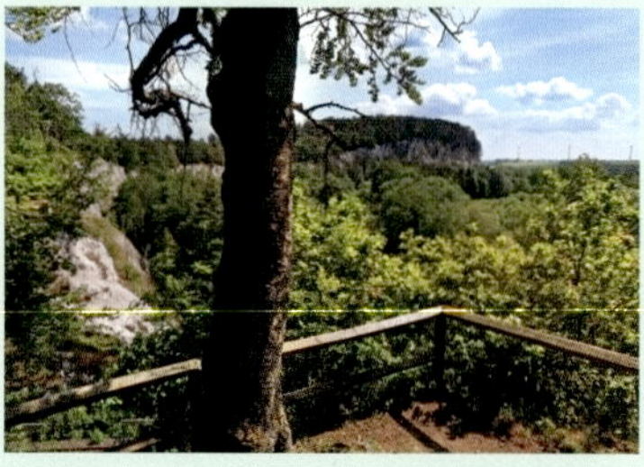

Rund um den Oderteich
Eines der bekanntesten, schönsten und historisch bedeutendsten Gewässer im Oberharz, in einer Spritztour ideal zu umrunden *(Tour 35, 1.20 Std.).*

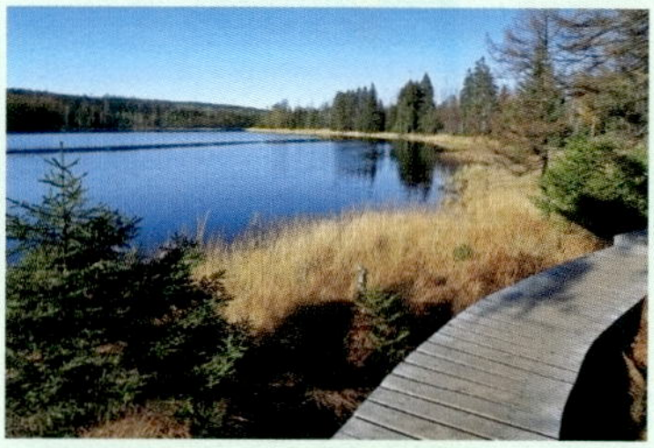

Wolfswarte
Naturbelassene, von kantigen Quarzitblöcken gekrönte Gipfelkuppe im Hochharz, der man sich am schönsten über die Altenauer Bergwiesen nähert *(Tour 38, 3.10 Std.).*

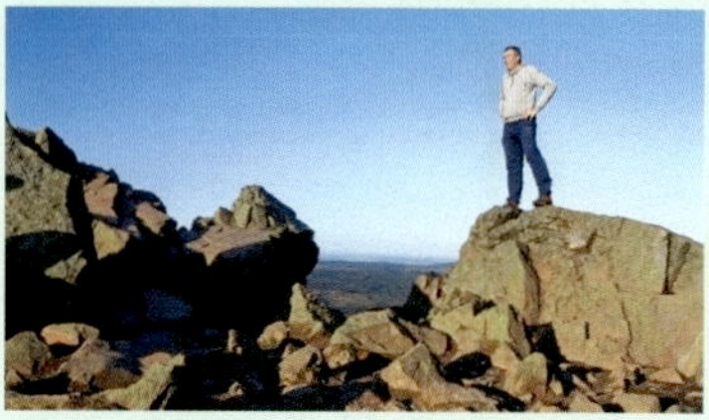

Kleiner und Großer Burgberg
Der Bad Harzburger Hausberg mit touristischer Infrastruktur und interessanter Historie ist ein klassisches Ausflugsziel – hier auf sehr individuelle Art erstiegen *(Tour 42, 2.10 Std.).*

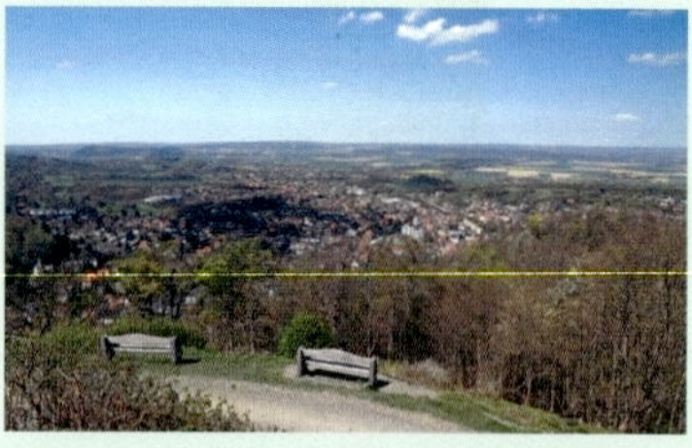

Ilsestein und Plessenburg
Eine der spektakulärsten Granitklippen überhaupt im Harz, kombiniert mit einer beliebten Waldgaststätte *(Tour 45, 3.00 Std.)*.

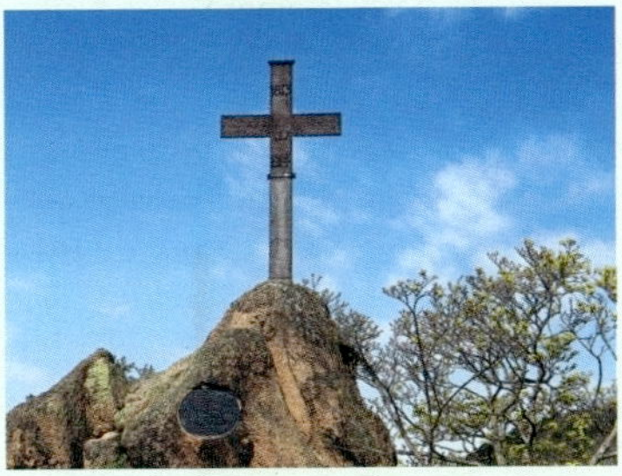

Steinerne Renne
Durch schluchtartige Einschnitte zum fotogenen, traditionsreichen Gasthaus oberhalb von Wernigerode *(Tour 47, 1.50 Std.)*.

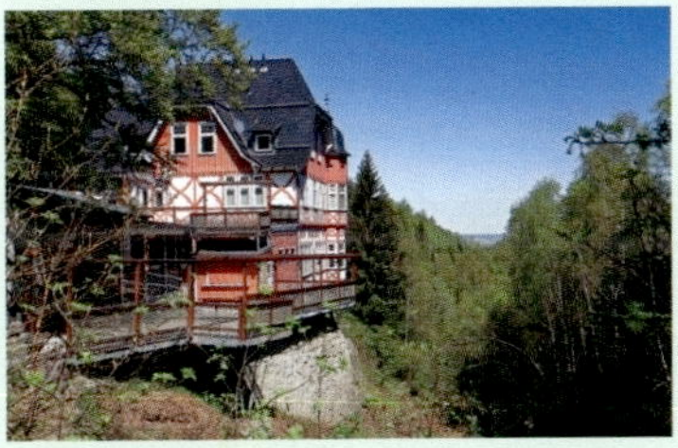

Poppenberg
Höchster Berg im thüringischen Teil des Harzes, erschlossen mit einem 33 Meter hohen Aussichtsturm und von Ilfeld über herrliche Naturpfade erwanderbar *(Tour 62, 3.00 Std.)*.

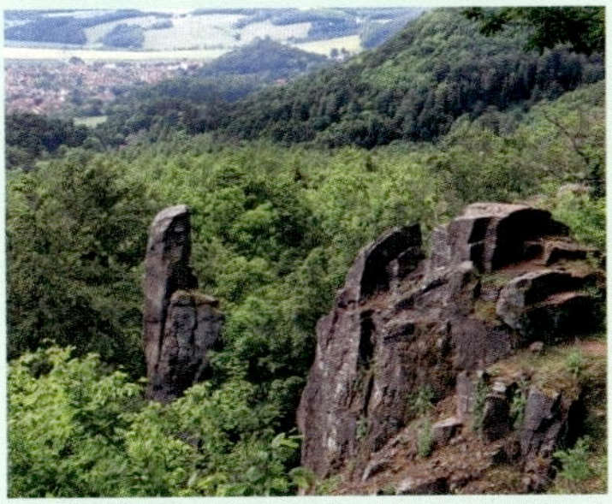

Teufelsmauer bei Blankenburg
Spannender, stellenweise gesicherter Felsenpfad an einem markanten Sandsteinklippenzug, welcher dem Gebirge unmittelbar nördlich vorgelagert ist *(Tour 69, 2.00 Std.)*.

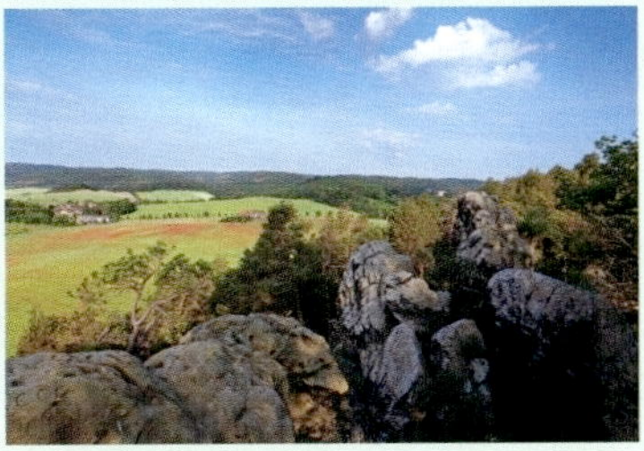

Vom Stemberghaus zur Rappbodetalsperre
Kontrastreiche Eindrücke vom größten Stausee im Harz, ergänzt durch die stille Aussicht von der Schöneburg *(Tour 70, 2.50 Std.)*.

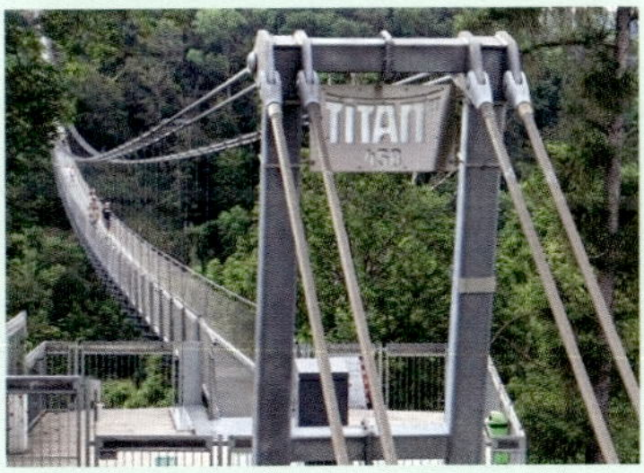

Durch die Bodeschlucht
Von Thale nach Treseburg – eine Tour durch den spektakulären »Grand Canyon des Harzes« *(Tour 72, 2.50 Std.)*.

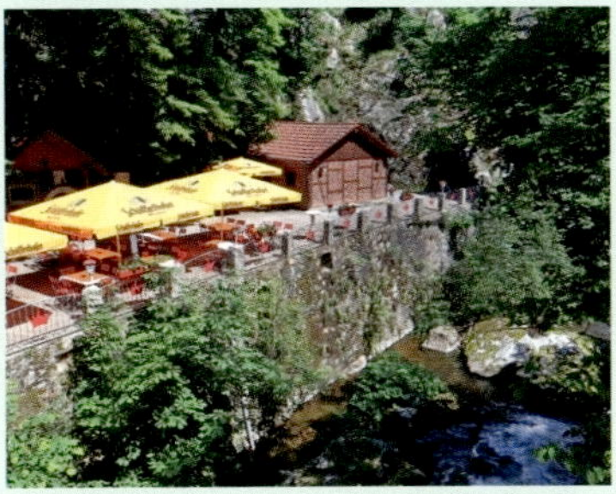

Allgemeine Hinweise

Hauptkriterium für die Tourenvorschläge in diesem Buch ist – neben der landschaftlichen Attraktivität – die Beschränkung auf relativ kurze Unternehmungen. Keine Wanderung dauert mehr als vier Stunden, üblich ist eher ein Pensum zwischen zwei und drei Stunden, womit die konditionellen Anforderungen – oft ein selektiver Faktor bei der individuellen Auswahl – ziemlich gemäßigt ausfallen. Über die wandertechnischen Anforderungen sagt dies zunächst noch nichts aus, doch in einem Mittelgebirge wie dem Harz bewegt man sich ja prinzipiell ebenfalls in einem moderaten Rahmen. Daher werden hier auch nur zwei Schwierigkeitsstufen, die sich in der Farbe der Tournummer abbilden, unterschieden: blau (leicht) und rot (mittel). Die schwarze Kategorie (schwierig) kommt im offiziellen Wegenetz des Harzes streng betrachtet tatsächlich kaum irgendwo vor.

■ Leicht

Diese Touren verlaufen überwiegend auf breiten bzw. hindernisarmen Trassen und sind höchstens kurzfristig mal steil. Normalerweise sind sie auch bei mäßigem Wetter von jedermann problemlos zu begehen.

■ Mittel

Diese Touren verlaufen abschnittsweise deutlich schmaler, holpriger oder steiler und lassen zumindest elementare Trittsicherheit vorteilhaft erscheinen. Sie eignen sich für einigermaßen trainierte Wanderer bzw. anderweitig sportliche Menschen.

Nostalgisch: Dampfzug der Harzer Schmalspurbahn.

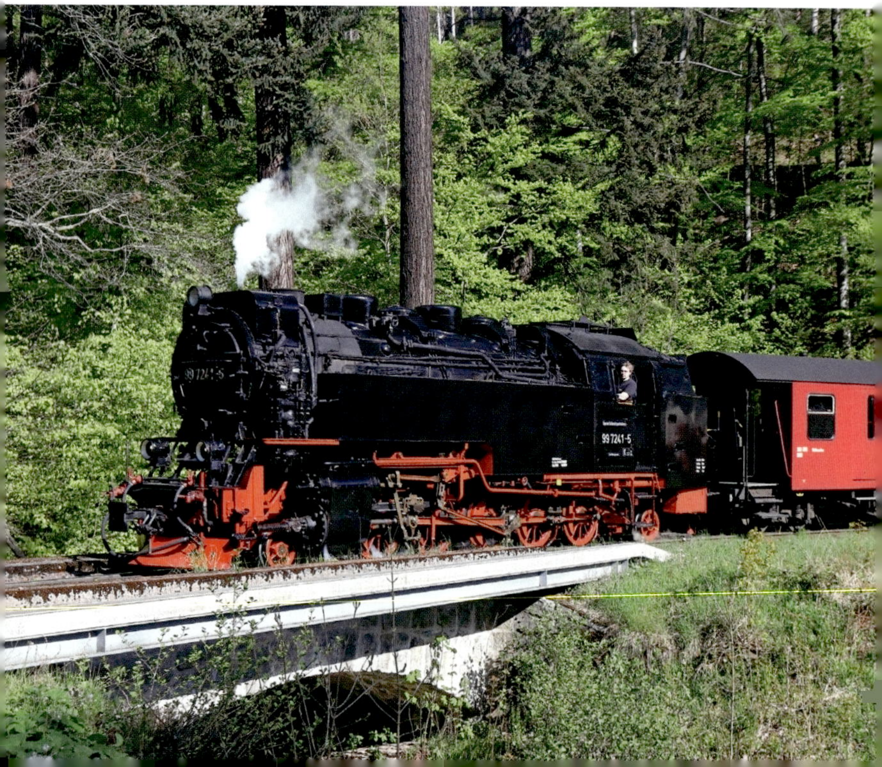

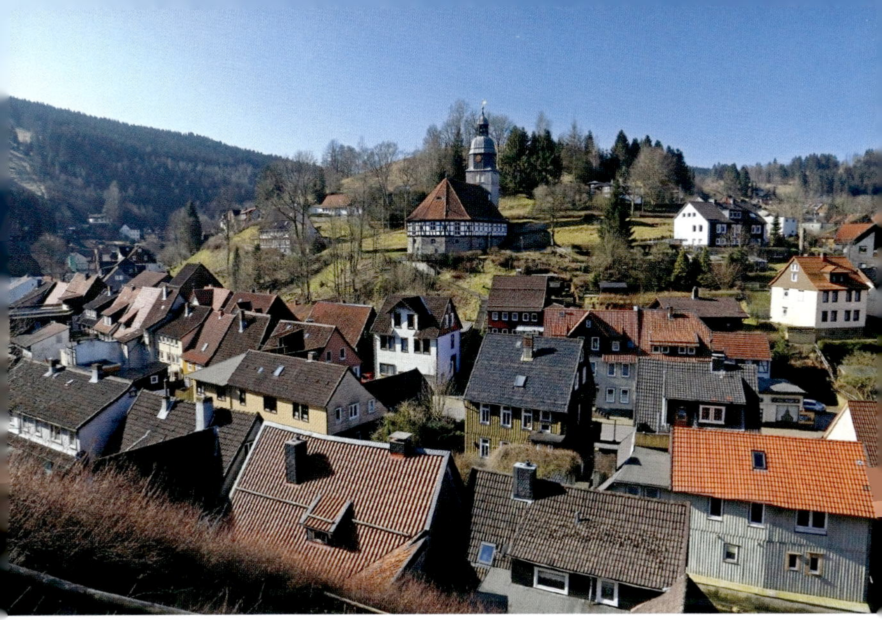

Wildemann gehört zu den sieben historischen Bergstädten im Oberharz.

Infoblock

Der »Tourensteckbrief« dient hauptsächlich der konkreten Tourenplanung. Er ist standardisiert gestaltet und umfasst gewöhnlich folgende Elemente:

■ **Gehzeit:** Angegeben sind stets die durchschnittlichen reinen Marschzeiten ohne etwaige Pausen. Natürlich kann dieser Wert nicht streng ausgelegt werden, zu unterschiedlich ist in der Praxis das tatsächliche Marschtempo der Wanderer.

■ **Strecke/Höhenmeter:** Diese Parameter sind über eine digitale Karte bzw. GPS-basiert mit hoher Genauigkeit ermittelt und korrespondierend zum Profil ausgewiesen.

■ **Symbole:** Bestimmte Merkmale, etwa zum Vorhandensein von Busanbindungen und Einkehrmöglichkeiten, zur Familien-, Mountainbike- und Wintertauglichkeit sowie zur Begehungshäufigkeit werden mittels Piktogrammen dargestellt.

■ **Ausgangspunkt:** Hier liegt der Startpunkt der Tour, in Profil und Karte auch als Wegpunkt 1 kenntlich gemacht. Meistens ist der Endpunkt identisch, andernfalls wird dieser ebenfalls explizit genannt.

■ **Öffentliche Verkehrsmittel:** Hinweise auf die Anfahrt mit Bahn und Bus.

■ **Anforderungen:** Es wird über die Beschaffenheit der Wege sowie über etwaige besondere Merkmale Auskunft gegeben. Aus diesen Gegebenheiten ergibt sich auch die Schwierigkeitskategorie (siehe oben).

■ **Einkehr:** Aufgeführt werden nicht nur die Einkehrmöglichkeiten entlang der Strecke (sofern vorhanden), sondern auch jene in den Ortschaften am Ausgangspunkt, ggf. zusammenfassend. Über Öffnungszeiten informiere man sich via Internet oder Telefon.

■ **Varianten:** In diesem Punkt beschränkt sich der Wanderführer auf ausgesuchte Optionen, die in engem Zusammenhang mit der beschriebenen Tour stehen, etwa eine relevante Abkürzung. Prinzipiell bietet das

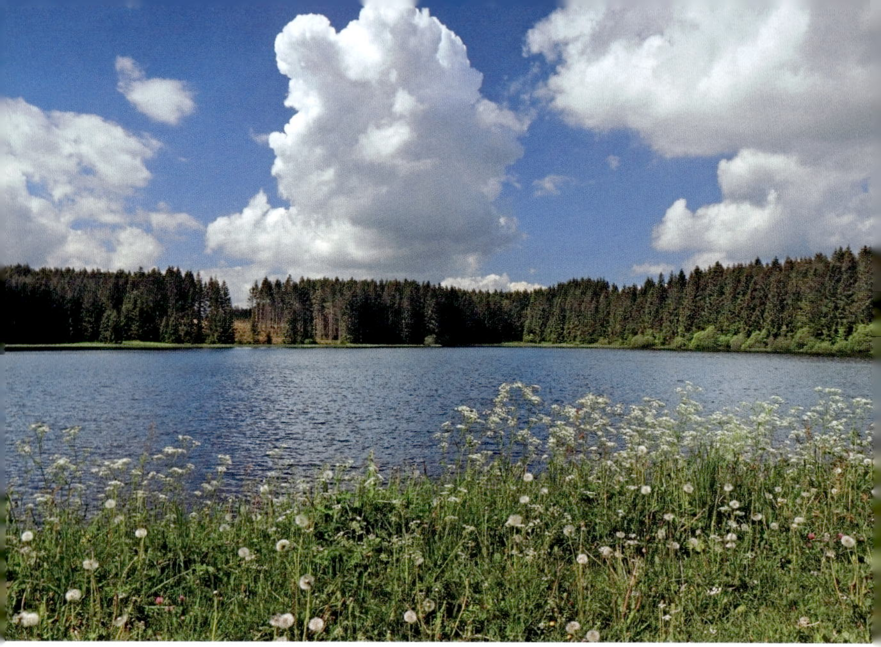

Der Jägersbleeker Teich, einer von dutzenden auf der Clausthaler Hochfläche.

dichte Wegenetz oft reichlich Spielraum zur individuellen Gestaltung, doch sollen die einzelnen Kapitel damit keinesfalls überfrachtet werden.

■ **Tipps:** Hinweis auf besondere Sehenswürdigkeiten oder touristische Angebote im näheren Umkreis.

■ **Stempel:** Die Harzer Wandernadel umfasst insgesamt 222 nummerierte Stempelstellen (plus einige Sonderstempel). Für passionierte Sammler werden die am jeweiligen Weg befindlichen genannt. Gesamtübersicht siehe www.harzer-wandernadel.de.

Markierungen

Das Wegenetz im Harz ist größtenteils zuverlässig markiert. Meist sind weiße Schilder aufgestellt oder angenagelt, im Nationalpark sieht man akkurate hölzerne Wegweiser. Einige Weitwanderwege tragen eine eige-

GPS-Tracks und Koordinaten der Ausgangspunkte

Auf **gps.rother.de** stehen zu diesem Wanderbuch GPS-Tracks und die Koordinaten der Ausgangspunkte zum kostenlosen Download bereit. Dieser QR-Code führt direkt zum Download.

1. Auflage, Passwort: 332901mcx

Die GPS-Tracks können in die **Rother App** importiert werden. In der App kann man unterwegs stets sehen, wo man gerade ist und wo es langgeht.

Anleitungen dazu: rother.de/gps

Trotz sorgfältiger Prüfung können wir Fehler und zwischenzeitliche Veränderungen nicht ausschließen. Verlassen Sie sich für die Orientierung niemals einzig und allein auf die GPS-Daten, sondern beurteilen Sie die Verhältnisse vor Ort.

ne Symbolik, ansonsten gibt es eine regionale Nummerierung des Harzklubs mit Zahl-Buchstaben-Kombination. Ausnahmen hinsichtlich der Zuverlässigkeit kann es manchmal in touristisch etwas vernachlässigten Randzonen geben, aber selbst dort wird man zumindest gelegentlich auf Hinweise treffen. Gleichwohl ist es nicht ratsam, sich allein anhand der Beschilderungen vor Ort zu bewegen, denn diese gewähren uns keinen ausreichenden Überblick, sondern immer nur Richtungsentscheidungen. Eine Karte gehört deshalb zum essenziellen Equipment, je nach Interesse und Erfahrung durchaus vorteilhaft zu ergänzen mit einem GPS-Gerät. Man bedenke nämlich, dass insgesamt betrachtet ein recht dichtes Wegenetz mit vielen Verzweigungen doch eine gewisse Orientierungsfähigkeit verlangt. Ohne solche Hilfsmittel würde in dem einen oder anderen Fall trotz Wegweiser durchaus Unsicherheit aufkommen. Mittels GPS weiß man im Übrigen stets, wo man sich befindet, und kann auf dem Display bis ins Detail zoomen, um Abzweigungen zweifelsfrei zu orten. Ein größerer Überblick gelingt dennoch meist besser mit einem herkömmlichen Kartenblatt. Ohnehin gehört das Kartenlesen ja zu den elementaren Fähigkeiten beim Wandern.

Verfügbare Karten

Wanderkarten vom Harz gibt es etliche, doch die erste Empfehlung geht an das aus vier Blättern bestehende Kartenset, welches der Harzklub in Kooperation mit dem Schmidt-Verlag herausgegeben hat (Maßstab 1:30.000, wasser- und reißfeste Folie). Die einzelnen Blätter Oberharz, Mittlerer Harz, Südharz und Ostharz sind auch einzeln erhältlich. Außerdem werden auf der Homepage www.harz-wanderkarten.de aktuelle Informationen bezüglich Wegsperrungen vorgehalten.

Die Landesvermessungsbehörden geben wie üblich ihre Topographischen Karten im regelmäßigen Blattschnitt heraus (Maßstäbe 1:25.000 bzw. 1:50.000, ohne hervorgehobenen Wegeaufdruck).

Rhododendronbusch im lehrreichen WeltWald bei Bad Grund.

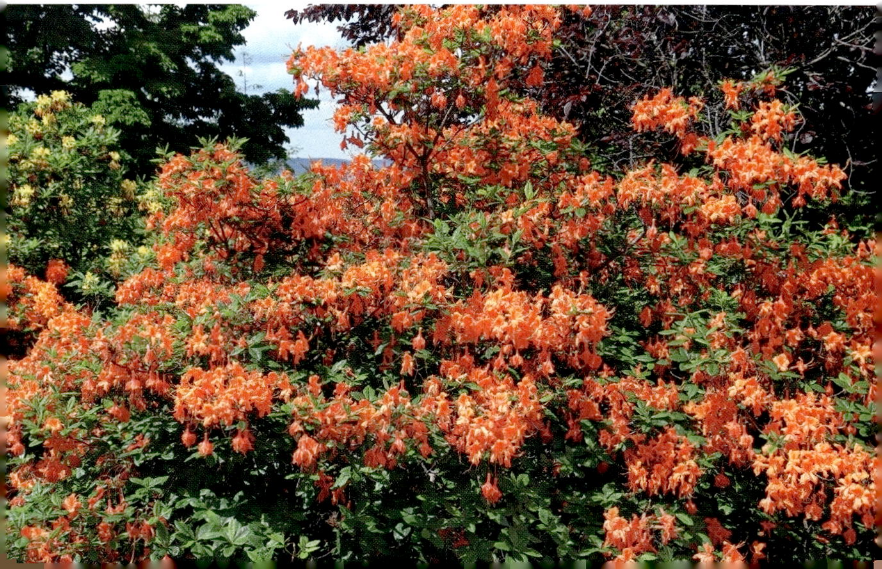

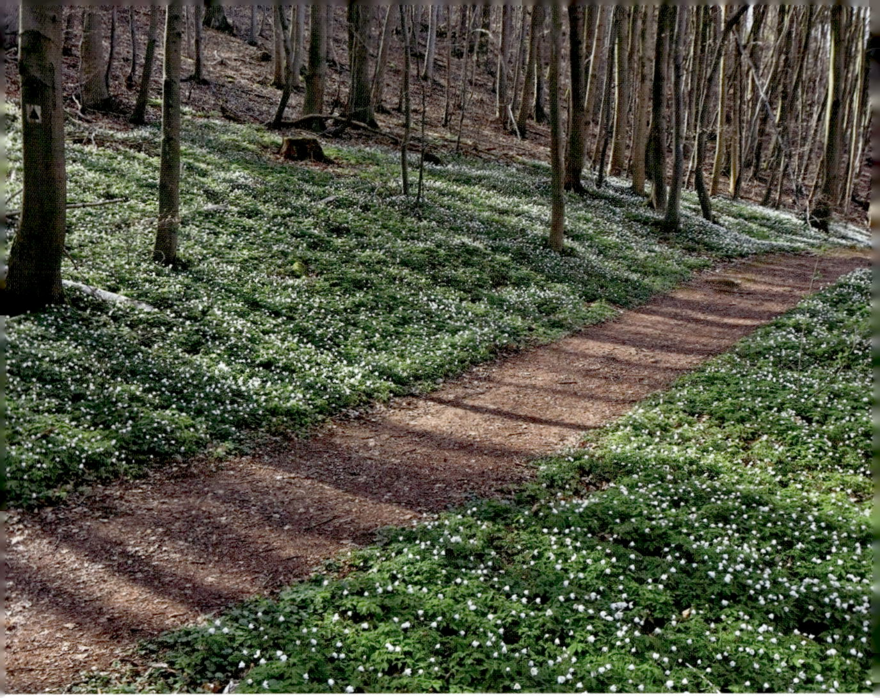

Das Frühjahr nimmt Anlauf: Waldweg mit Bärlauchteppich.

Jahreszeitliche Besonderheiten

Gewandert wird im Harz rund ums Jahr, aber natürlich macht es einen großen Unterschied, ob Schnee liegt oder nicht. Dieser Band ist auf den Normalfall »grünen Geländes« zwischen Frühjahr und Herbst ausgerichtet. Das Vorhandensein einer Schneedecke ist stark vom Witterungsverlauf sowie generell von der Höhenlage abhängig und variiert von Jahr zu Jahr nicht unbeträchtlich. In den Hochlagen muss man von November/Dezember bis März oder April damit rechnen. Wer im Winter ohne Ski unterwegs sein möchte, wird bei reichlicher Schneelage zum Teil unpassierbare Routen antreffen, andere können wegen Vereisung abschnittsweise tückisch sein. Loipen sind für Fußgänger mitunter explizit gesperrt, ansonsten halte man sich zumindest streng abseits der angelegten Spur. In der schneefreien Zeit gibt es derartige Einschränkungen nicht, allerdings kann das Thema »Wetter« trotzdem relevant für die Tourenplanung sein. Denn hohe Temperaturen und übermäßige Sonneneinstrahlung auf baumlosen Höhen können Wanderern arg zu schaffen machen, weshalb eine sommerliche Hitzewelle womöglich nicht unter dem Prädikat »beste Jahreszeit« zu fassen wäre. Man denke zudem in den Sommermonaten an die Gewitterneigung. Günstig erscheinen demnach vor allem das späte Frühjahr, mäßig warme, stabile Sommertage und der Herbst, sofern dieser nicht gerade mit Nebel oder Regen einfällt.

Öffentliche Verkehrsmittel

Rund um den Harz sind die meisten Städte im Randbereich an das Streckennetz der Deutschen Bahn angeschlossen, sodass die Region aus den Ballungszentren um Hannover und Braunschweig, Magdeburg, Halle und Erfurt gut zu erreichen ist. Im Innern des Harzes verkehren im Anschluss daran Buslinien, die fast alle vorgestellten Touren auch mit öffentlichen Verkehrsmitteln ermöglichen. Unterschiede bestehen in der Taktfrequenz, doch stündliche oder zumindest zweistündliche Verbindungen sollten die Regel sein. Einer besonderen Erwähnung wert sind die Nationalparkbusse, die uns in der Saison sogar zu Ausgangspunkten bringen, die mit Privatfahrzeugen nicht anfahrbar sind. Hinzu kommen die drei Harzer Schmalspurbahnen, die bereits Ende des 19. Jahrhunderts in Betrieb genommen wurden und ein nostalgisches Flair verströmen (Spurweite von 1000 mm):

- Harzquerbahn zwischen Wernigerode und Nordhausen
- Brockenbahn von Drei Annen Hohne (Abzweig von der Harzquerbahn) über Schierke zum Brocken
- Selketalbahn von Quedlinburg über Gernrode und Alexisbad (Stichbahn nach Harzgerode) nach Hasselfelde bzw. zur Eisfelder Teichmühle an der Harzquerbahn

Für eine Detailrecherche bezüglich öffentlicher Verkehrsmittel und deren Fahrplänen empfehlen sich folgende Internetseiten:

- www.vbn.de bzw. www.efa.de (für Niedersachsen)
- www.insa.de (für Sachsen-Anhalt)
- www.vmt-thueringen.de oder www.bus-bahn-thueringen.de (für Thüringen)

Touristische Informationen

Wer gezielt Informationen über bestimmte Orte sucht, fragt am besten bei den Kurverwaltungen und Verkehrsvereinen nach. Dabei sind auch die größeren Fremdenverkehrsverbände behilflich:

- Harzer Tourismusverband, Marktstraße 45, 38640 Goslar, Tel 05321 3404-0, www.harzinfo.de
- Regionalverband Harz, Hohe Straße 6, 06484 Quedlinburg, Tel. 03946 9641-0, www.harzregion.de

Nützliche Auskünfte rund ums Wandern und die Natur im Harz erteilen außerdem:

- Harzklub e. V. Heimat- und Wanderbund, Am Alten Bahnhof 5a, 38678 Clausthal-Zellerfeld, Tel. 05323 81758, www.harzklub.de
- Nationalparkverwaltung Harz, Lindenallee 35, 38855 Wernigerode, Tel. 3943 5502-0, www.nationalpark-harz.de

Typische Harznatur im Bereich der Zeterklippen.

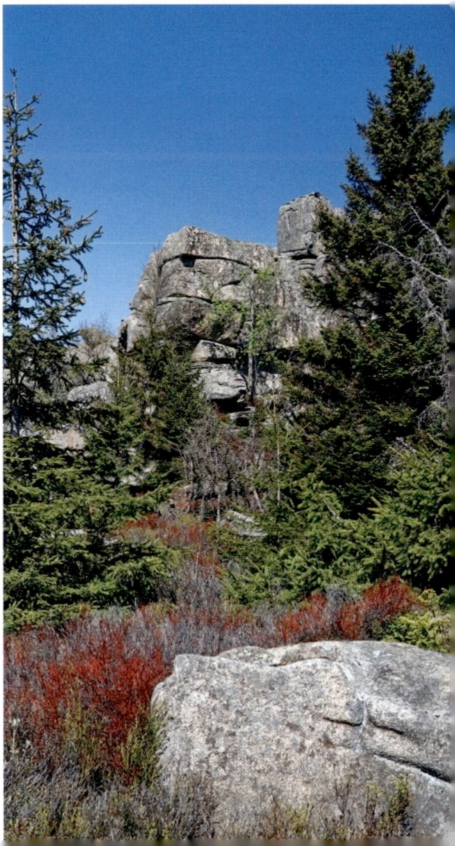

Der Umwelt zuliebe ...

Auch beim Wandern hinterlassen wir einen ökologischen Fußabdruck, aber im Einklang mit der Natur unterwegs zu sein, ist gar nicht so schwer!

VORBEREITUNG UND ANFAHRT

- Sich vorab informieren, worauf in Bezug auf Natur und Umwelt in der jeweiligen Wanderregion besonders zu achten ist.
- Soweit möglich mit Bahn und Bus anreisen, Wander- und Rufbusse nutzen.
- Ist eine Anfahrt mit dem Auto nötig, Fahrgemeinschaften bilden.
- Bei weiten Anfahrten Mehrtagestouren planen oder von einem Quartier vor Ort aus mehrere Touren absolvieren.
- Flugreisen möglichst reduzieren und durch Beiträge zu Klimaschutzprojekten kompensieren.

KLEIDUNG UND AUSRÜSTUNG

- Beim Kauf von Outdoor-Kleidung auf umweltfreundliche und faire Herstellung achten und Kleidungsstücke möglichst viele Jahre nutzen.
- Ausrüstung kann man eventuell auch gebraucht kaufen oder ausleihen.
- Reparieren statt neu kaufen.

VERPFLEGUNG

- Beim Einkauf Bio-Ware, regionale und saisonale Erzeugnisse bevorzugen.
- Hütten und Gasthäuser auswählen, die regionale Produkte verwenden.
- Auf Einwegflaschen und Plastikverpackungen verzichten, stattdessen wiederverwendbare Trinkflaschen und Brotzeitboxen benutzen.

ÜBERNACHTUNG

- Bei lokalen Anbietern buchen, damit Menschen vor Ort profitieren.
- Auf Hütten und in anderen Unterkünften Strom und Wasser sparen.

UNTERWEGS

- Wege benutzen und Abkürzer vermeiden.
- Sperrungen von Wegen und Schutzgebieten respektieren.
- Keine Blumen pflücken und keine Pflanzen entnehmen.
- Waldbrandgefahr beachten.
- Müll wieder mit nach Hause nehmen und dort entsorgen.
- Toilettengänge in freier Natur möglichst vermeiden.
- Lärm vermeiden.
- Hunde an die Leine nehmen.

ROTHER
BERGVERLAG

Einführung in die Region

Der Harz zeigt sich als eng umrissenes Mittelgebirge, das waldreich aus seiner häufig offenen Felder- und Wiesenumgebung emporsteigt und dieses um durchschnittlich einige hundert, im Brocken bis zu tausend Meter überragt. Der allseits bekannte Brocken erreicht 1141 Meter Seehöhe und steht in weitem Umkreis ziemlich konkurrenzlos in der Landschaft. Den nächstgelegenen höheren Gipfel finden wir erst mit dem Fichtelberg im Erzgebirge. In seiner keilförmig von Nordwest nach Südost orientierten Ausdehnung misst der Harz der Länge nach rund 100 Kilometer, bei einer Breite von gut 30 Kilometern.

Morphologisch lässt sich das Gebiet als eine Pultscholle beschreiben, die gegen Norden und Westen stärker herausgehoben wurde als im südlichen Teil. Die im Kartenbild sehr auffällige Nordwest-Südost-Orientierung geht im Wesentlichen auf kreidezeitliche Vorgänge zurück, die als »herzynisches Streichen« bezeichnet werden und deutlich jünger sind als die auftretenden Gesteine selbst. Im Unterschied dazu bezeichnet man die innerhalb Deutschlands vielerorts typische Südwest-Nordost-Richtung als »variszisches Streichen« (klassisch z.B. im Rheinischen Schiefergebirge). Bei genauer Betrachtung der vielfältigen stratigrafischen Situation ist diese Orientierung immer wieder auch im Harz zu erkennen, was grundlegende Hinweise auf die Entstehungsgeschichte liefert. Vereinfacht gesagt zeigt sich die variszische innere Struktur quasi von einer herzynischen äußeren Kontur überlagert.

Die einfachste Gliederung – die hier im Inhaltsverzeichnis aufscheint – ist die schlichte Zweiteilung in einen niedersächsischen Westharz und ei-

Panoramablick über den Eckerstausee – genau auf der Grenze zwischen West- und Ostharz.

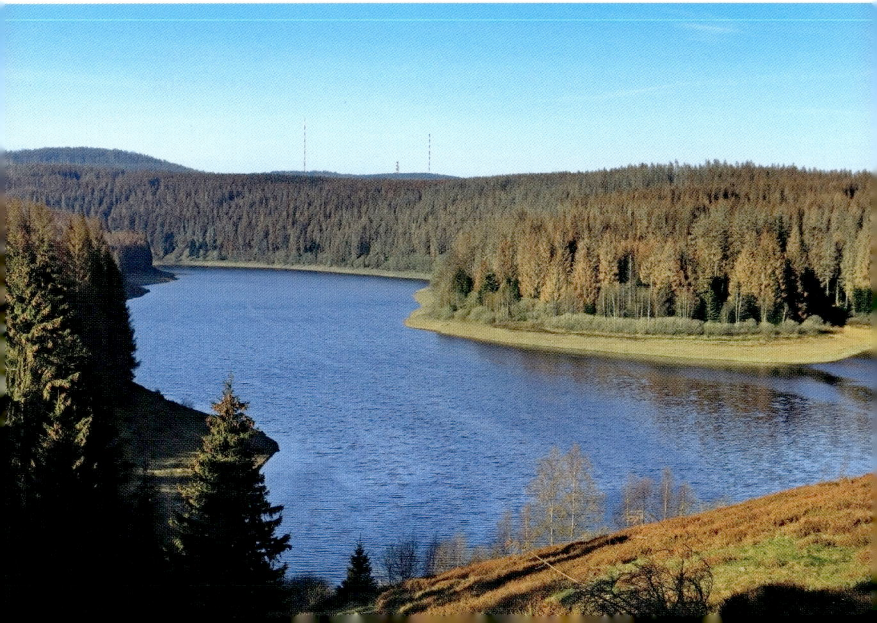

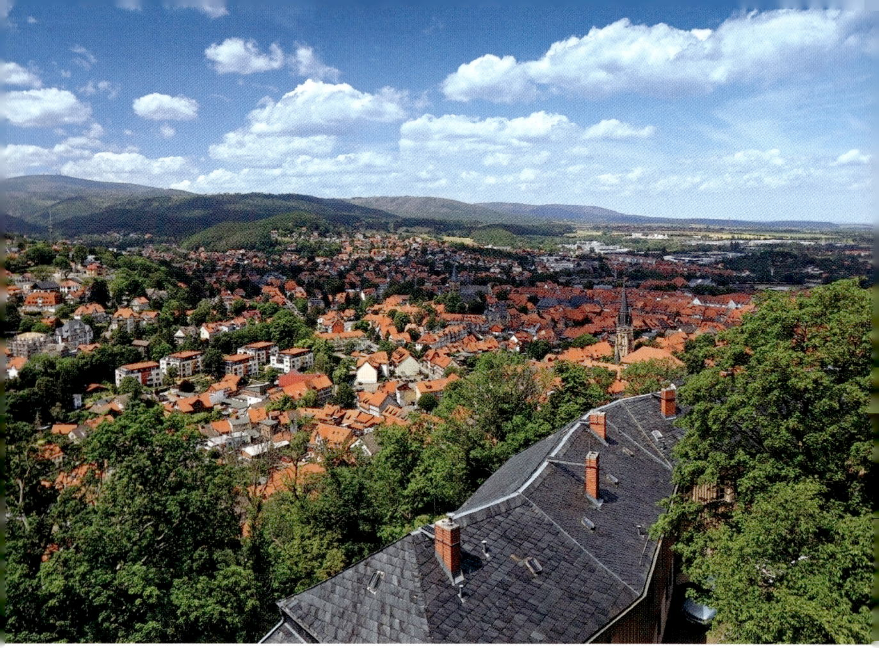

Wernigerode, die zweitgrößte Stadt am Harznordrand.

nen Ostharz, welcher überwiegend zu Sachsen-Anhalt mit einem kleineren thüringischen Anteil gehört. Speziell als die DDR bestanden hat, war diese Unterscheidung in der Bevölkerung geläufig und offenkundig. Die Geografie beschreibt hingegen fünf mehr oder weniger klar abgegrenzte Räume (und im Detail noch jede Menge Untereinheiten, auf die in diesem kurzen Abriss aber nicht näher eingegangen werden soll).

Dabei umfasst der Oberharz den nordwestlichsten, vor allem durch Innerste, Oker und Söse entwässerten Teil. Zentraler Ort ist Clausthal-Zellerfeld, auch Altenau ist inbegriffen; an den Rändern liegen Osterode, Seesen, Langelsheim, Goslar und Bad Harzburg. Denkt man sich den Harznordrand ab Bad Harzburg weiter Richtung Wernigerode und den Südrand von Osterode nach Bad Lauterberg, so ergibt sich zwischen diesen beiden Spangen der Mittelharz. Darin finden wir als wichtigste Täler jene der Ecker, Ilse und Holtemme einerseits sowie jene der Sieber und Oder andererseits, mittendrin auch die Quelläste der Bode und zentrale Städte wie Braunlage und Sankt Andreasberg. Ausgeklammert und eigenständig gewertet wird allerdings üblicherweise der Hochharz rund um Brocken und Wurmberg, inklusive des Acker-Bruchberg-Zuges. Damit schmiegt sich der Mittelharz quasi als Nord-, Ost- und Südabdachung um dieses Herzstück des ganzen Gebirges. Rücken wir einen weiteren Schritt gen Südosten vor, befinden wir uns im recht ausgedehnten Unterharz. Größte Ortschaften am Nordrand sind hier Blankenburg, Thale und Ballenstedt, im Innern Hasselfelde und Friedrichsbrunn sowie zum Südrand hin Bad Sachsa, Ilfeld und Stolberg, wichtigste Täler jene der Bode und Selke. Bei Harzgerode beginnt schließlich die Östliche Harzabdachung, deren Hauptfluss die Wipper ist.

Der Landschaftscharakter des Harzes wird – ungeachtet aktueller Entwicklungen, die in rasantem Tempo ablaufen – überwiegend von Wäldern geprägt. Schon der Namensursprung wird dahingehend als »Waldgebirge« gedeutet. Bis in Höhen von etwa 700 Metern kann sich die Buche maßgeblich einbringen. Oberhalb dünnt ihr Vorkommen klimatisch bedingt rasch aus und wird dabei von der beherrschenden Fichte abgelöst, wobei monokulturelle Bestände jedoch auf den Eingriff des Menschen zurückzuführen sind. Erstaunlich, dass bereits ab gut 1000 Meter Seehöhe die natürliche Waldgrenze erreicht ist. Der Gipfel des Brockens ragt also ein kleines Stück darüber hinaus und bildet damit eine Insel der subalpinen Stufe, vergleichbar den Alpen auf gut 2000 Meter Höhe!

Klimatisch ist der Harz ein ziemlich rauer Landstrich, wobei die höheren Niederschlagsmengen staubedingt im Ober- und Hochharz verzeichnet werden, während die meist im Lee gelegenen Areale im Osten und Südosten merklich trockener ausfallen. Spitzenwerte erreicht der Brocken mit im Mittel rund 1700 Millimetern jährlich. Aufgrund der freien Position am Rande der Norddeutschen Tiefebene brechen Stürme oft mit ungebremster Wucht über den Harz herein. So taucht der Brocken in Statistiken der Windgeschwindigkeit

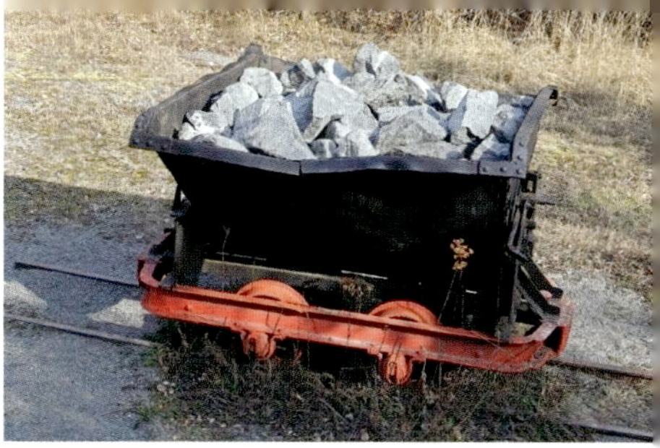

Der Harz war über lange Zeiten intensiv bewirtschaftetes Bergbaurevier.

Herbst im Okertal. Dort befindet sich auch der Treppenstein, eine der zahlreichen wollsackverwitterten Klippen.

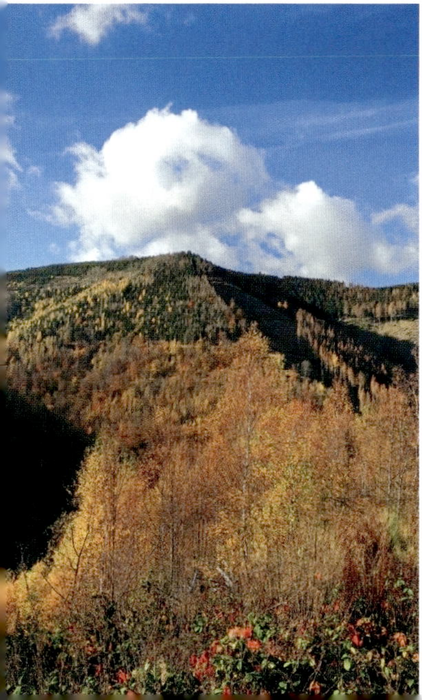

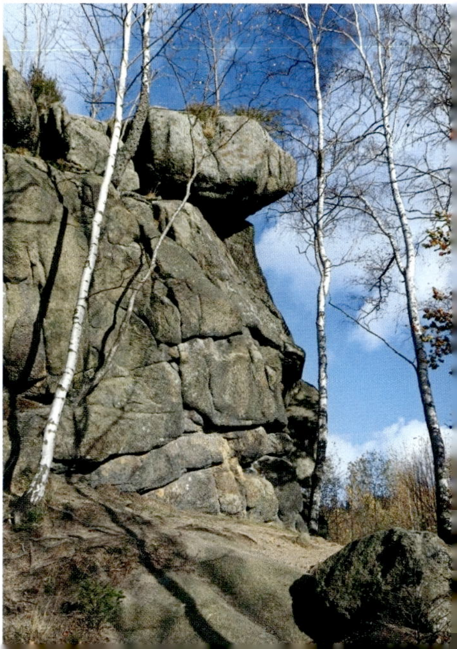

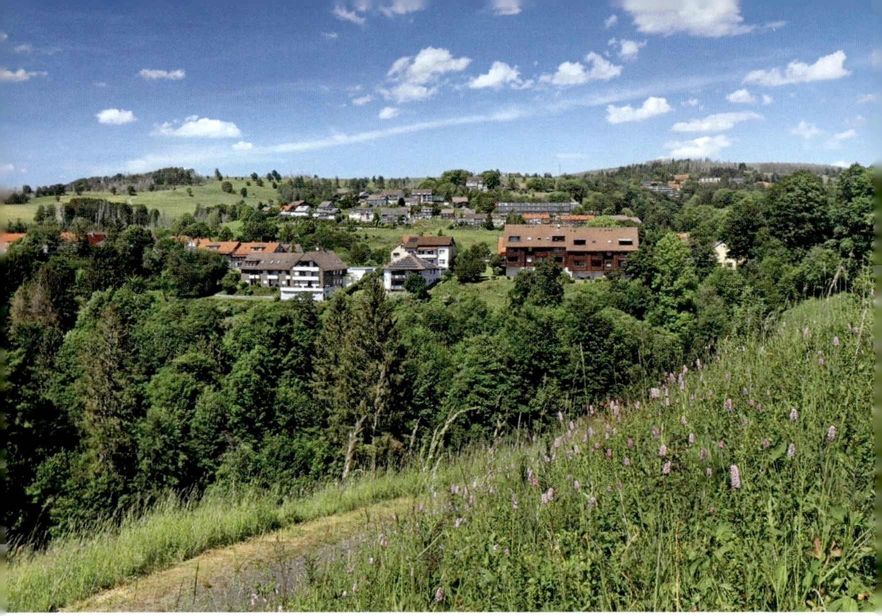

Bei Sankt Andreasberg im Oberharz.

deutschlandweit regelmäßig ganz weit oben auf; auch hüllt sich sein Gipfel häufig in Nebel. An durchschnittlich fast der Hälfte aller Tage wird dort oben eine Schneedecke registriert – im Zuge des aktuellen Klimawandels wohl aber mit abnehmender Tendenz. Jedenfalls ist es auf den Harzhöhen fast immer ein paar Grad kälter als im Umland, ausgenommen bei herbstlichen und winterlichen Inversionslagen. Bei ganz klarer Luft kann man vom Brocken theoretisch über 200 Kilometer weit sehen!

Als morphologisch übermäßig schroff lässt sich der Harz insgesamt nicht bezeichnen. Die bergigen Geländeformen präsentieren sich meist gerundet (der Brocken mag als Paradebeispiel dienen!), die Landschaft schwingt eher in großzügigen Wellen dahin und besitzt zuweilen auch Hochflächencharakter. Gleichwohl hat die Erosion mancherorts steilere Strukturen entstehen lassen, beispielsweise in einigen schluchtartig eingekerbten Talfurchen, am augenscheinlichsten jedoch bei der Auswitterung zahlloser Klippen, die zu den attraktivsten Landschaftselementen überhaupt gehören. Weitere Anziehungspunkte für Wanderer und Ausflügler stellen die während der Bergbauzeit angelegten Teiche dar, zu denen sich im letzten Jahrhundert noch ein Dutzend Stauseen mit teils beachtlichen Ausmaßen gesellt haben. Manche füllen ganze Talabschnitte aus, etwa an Rappbode, Oker, Oder, Grane und Innerste. Von subtilerer Schönheit, ökologisch indes besonders wertvoll, sind die seit der letzten Eiszeit entstandenen Hochmoore. Sie beheimaten seltene Pflanzen und tragen auch im Wasserhaushalt eine große Bedeutung, sollten ihrer Empfindlichkeit wegen freilich nur auf eigens angelegten Wanderwegen und niemals querfeldein erkundet werden.

Die geschichtliche Entwicklung des Harzes ist eng mit dem Bergbau verknüpft, welcher bereits in prähistori-

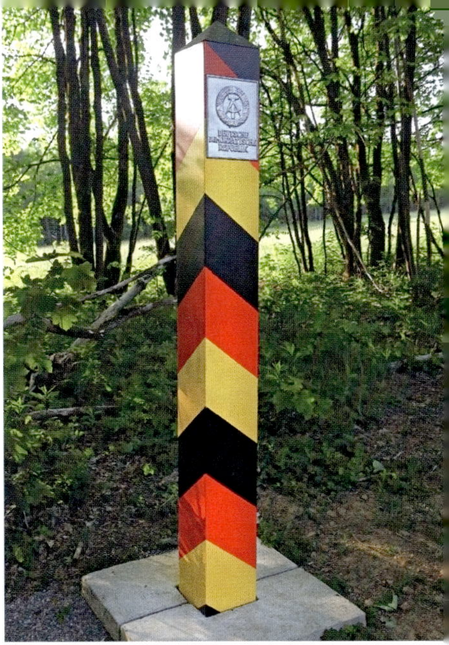

Ehemaliger innerdeutscher Grenzpfahl bei Hohegeiß.

scher Zeit rudimentär aufgetreten sein dürfte, zumindest seit dem 3. Jahrhundert n. Chr. aber archäologisch belegt ist. Ab dem Mittelalter stieg der Mensch so richtig ins Harzgebirge ein und forcierte einen Bergbau, der zur Triebfeder für Besiedlung und wirtschaftliche Entwicklung wurde. Der anfängliche Tagebau wich zunehmend einer aufwendigeren Förderung unter Tage. Seine erste Blütezeit erfuhr der Oberharzer Bergbau, nachdem die Walkenrieder Zisterziensermönche ihren Einfluss in der Gegend geltend machten. Von den Gewinnen profitierte im Hochmittelalter auch die damalige Reichsstadt Goslar ganz erheblich. Doch im 14. Jahrhundert setzte im Zuge allgemeiner Rezessionen, unter anderem ausgelöst durch die großen Pestepidemien, eine rund 150-jährige Flaute ein.

Erst ab etwa 1500 reaktivierte sich die Bergbautätigkeit, um dann – befeuert durch die von den Fürsten gewährte »Bergfreiheit« und zahlreiche Privilegien – allmählich sogar mächtig Fahrt aufzunehmen. Die größte Bedeutung erlangte sie im Oberharz, wo sieben Bergstädte und auch die

Die Kaiserpfalz zu Goslar mit ihren Reiterstandbildern.

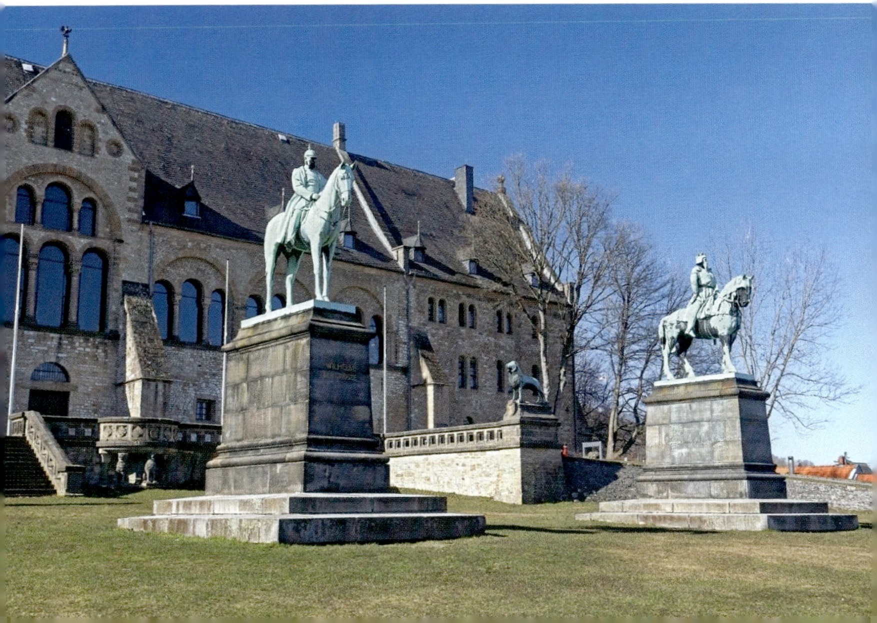

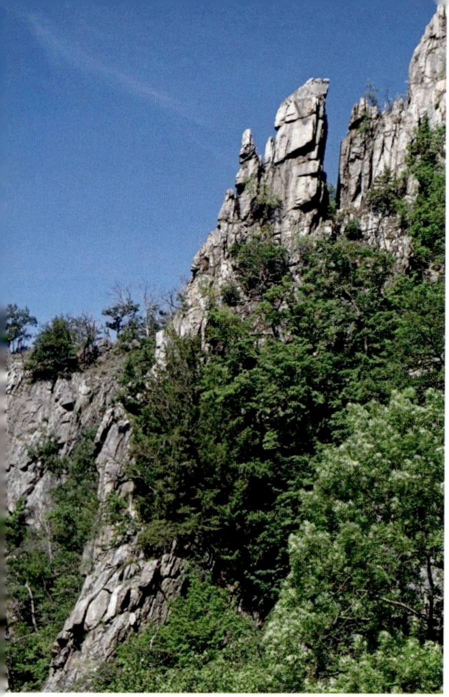

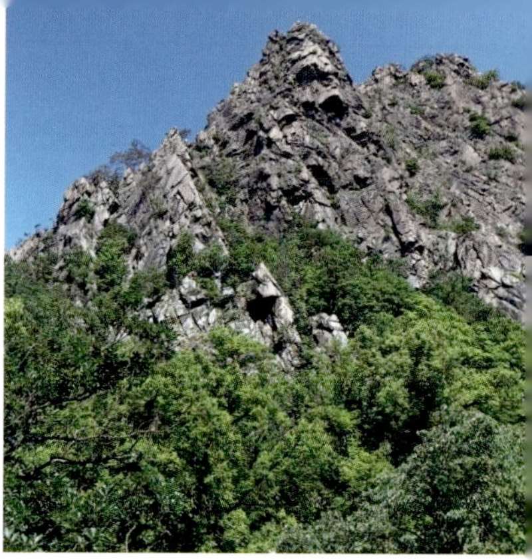

Die Felsformationen im Bodetal bei Thale zählen zum Imposantesten, was der Harz zu bieten hat.

meisten kleineren Ortschaften unmittelbar davon abhingen. Reiche Vorkommen an Silber, Blei und Zink, Kupfer und Eisen ließen also vielerorts Montananlagen entstehen, zu denen auch die Pochwerke und Schmelzhütten gehörten, sodass das einstige »Waldgebirge« bald wie ein veritables Industrierevier anmutete. Tatsächlich dürfte der Harz durch ausgiebiges Schlägern und Köhlerei zur Hochzeit unter weitgehender Entwaldung gelitten haben, was sogar Holzimporte notwendig machte, um den Bedarf zu decken. Ab 1750 kam es daher zu planmäßigen Aufforstungen mit schnell nachwachsenden Fichten – ein Problem, welches uns bis in die Gegenwart beschäftigt.

Sukzessive verbesserte Fördermethoden, unter anderem mit dem ausgeklügelten Harzer Wasserregal, einem verzweigten System von Teichen und Gräben, das heute zum UNESCO-Weltkulturerbe gehört, ließen die Erträge enorm ansteigen. Bis Mitte des 19. Jahrhunderts kam rund die Hälfte des in Deutschland geförderten Silbers aus dem Harz. Dann war der Höhepunkt überschritten. Die Fördermengen nahmen allmählich ab, die Rentabilität war immer häufiger nicht mehr gegeben, sodass nach und nach viele Gewerke schließen mussten. Heute gehört der gesamte Harzer Bergbau nur mehr zur Industriehistorie.

Ein anderes Phänomen, das nun die Region wesentlich prägt, begann während der Epoche der Romantik im ausgehenden 18. und 19. Jahrhundert zu keimen: der Tourismus. Schon Goethe hatte den Harz mehrfach besucht und eindringlich beschrieben. Zum literarischen Klassiker avancierte Heinrich Heines »Harzreise«, die 1826 erschien. Der Harz wurde mystifiziert (Stichwort »Walpurgis auf dem Blocksberg«), er wurde quasi zum Inbegriff des »deutschen Waldes« und einer damit einhergehenden Naturverbundenheit, die in gewissen Zügen bis heute erhalten geblieben ist, auch wenn sie stets in Ambivalenz zu harten Wirtschaftsinteressen auftreten mag. Jedenfalls hat sich der Touris-

mus letztlich vielerorts zum wichtigsten Wirtschaftszweig entwickelt, hier und da mit kulturellen Aspekten bestückt, in seinem Kerngebiet aber vor allem auf Wandern und Wintersport ausgerichtet.
Nachdem 1990 im Osten und 1994 im Westen jeweils Nationalparks gegründet worden waren, fusionierten beide Teile im Jahr 2006, um sich über insgesamt 247 Quadratkilometern in Sachsen-Anhalt und Niedersachsen zu erstrecken. Rund 10 Prozent der gesamten Harzfläche sind also in dieses Schutzgebiet integriert. Man darf wohl annehmen, dass dieser Status selbst verstärktes Interesse am Harz hervorruft: ein zentrales Spannungsfeld zwischen Naturschutz und Naturnutz, welches unter der optimistischen Grundannahme steht, dass Bildung und Lenkung letztlich ein nachhaltiges Konzept auf der Basis von Erleben und Verstehen tragen.
Wer durch die weitläufigen Fichtenwälder wandert, sieht sich zuweilen mit einem besorgniserregenden Zustand konfrontiert. Die lange Ära des Bergbaus profitierte auch vom Holzreichtum der Gegend, betrieb Raubbau an ihr. Aufgeforstet wurde mit der schnellwüchsigen Fichte, die in den Hochlagen ohnehin von Natur aus dominiert. Die Monokultur dieses Harzer »Brotbaumes« erwies sich allerdings als anfällig – gegen sauren Regen, Stürme, Klimastress und Borkenkäferbefall. Mittlerweile greifen andere Konzepte, und manche muten für den ökologischen Laien durchaus überraschend an. Neben praktischen Walderneuerungsprogrammen mit verstärktem Besatz von Laubbäumen wird namentlich in der Kernzone die Natur sich selbst überlassen. Ein flüchtiger Blick auf die zuweilen apokalyptisch wirkenden Szenerien offenbart kaum, dass die Natur tatsächlich selbst höchst aktiv ist. Jedes Stück Totholz wird dem Kreislauf wieder zugeführt und ist bei genauem Hinsehen ein Ort der Lebendigkeit. Ökologen registrieren deshalb außer der Momentaufnahme auch die ablaufenden Prozesse und bezeichnen sie nicht als »Waldsterben«, sondern eher als natürliche »Walderneuerung«, die im Laufe von Jahrzehnten etwas ganz Neues hervorbringen wird, frei von menschlicher Beeinflussung sogar etwas Robusteres. Diese Zeit müssen wir ihr geben. Dabei scheint ein solcher Regenerationsprozess sogar erstaunlich schnell abzulaufen. Nachdem die Idee dahinter ja noch gar nicht so alt ist, zeichnen sich erste Erfolgstendenzen mancherorts schon ab.

Die ausladende Brockenkuppe (im Hintergrund) ist bei vielen Harzwanderungen ein Blickfang.

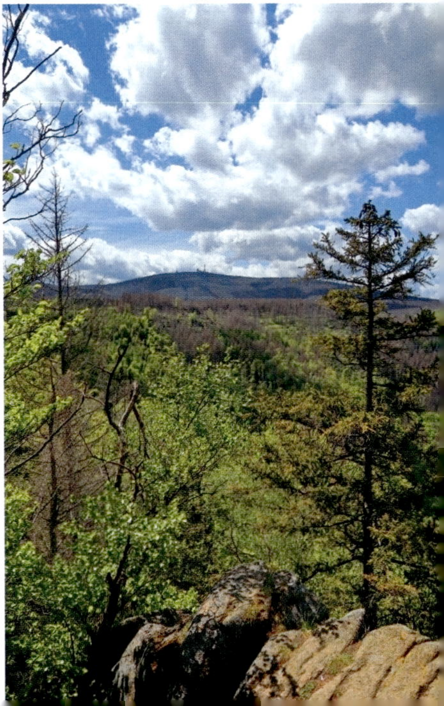

Westharz

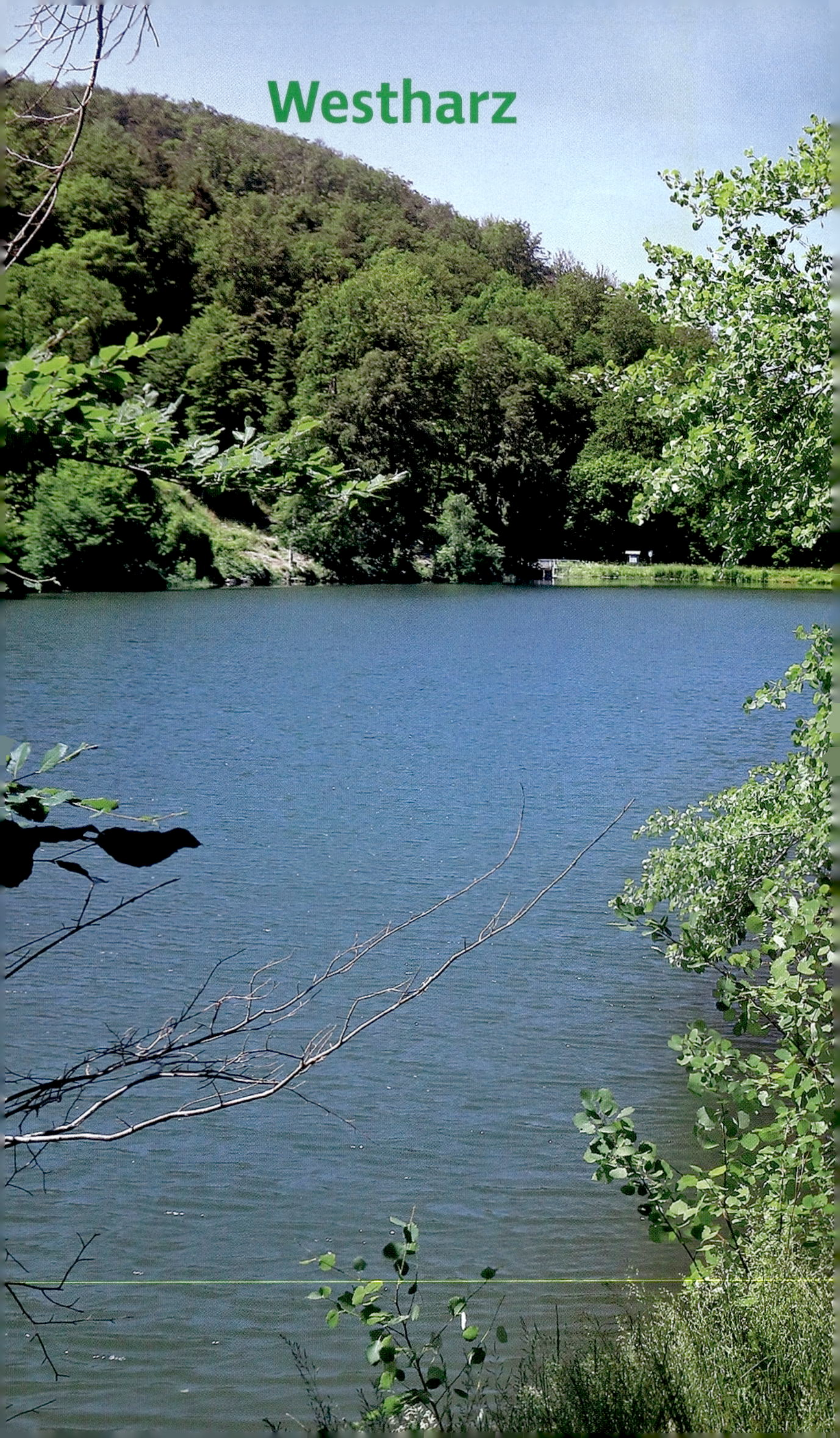

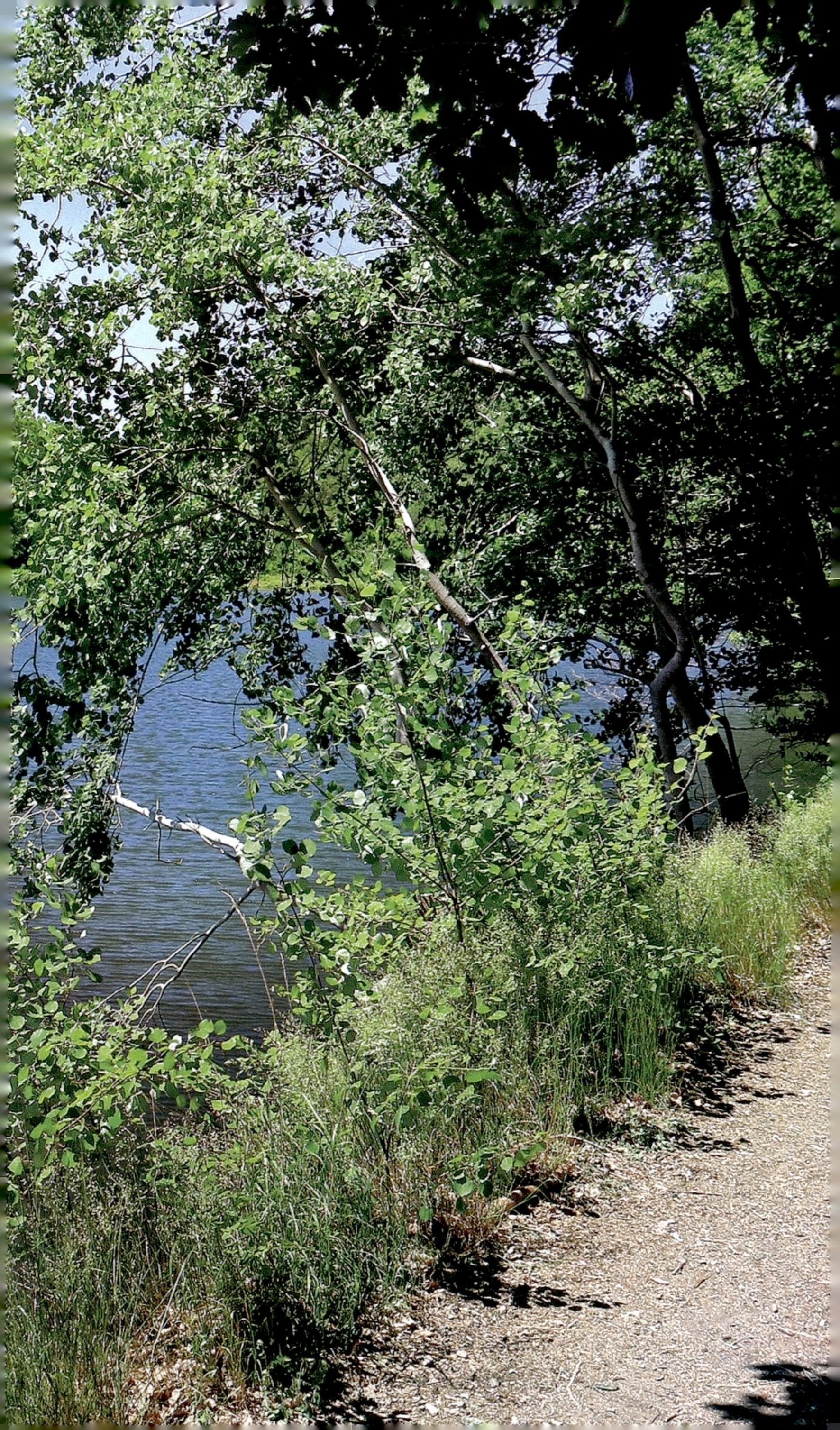

1 Lageswarte, 571 m

Vom Innerstestausee herauf

2.50 Std. | 10,4 km | ↗ 360 m | ↘ 360 m

Forstwanderung in der äußersten Nordwestecke

Ganz im Nordwesten des Harzgebirges gehört die Lageswarte zu den Höhen der ersten Bergkette. Es handelt sich um einen feinen, relativ wenig bekannten Aussichtsplatz, wo sich nicht nur der Brocken im Hintergrund zur Schau stellt, sondern auch ein Teil des Innerstestausees. Dieser wurde in den 1960er-Jahren von den Harzwasserwerken errichtet und ist längst ein frequentierter Anlaufpunkt für Ausflügler und Wassersportler – für uns im Übrigen ein attraktiver Startpunkt.

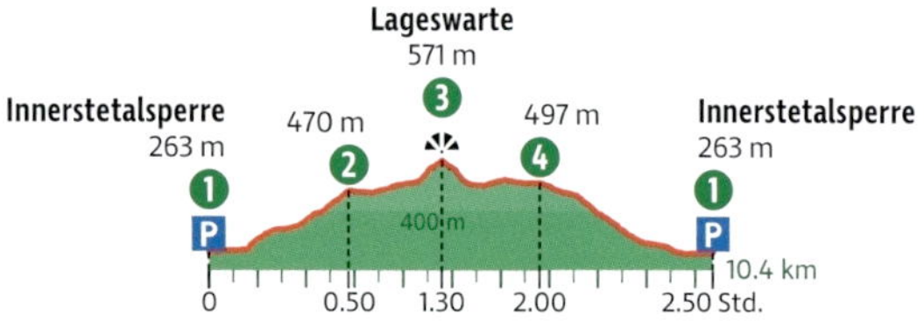

Ausgangspunkt: Innerstetalsperre, 263 m, an der L515 zwischen Langelsheim und Lautenthal.
Öffentliche Verkehrsmittel: Buslinie 832 vom Bahnhof Langelsheim nach Clausthal-Zellerfeld; Haltestelle direkt am Staudamm.

Anforderungen: Überwiegend gewöhnliche Forstwege; das letzte Stück zum Gipfel ist verhältnismäßig steil. Orientierung relativ einfach, obwohl die Lageswarte oft nicht ausgeschildert ist.
Einkehr: Hotel Berghof am See.
Stempel: Nr. 102 (Lageswarte).

Rastplatz auf der Lageswarte.

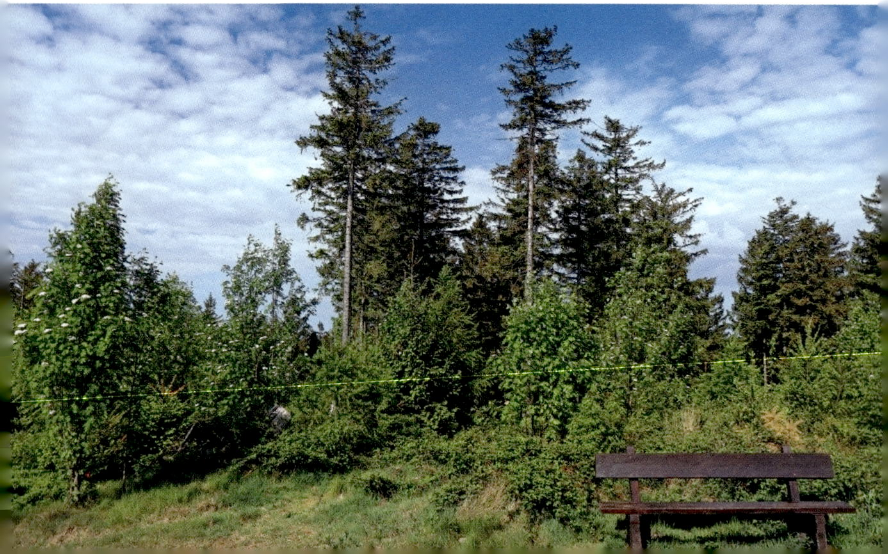

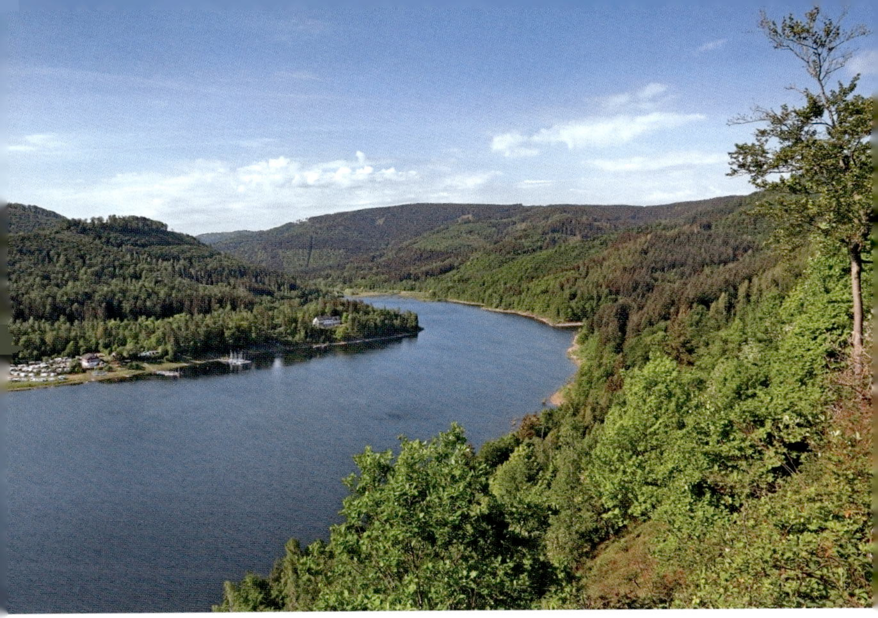

Mit zunehmender Höhe ergeben sich schöne Perspektiven auf den Stausee.

Zu Beginn überqueren wir die **Innerstetalsperre** ❶, tauchen dahinter ins Gehölz ein und sind damit auf dem E11 bzw. Harzer Försterstieg unterwegs. Die Forststraße gewinnt an Höhe und hält in der Südflanke der Steilelieth eine Passage mit tollen Ausblicken auf den Stausee und die Harzberge bis zum Brocken bereit. Bei einer Gabelung ❷ trennen sich E11 und Försterstieg, wobei wir Ersterem nach links folgen. Nächstes Ziel ist die Kreuzung am Vereinsplatz, wo nun auch die **Lageswarte** ❸, 571 m, ausgewiesen ist. Wir erreichen unser Ziel mit nettem Rastplatz in gut zehn Minuten über einen aufsteilenden Waldweg. Beim Rückweg achten wir am Vereinsplatz auf die Nr. 6 im roten Dreieck, die als »Dreckweg« nord- bis nordostwärts führt. Auch das Försterstieg-Symbol taucht wieder auf, über einen Rechtsknick hinaus bis zu einer Mehrfachkreuzung mit Infotafel ❹. Hier gehen wir nun halbrechts weiter und gelangen über Bremskopfweg und Lahmuhlenstraße allmählich wieder talwärts. Schon auf Höhe des Stausees muss man rechts abzweigen (nicht klar markiert), um direkt wieder die Dammkrone überschreiten zu können.

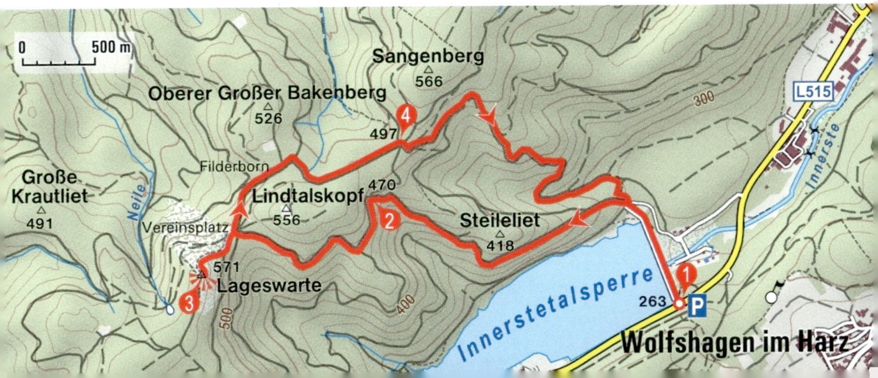

2 »Spur der Steine« bei Wolfshagen
Rund um den Heimberg

1.10 Std. | 4,0 km | ↗ 120 m | ↘ 120 m

Kurzweiliger Lehrpfad am ehemaligen Diabas-Steinbruch

Vor rund 380 Millionen Jahren, im geologischen Zeitalter des Devon, entstanden durch untermeerischen Vulkanismus in manchen Gegenden des späteren Harzes grünlich schimmernde, harte Diabasen, die sich vorzüglich für bautechnische Zwecke eignen. Die bis zu 120 Meter mächtige Lagerstätte am Heimberg bei Wolfshagen wurde gegen Ende des 19. Jahrhunderts allmählich erschlossen und bis 1986 im Tagebau ausgebeutet (wie es heute beispielsweise noch am Huneberg südwestlich von Bad Harzburg der Fall ist). Als sichtbares Relikt haben wir nun eine rund 40 Meter tiefe Abbaugrube vor uns. Sie wurde einer Renaturierung unterzogen und bietet mit ihren Felsen und Blockschutthalden, Schutzwäldern, Trockenrasen und Flachwasserbereichen diverse ökologische Nischen auf engem Raum. Auch das dem Steinbruch innewohnende Mikroklima trägt zur Artenvielfalt bei. Auf der rund vier Kilometer langen »Spur der Steine« können wir viel über geologische Grundlagen, Abbau und Nutzung des Diabas-Gesteins sowie über die Lebensraumentwicklung ringsum erfahren. Zwei Positionen gewähren unmittelbaren Einblick in das Kernareal, ein weiterer Aussichtspunkt bietet das tolle Wolfshäger Panorama. Ein spannender Kurztrip für die ganze Familie!

Ausgangspunkt: Sportplatz Wolfshagen, ca. 310 m, im Wald oberhalb der eigentlichen Ortschaft in Verlängerung der Streittorstraße.

Öffentliche Verkehrsmittel: Buslinie 832 vom Bahnhof Langelsheim Richtung Clausthal-Zellerfeld. Man nutzt die Haltestellen »Ortsmitte« oder

Im renaturierten Steinbruch am Heimberg wurde früher Diabas abgebaut.

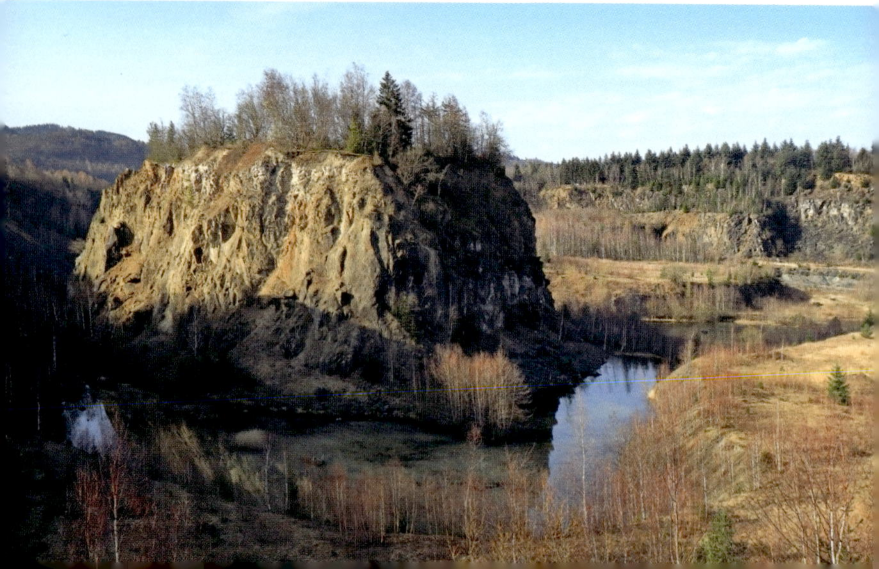

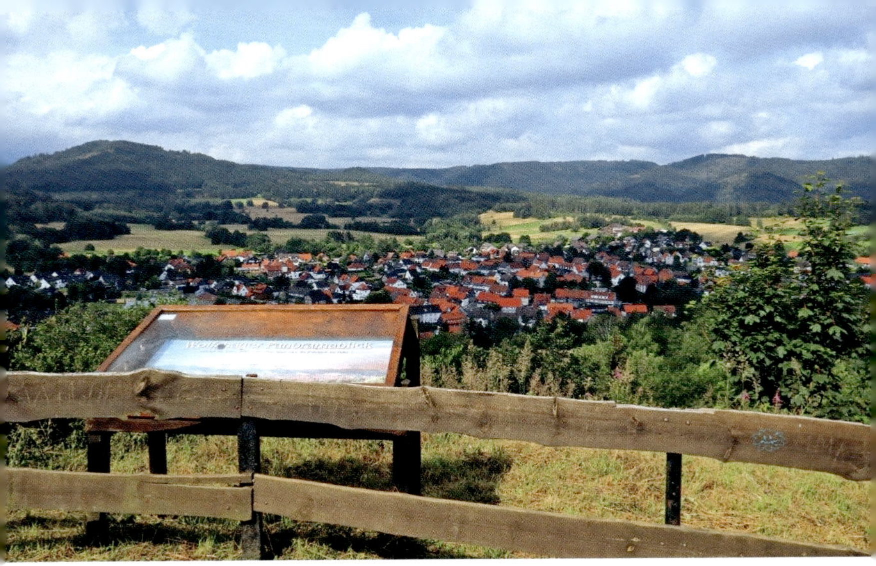

Der Wolfshäger Panoramablick wird seinem Namen gerecht.

»Triftweg« in Wolfshagen.
Anforderungen: Zunächst typische Forststraßen, später auch Abschnitte auf Fußwegen, stets gut zu begehen.

Einkehr: Wolfshäger Pizzastübchen, Café Bothe, Hotels Burghagen, Graber und Im Tannengrund (alle in Wolfshagen).
Stempel: Nr. 109 (Heimberg).

Vom Waldparkplatz bei der Sportanlage ❶ beginnen wir auf einer Forststraße, nach gut 600 Metern links haltend zur ersten von insgesamt rund einem Dutzend Infotafeln. Auch an allen weiteren Gabelungen ist die »Spur der Steine« stets zuverlässig ausgewiesen. Nach einer knappen halben Stunde erhaschen wir bei der **Fösseckenhütte** ❷ plötzlich einen imposanten Einblick in die Tiefe des ehemaligen Steinbruchs. Dieser wird nun nördlich umkurvt, allerdings etwas abseits am Waldhang entlang. Unmittelbar zur Abbruchkante gelangen wir nochmals am Aussichtspunkt »Heimberg«. Nur wenige Gehminuten entfernt öffnet sich zur anderen Seite hin das prächtige **Wolfshäger Panorama** ❸. Nach diesem minimalen Abstecher queren wir unterhalb gen Süden, begutachten im Bereich der »Frauenbergaussicht« die letzten Lehrtafeln und kommen etwas verwinkelt in die *Streittorstraße*. Schließlich noch rund 400 Meter leicht aufwärts zurück zum Parkplatz ❶.

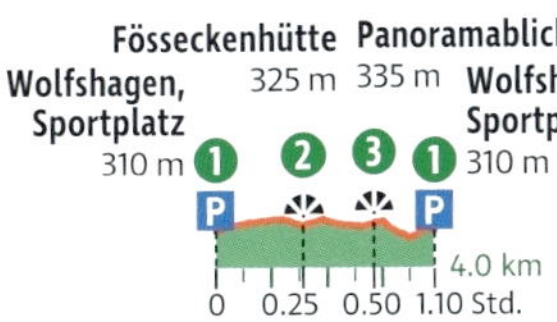

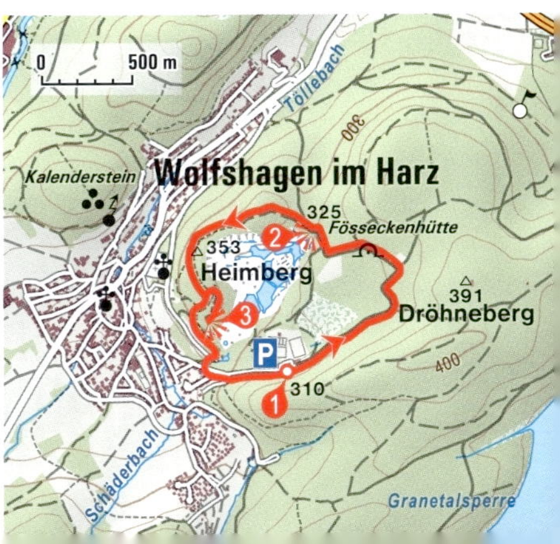

3 Altarklippen, 500 m, und Schäderpavillon
Südliche Wolfshäger Runde

2.25 Std. | 8,7 km | ↗ 300 m | ↘ 300 m

Blick zum Granestausee und ins nördliche Vorland

Eine weitere Tour im Einzugsbereich von Wolfshagen wendet sich in den südlichen Bereich, wo die Harzberge immerhin schon auf über 500 Meter Höhe ansteigen. An den Altarklippen öffnet sich die Aussicht nicht nur auf die Ortschaft selbst und den weiter östlich gelegenen Granestausee, sondern sogar bis ins Harzvorland hinaus. Beim Rückweg lohnt es sich, den Schäderpavillon am oberen Rand der Wiesenwanne noch einzubinden und den Rundkurs darin ganz lieblich ausklingen zu lassen.

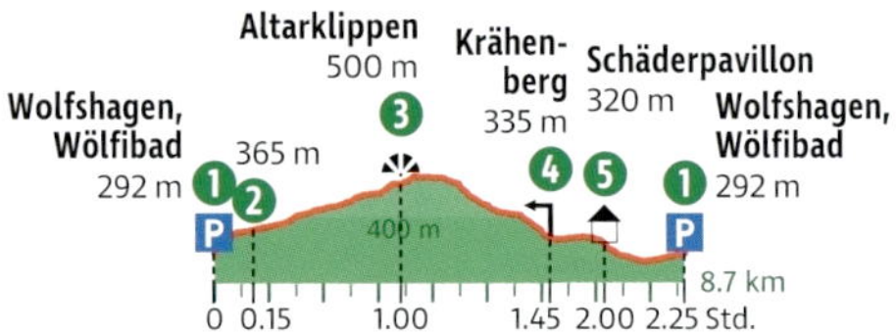

Ausgangspunkt: Wölfibad Wolfshagen, ca. 292 m, in der Straße »Am Borbergsbach«. Der Anstieg beginnt beim hinteren Parkplatz.
Öffentliche Verkehrsmittel: Buslinie 832 vom Bahnhof Langelsheim nach Clausthal-Zellerfeld. Am nächsten liegt die Haltestelle »Wolfshagen Triftweg«.
Anforderungen: Wege unterschiedlicher Beschaffenheit (längere Forststraße zur Altarklippe, sonst auch mal unbefestigt, ab Schäderpavillon Wiesenweg), dabei einige mittelsteile Passagen.
Einkehr: Hotel Im Tannengrund (beim Ausgangspunkt), Frieda's Kötchen Stube (im Campingareal), im Ortsbereich zudem Café Bothe, Wolfshäger Pizzastübchen, Hotels Burghagen und Graber.
Variante: Zum Ende hin vom Wegpunkt 4 Abkürzungsmöglichkeit nach rechts oder am Campingplatz vorbei.
Stempel: Nr. 171 (Altarklippe).

Hinter dem Wölfibad in **Wolfshagen ❶** nehmen wir den halblinks ansteigenden Erdweg auf und gelangen über einen ersten kleinen

Beim Schäderpavillon wird man sich gern zur Rast niederlassen, um die Wald- und Wiesen-Landschaft bei Wolfshagen zu genießen.

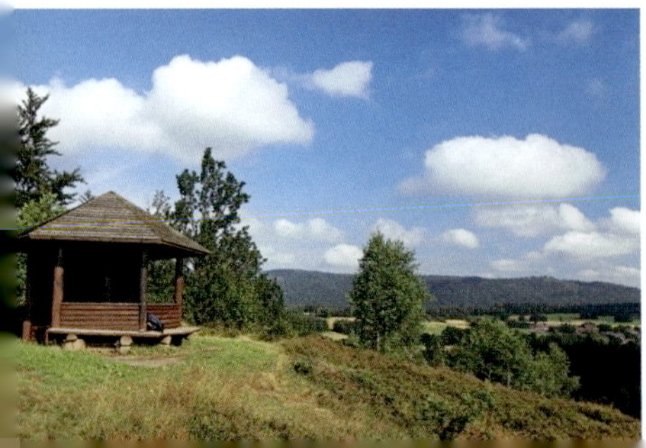

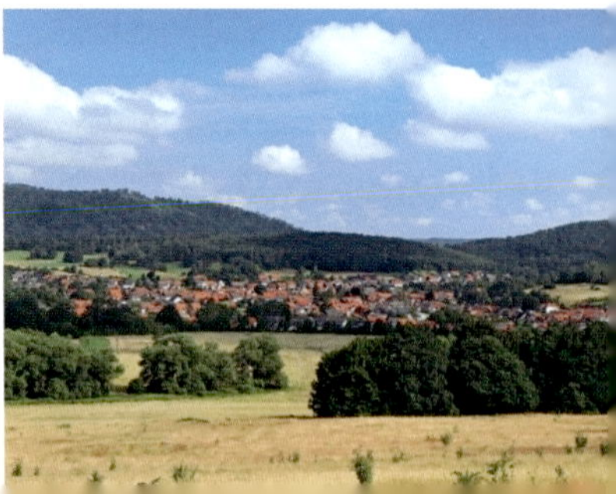

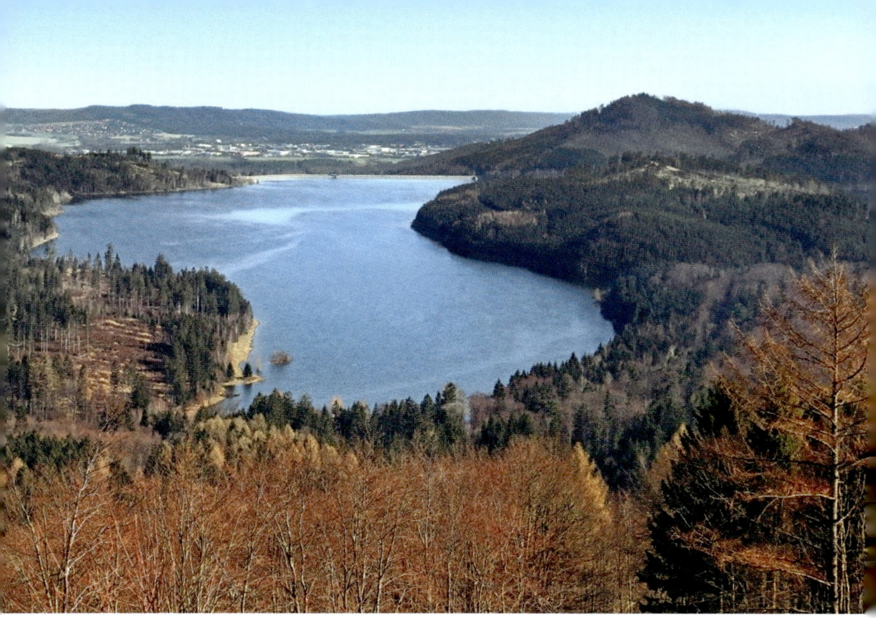

An den Altarklippen öffnet sich ein Blick zum Granestausee.

Geländeriegel (»Mäuserücken«) zum **Hundeplatz ❷**, wo sich mehrere Wege kreuzen. Für uns geht es auf dem Sommerbergweg (Nr. 2K) weiter aufwärts. Beim Unterstand der Sommerberghütte vollzieht die Forststraße eine scharfe Kehre und leitet zum Aussichtspunkt bei den **Altarklippen ❸**. Um die Kurve steigt sie noch ein wenig an, ehe wir knapp unterhalb der Blankenburger Hütte auf den Grünen Weg (Nr. 3H) abbiegen. Achtung: Beim Graben des Borbergsbachs verlässt das grüne X die breite Trasse und zieht unbefestigt schräg abwärts zum Taternplatz. Mit einer Rechtskurve zu einem weiteren Forstweg am Schäder und nun mehr oder weniger gerade hinab bis zum Waldrand, direkt oberhalb des Campingplatzes »Am Krähenberg« ❹. Binnen einer Viertelstunde gelänge man rechter Hand zurück zum Ausgangspunkt – reizvoller ist allerdings eine westlich ausholende Schleife. Auf ihr geht es zunächst am Waldrand entlang (Siegfried-Brandes-Weg) zur Schäderquelle und mit einem Rechtsbogen zum schön gelegenen **Schäderpavillon ❺**. Von dort auf dem Wiesenpfad abwärts in die Senke und hinein nach Wolfshagen, wo wir uns zur Straße Am Borbergsbach orientieren und damit zum Hotel-Restaurant »Im Tannengrund« und zum Wölfibad ❶ gelangen.

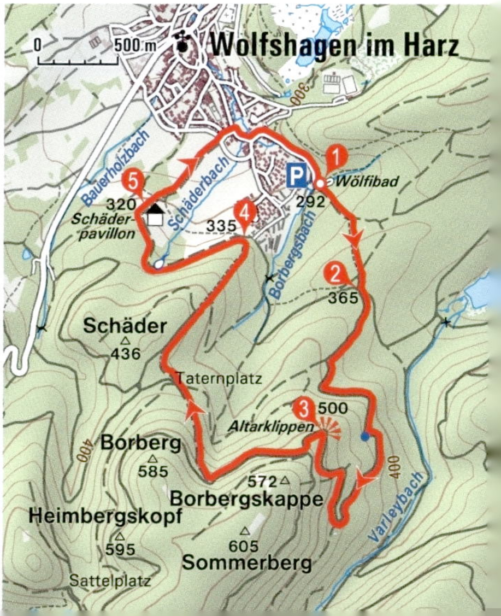

4 Bielstein und Maaßener Gaipel

An den Bergflanken um Lautenthal

TOP | 2.10 Std. | 6,9 km | ↗ 270 m | ↘ 270 m

Die schönsten Aussichtspunkte um das schmucke Bergstädtchen

Malerisch schmiegt sich Lautenthal, das im Zuge des Bergbaubooms im 16. Jahrhundert als Knappensiedlung gegründet und rasch zur »Bergstadt« erhoben wurde, in den Taleinschnitt am Zusammenfluss von Laute und Innerste. Eine Montanindustrie war hier noch bis in die 1960er-Jahre aktiv; seither hat sich die Einwohnerzahl deutlich vermindert. Im Rahmen unserer Tour wollen wir einige ausgewiesene Aussichtskanzeln über pfiffig angelegte Hangwege, welche ebenfalls teils auf den Bergbau zurückgehen, verbinden. Ein erster feiner Panoramaplatz nördlich oberhalb von Lautenthal heißt bezeichnenderweise »Schöne Aussicht«, noch zu toppen mit der Kanzel am Bielstein, wo sich wirklich der gesamte Talkessel überblicken lässt. Nach einem bequemen Abschnitt am Von-Hindte-Weg steuern wir schließlich den Maaßener Gaipel an und haben damit auch noch eine Einkehrstation inklusive Panoramagenuss. Was will man mehr?

Ausgangspunkt: Lautenthal, 298 m, Parkplatz bei der Tourist-Info.
Öffentliche Verkehrsmittel: Haltestelle »Silberhütte« der Buslinie 832 vom Bahnhof Langelsheim Richtung Clausthal-Zellerfeld.

Anforderungen: Überwiegend naturbelassene Wegverläufe, abschnittsweise auch steil und schmal (vor allem am Bielstein), daher etwas Trittsicherheit vorteilhaft.
Einkehr: Maaßener Gaipel (geöffnet

Unser Ziel ist die Waldgaststätte am Maaßener Gaipel.

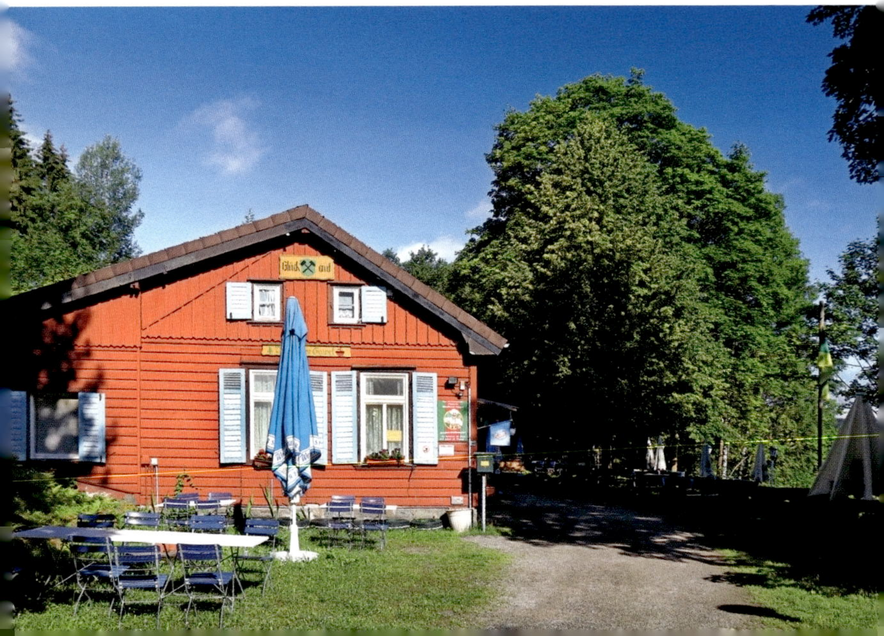

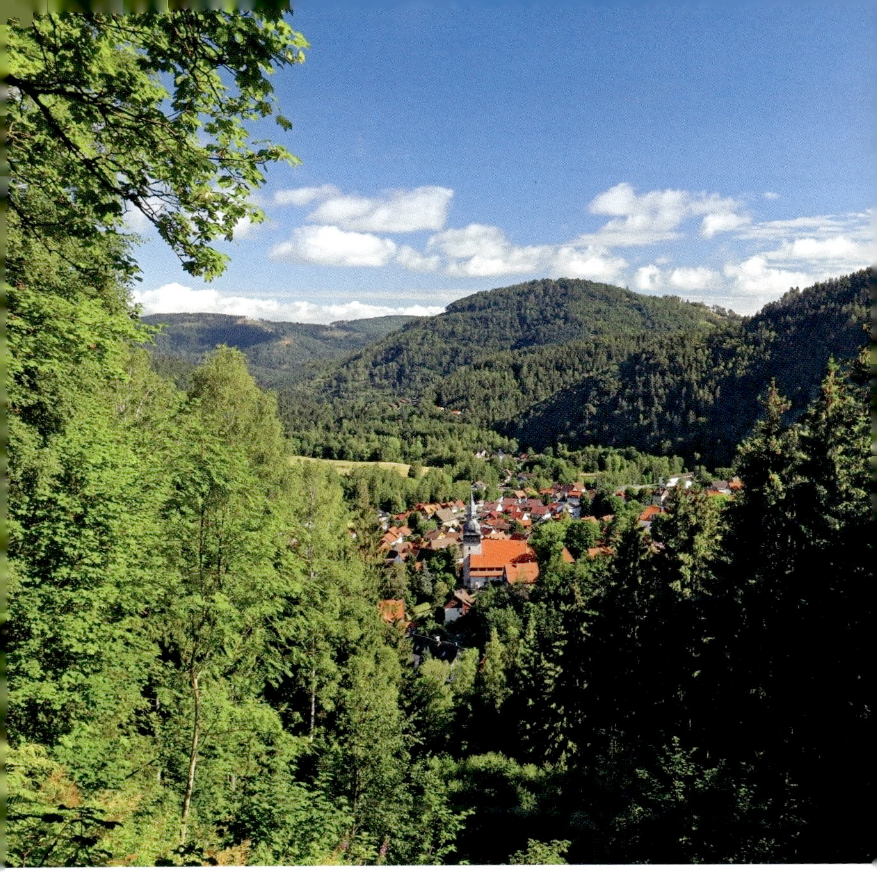

Lautenthal bettet sich in die Wälder des Nordwestharzes ein.

11–21 Uhr, Mo Ruhetag); weitere in Lautenthal: Harzer Schnitzelkönig, Zwergenstübchen, Café Lautenthal, Biergarten »An der Laute«.
Variante: 1. Der Bielstein kann ausgelassen werden, indem man von der »Schönen Aussicht« einem tieferen Weg am Hang entlang folgt.
2. Im Bereich Maaßener Gaipel eröffnet der Bergbaulehrweg zusätzlichen Spielraum.
Tipp: Bergbaumuseum Lautenthal (geöffnet Sa/So 10–17 Uhr), lautenthalsglueck.de.
Stempel: Nr. 106 (Schöne Aussicht), Nr. 107 (Maaßener Gaipel).

Wir beginnen in **Lautenthal ❶** an der Durchgangsstraße in nördlicher Richtung, wenden uns dann zum Friedhof und gelangen durch die kurze *Schützenstraße* zum aufsteilenden Waldhang. Dort führt der Philosophenweg schräg links aufwärts und mit einigen Kehren zum Pavillon »Schöne Aussicht«, wo man herrlich auf den Ort zurückblickt. Noch eindrucksvoller ist die Perspektive vom **Bielstein ❷**, 495 m, der oberhalb über einen kleinen, ziemlich steilen Waldpfad erreicht wird. Von der Kanzel gehen wir ganz kurz zurück, um sofort einen nicht bezeichneten schmalen Querweg einzuschlagen (Vorsicht wegen des abschüssigen Hangs!). Wo man auf den Otto-Ernst-Weg trifft, ist aber nochmals der Hin-

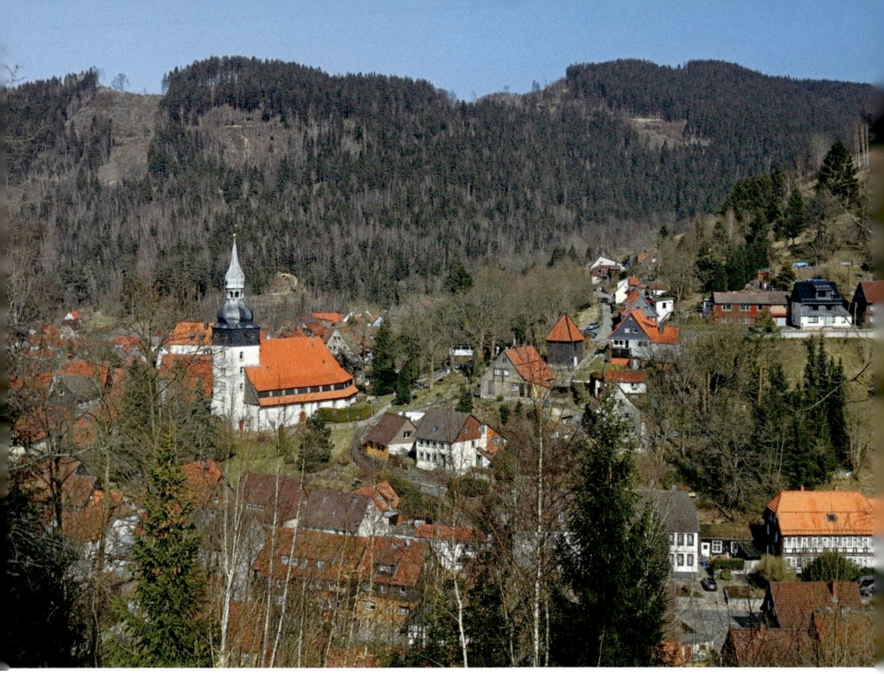

Lautenthal wurde einst als Knappensiedlung gegründet.

weis »Bielsteinkopf« zu lesen. Bei der nächsten Gabelung dann rechts abwärts und bis hinunter ins **Bischofstal** ❸. Wenige Schritte höher setzt man rechts auf dem wunderschönen Von-Hindte-Weg fort, der nahezu horizontal die Hänge schneidet und sukzessive veränderte Perspektiven auf den Ort Lautenthal bietet. An einer Biegung passieren wir einen attraktiv gestalteten Unterstand. Mit Kreuzung der *L516* ❹ sowie der Laute folgen wir ein Stück weit der Zufahrt zum Maaßener Gaipel, können zwischendurch aber auch auf den Oberen Richtschachter Graben ausweichen. Allenthalben zeugen Relikte von der Bergbauvergangenheit. Zum Restaurant am **Maaßener Gaipel** ❺ müssen dann noch ein paar Höhenmeter gewonnen werden. Der finale Abstieg vollzieht sich rasch, aber recht steil über den Osterfeuerplatz direkt am Bergsporn hinunter nach **Lautenthal** ❶.

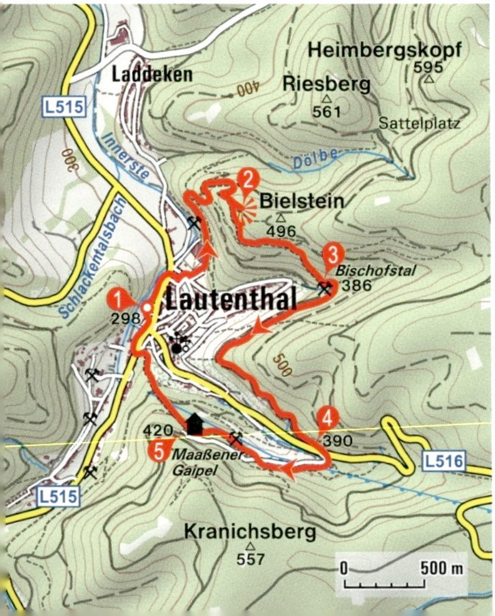

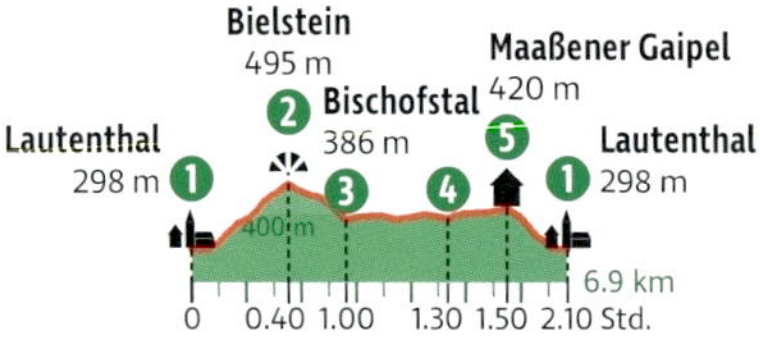

Liebesbankweg bei Hahnenklee

Rund um den Bocksberg

5

1.45 Std. | 6,2 km | ↗150 m | ↘150 m

Niedersachsens erster Premium-Wanderweg

Der Doppelort Hahnenklee-Bockswiese genießt nicht nur wegen seiner fotogenen Stabkirche nach norwegischem Vorbild einen gewissen Bekanntheitsgrad – in seinem Bereich ist 2007 auch der erste Premium-Wanderweg im Harz und in ganz Niedersachsen ausgezeichnet worden. Er trägt den schönen Namen »Liebesbankweg« und offenbart auf seinem gut sechs Kilometer messenden Rundkurs um den Bocksberg allerhand lauschige Idyllen. Zu Beginn begeistern vor allem die Blicke über die nördlichen Harzrandberge ins Vorland hinaus, später ist es eine ganze Serie von Teichen, die zum Oberharzer Wasserregal gehören. Die Route ist so angelegt, dass sich immer wieder veränderte Perspektiven ergeben. Ein idealer Genusswanderweg!

Ausgangspunkt: Hahnenklee, Parkplatz »Am Bocksberg«, ca. 585 m, unweit der Stabkirche.
Öffentliche Verkehrsmittel: Buslinie 830 von Goslar bzw. Clausthal-Zellerfeld.
Anforderungen: Durchwegs gutmütige Wanderwege, teils komfortabel ausgebaut, teils naturbelassen, bei nur mäßigen Höhenunterschieden. Die Route ist einheitlich und zuverlässig bezeichnet.
Einkehr: Bocksberghütte (Abstecher), Café-Restaurant Egerland, diverse Möglichkeiten in Hahnenklee.
Tipp: Gut 5 Min. hinter der Liebesbank kann man der Erschließungsstraße hinauf zum Bocksberg (Aussichtsturm) folgen.
Hinweis: Bei Skibetrieb ist der erste Teil der Route gesperrt, weil Pistenschneisen gekreuzt werden. In diesem Fall empfiehlt es sich, den Lift auf den Bocksberg zu nehmen.
Stempel: Nr. 112 (Liebesbank).

An den Flößteichen bei Bockswiese.

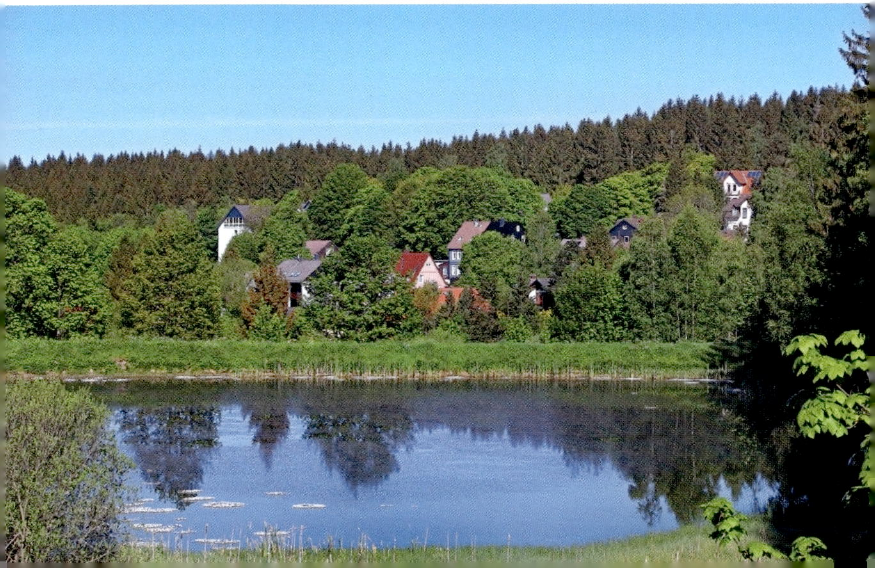

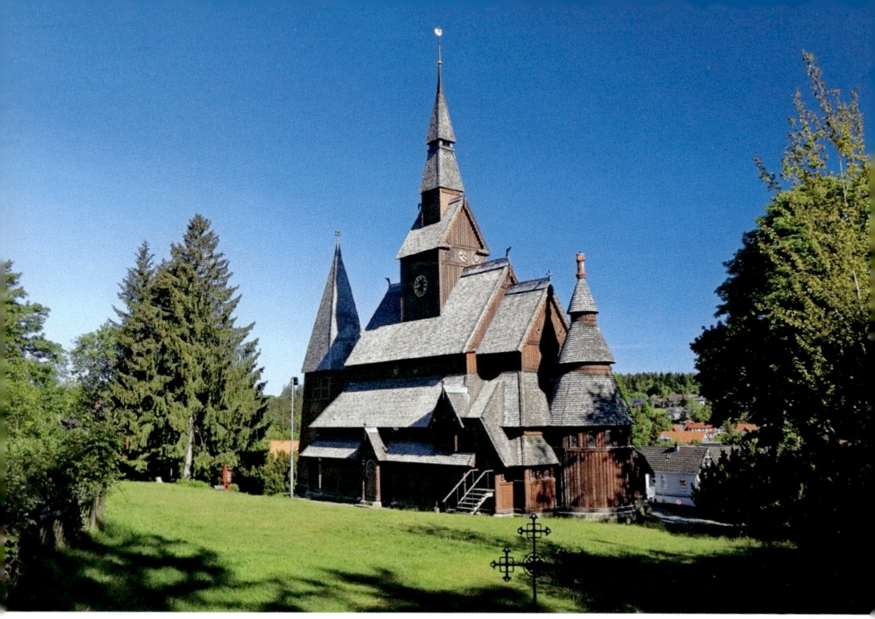

Hahnenklee ist berühmt für seine Stabkirche nach norwegischem Vorbild.

Direkt beim Parkplatz in **Hahnenklee** ❶ beginnt der Liebesbankweg. Während einer leichten Steigung an den Nordhängen des Bocksberges queren wir zweimal Skipisten und passieren zwischendurch eine Quelle. Unter den Rastplätzen ist die **»Liebesbank«** ❷ fraglos der attraktivste. Es ergibt sich ein weiter Blick bis ins nördliche Harzvorland. Mit Kreuzen der Bocksbergstraße schwenken wir um den Hang herum und treffen nach einem Gefälle beim **Auerhahn** ❸ auf eine Forststraße. Diese wird nach gut 200 Metern linker Hand verlassen, um im weiteren Verlauf die absteigende Kette der **Grumbacher Teiche** kennenzulernen. Der Neue wird südlich abgelaufen, der Obere zunächst am Nordufer, ehe man über den Damm zum **Café Egerland** ❹ beim Campingplatz wechselt. Am Mittleren Grumbacher Teich geht es wiederum südlich vorbei und anschließend zwischen den beiden Flößteichen hindurch (Wasserspielplatz). Nun tangieren wir den Ortsteil **Bockswiese** ❺ mit Wassertretbecken und gewinnen Richtung **Hahnenklee** nochmals leicht an Höhe. Zuletzt an der hübschen Stabkirche vorbei zurück zum Parkplatz ❶.

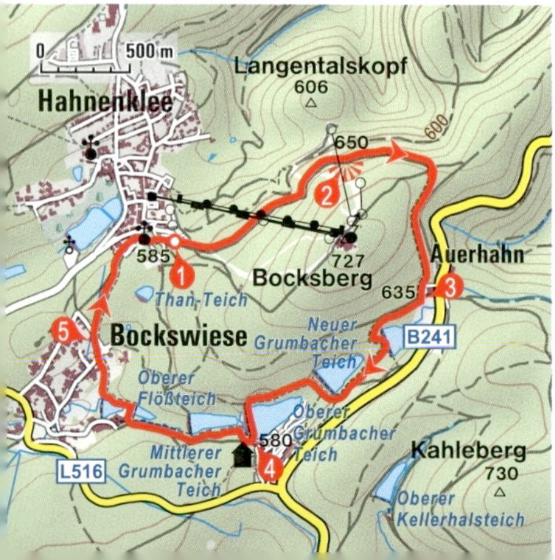

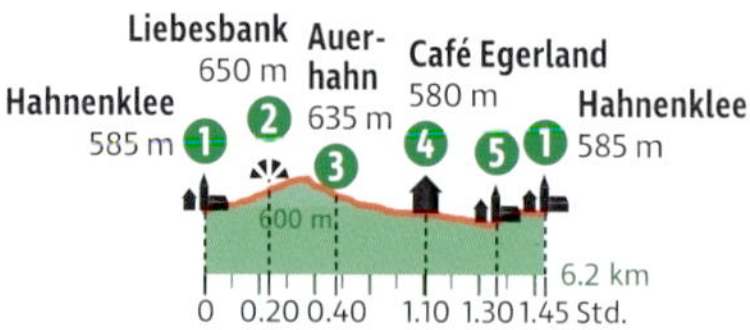

Von Hahnenklee nach Goslar

Der Hahnenkleer Weg »Mensch und Wald«

6

2.40 Std. | 10,1 km | ↗100 m | ↘400 m

Höhenwanderung und Themenweg

Von Hahnenklee können wir eine bequeme Höhenwanderung Richtung Goslar unternehmen, die unter dem Motto »Mensch und Wald« wissenswerte Aspekte des (historischen) Lebens im Harz aufwirft. Die Route ist mit zahlreichen Infotafeln gespickt, auf denen wir etwas über Köhlerei und Bergbau, Kiepenfrauen und Aufforstungen und noch Vieles mehr lernen. Zwischendurch dürfen die Blicke in die Ferne schweifen und gegen Ende erwartet uns die idyllische Einkehr in der Steinbergalm. In Goslar angekommen, bietet sich zusätzlich ein kleines oder größeres »Sightseeing-Programm« an – zumindest bei der berühmten Kaiserpfalz. Die historische Altstadt ist wie auch der Rammelsberg übrigens UNESCO-Weltkulturerbe!

Ausgangspunkt: Hahnenklee, Parkplatz nahe der Stabkirche, ca. 580 m. Nächstgelegene Bushaltestelle beim »Hotel Treff«.
Endpunkt: Goslar, am günstigsten bei der Bushaltestelle »Clausthaler Straße«, ca. 280 m. Je nach Belieben kann auch noch die Altstadt durchlaufen und die Tour beim Bahnhof/ZOB beendet werden.
Öffentliche Verkehrsmittel: Buslinie 830 von Goslar nach Clausthal-Zellerfeld (Achtung: nicht jeder Kurs leitet über Hahnenklee). Goslar ist per Bahn von Hannover, Braunschweig, Magdeburg und Göttingen zu erreichen.
Anforderungen: Bis auf das letzte Stück ab Steinbergalm überwiegend befestigte Wege mit nur wenig Bergauf; umgekehrt müssten hingegen 300 Hm mehr geleistet werden. Die Route ist mit einheitlichem Symbol be-

Ideale Einkehrmöglichkeit vor dem letzten Wegabschnitt: die Steinbergalm.

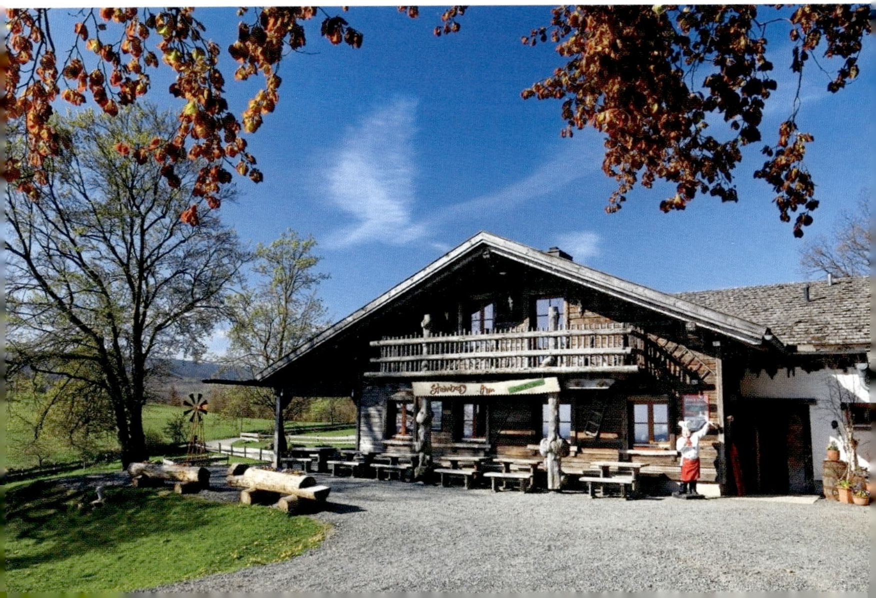

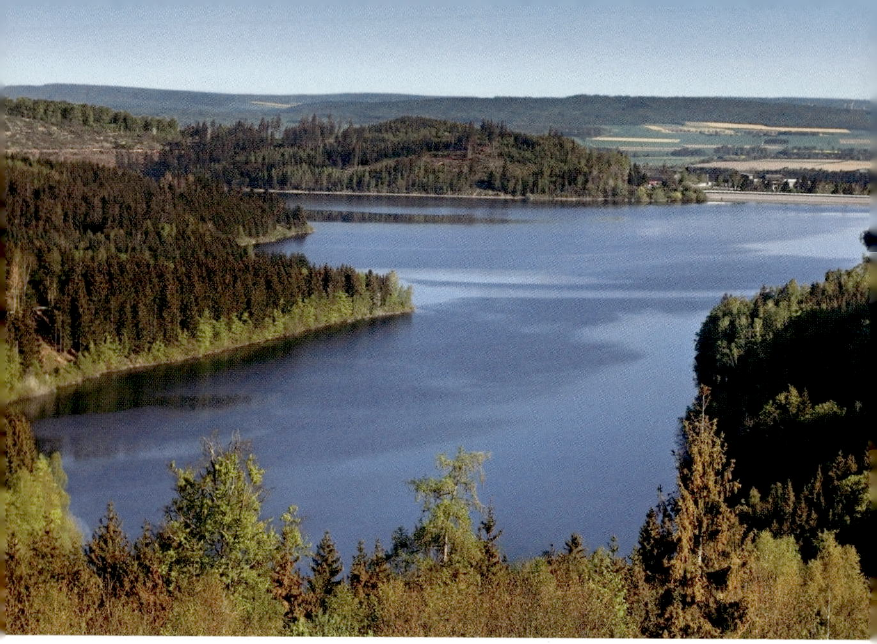

Der Granestausee ist ein besonderer Blickfang.

zeichnet, zudem gilt weithin die Nr. 2G.
Einkehr: Steinbergalm, täglich ab 11 Uhr geöffnet (Küche bis 20 Uhr), Tel. 05321 6856524. Außerdem reichhaltiges Angebot in Goslar.

Beim Wanderparkplatz in **Hahnenklee ❶** nehmen wir die Route Nr. 2G sowie den Themenweg »Mensch und Wald« auf (von der Bushaltestelle gelangt man via *Poststraße* und *Rathausstraße* hierher). Zwischen den Pisten am Bocksberg wird auch ein Graben gekreuzt. Am **Windsattel ❷** geht es rechts weiter, immer wieder mit weiten Ausblicken über

Im Trüllketal unterhalb der Steinbergalm.

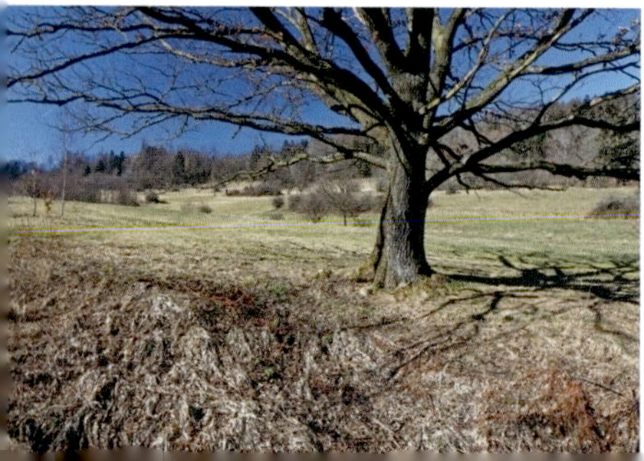

Variante: Von der Steinbergalm kann auch durchs Trüllketal hinab nach Goslar gewandert werden – nicht ganz so aussichtsreich, aber recht idyllisch.
Stempel: Keine am Weg.

den nördlichen Harzrand hinaus. Hinter einer Doppelkurve befinden wir uns an der Hohen Kehl in der Nähe der *B241*, rücken aber auf einem vorübergehend asphaltierten Wegstück davon ab. Kurz vor dem **Glockenberg ❸** befindet sich ein etwas versteckter Rastplatz bei einer ehemaligen Grube. Mit dem Taubenstieg verlieren wir noch leicht an Höhe und genießen während der Hessenkopf-Traverse tolle Ausblicke auf den Granestausee. Bald darauf

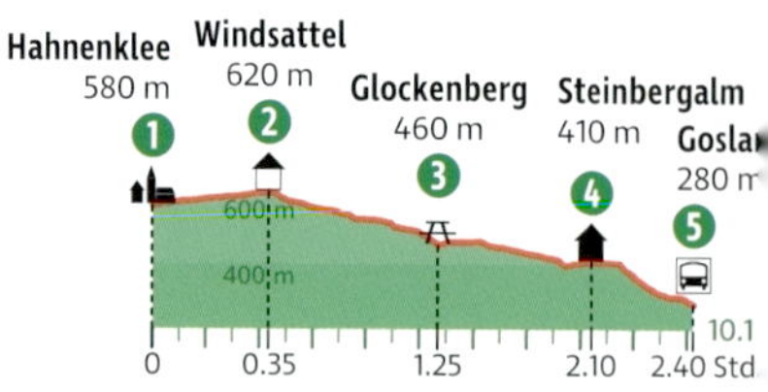

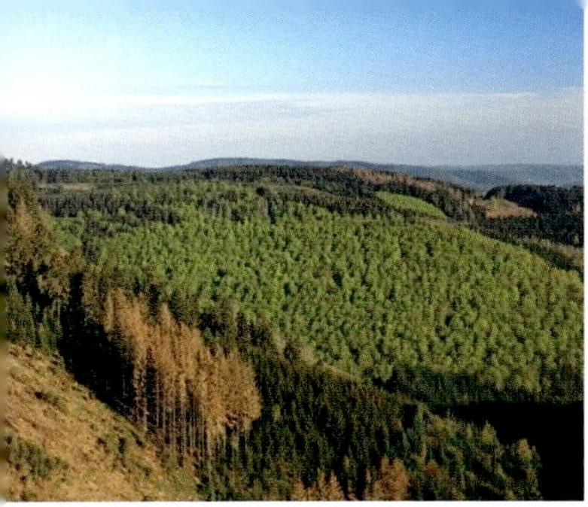

Ausblick vom Hahnenkleer Weg über die Harzhöhen.

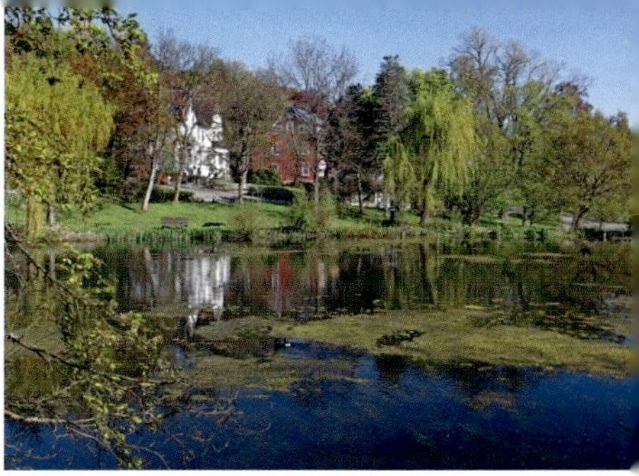

Der Frankenberger Teich am Goslarer Stadtrand.

ist der Wanderparkplatz »Unter den Eichen« erreicht und nach kurzer Gegensteigung die **Steinbergalm** **4**. Die Fortsetzung führt nun über die Wiesen am Rabenkopf und senkt sich allmählich Richtung **Goslar** ab.

Unmittelbar hinter dem Frankenberger Teich scharf rechts ein paar Meter aufwärts und damit zur Kreuzung an der *Clausthaler Straße*, wo sich ein paar Schritte gen Süden die Bushaltestelle **5** befindet.

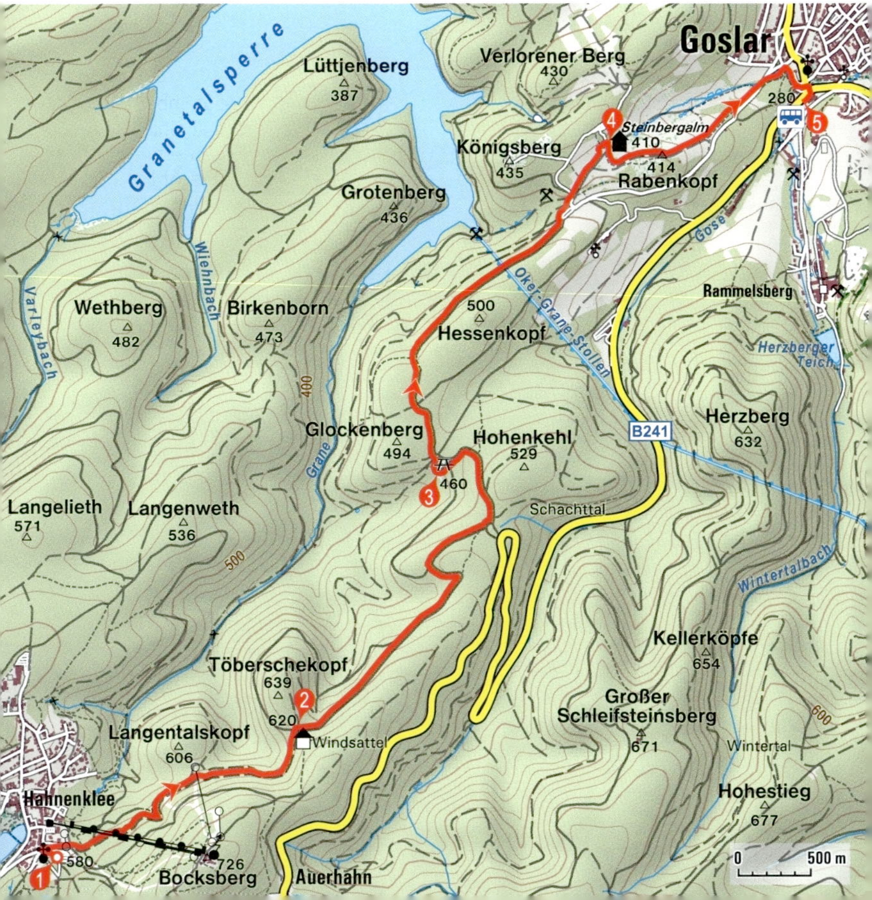

7 Steinberg, 472 m

Vom Granestausee in Richtung Goslar

3.00 Std. | 11,3 km | ↗300 m | ↘300 m

Mit Einkehr in der »schönsten Alm Norddeutschlands«

Unmittelbar westlich der Stadt Goslar erhebt sich der Steinberg. Überlieferungen von einer mittelalterlichen Burg sind undurchsichtig, eine – zumindest kurzfristige – Existenz nicht gesichert, aber angesichts der Lage und Topografie nicht unwahrscheinlich. Jedenfalls befindet sich auf der Kuppe seit 1888 ein Aussichtsturm, den wir hier gleichsam als Höhepunkt besteigen wollen. Populärer als dieser ist allerdings die unweit gelegene Steinbergalm, die mit ihren Bergwiesen ringsum tatsächlich eine gewisse Assoziation hervorruft und so auch in den Alpen liegen könnte. Eine weitere starke Facette vermittelt der buchtenreiche, hauptsächlich der Trinkwasserversorgung dienende Granestausee. Vom Ostufer ergeben sich immer wieder herrliche Perspektiven über die im Sonnenlicht glitzernde Wasserfläche auf die umliegenden Harzberge. Eine komplette Umrundung ist speziell für Radfahrer interessant.

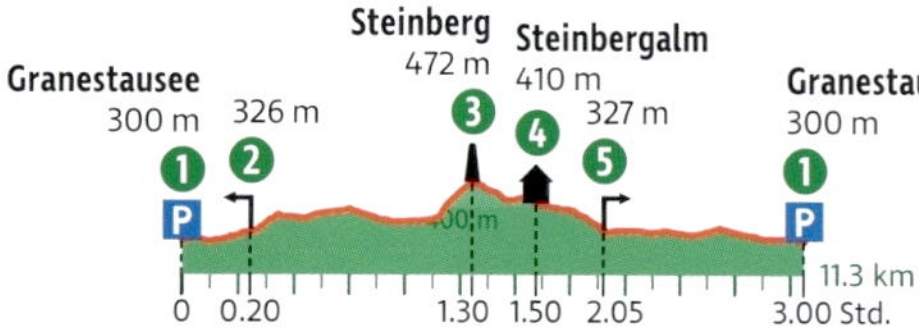

Ausgangspunkt: Parkplatz bei den Harzwasserwerken am Granestausee, ca. 300 m; erreichbar über die B82 und von der Ausfahrt Astfeld Richtung Herzog Juliushütte.

Öffentliche Verkehrsmittel: Busverbindung von Goslar nach Astfeld (Linie 850), aber nicht bis zum Ausgangspunkt.

Das Trüllketal mit dem Steinberg am südwestlichen Stadtrand von Goslar.

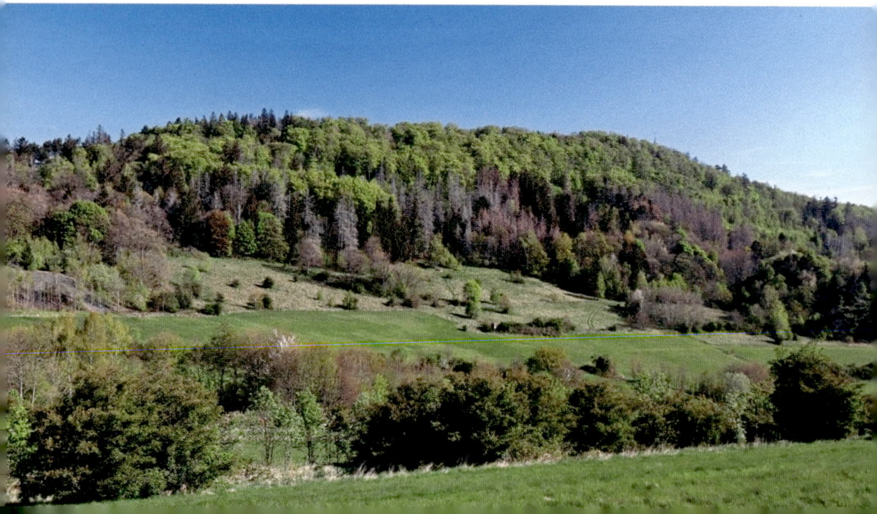

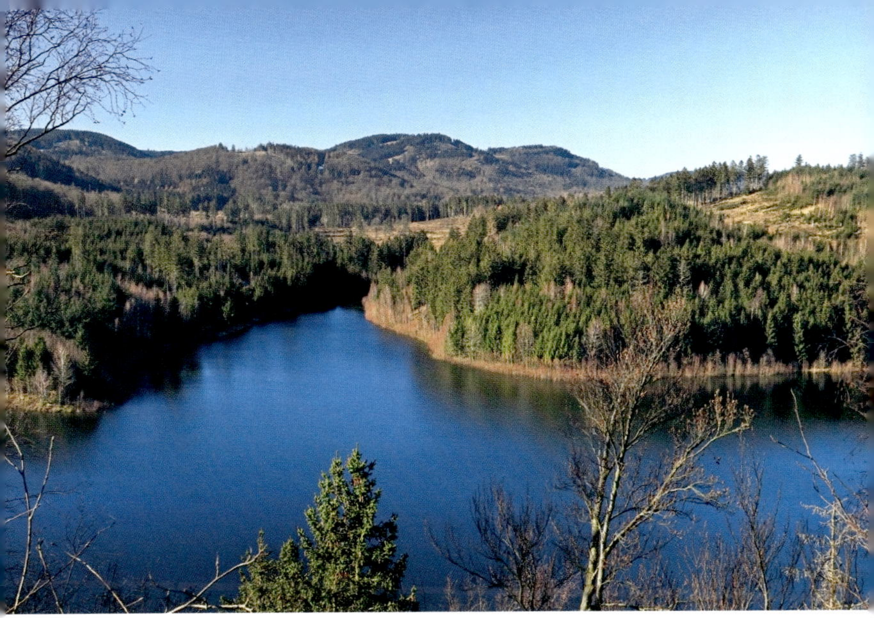

Erhöhte Perspektive über dem Granestausee.

Anforderungen: Ein steiles Pfadstück hinauf zum Steinbergturm, ansonsten leicht, am Harzer Försterstieg meist Naturbelag, entlang des Granestausees asphaltiert und radtauglich.
Einkehr: Steinbergalm, täglich ab 11 Uhr geöffnet (Küche bis 20 Uhr), Tel. 05321 6856524.
Varianten: Man kann auch von Goslar ausgehen und von der Steinbergalm durchs Trüllketal oder über den Rabenkopf zurückkehren.

Vom Parkplatz ❶ gewinnen wir in wenigen Minuten die Dammkrone des Granestausees, die nach links zur Gänze überschritten wird. Am breiten Uferrundweg noch ein Stück weiter, bis hinter einer Linkskurve der Harzer Försterstieg (lokale Nr. 2J) links aufwärts abzweigt ❷. Quasi eine Etage höher schlägt man damit einen großen Bogen um den Schafskopf-Rücken. Bei einer Kreuzung geradeaus auf einen befestigten Forstweg und am Rande der nordwestseitigen Steinbergwiesen an einem kleinen Biotop (Tümpel)

Tipp: Ausstellung bei den Harzwasserwerken.
Stempel: Nr. 110 (Granestausee), Nr. 111 (Steinbergturm).

Hauptziel der Wanderung ist der Aussichtsturm auf dem Steinberg.

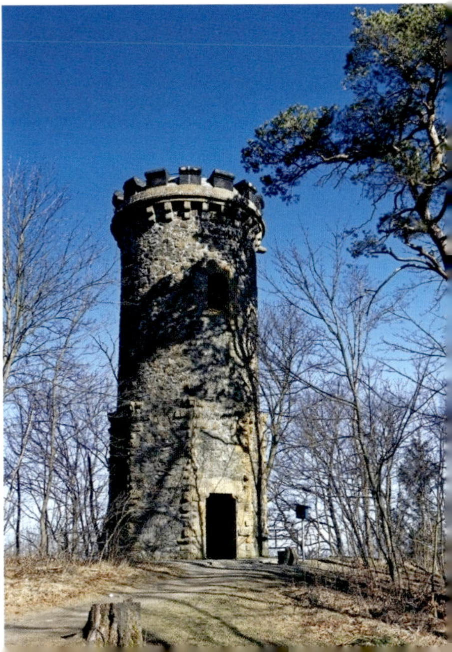

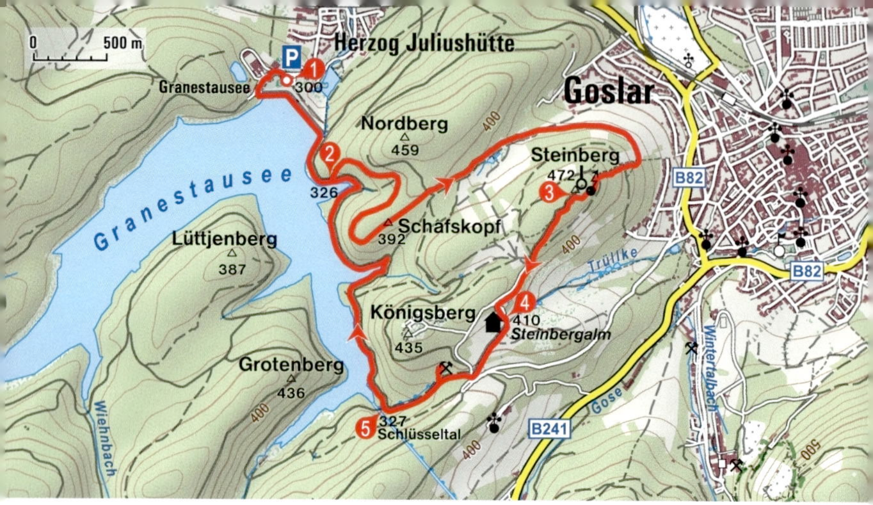

vorbei. In Kürze beachten wir den Hinweis »Schieferweg« und folgen diesem auf Grasnarbe mit schönen Ausblicken ins Harzvorland und bald auch auf Goslar. Nach einem leichten Aufwärtsbogen gilt es nochmals aufzupassen: Wo ein Pfad von unten heraufkommt, schlagen wir diesen bergwärts ein und gelangen damit – einmal leicht rechts versetzt – direkt zum **Steinberg** ❸, 472 m, hinauf. Vom denkmalgeschützten Turm aus öffnet sich die Aussicht, allerdings ist die Goslarer Kernstadt größtenteils durch den vorkragenden Rücken verdeckt. Anschließend auf dem Sträßchen leicht abwärts und zur idyllischen **Steinbergalm** ❹, 410 m, wo man bestens verköstigt wird. Etwas tiefer wählen wir beim Parkplatz »Unter den Eichen« den abfallenden Weg ins Schlüsseltal, schauen noch rasch bei der **Bärenhöhle** vorbei und kommen weiter unten wieder auf den Granestausee-Rundweg ❺. Inklusive zweier Bögen in seitlichen Einschnitten sind es nun noch fast drei Kilometer bis zum Beginn der Staumauer und weitere 800 Meter zum Parkplatz ❶.

Der Granestausee bedeckt eine Fläche von mehr als 200 Hektar und umfasst ein Speichervolumen von 46 Millionen Kubikmetern.

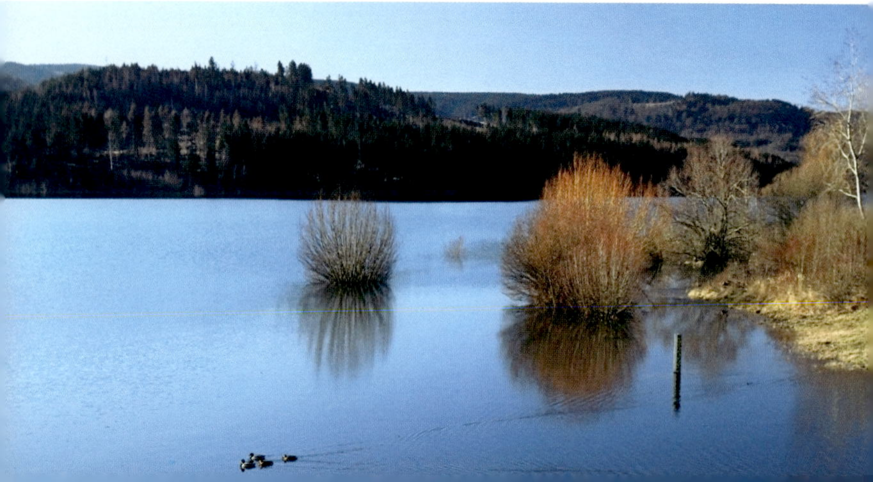

Am Rammelsberg bei Goslar

Über den Maltermeisterturm zum Ramseck

2.30 Std. | 8,5 km | ↗ 330 m | ↘ 330 m

Wo 1000 Jahre lang der Bergbau »brummte«

Die genauen Anfänge des Bergbaus am Rammelsberg bei Goslar liegen im Dunkel der Geschichte verborgen. In jedem Fall aber entwickelte sich hier ab dem Mittelalter eine bedeutende Förderstätte für Silber, Gold und Buntmetalle, die zeitweilig sogar Weltrang erreichte und auch maßgeblich den Aufstieg Goslars zur Reichsstadt begründete. Die Gesamtfördermenge soll sich bis zur Einstellung des Betriebs (1988) auf rund 27 Millionen Tonnen Erz belaufen. Im Rahmen eines Besucher- und Schaubergwerks und der Aufnahme in das UNESCO-Welterbe konnte seither neben der kulturhistorischen Präsenz auch ein wirtschaftlicher Stellenwert erhalten werden. Unsere Wanderung vermittelt eindrückliche Perspektiven aus der Umgebung des Bergwerks. Auf spannenden Pfaden – die teilweise zu den steilsten überhaupt zählen – erklimmen wir den Aussichtspunkt am Ramseck und lassen die Blicke über die vieltürmige Stadt schweifen.

Ausgangspunkt: Goslar, am Beginn der Rammelsberger Straße, ca. 285 m, oder weiter hinten beim Bergbaumuseum; ansonsten können auch die großen Parkplätze bei der Kaiserpfalz genutzt werden.

Öffentliche Verkehrsmittel: Goslar ist per Bahn von Hannover, Braunschweig, Magdeburg und Göttingen gut erreichbar. Zum Bergbaumuseum (Rammelsberger Str.) verkehrt die Buslinie 803.

Anforderungen: Sehr steiler Aufstieg über die nicht markierte Direktroute zum Ramseck; Trittsicherheit erforderlich! Abstieg über den Borchersweg deutlich moderater.

Am Ramseck befindet sich auch die »Sparkassenhütte«.

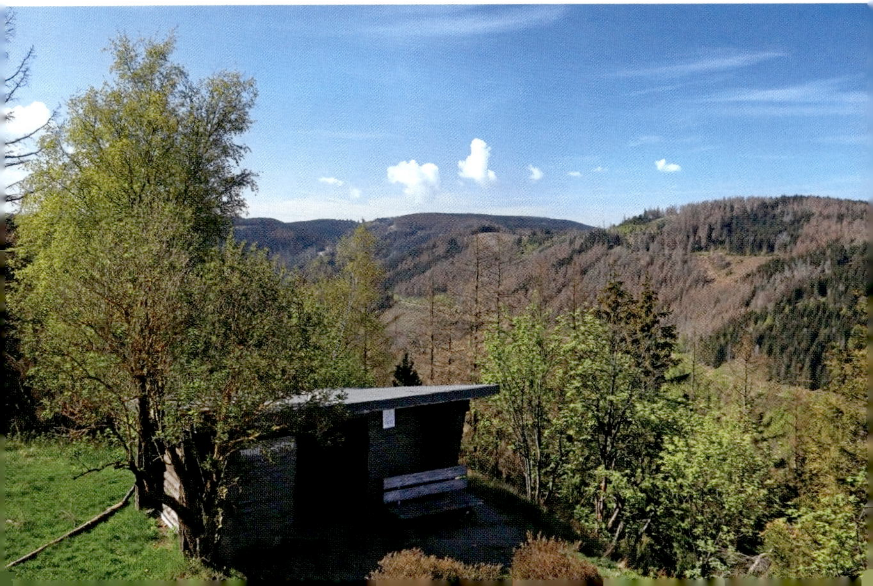

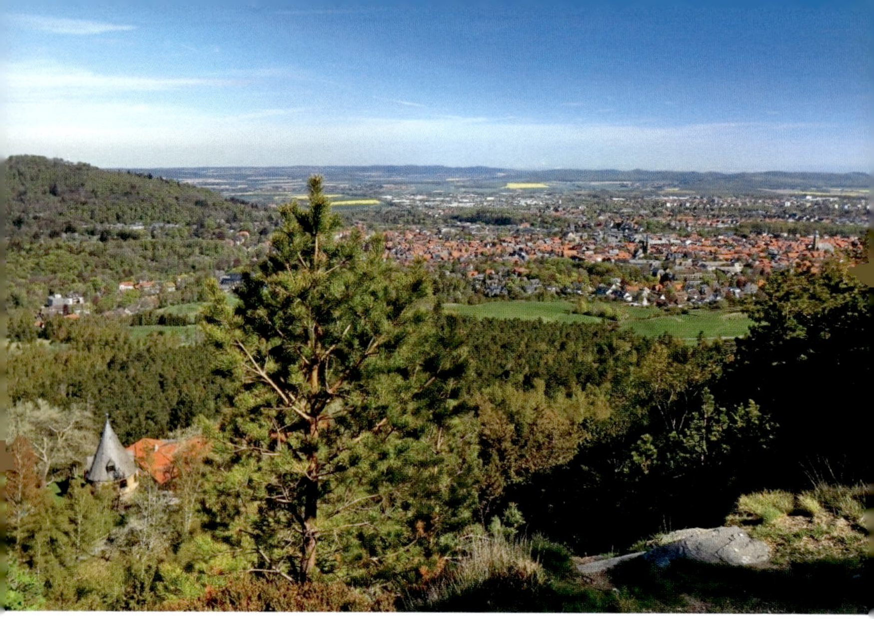

Der Aussichtspunkt am Ramseck belohnt für den steilen Aufstieg. Im Hintergrund die Stadt Goslar.

Einkehr: Berggaststätte Maltermeisterturm (täglich geöffnet von 12 bis 21 Uhr); Casino Rammelsberg (täglich geöffnet von 10 bis 18 Uhr); weitere Restaurants in der Goslarer Innenstadt.
Varianten: 1. Die Tour kann auf die Hälfte reduziert werden, indem man über die Bruchchaussee direkt zum Maltermeisterturm hinauffährt.
2. Ab Ramseck ist eine nördliche Umrundung des Rammelsberges möglich, unlängst aber durch Waldarbeiten in Mitleidenschaft gezogen und daher nicht sehr genussvoll.
Tipp: Das Museum & Besucherbergwerk Rammelsberg ist zwischen April und Oktober täglich von 9 bis 18 Uhr geöffnet, in der Wintersaison bis 17 Uhr. Es werden verschiedene Führungen angeboten.
Stempel: Nr. 114 (Ramseck), Nr. 91 (Weltkulturerbe Rammelsberg).

In **Goslar** ❶ folgen wir anfangs der *Rammelsberger Straße*, biegen rechts ab zur Brücke über die Abzucht und gelangen hinter einem Seniorenheim auf einen schattigen Wanderweg. Dieser zieht ziemlich genau südwärts durchs Tälchen. Bald erblickt man die ehemaligen Montananlagen und kann am Damm des **Herzberger Teiches** ❷ die Seite wechseln. Nun steigen wir in den Berghang ein, gewinnen auf einem gut ausgebauten Schotterweg an Höhe und ziehen mit dem Querweg

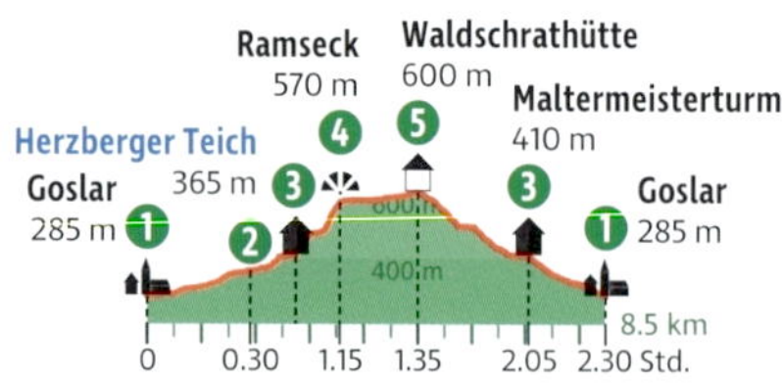

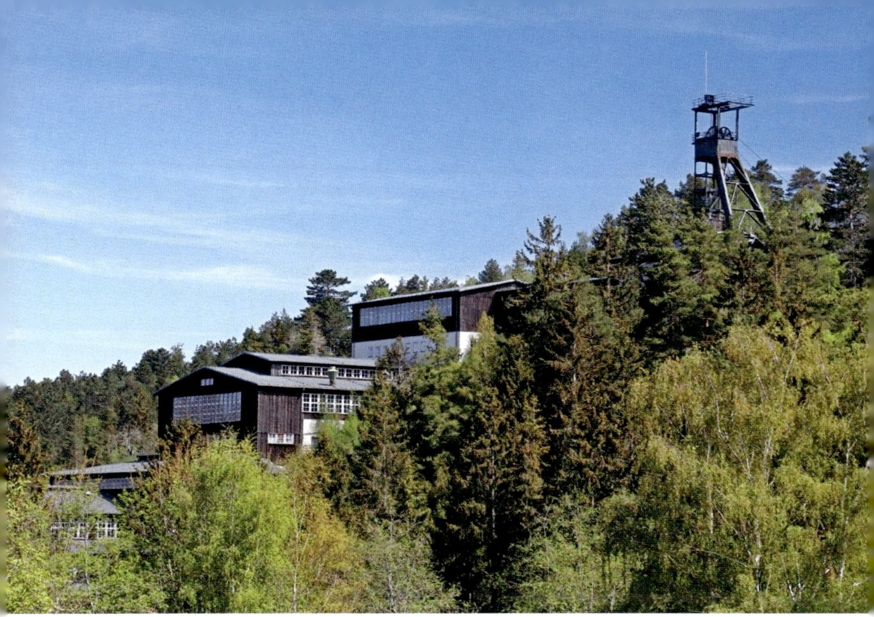

Bergbau am Rammelsberg ist seit über 1000 Jahren nachgewiesen.

oberhalb des Steinbruchs zur Berggaststätte **Maltermeisterturm** ❸ hinüber. Direkt beim Parkplatz beginnt ohne Beschilderung der Steilaufstieg. Rund 60 Meter höher gelangen wir auf eine Abbauterrasse und können entweder leicht links haltend fortsetzen oder interessanter diese gen Süden überschreiten, um vom Geländeeck aus den steilsten Teil anzupacken. Dieser Pfad kommt genau bei der Sparkassenhütte (Unterstand) am **Ramseck** ❹ heraus. Anhand der grünen Punktmarkierung beschreiten wir anschließend den grasigen Rammelsberger Weg bis zur Einmündung in eine Forststraße und schlagen ein paar Schritte weiter bei der **Waldschrathütte** ❺ rechts den Borchersweg ein. Dieser schmiegt sich schön an die Flanken und zieht in angenehmem Gefälle tiefer. Wir kommen wieder zum **Maltermeisterturm** ❸, folgen kurz der Zufahrt und zweigen dann links auf einen Waldpfad ab. Die *Bruchchaussee* wird einmal noch gekreuzt, weiter unten dann vorübergehend selbst genutzt, ehe bei der Jugendherberge rechts abzweigend der Rundenschluss vollzogen wird.

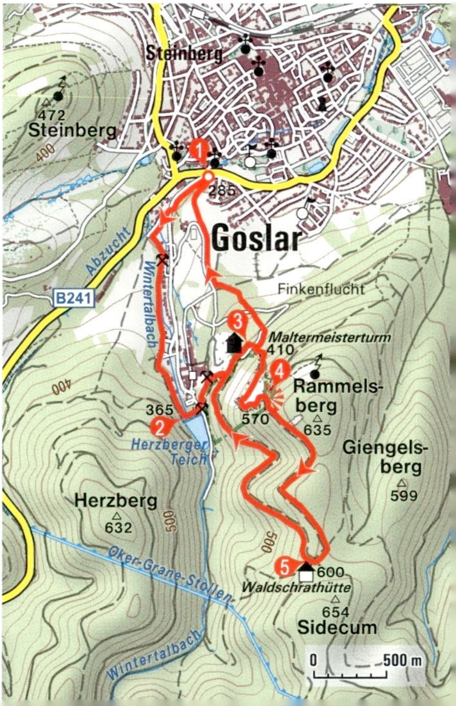

9 Treppenstein, Käste und Feigenbaumklippe

Aus dem »Königreich Romkerhall«

2.00 Std. | 5,4 km | ↗300 m | ↘300 m

Die eindrucksvollen Granitklippen im Okertal

Mit seinen walddunklen Steilflanken und bizarr ausgewitterten Felsklippen zählt das enge Okertal zu den romantischsten Winkeln im Harz. Ein besonders beliebtes Ausflugsziel ist dort der Romkerhaller Wasserfall, der höchste überhaupt im ganzen Gebiet. Der Fleck gehört kurioserweise zu keiner Gemeinde und wurde augenzwinkernd zum »kleinsten Königreich der Welt« ausgerufen – Einfälle muss man haben ... Für uns bildet Romkerhall die Startrampe zu den oberhalb gelegenen Aussichtsklippen. Am kühnsten steigt man auf den Treppenstein, am bekanntesten ist wohl die Käste, nicht minder interessant im weiteren Verlauf die Feigenbaumklippe. Die Geologie spricht im Angesicht dieser Felsformationen übrigens von mustergültiger Wollsackverwitterung.

Ausgangspunkt: Romkerhaller Wasserfall, ca. 335 m, im Okertal (direkt an der B498).

Öffentliche Verkehrsmittel: Buslinien 801 bzw. 861 vom Bahnhof Goslar ins Okertal.

Anforderungen: Bis auf zwei nicht sehr lange Forstweg-Abschnitte naturbelassene Pfade, die mitunter auch recht steil verlaufen. Unmittelbar an den gesicherten Felsklippen teilweise ausgesetzt. Etwas Trittsicherheit erforderlich.

Einkehr: Hotel Königreich Romkerhall am Ausgangspunkt. Das Kästehaus wurde abgerissen; ein Neubau befindet sich derzeit in Planung.

Tipp: Sehr reizvoll ist auch der wildromantische Talweg an der Oker entlang.

Stempel: Nr. 117 (Treppenstein), Nr. 118 (Käste).

Goldener Herbst im Okertal.

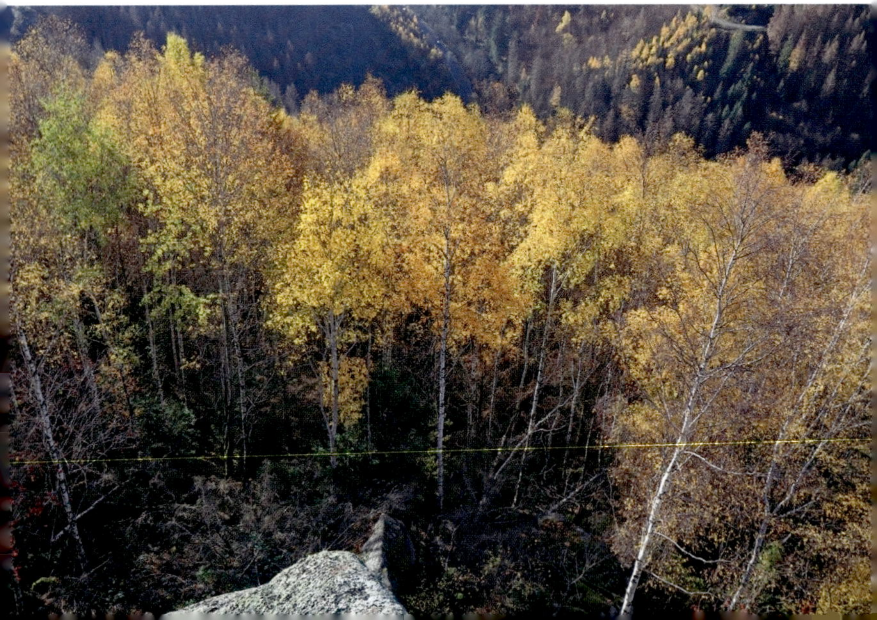

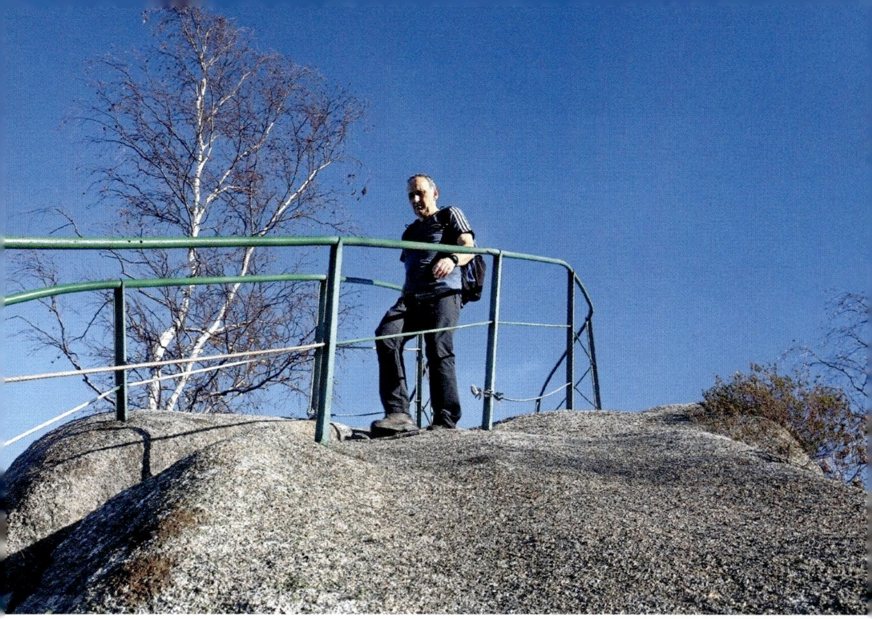

Am exponierten, aber gut gesicherten Treppenstein.

Unmittelbar links neben dem **Romkerhaller Wasserfall ❶** steigen wir in den Steilhang ein und gelangen 64 Meter höher auf die Geländestufe, wo das Wasser – über einen Graben von der Kleinen Romke zugeleitet – hinunterschießt. Nun auf dem Bergmannschen Weg (Forststraße) weiter und allmählich ansteigend gen Norden bis zum Abzweig des Stichweges auf den **Treppenstein ❷**. Recht kühn windet sich die Steiganlage auf die luftige Klippe empor. Zurück am Hauptweg wählen wir jenen Waldpfad, der sich wenige Schritte nach links versetzt bergwärts wendet. Damit schließt man zur Kästestraße auf und erreicht bald darauf die blockige **Kästeklippe ❸**, 605 m. Eine Felsformation am Abbruch ist auch unter dem Namen »Der Alte vom Berge« bekannt. Auf der Fortsetzung gen Süden empfangen uns weitere skurrile Felsmonumente: Hexenküche, Mausefalle sowie die **Feigenbaumklippe ❹**, welche ebenfalls als Aussichtskanzel ausgebaut ist. Von dort geht es durch den dichten Waldhang bergab in den Einschnitt der Kleinen Romke und hinunter zum **Romkerhaller Wasserfall ❶**.

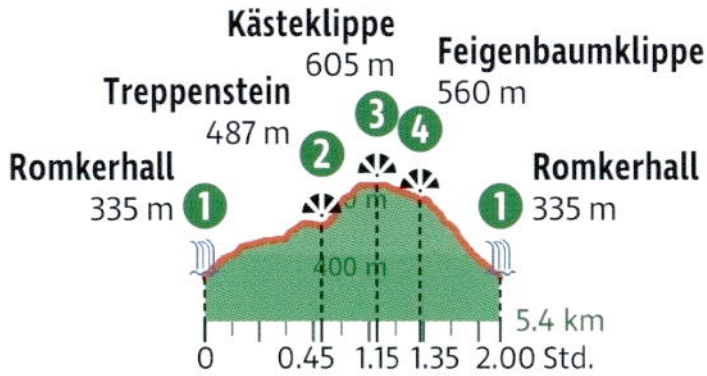

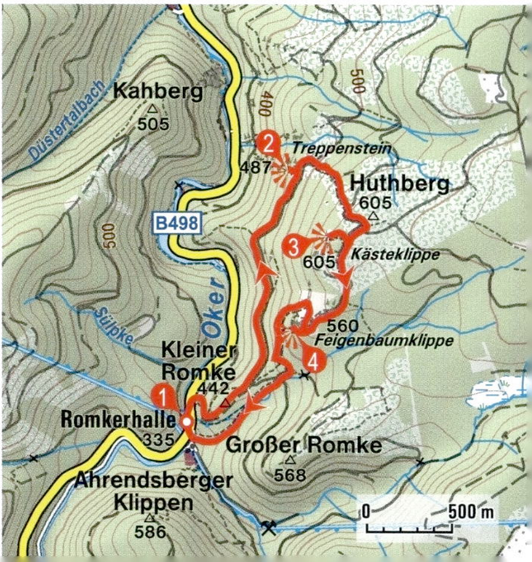

10 Schalke, 762 m

Von Festenburg und über den Schalker Teich zurück

1.50 Std. | 6,3 km | ↗ 260 m | ↘ 260 m

Zu einem der besten Aussichtspunkte im Oberharz

Im gesamten Nordwestteil des Harzes zwischen Seesen, Goslar und Clausthal-Zellerfeld ist die Schalke die höchste Erhebung. Sie wird daher viel erwandert, wobei man zwischen Routen sehr unterschiedlicher Länge wählen kann. Wir wollen es bei den Touren dieses Buches ja nicht »übertreiben«, doch ein wenig Pep und Abwechslung soll schon geboten werden. Deshalb wird hier nicht der wenig interessante Kurzaufstieg vom Auerhahn beschrieben, sondern die Route vom Hotel Festenburg. Sie zieht recht kräftig an, doch belohnen wir diese Anstrengung mit einem tollen Panorama, das sich vom Aussichtsturm vor allem Richtung Brocken aufs Beste manifestiert. Beim Rückweg über den Goslarer Stadtweg machen wir schließlich noch am überaus malerischen Schalker Teich Station. Wer wagt ein Bad im erfrischend kühlen Nass?

Ausgangspunkt: Parkplatz beim Erlebnishotel Festenburg, ca. 545 m. Die Zufahrt zweigt von der Verbindungsstraße zwischen Clausthal-Zellerfeld und Schulenberg ab.
Öffentliche Verkehrsmittel: Kleinbus 841 von Clausthal-Zellerfeld, damit am besten in Oberschulenberg, 473 m, starten.

Anforderungen: Forststraßen und breitere Wege machen den größeren Anteil aus, es gibt aber auch phasenweise recht steil verlaufende Pfadabschnitte.
Einkehr: Erlebnishotel Festenburg.
Variante: Von Oberschulenberg erreicht man in ca. 15 Minuten den Schalker Teich.
Stempel: Nr. 125 (Schalker Turm).

Rund 16 Kilometer Luftlinie liegen zwischen Schalke und Brocken.

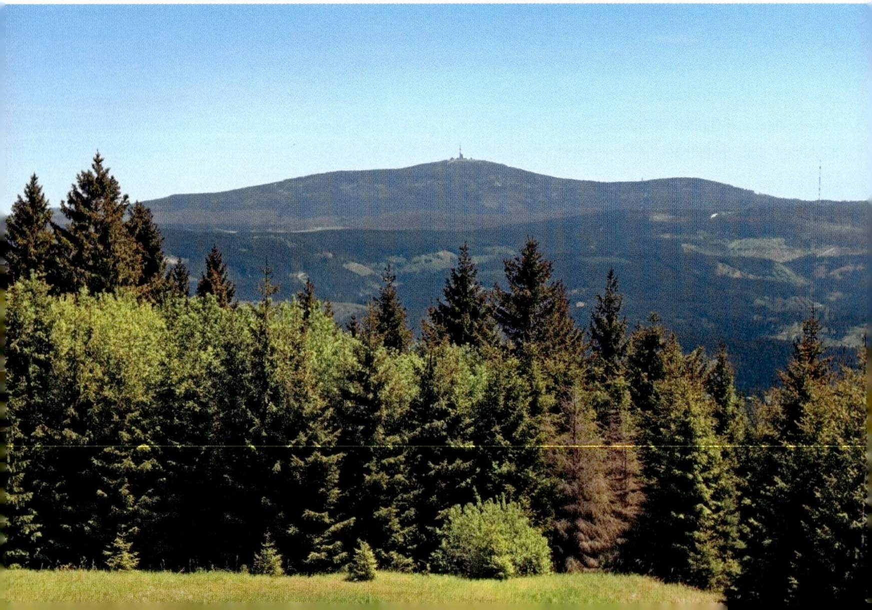

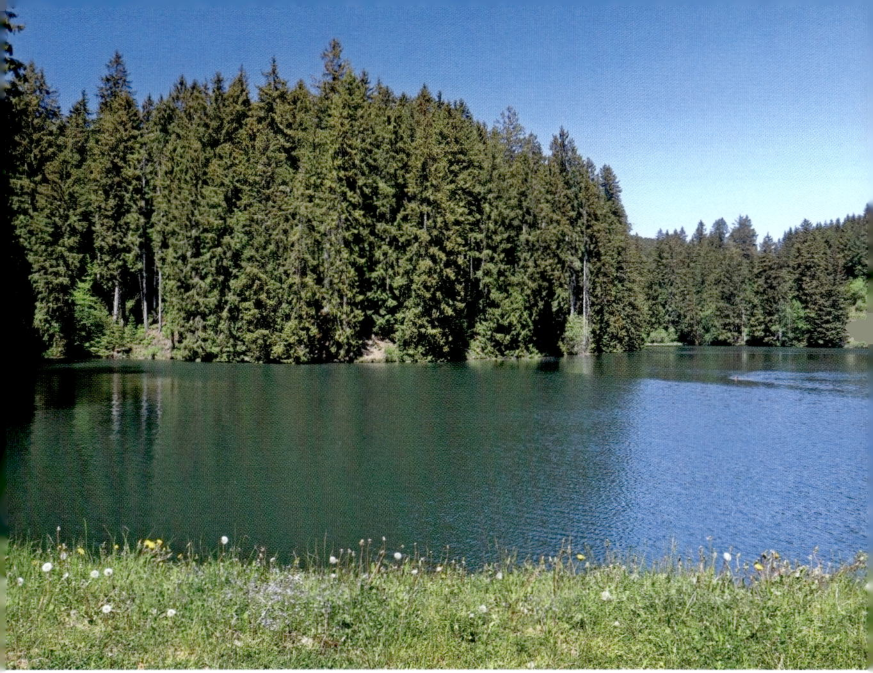

Ein besonderes Kleinod: der Schalker Teich.

Direkt neben dem Hotel **Festenburg** ❶ setzt ein kleiner Pfad ein, der den direktesten Aufstieg vermittelt. Man kann auch etwas bequemer weiter links ausholend beginnen und nimmt den steileren Trampelpfad später wieder auf. Nun nordostwärts gegen die **Schalke** ❷ hinan und per kurzem Abstecher zu einer ausgedehnten Wiese mit Unterstandshütte und Aussichtsturm. Ein befestigter Forstweg wird anschließend ostwärts bis zu einer größeren Verzweigung begangen ❸. Hier mit dem **Goslarer Stadtweg** (Nr. 7K) scharf nach rechts und mit einem großzügigen Abwärtsbogen in den Einschnitt zwischen Riesenbachs- und Klingebielskopf, schließlich an den Hängen des Zweitgenannten Richtung Schmandplatz und zum nahen **Schalker Teich** ❹. Wir überschreiten den Damm und haben zuletzt noch einen kleinen Gegenanstieg bis zum Ausgangspunkt zu bewältigen.

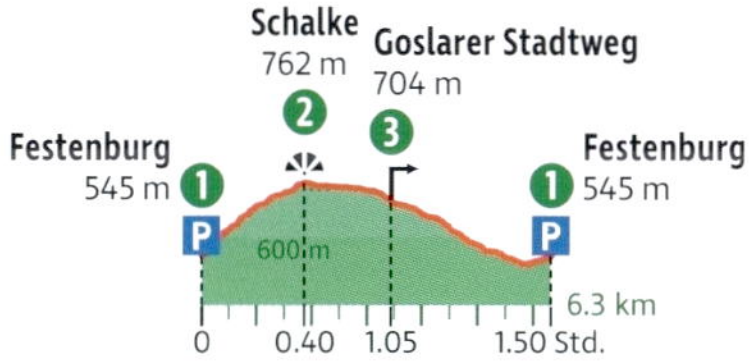

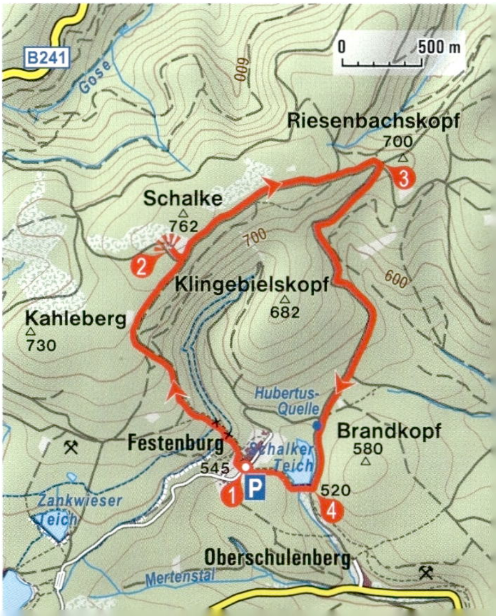

11 Am Zellerfelder Kunstgraben

Zwischen Kellerhalsteich und Stadtweger Teich

2.00 Std. | 6,7 km | ↗100 m | ↘100 m

Mustergültiger Wasserwanderweg im Oberharzer Wasserregal

Die Bergbautätigkeit im Harz brachte speziell zwischen dem 16. und 19. Jahrhundert umfangreiche wasserwirtschaftliche Maßnahmen mit sich. Man legte unzählige Teiche und Gräben an, um die Wasserräder der Bergwerke gezielt und effizient betreiben zu können. Eine Tour, die nördlich der Bergstadt Clausthal-Zellerfeld ganz im Zeichen des Oberharzer Wasserregals steht, wird in diesem Kapitel vorgestellt. Sie macht an einer ganzen Handvoll hübscher Seen – die sich trotz ihres künstlichen Aufstaus stets harmonisch in die Landschaft einfügen – Station und folgt streckenweise auch den alten Gräben, vor allem dem Zellerfelder Kunstgraben. Die Anstrengungen sind gering, aber eines sollte man sich doch vergegenwärtigen: Oft sind wir nämlich auf kleinen, etwas verschlungenen Pfaden unterwegs, was eine gewisse Aufmerksamkeit erfordert, um nicht fehlzugehen. Bei Schneelage im Winter dürfte dies allerdings nicht ohne Weiteres gelingen.

Ausgangspunkt: Parkplatz »Zellerfelder Kunstgraben« beim Großen Kellerhalsteich, ca. 574 m, an der B241 nördlich von Clausthal-Zellerfeld.
Öffentliche Verkehrsmittel: Buslinie 830 zwischen Goslar und Clausthal-Zellerfeld, aber kein unmittelbarer Halt beim Ausgangspunkt. Man kann auf die Haltestellen »Erbprinzentanne« (südlich) oder »Kreuzeck« (nördlich) ausweichen.
Anforderungen: Überwiegend kleine

Unsere Tour tangiert auch den Stadtweger Teich …

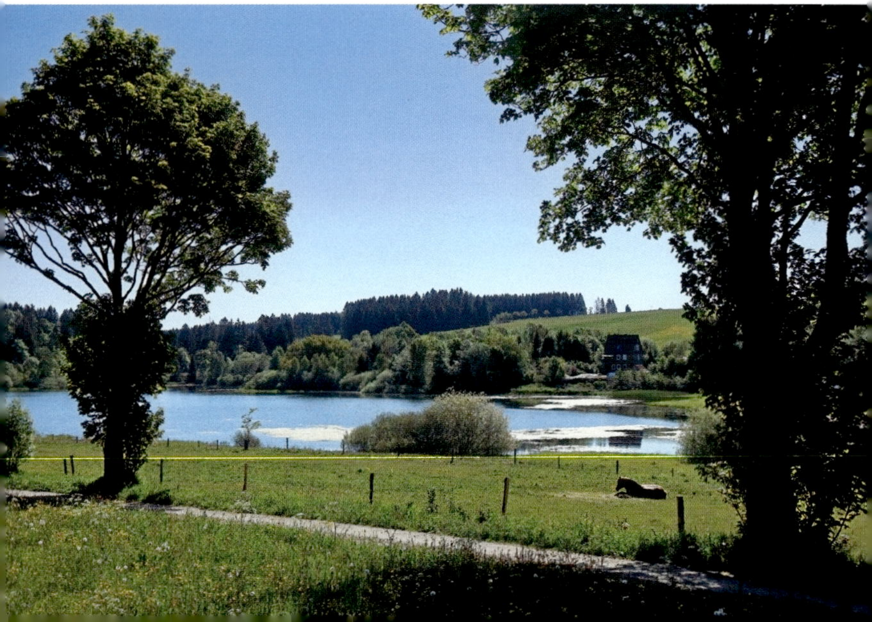

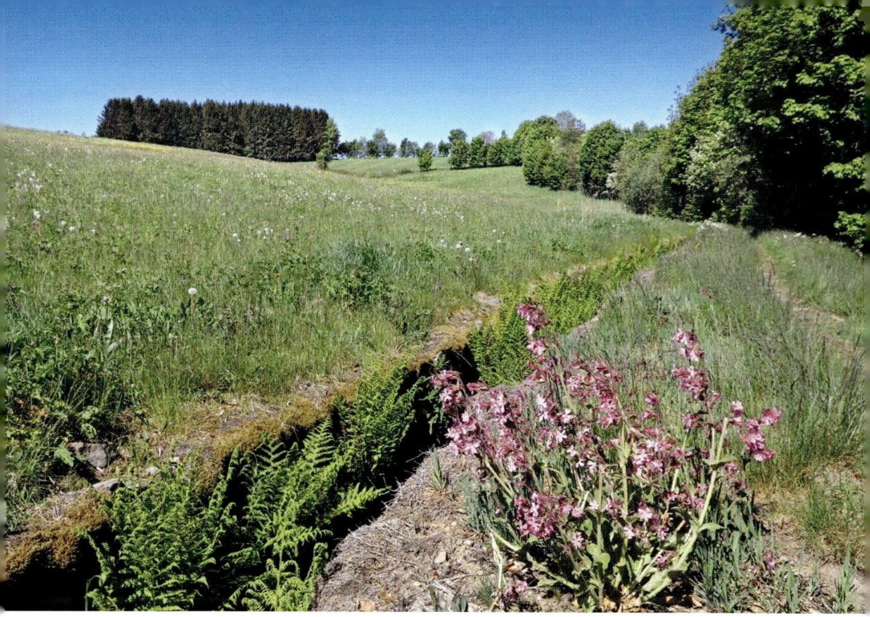

... und verläuft anschließend ein Stück weit in offener Szenerie.

Pfade, meist horizontal an Wassergräben entlang. Nur dürftig bzw. teils gar nicht markiert, daher gutes Orientierungsvermögen erforderlich.
Einkehr: Keine am Weg; das Waldhotel Untermühle ist inzwischen geschlossen.
Varianten: 1. Zu Beginn nicht via Zankwieser und Kiefhölzer Teich, sondern am Zellerfelder Kunstgraben entlang. 2. Gegen Ende anstelle des Harteweger Grabens nordwärts zur Bundesstraße und zum Oberen Schalker Graben aufsteigen und damit hinüber zum Großen Kellerhalsteich.
Stempel: Keine am Weg.

Vom Parkplatz ❶ steigen wir wenige Meter zum Südeck des **Großen Kellerhalsteichs** hinauf und in gleicher Richtung weiter zum Oberen Schalker Graben, der nun knapp 300 Meter begleitet wird. Dann rückt man rechts davon ab und erreicht in Kürze den **Zankwieser Teich**. Vom Damm am Südwestufer schlagen wir einen kleinen Waldpfad ein und halten uns später rechts zum **Kiefhölzer Teich** ❷. Unmittelbar bevor dessen Damm beginnt, wählen wir erneut einen kleinen Schleichpfad am Sockel und drehen dann rechts zum

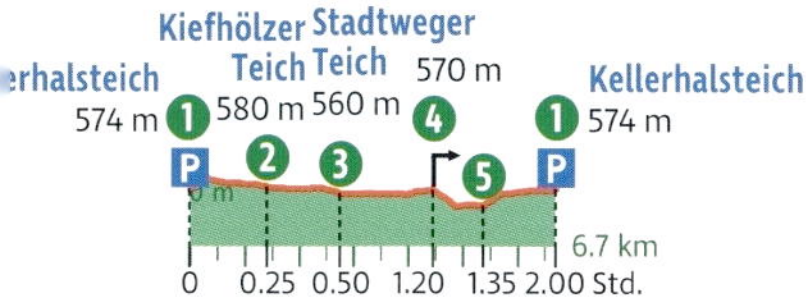

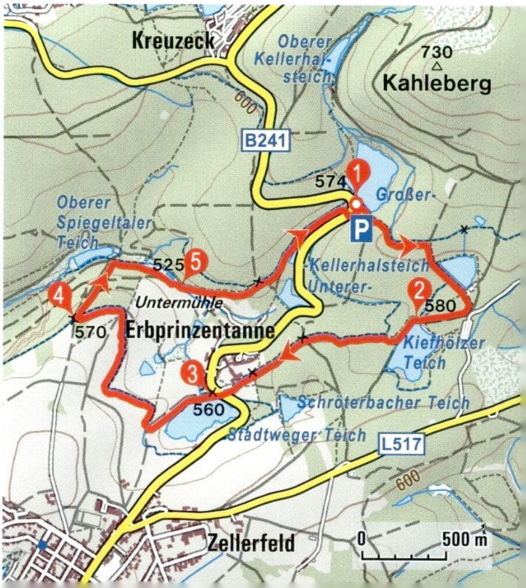

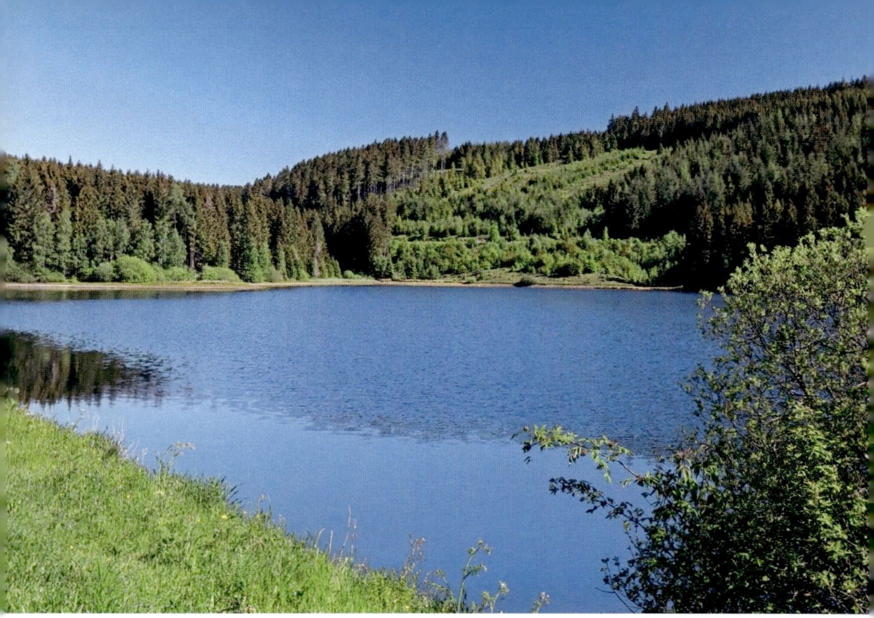

Großer Kellerhalsteich.

Zellerfelder Kunstgraben ab. Dieser leitet jetzt durch urwüchsige Waldareale Richtung Erbprinzentanne. Mit Kreuzen der Bundesstraße (Vorsicht:

Die Gräben aus der Bergbauzeit sind heute urwüchsige Wanderrouten.

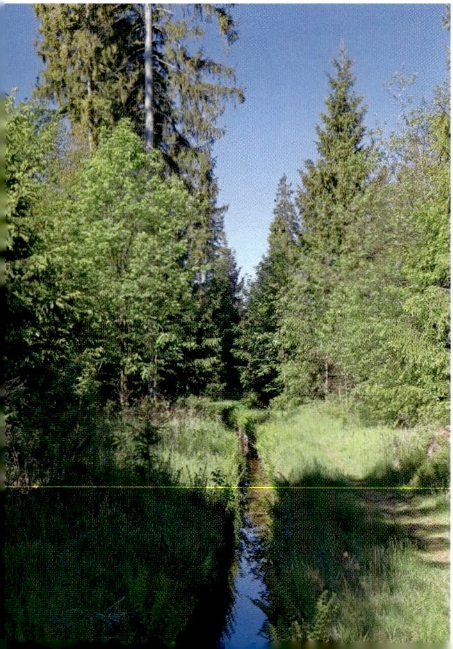

Kurven) stehen wir am **Stadtweger Teich** ❸, passieren ein Stück weit das Nordufer und vollziehen bei der nächsten Gabelung einen sehr scharfen Rechtsknick. Nun sind wir wieder direkt am Zellerfelder Kunstgraben unterwegs, und zwar durch die offenen Wiesen unterhalb der Bockswieser Höhe. Der Graben vollzieht jeweils eine markante Rechts- und Linkskurve. Bald darauf scheren wir nach rechts aus ❹, womit uns ein stärkeres Gefälle in die Nähe des **Oberen Spiegeltaler Teichs** bringt. Durch die Bäume ahnt man ihn mehr als ihn tatsächlich zu sehen. Für die Fortsetzung gen Osten wählt man am besten den lauschigen, kleinen Pfad und betritt die Forststraße erst kurz vor der **Untermühle** ❺. Direkt beim ehemaligen Gasthaus setzt links am Hang ein ansteigender Steig ein. Damit zum Harteweger Graben, über einen befestigten Weg geradeaus hinweg und dem Graben weiter folgend, bis man direkt unterhalb des Parkplatzes ❶ ankommt.

Östliche Clausthaler Teichrunde

Mit dem Alten Dammgrabenweg

2.50 Std. | 10,4 km | ↗120 m | ↘120 m

Hausherzberger-, Fortuner-, Jägersbleeker-, Hirschler- und die Pfauenteiche

Die Teichlandschaft rund um die alte Bergstadt Clausthal-Zellerfeld ist geradezu exorbitant, sodass es nicht übertrieben erscheint, ringsum gleich drei Touren mit dem Schwerpunkt »Wasser« vorzustellen. Schließlich kommt solcherlei beim Wanderpublikum stets gut an! Dieser Vorschlag startet bei den Hausherzberger Teichen noch im näheren Stadtumfeld und orientiert sich ein gutes Stück nach Osten, bis zu Fortuner und Jägersbleeker Teich. Mit dem Hirschler Teich und den drei Pfauenteichen kommen wir insgesamt auf acht – einer malerischer als der andere, wobei der Eindruck natürlich auch immer von Tageszeit, Wetter und Lichteinfall bestimmt wird. Eine Besonderheit liegt noch dazwischen: Wir wollen nämlich für eine ganze Weile dem Alten Dammgraben folgen, wo man trotz Verfall und allgemeinen Waldwandels immer noch erstaunlich gut vorankommt. Zwar taugt der verschlungene Wurzelpfad nicht unbedingt für »Genusswanderer«, doch für Entdeckungslustige mit etwas Spürsinn allemal …

Ausgangspunkt: Parkplatz »Waldseebad«, ca. 570 m, am Unteren Hausherzberger Teich in Clausthal-Zellerfeld (Straße »Voigtslust«, aus der Adolf-Ey-Straße abzweigend).
Öffentliche Verkehrsmittel: Busverbindungen von den Bahnhöfen Goslar, Langelsheim, Osterode und Gittelde nach Clausthal-Zellerfeld ZOB. Nächste Haltestelle »Robert-Koch-Straße« (von dort ca. 10 Gehminuten bis zum Unteren Hausherzberger Teich).
Anforderungen: Schmaler und holpriger Verlauf vor allem entlang des Alten Dammgrabens, hier auch keine offizielle Beschilderung (es taucht nur ein Schneereifen-Symbol auf). Sonst leichter begehbare Trassen, mal breit, abschnittsweise auch pfadartig. Aufgrund geringer Höhenunterschiede nicht besonders anstrengend; wichtig ist guter Orientierungssinn.
Einkehr: Keine direkt an der Route, aber im nahen Stadtgebiet von Clausthal-Zellerfeld genügend Auswahl.
Variante: Wer auf den verschlungenen Dammgrabenweg verzichten möchte,

Am Wassergraben zwischen Fortuner und Jägersbleeker Teich.

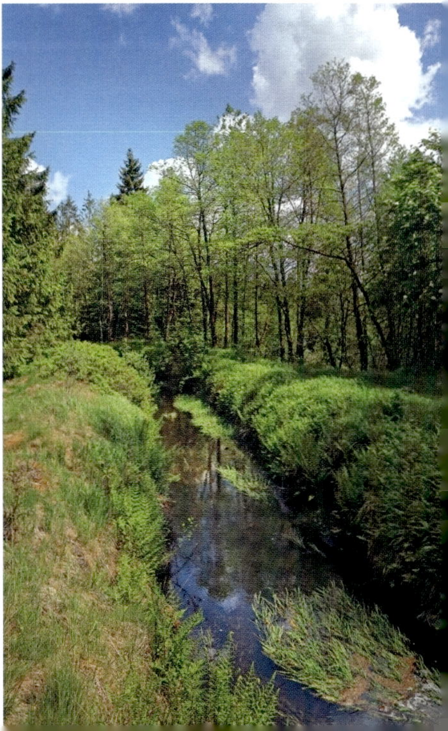

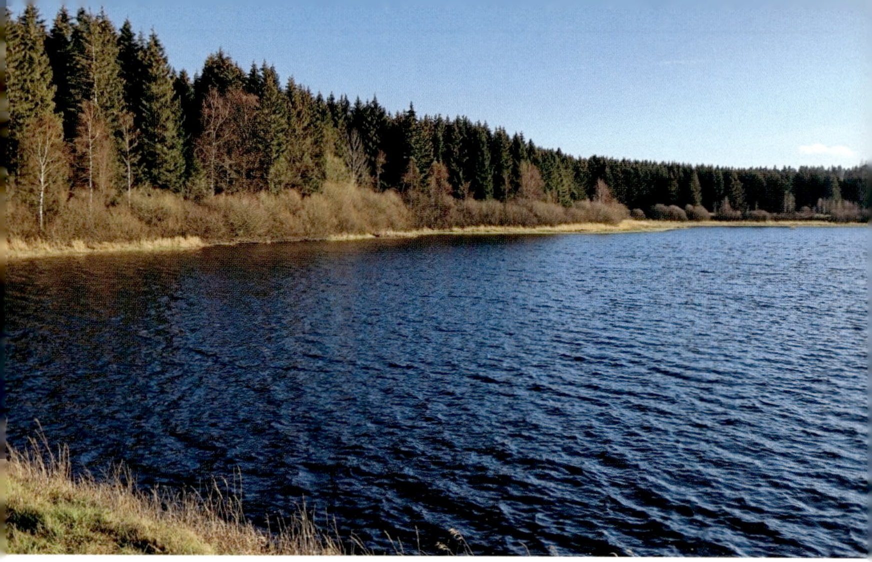

Zu den Teichanlagen östlich von Clausthal gehört auch der Hirschler.

kommt auch einfacher und schneller über Forstwege Richtung Fortuner Teich voran.
Tipp: Waldseebad am Oberen Hausherzberger Teich (saisonal geöffnet 9–20 Uhr).
Stempel: Nr. 127 (Weppner Hütte am Jägersbleeker Teich).

Vom Parkplatz »Waldseebad« ❶ in **Clausthal-Zellerfeld** bleiben wir zunächst an der nördlichen Seite des **Unteren Hausherzberger Teichs** und wechseln anschließend über den Damm zum südlichen Ufer des **Oberen Hausherzberger Teichs**. Dort befindet sich der Ferienpark »Am Waldsee«. Gleich hinter den letzten Hütten schräg rechts in den Wald und auf dem eher schmalen Pfad bis zu einer T-Kreuzung. Unsere Route biegt rechts ab und nach 150 Metern wieder links. Wir kreuzen eine größere Forststraße und stoßen wenige Schritte weiter auf den **Alten Dammgraben** ❷. Dessen gewundener Verlauf – anfangs noch wasserführend – ist nun für eine ganze Weile maßgebend. Wo man erstmals wieder auf eine breite, befestigte Trasse stößt, ist die Fortsetzung ein paar Meter nach links etwas undeutlich. Unser Holperpfad am jetzt trockenen, verwachsenen Graben entlang tangiert oder kreuzt noch mehrere Male die Forststraße (Alter Bahndamm) – gut auf die jeweiligen Anschlüsse achten! Nach der letzten Kreuzung von Nord nach Süden nähern wir uns der *Altenauer Straße* und setzen gegenüber zunächst ähnlich fort. Nach einem Rechtsbogen steht man dann plötzlich vor dem **Fortuner Teich**

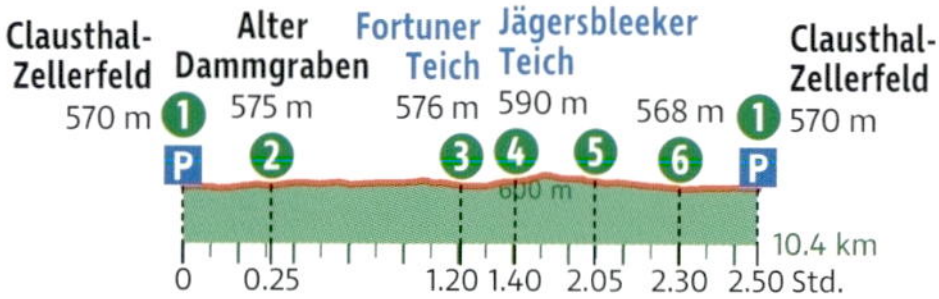

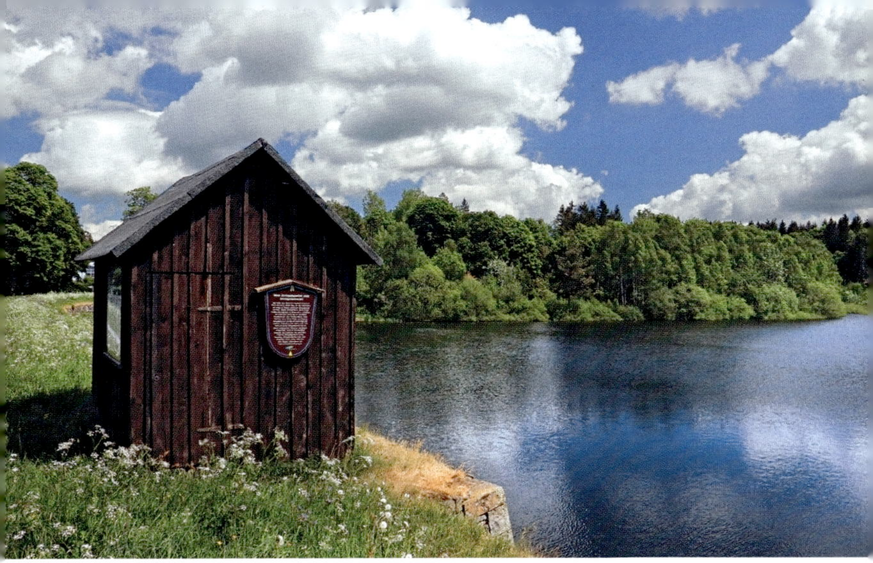

Den Abschluss macht der Untere Pfauenteich.

❸. Wir können ihn wahlweise rechts oder links passieren. Vom Südende abrückend und mit einem Linksabzweig wandern wir bis unmittelbar vor den Damm des **Jägersbleeker Teichs** ❹ und von der Weppner Hütte (Stempelstelle) anschließend über diesen hinweg. Ein anderer Weg kürzt vorher weniger reizvoll ab. In gut 20 Minuten kommen wir schon zum nächsten stattlichen Exemplar, dem **Hirschler Teich** ❺, voran. Hier folgen wir dem Damm nur bis knapp zur Mitte und steigen dort über die Treppe zum nahen **Oberen Pfauenteich** ab. Schöne Pfade begleiten nun die drei Pfauenteiche, am **Mittleren** häufig in Wiesenbereichen, wobei der markante Rechtsschwenk zu beachten ist. Hinter einer Hecke befindet sich ein Denkmal. An dieser Stelle knickt die Route links ab und bringt uns zum Damm des **Unteren Pfauenteichs** ❻. Jenseits geht es in die *Freiberger Straße* und damit ins Gewerbegebiet Ost hinein. Darin ein Stück aufwärts, bis man auf die *Breslauer Straße* stößt, und linker Hand zurück zum **Unteren Hausherzberger Teich** ❶.

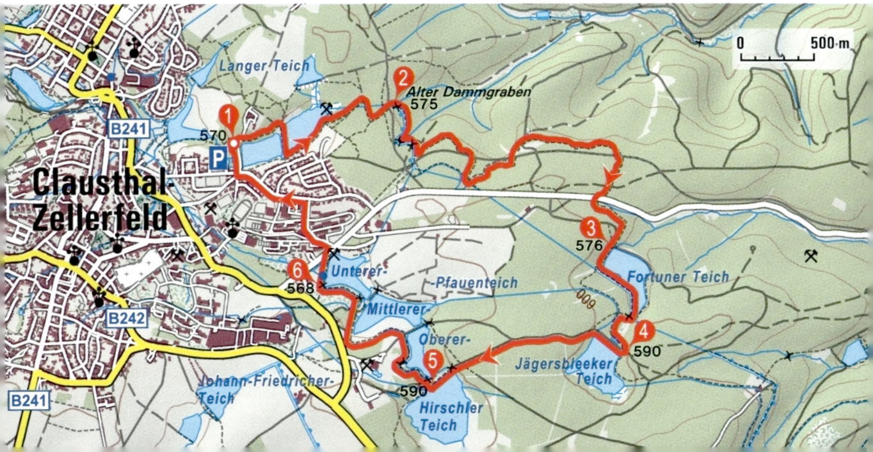

13 Rund um Wildemann

Zwischen Badstubenberg und Gallenberg

2.15 Std. | 8,0 km | ↗360 m | ↘360 m

Im Oberharzer »Klein-Tirol«

Ähnlich wie Lautenthal schmiegt sich ein paar Kilometer weiter südlich auch der alte, von Bergleuten aus dem Erzgebirge gegründete Ort Wildemann – einst die kleinste der freien Oberharzer Bergstädte – in die Windungen des Innerstetals. Anlässlich dieser reizvollen Lage wurde schon der Slogan »Klein-Tirol« geprägt. Um die schönsten Panoramen einzufangen, streben wir mit unserer Wanderung auch hier wieder ein Stück weit nach oben. Das Versprechen erfüllt sich am östlich gelegenen Badstubenberg bereits während des anfänglichen Aufstiegs, ehe von der Ernst-August-Höhe mehr die umliegenden Harzberge als der Ort selbst zur Geltung kommen. Gegenüber erstrecken sich die freien Wiesen des Gallenbergs, und man ist geneigt, auch die umgekehrte Perspektive von dort noch zu erhaschen.

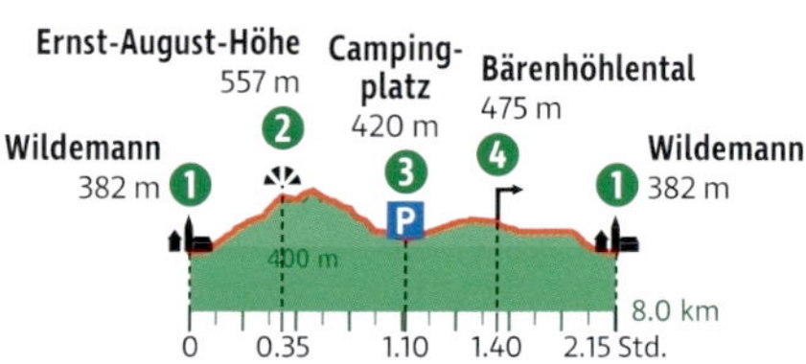

Ausgangspunkt: Wildemann, Parkplatz in der Hindenburgstraße, ca. 382 m.
Öffentliche Verkehrsmittel: Buslinie 832 zwischen Bahnhof Langelsheim und Clausthal-Zellerfeld (Haltestelle »Wildemann Kurverwaltung«).
Anforderungen: Mehrheitlich natur-

Die stattliche Kirche der Bergstadt Wildemann.

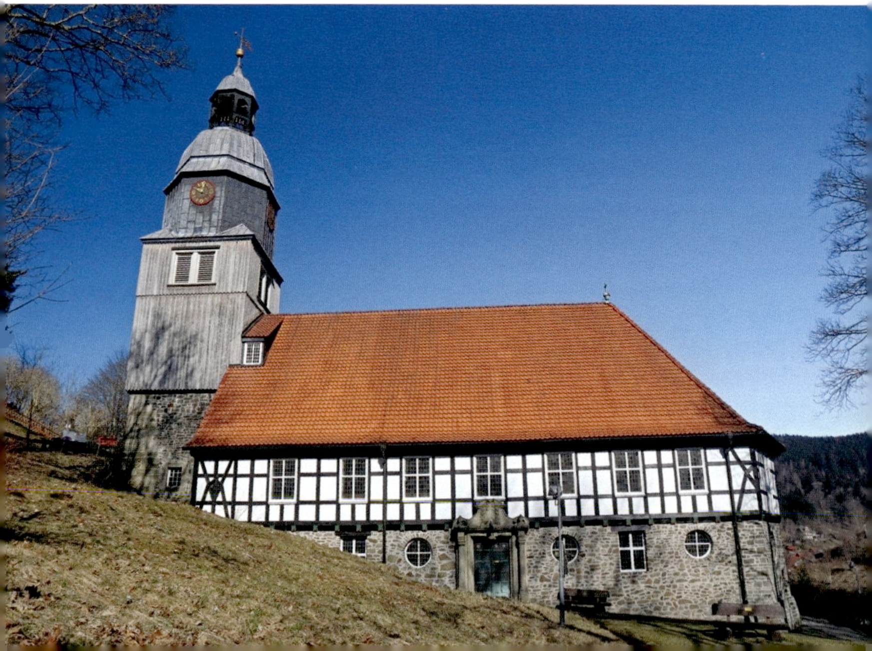

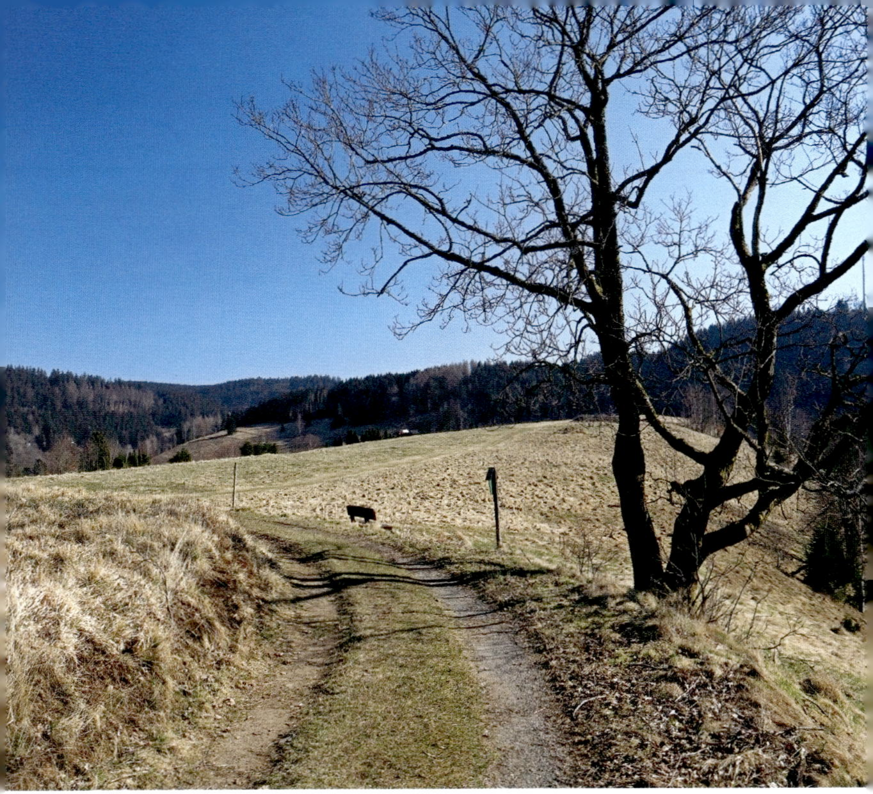

Vorfrühling auf den Bergwiesen am Gallenberg.
So sehen wir von Süden hinunter auf Wildemann.

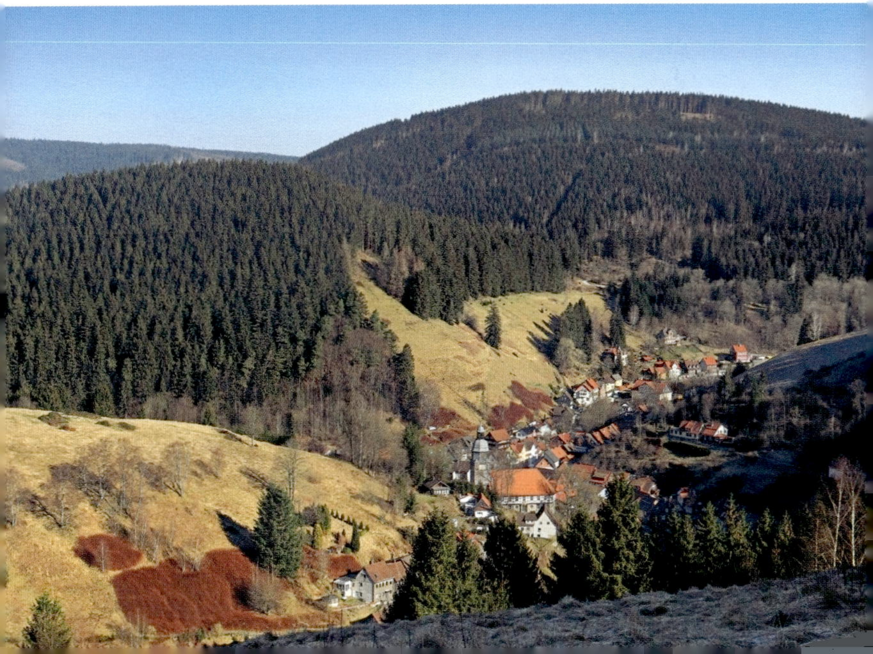

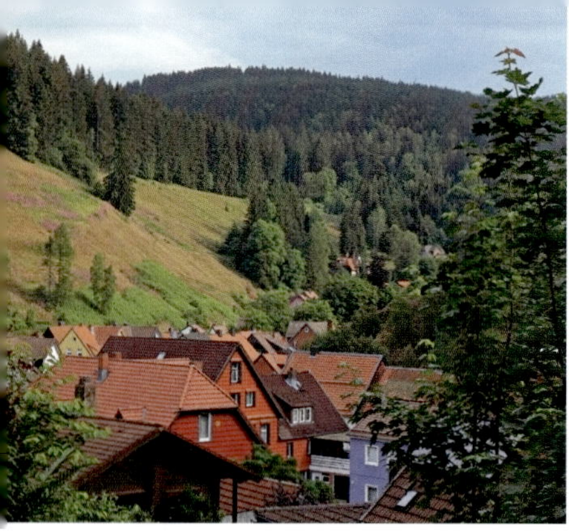

Die Häuser von Wildemann ballen sich in einer Schleife des Innerstetals zusammen.

belassene Wege, im Aufstieg zur Ernst-August-Höhe recht steil, zwischendurch auch mal befestigte Trassen.
Einkehr: Diverse Möglichkeiten in Wildemann, z. B. Landhaus Wildemann, Hotel Rathaus, Café am Bohlweg, Spiegeltaler Eck.
Variante: Vor Erreichen der Talstraße kann man rechts in den Ort abdrehen und somit merklich abkürzen.
Tipp: Besucherbergwerk »19-Lachter-Stollen«; Infos zu den Führungen (normalerweise täglich außer montags um 11, 14 und evtl. 15.30 Uhr) unter www.19-lachter-stollen.de
Stempel: Nr. 105 (Prinzenlaube).

In **Wildemann ❶** überqueren wir aus der *Hindenburgstraße* kommend beim Landhaus die Innerste und folgen dem Zickzackweg am Badstubenberg aufwärts. Nach einer herrlichen Traverse bringen uns zwei größere Schleifen und einige kleine Windungen durch den Bergwald bis zur sogenannten **Ernst-August-Höhe ❷** mit der Prinzenlaube: ein beliebter Rast- und Aussichtsplatz. Anschließend nehmen wir den Forstweg am Umsetzer vorbei und halten uns nach einem kurzen Gefälle rechts an den nicht beschilderten Erdweg. Dieser gewinnt wieder ein paar Höhenmeter und wird dann nach rechts verlassen, um an einem einzelnen Anwesen vorbei über eine Freifläche schräg abzusteigen. Hier zeigt sich Wildemann in der Südperspektive. Die nun befestigte Trasse leitet unten mit einer markanten Linkskurve zur *Clausthaler Straße (L515)*. Für gut 300 Meter sind wir auf die Straße angewiesen, ehe beim Ortseingang die Zufahrt zum **Campingplatz ❸** abzweigt. Jetzt wird es kurzfristig ein wenig kompliziert: Hinter der Innerstebrücke sofort nach rechts und bei einer weiteren Brücke links hoch zu einer roten Hütte. Einem Forstweg folgt man noch ein paar Schritte durch die nächste Kurve aufwärts, ehe scharf rechts der Werwolfweg abzweigt. Dieser vermittelt nun eine elegante, etwas verwinkelte Traverse bis ins **Bärenhöhlental ❹**, wobei hier und da feucht-matschige Stellen auftreten können. Knappe 500 Meter weit begehen wir die Forststraße talauswärts, wählen dann den linksseitig leicht aufwärts ziehenden Oberen Birkenweg und kommen rasch auf die freien Wiesen am **Gallenberg**. Nun entweder direkt über den Rücken oder alternativ über den »Wildemanner Mundartweg« zur hübschen Kirche, hinunter zum *Bohlweg* und zur *Hindenburgstraße* in Wildemann ❶.

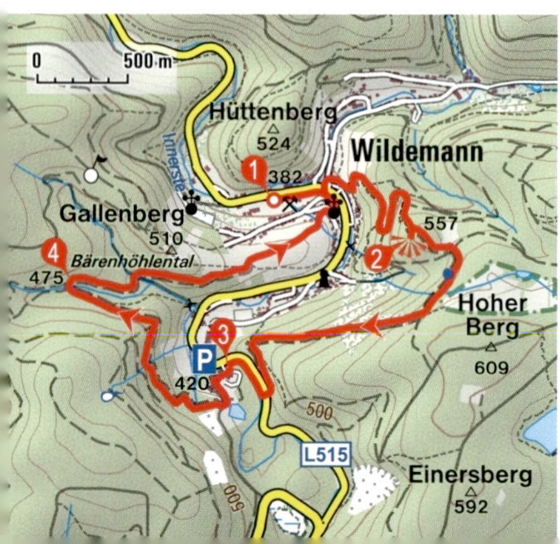

Iberger Albertturm, 563 m

Von Bad Grund über den Hübichenstein

2.00 Std. | 7,1 km | ↗ 350 m | ↘ 350 m

Unterwegs auf einem 385 Millionen Jahre alten Kalkriff

Bad Grund ist eine kleine Perle ganz am Westrand des Harzes. Es handelt sich um die älteste der sieben Oberharzer Bergstädte, die ab Mitte des 19. Jahrhunderts auch zum Kurort avancierte. Die Wandermöglichkeiten ringsum sind vielfältig, etwa auf der ortsumspannenden König-Hübich-Route. Für uns soll indes der aussichtsreiche Albertturm und seine Waldgaststätte das Hauptziel sein, nachdem wir zuvor am von einem Bronzeadler gekrönten Hübichenstein Station gemacht haben. Wir bewegen uns hier im Bereich eines devonischen Riffkomplexes, dessen Kalkstein unweit auch deutlich vernehmbar abgebaut wird. Wer möchte, kann die Tour beim Rückweg mit einem Besuch der Iberger Tropfsteinhöhle oder – speziell für Kinder interessant – des Märchentals verbinden. Der einzigartige »WeltWald« liegt ebenfalls in der Nähe, wird aber im nächsten Kapitel noch gesondert vorgestellt …

Ausgangspunkt: Bad Grund, ca. 315 m. Parkmöglichkeiten im Bereich des Marktes bzw. der Clausthaler Straße, nächste Bushaltestelle »Gesundheitszentrum«.

Öffentliche Verkehrsmittel: Buslinie 460 von Osterode bzw. Bahnhof Gittelde (RB46 Braunschweig – Herzberg) nach Clausthal-Zellerfeld.

Anforderungen: Meist naturbelassene Waldwege, teils relativ schmal. Kurzer, steiler Felssteig zum Hübichenstein (optional). Ausreichend beschildert, streckenweise auch mit dem gelben Ahorn markiert, bei zahlreichen Verzweigungen allerdings Aufmerksamkeit angezeigt.

Einkehr: Gaststätte am Iberger Albert-

Panorama vom Albertturm in Richtung südwestliches Harzvorland.

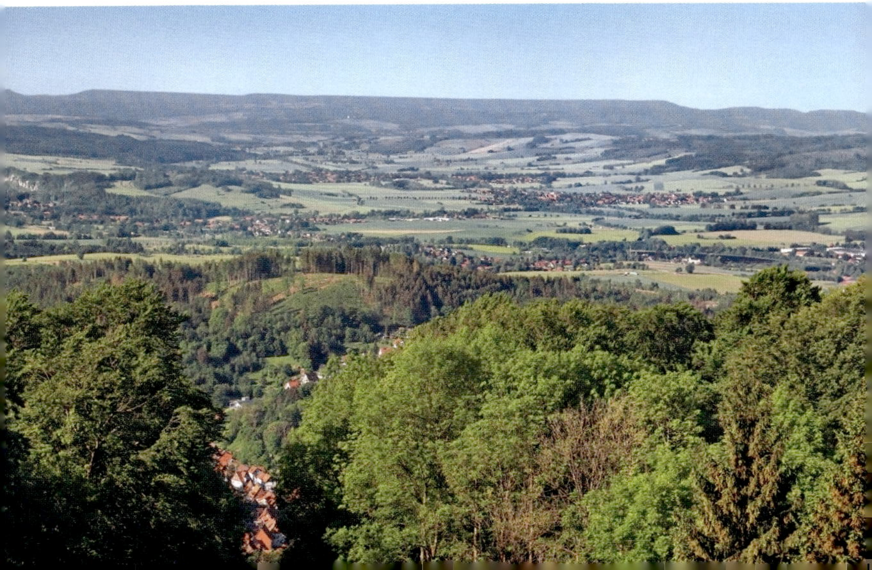

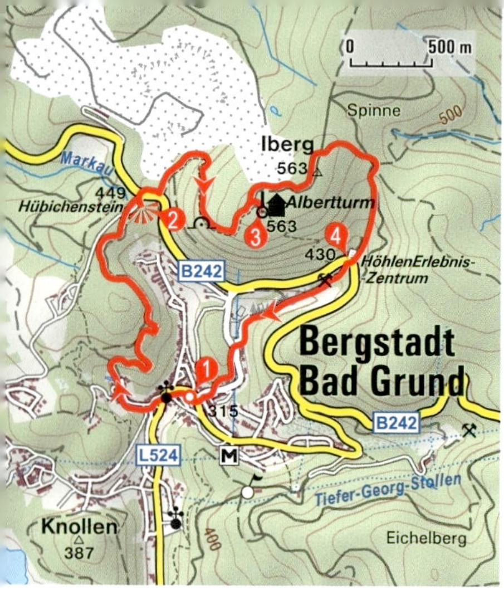

turm (Mo geschlossen, sonst ab 12 Uhr, Wochenende 11 Uhr). Museumscafeteria im HöhlenErlebnisZentrum. Außerdem zahlreiche in Bad Grund (z. B. Oase, Europa, Parkhotel Flora, Café Flora, Café Antique, Altes Backhaus, Fuchsbau).

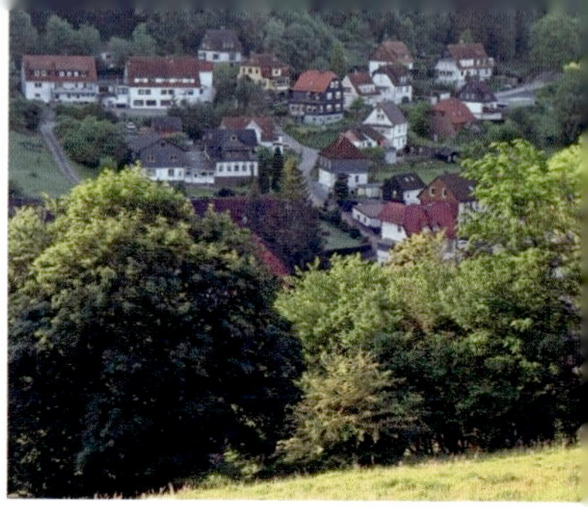

Impression aus Bad Grund.

Tipps: In Bad Grund gibt es das Bergbaumuseum der Schachtanlage Knesebeck (mit Hydrokompressorenturm), das Uhrenmuseum und die Ausstellung bei der Iberger Tropfsteinhöhle, die mit einer Höhlenführung kombiniert wird (geöffnet 10–17 Uhr). Das »Märchental« ist sommers Fr–So geöffnet (10–17 Uhr).
Varianten: Von Bad Grund zum Hübichenstein auch über den Königsberg (WeltWald). Vom Albertturm direkter Abstieg zum HöhlenErlebnisZentrum.
Stempel: Nr. 130 (Iberger Albertturm).

In **Bad Grund** ❶ vom *Markt* ins *Kelchtal* und mit dem Heuweg rechts haltend aufwärts, bis man auf den Verlobungsweg trifft. Dieser verläuft relativ schmal gepfadet quer durch den mit dichtem Laubwald bestandenen Hang des Königsberges und vereinigt sich nordwärts mit dem breiteren Horizontalweg der König-Hübich-Route. Damit kommen wir zum **Hübichenstein** ❷, 449 m, an der *B242* voran und lassen es uns natürlich nicht nehmen, den Zacken zu erklimmen. Auf der anderen Seite der Straße nehmen wir rechts versetzt bei einer Parkbucht den Hüppelweg auf. Mit einer markanten Rechtsbiegung in die Südflanke des Ibergs, wo ein paar umgestürzte Bäume nicht zu hinderlich sein sollten. Beim fortgesetzten Aufstieg erreichen wir rasch die Gaststätte am **Iberger Albertturm** ❸, 563 m. Im Anschluss lohnt sich ein kleiner Bogen am Steinbruch des Winterbergs vorbei – auch Infotafeln zur Geologie finden sich hier. Zurück auf der breiten Trasse, die vom Albertturm kommt, wandern wir ein paar Minuten nordwärts und dann auf einem Naturweg rechts hinunter zur großen Mehrfachkreuzung am **Schweinebraten**. Rund 100 Höhenmeter tiefer liegt das **HöhlenErlebnisZentrum** ❹ an der *B242*, die hier wiederum gekreuzt wird. Gleich unterhalb versteckt sich das »Märchental«, eine Ansammlung von kleinen Häusern und geschnitzten Figuren aus der landläufig bekannten Märchen- und Sagenwelt. Nebenan der Eisensteinstollen. Wo wir in offenes Gelände hinaustreten, können wir an einer Reihe herumliegender Felsbrocken die unterschiedlichsten Gesteine studieren. Man kommt zur Sportanlage *Im Teufelstal* und schließlich in bzw. neben der *Bergstraße* zurück ins Zentrum von **Bad Grund** ❶.

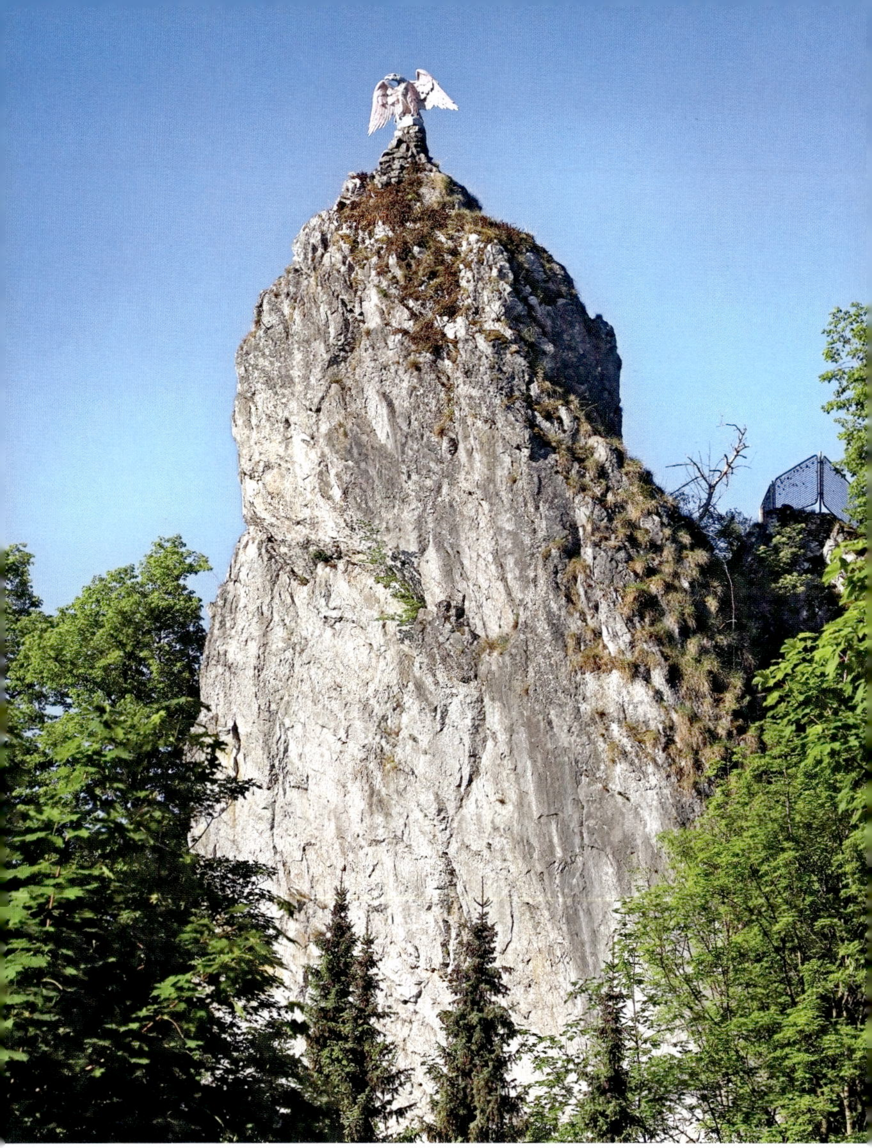

Der Hübichenstein zählt zu den spektakulärsten Felsnadeln im Harz.

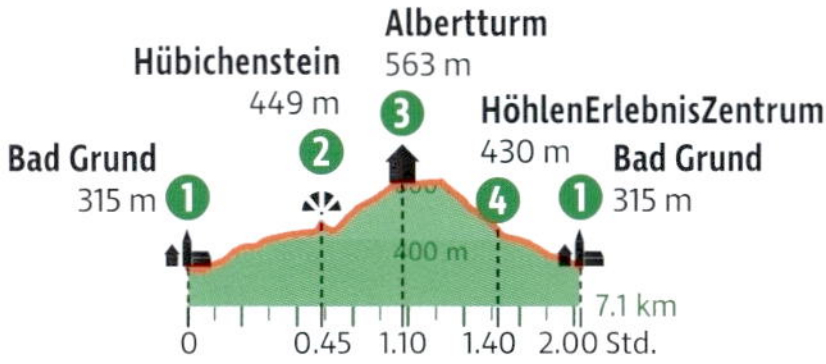

15 WeltWald Harz bei Bad Grund

Schleifen durch das Arboretum

2.15 Std. | 7,0 km | ↗ 250 m | ↘ 250 m

Wo man eine Menge über Bäume lernen kann

Wissen Sie, was ein Arboretum ist? Eine Sammlung verschiedenartiger, oft auch exotischer Bäume bzw. Sträucher. Mit insgesamt rund 600 Gehölzen aus den Ursprungsgebieten Nordamerikas, Asiens und Europas befindet sich solcherlei seit 1975 bei Bad Grund, vornehmlich unter Forschungsgesichtspunkten, wie die einzelnen Arten, aber auch ganze Waldgesellschaften an das hiesige Klima angepasst sind. Unter dem Namen »WeltWald« hat sich das öffentlich zugängliche Gelände auch bei Wanderern und Ausflüglern einen Namen gemacht. Besonders im späten Frühjahr und zur Laubfärbung im Herbst – dem »Indian Summer« – lohnt sich ein Besuch. Das Wegenetz im WeltWald ist ziemlich verzweigt und erlaubt diverse Gestaltungsmöglichkeiten. Um möglichst viel davon kennenzulernen, muss man quasi mehrere Schleifen laufen …

Ausgangspunkt: Beim Hübichenstein an der B242, kurz abzweigend Richtung Campingplatz. Entweder man startet bei P2 gleich vorn, ca. 420 m, oder bei P1 an der Einfahrt zum Campinggelände, ca. 430 m.

Öffentliche Verkehrsmittel: Buslinie 460 zwischen Osterode bzw. Bahnhof Gittelde und Clausthal-Zellerfeld (Haltestellen nur im Ortsbereich sowie beim HöhlenErlebnisZentrum).

Anforderungen: Gepflegte Wanderwege, teils breit und befestigt, teils auch schmaler angelegt. Das Geflecht der Wege ist durchaus kompliziert, mit dem häufig aufgestellten Übersichtsplan und der guten Beschilderung ist ein Zurechtfinden aber nicht schwer.

Einkehr: Nur in Bad Grund (vgl. Tour 14).

Stempel: Nr. 129 (Betriebsgebäude im Arboretum).

Die Rhododendronblüte erlebt im Mai ihren Höhepunkt.

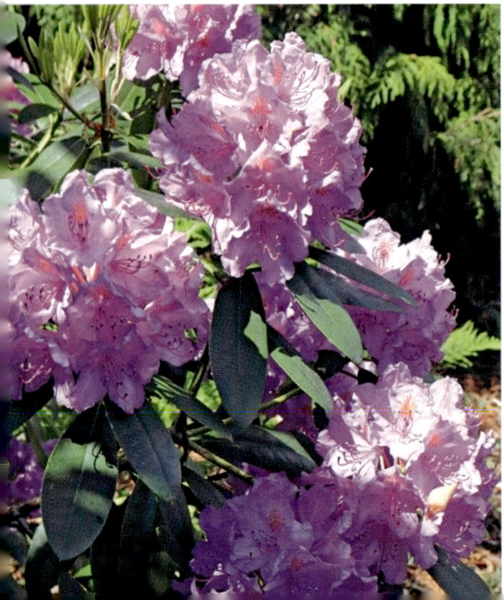

Hübsch anzuschauen, aber giftig: Goldregen.

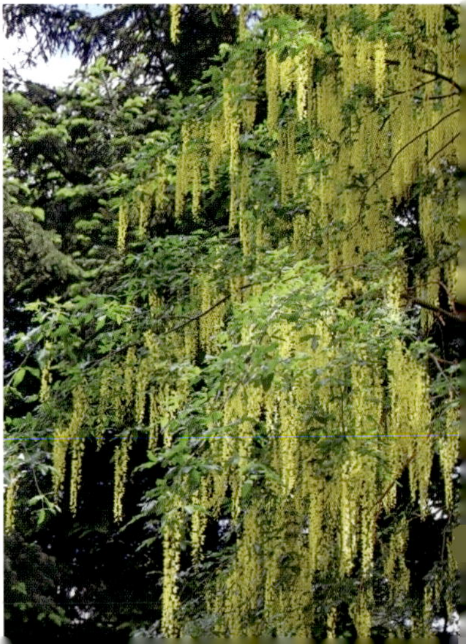

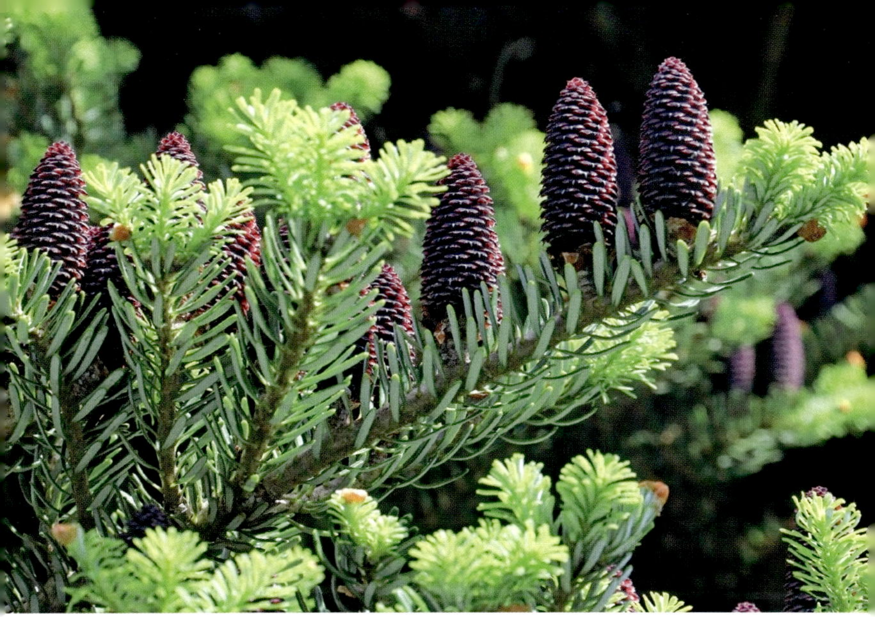

Fruchtstände der Koreanischen Tanne.

Vom unteren Parkplatz **P2** **1** beginnen wir mit dem Kanadaweg parallel zur Straße, die zum oberen Parkplatz P1 führt. Bevor wir dort die Seite wechseln, besuchen wir über den Blockhausweg die Blockhaushütte am Königsberg und nehmen dann entweder den Japanweg, den Koreaweg oder den Prinzess-Ilse-Weg. Ein kurzer Abstieg bringt uns ab **P1** **2** zu einer Hängebrücke, dahinter links haltend zum **Entdeckerturm** **3**. Bei der großen Kreuzung in der Nähe des Betriebsgebäudes links hinab zum **Info-Pavillon** **4** und gleich dahinter scharf nach links, um die Indianer-Erlebnispfad-Schleife zu schließen (teils schmaler trassiert). Alternativ kann man das Rabental wählen. Wieder zurück am Totempfahl nahe der Hängebrücke kommt der Mammutbaumweg an die Reihe. Damit nochmal direkt zum **Betriebsgebäude** **5**, wo wir eine Stempelstelle finden. Nach einem kurzen Stück auf dem Himalayaweg, schlagen wir den Japanischen Blütenweg ein, später nach einem markanten Rechtsbogen den Rhododendronweg. Weiter geht es ins Markautal, von dort rechts auf den Appalachenweg und nach einer Steigung nochmals rechts auf den Ostamerikaweg. Der teils parallel verlaufende Birkenweg schließt den Kreis Richtung **P2** **1**.

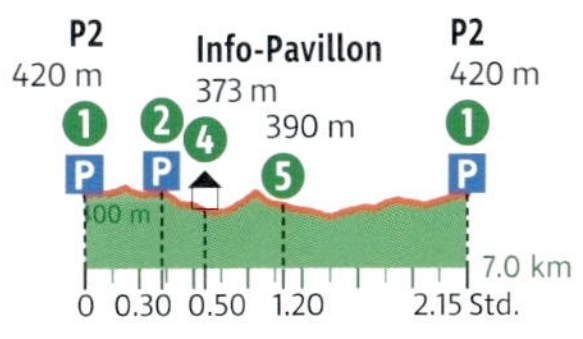

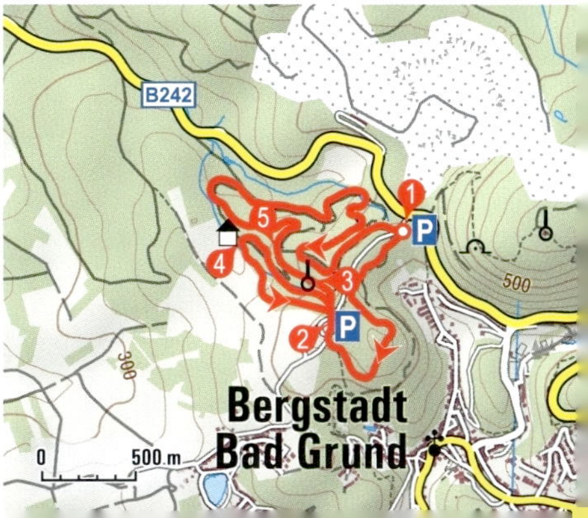

16 Buntenbocker Teiche

Wasserwanderweg auf der südlichen Clausthaler Hochfläche

TOP | 2.00 Std. | 7,5 km | ↗ 80 m | ↘ 80 m

Ein halbes Dutzend malerischer Teiche

Rund um Clausthal-Zellerfeld hat die Oberharzer Wasserwirtschaft eine einzigartige Dichte von Teichen hinterlassen. Angelegt wurden sie – gemeinsam mit Gräben und Überleitungsstollen – im Zuge der intensiven Bergbautätigkeit hauptsächlich zwischen dem 16. und 17. Jahrhundert, teils noch bis in das 19. Jahrhundert hinein: ein beredtes Zeugnis von der aufwendigen vorindustriellen Technik, mit der das für die Förderung notwendige Aufschlagwasser bereitgestellt wurde. Die Rechte zur Nutzung wurden vom Landesherrn verliehen und als Wasserregal bezeichnet. Nach der originären Stilllegung ist man sich des historischen Kulturwerts dieser Anlagen bewusst geworden – und auch der Bedeutung für den Tourismus. Nachdem bereits im nördlichen und östlichen Teil der Clausthaler Hochfläche typische Wasserwanderwege vorgestellt worden sind (siehe Touren 11 und 12), wollen wir uns jetzt die Teiche um Buntenbock näher anschauen: Ziegenberger-, Bärenbrucher-, Oberer Nassewieser-, Pixhaier-, Schwarzenbacher- und Sumpfteich lassen sich zu einer wunderbaren Runde zusammenfassen – eine Tour voller malerischer Perspektiven und kaum jemals anstrengend.

Ausgangspunkt: Buntenbock, 536 m, Parkplatz in der Ortsmitte (Mittelweg).
Öffentliche Verkehrsmittel: Buslinie 440 zwischen Osterode und Clausthal-Zellerfeld (Haltestelle »Buntenbock Mittelweg«).
Anforderungen: Wechsel von gut ausgebauten Wanderwegen und unbefestigten Pfaden, teils auf Grasnarbe. Phasenweise etwas Orientierungsvermögen notwendig, da nicht überall gut beschildert.
Einkehr: Hotel Pixhaier Mühle und in Buntenbock das Restaurant Harzer Speisekammer.
Varianten: 1. Abkürzung vom Bärenbrucher Teich direkt zum Pixhaier Teich. 2. Am Westufer des Bärenbrucher Teichs verläuft ein kleiner Schleichpfad, allerdings ist der Anschluss zur Hauptroute (über den Damm des ehemaligen Unteren Nassewieser Teichs) nicht ganz einfach zu finden.
Stempel: Nr. 137 (Bärenbrucher Teich).

In **Buntenbock** ❶ starten wir vom *Mittelweg* ausgehend *Am Brink* und kommen beim Schützenhaus rasch auf den leicht ansteigenden Wiesenweg, der sich dem **Ziegenberger Teich** nähert. Am Südufer entlang folgt in Kürze schon der **Bärenbrucher Teich** ❷. Mit einem deutlichen Bogen auf einer Forststraße um dessen Südosteck herum und nach

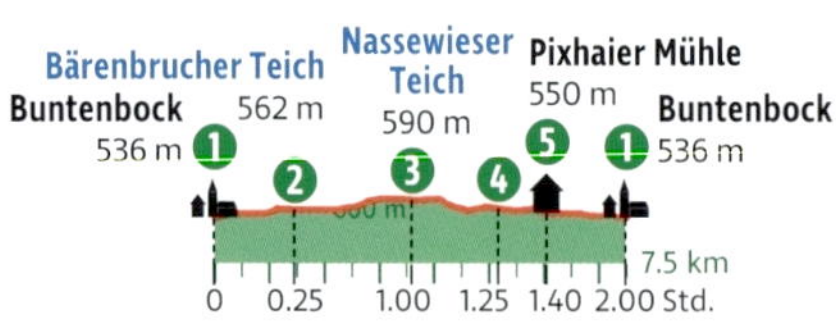

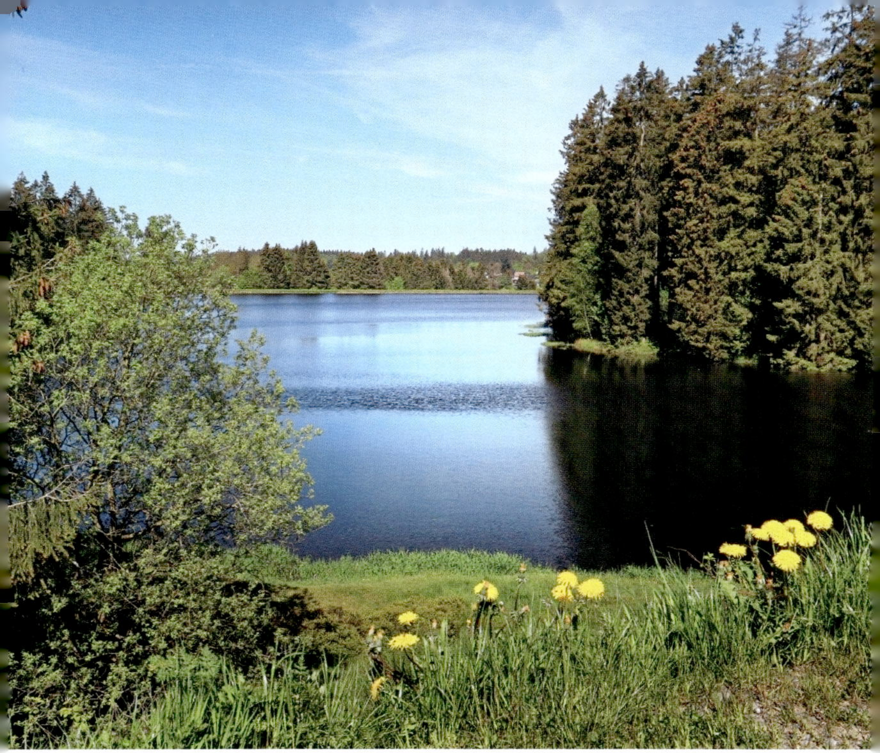

Die Szenerien am Ziegenberger Teich sind typisch für die Gegend.

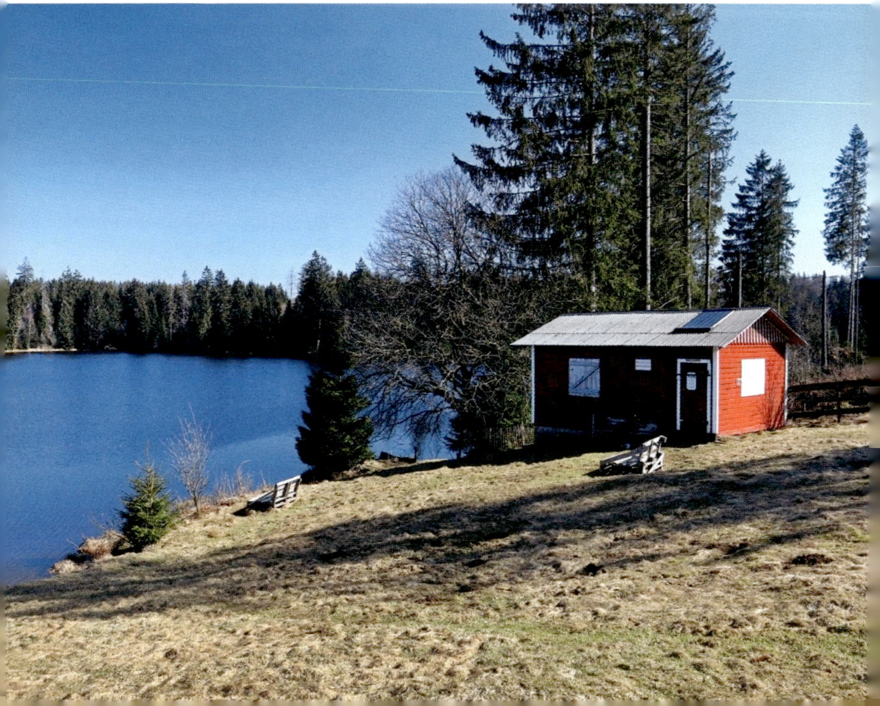

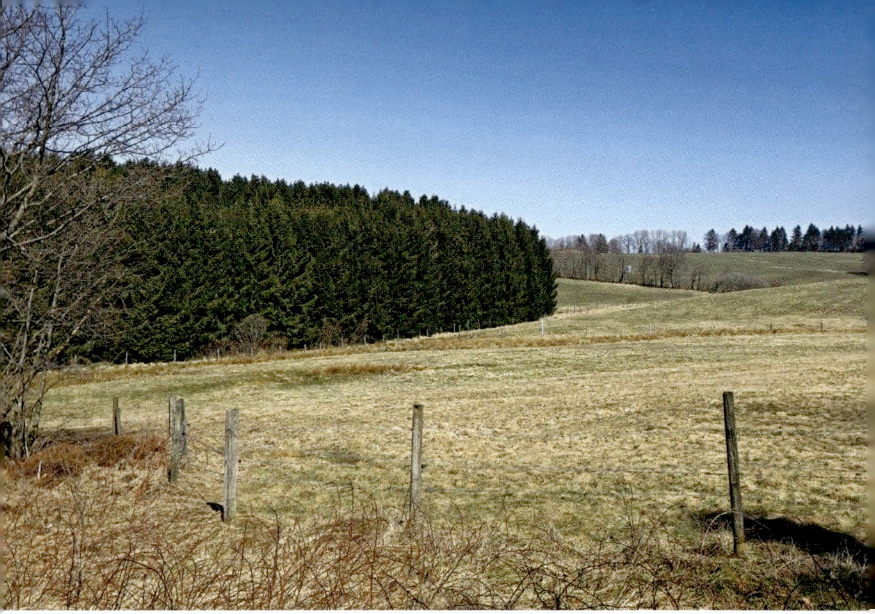

Sanft gewellt präsentiert sich die Hochfläche um Clausthal-Zellerfeld.

weiteren Kurven auf den Abzweig eines schmalen Naturpfades achten (Hinweis: Begehung auf eigene Gefahr). Dieser führt direkt zum **Oberen Nassewieser Teich** ❸. Wir überqueren den Damm und kreuzen kurz dahinter ein Sträßchen, tangieren das offene Wiesengelände »An den langen Brüchen« und vollziehen dort, wo das links angrenzende Waldstück endet, einen Linksknick. Damit nähern wir uns dem **Pixhaier Teich**, passieren ihn auf der rechten Seite (links liegt ein Campingareal) und kommen vom Damm ❹ schnell weiter Richtung **Schwarzenbacher Teich** voran. Direkt vor uns das große Rehazentrum. Mit einem Linksknick und einer kleinen Rechts-links-Kombination erreichen wir die **Pixhaier Mühle** ❺, wo eventuell eingekehrt werden kann. Nun begleiten wir den Buntenbocker Mühlengraben und in Kürze den stattlichen **Sumpfteich**, überschreiten am Ende auch dessen Staudamm und orientieren uns nach rechts zurück zum Ausgangspunkt in **Buntenbock** ❶.

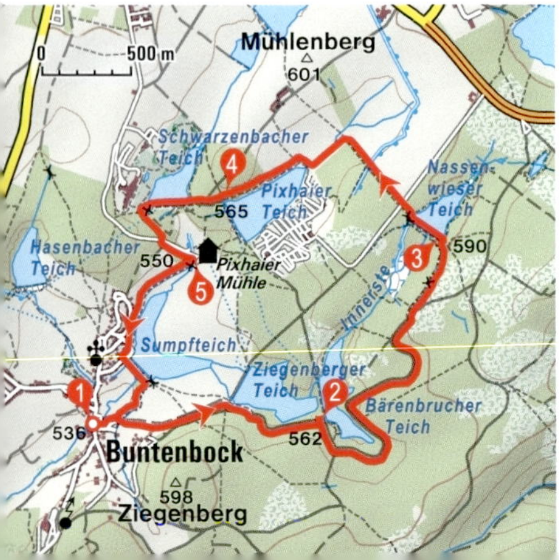

Blühende Krokusse läuten den Frühling ein.

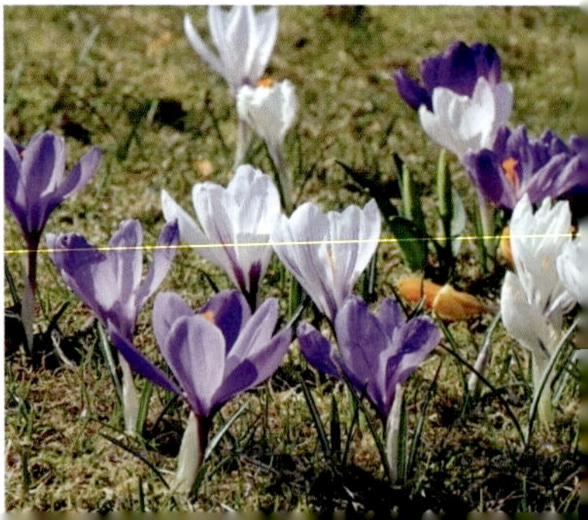

Rund um Lerbach

Über die Kuckholzklippe

17

2.45 Std. | 9,1 km | ↗380 m | ↘380 m

Von Aussichtspunkt zu Aussichtspunkt

Fährt man von Osterode Richtung Clausthaler Hochfläche hinauf, lässt man das Dorf Lerbach fast unbemerkt rechts liegen. Es schmiegt sich in einen markanten Taleinschnitt und zeigt sich von gewissen Aussichtspunkten ausgesprochen malerisch. Einige davon können wir auf dem abwechslungsreichen, neun Kilometer langen »Rundwanderweg Lerbach« verbinden. Das buchstäblich herausragende Ziel ist der Aussichtsturm auf der Kuckholzklippe, aber auch an Klaras Höhe, Mühlenteich und Marienblick finden wir feine Rastplätze.

Ausgangspunkt: Lerbach, beim Hotel Sauerbrey, ca. 325 m.
Öffentliche Verkehrsmittel: Buslinie 440 zwischen Osterode und Clausthal-Zellerfeld; Haltestelle »Lerbach Liethweg«.
Anforderungen: Oft nur kleinere Waldwege, zur Kuckholzklippe und beim Abstieg zum Mühlenteich recht steile Passagen. An praktisch allen Verzweigungen ordentlich beschildert, nicht immer jedoch als »Rundweg«.
Einkehr: Hotel Sauerbrey in Lerbach.
Stempel: Nr. 139 (Kuckholzklippe).

Vom Hotel Sauerbrey in **Lerbach** ❶ beginnt wenige Schritte ortsaufwärts auf der linken Seite der Einstieg in den Hang. Man erreicht rasch den Sommerbergweg, rückt vorübergehend nah an die *B241* heran und folgt der auch als Baudensteig sowie als Eisenstein-Lehrpfad gekennzeichneten Route quer durch den Hang. Die Concordiaklippe bietet wegen des dichten Waldkleids zwischendurch leider keine Aussicht mehr. Nach einigen markanten Kurven kommen wir zur Abzweigung

Lerbach offenbart sich als malerisches Bergdorf am Weg von Osterode harzeinwärts.

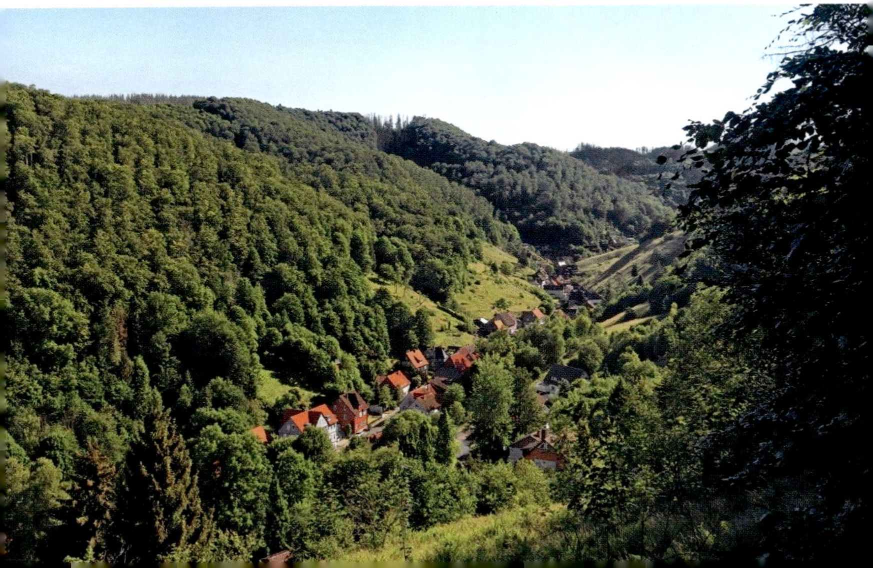

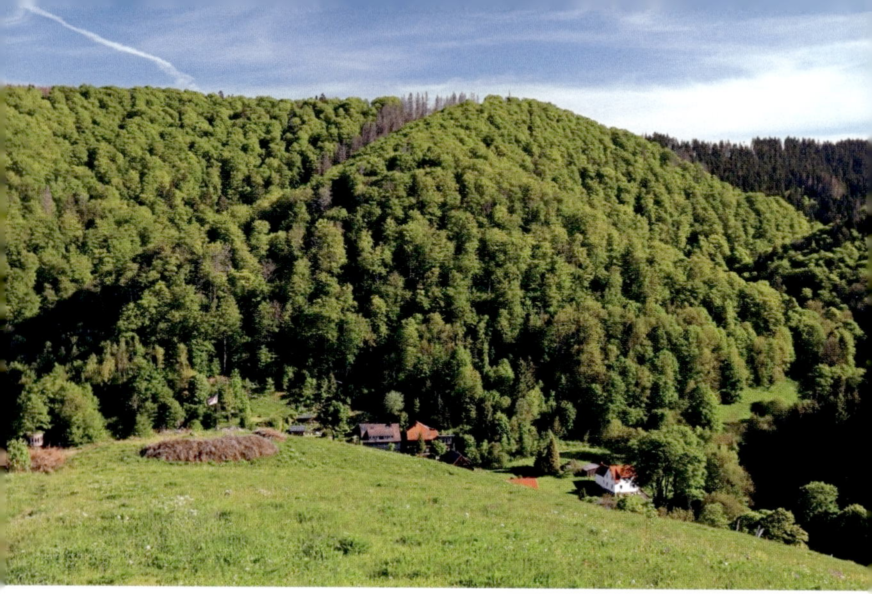

Oben: Der »Marienblick« zählt zu den schönsten Fleckchen dieser Tour. Rechts: Blick von Klaras Höhe ins Lerbacher Tal.

des Baudensteigs nach oben, doch lohnt es sich, noch rund 200 Meter geradeaus weiterzugehen, um von **Klaras Höhe** ❷ einen wirklich exzellenten Blick ins Lerbacher Tal zu erhaschen. Neben der hier vorbeiführenden Straße (Leitplanke) gelangt man dann wieder zur Fortsetzung und beachtet etwas höher das kräftige Bergauf zum Aussichtsturm und der Ernst-Nordmeyer-Hütte auf der **Kuckholzklippe** ❸, ca. 565 m. Der höchste Punkt unserer Tour! Stempelsammler finden ihr Objekt knapp 100 Meter weiter an der Kreuzung.

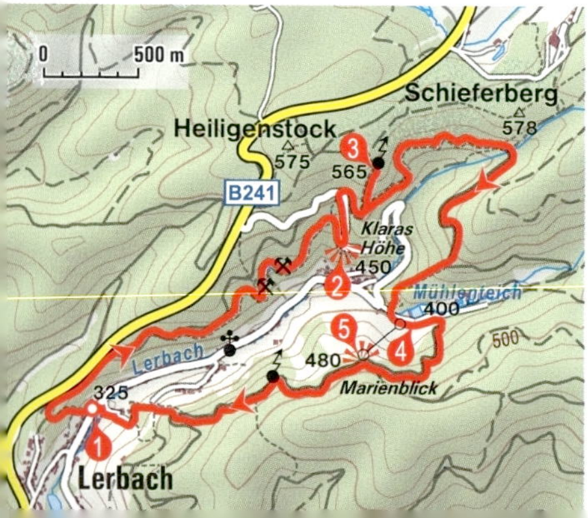

Wir kehren dann allerdings zu unserem quer verlaufenden Weg zurück, der sich bald verbreitert und diverse kleine Hangstrukturen sowie einen größeren Einschnitt ausgeht. Pfiffig ist der Abstieg auf kleinem, zuweilen etwas verwachsenem Pfad ins Oberdorf, wo wir nahe dem **Mühlenteich** ❹ herauskommen – dies erspart uns nämlich eine weitere Schleife der Forststraße. Wir passieren den Teich und schlagen gleich dahinter nach rechts den Zugang zum Hexenstieg ein. Beim **Marienblick** ❺ erreicht man dessen Route und folgt ihr rund 1,2 Kilometer Richtung Osterode, bis sich die Möglichkeit des direkten Abstiegs zu unserem Ausgangspunkt in **Lerbach** ❶ ergibt.

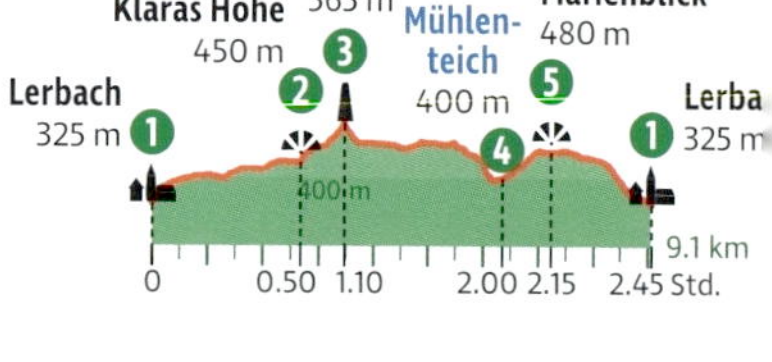

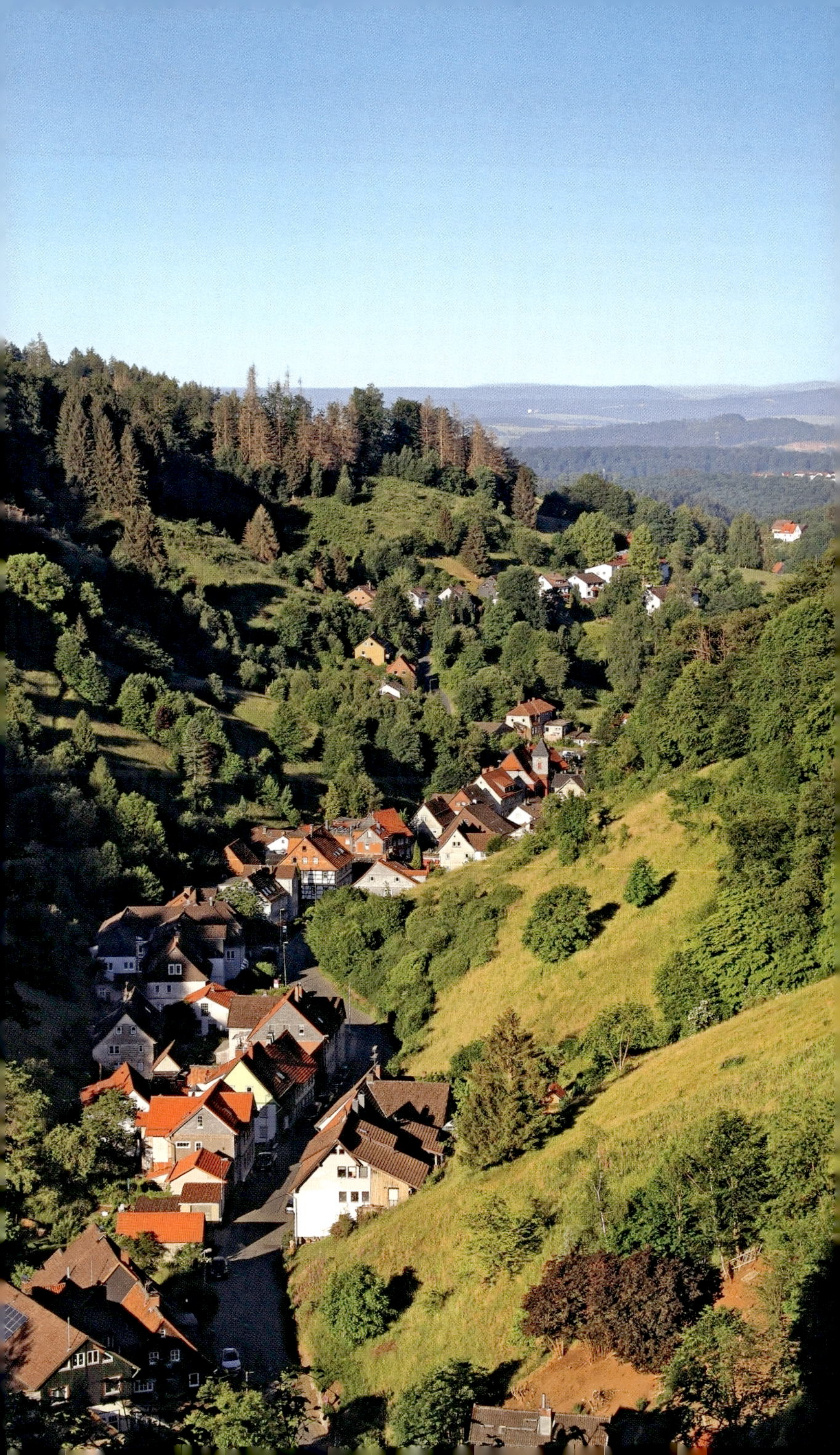

18 Morgenbrodstaler Graben

Von Kamschlacken über den Mittelberg ins oberste Sösetal

2.40 Std. | 10,0 km | ↗ 200 m | ↘ 200 m

Eine der schönsten Strecken des Harzer Wasserregals

Als Anfang des 18. Jahrhunderts der Clausthaler Bergbau besonders stark prosperierte, gelang die Ausweitung nur durch die Bereitstellung zusätzlichen Wassers über aufwendige Grabensysteme. Unter anderem nutzte man dafür den Morgenbrodstaler Graben, welcher dem Sperberhaier Damm zugeleitet wurde. Heute haben wir dort eine herrliche Wanderstrecke mit Ausblicken vor allem über das Sösetal vor uns. Man kann den Weg im Prinzip bequem hin und zurück begehen; im Sinne einer Rundtour soll hier allerdings der Zugang von Kamschlacken vorgeschlagen werden.

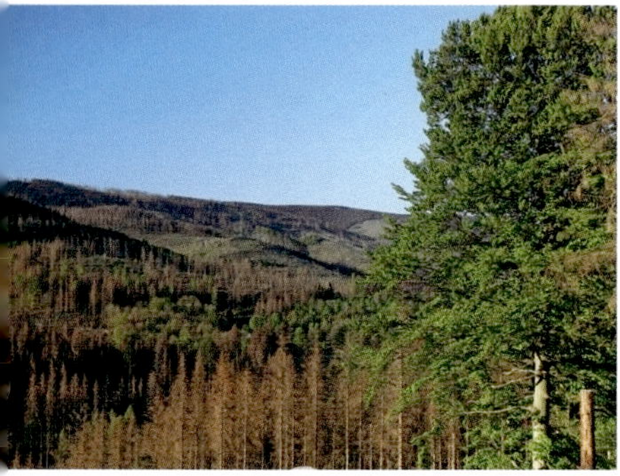

Beim Zustieg über den Großen Mittelberg.

Ausgangspunkt: Kamschlacken, Wanderparkplatz am nördlichen Ortseingang, ca. 400 m.

Öffentliche Verkehrsmittel: Buslinie 462 von Osterode bis zur Endhaltestelle »Kamschlacken Lange Wiese«.

Anforderungen: Im Kernstück gut ausgebauter, horizontaler Grabenweg. Zustieg über meist unbefestigte Waldwege (je nach Forstbetrieb Erschwernisse nicht auszuschließen), Abstieg auf asphaltierter Forststraße.

Einkehr: Keine.

Variante: Nach 20 Min. Aufstieg nimmt man die offizielle Route Nr. 6B (Forststraße) und gelangt später auf einem Erdweg hinauf zum Grabenweg.

Tipp: Wer eine zusätzliche Anstrengung nicht scheut, kann vom Ende des Grabenwegs in 30 Min. zu den Hammersteinklippen aufsteigen (steiler Steig).

Stempel: Nr. 146 (Morgenbrodshütte).

Vom Parkplatz in **Kamschlacken** ❶ kurz ins Tal der Großen Söse einwärts und beim ersten Abzweig links. Obacht: Gleich hinter der nächsten

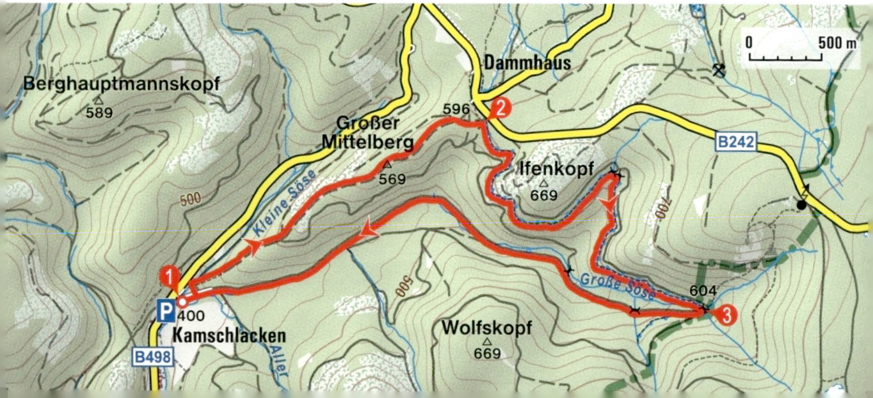

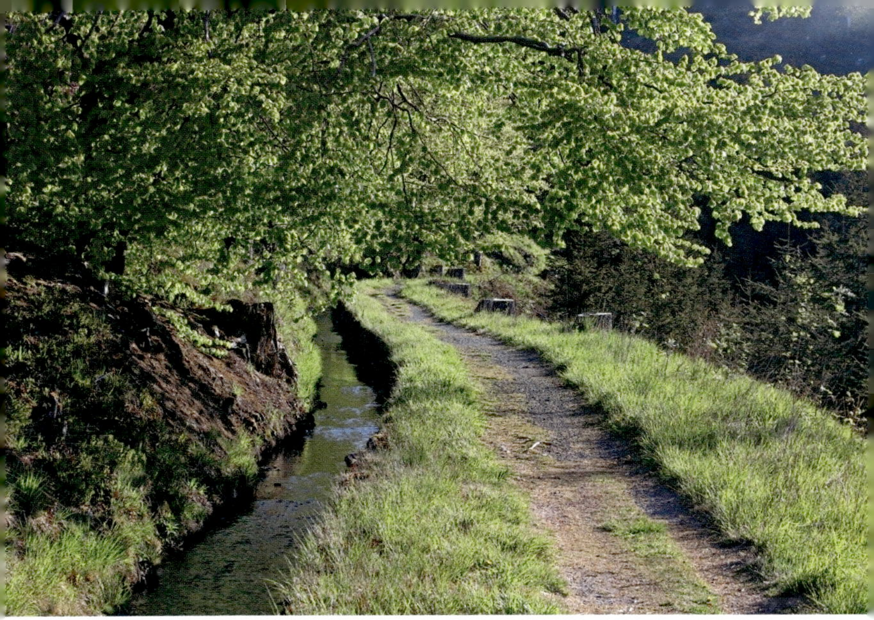

Der Grabenweg schlängelt sich elegant durch die steilen Hänge.

Kurve wählen wir die anfangs nicht sehr deutliche Pfadspur direkt am Waldrücken aufwärts. Sie kann etwas verwachsen oder durch umgestürzte Bäume beeinträchtigt sein; ansonsten gelangt man aber passabel höher und trifft bald auf eine Forststraße, die uns nach rechts zur Fortsetzung angeboten wird (Hinweis »Dammhaus«). Lohnender ist allerdings der unbefestigte Weg geradeaus, der ohne Markierung über den Großen Mittelberg aufwärtszieht. Die Umgebung ist hier mittlerweile größtenteils waldfrei und bietet daher weite Ausblicke. Oben nähern wir uns der Harzhochstraße *(B242)* und können kurz davor rechts zum **Morgenbrodstaler Graben ❷** abkürzen. Jetzt taucht die Blaustrich-Markierung auf (Nr. 9B). Der Grabenweg leitet quer durch die steilen, meist freien, zwischendurch auch mal bewaldeten Hänge und geht dabei einige markante Geländeeinschnitte aus. Die tiefste Nische erwartet uns nach Passieren der Siebenwochenklippe. Nach einer knappen Stunde wundervollen Wanderns entlang der bequemen Trasse kommen wir zur Wasserfassung am **Großen Wehr ❸**, 604 m, nahe der Morgenbrodshütte. Für den Rückweg gibt nun der Taleinschnitt der Großen Söse den Verlauf vor. Hier verläuft eine geteerte Forststraße, die uns in angenehmem Gefälle auf vier Kilometern zurück nach **Kamschlacken ❶** bringt.

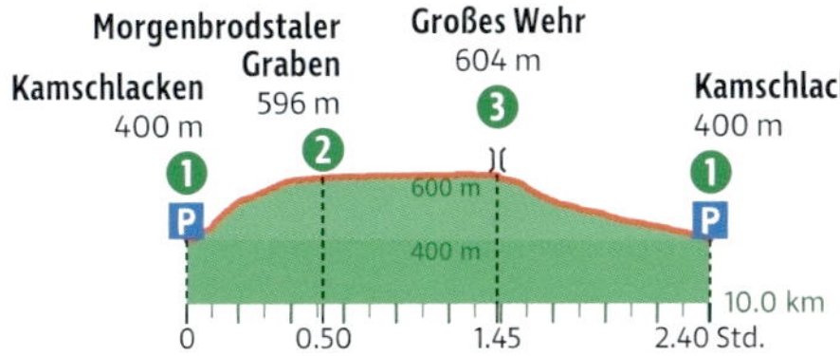

19 Hanskühnenburg, 811 m

Zwei Routen von Riefensbeek

3.00 Std. | 9,3 km | ↗500 m | ↘500 m

Der kürzeste Anstieg zur Berggaststätte »auf dem Acker«

Unter neun verschiedene Routen kann wählen, wer die Hanskühnenburg auf dem rauen Ackerkamm besuchen möchte. Seit dem Bau einer Schutzhütte samt Aussichtsturm gegen Ende des 19. Jahrhunderts hat sich dieser Fleck als Dreh- und Angelpunkt im Oberharzer Wandertourismus etabliert. Der kürzeste – aufgrund der kräftigen Steigung jedoch nicht unbedingt bequemste – Aufstieg kommt von Riefensbeek im Sösetal. Vorteilhaft kombiniert werden kann die urwüchsige Direktroute, die auf relativ kurzer Distanz fast 500 Höhenmeter überwindet, mit der Schleife über den Bösenberg. Wenige Gehminuten von der Bergbaude entfernt kommen wir dabei auch an der schroffen, aus widerstandsfähigem Quarzit bestehenden Hanskühnenburgklippe vorbei, die schon Goethe anno 1784 bewunderte.

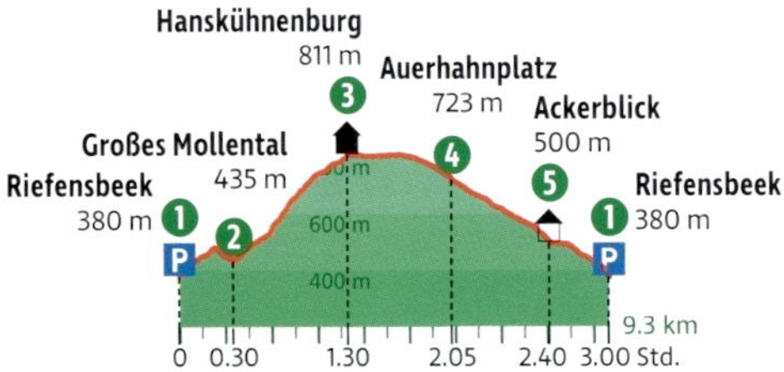

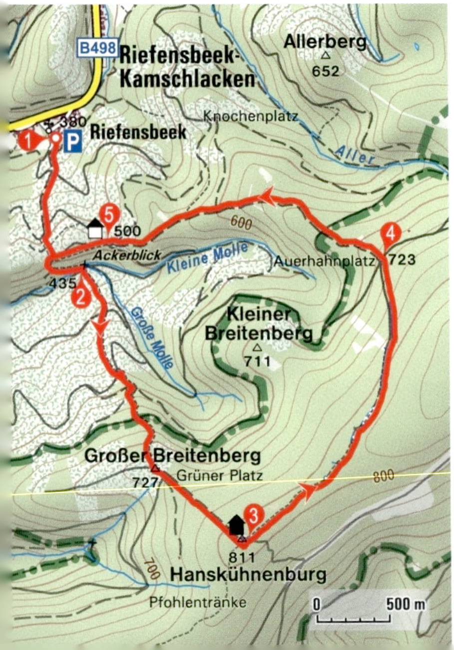

Ausgangspunkt: Riefensbeek, Wanderparkplatz knapp oberhalb der Kirche (Untere Herrentalstraße), ca. 380 m.
Öffentliche Verkehrsmittel: Buslinie 462 von Osterode Richtung Kamschlacken.
Anforderungen: Die Aufstiegsroute verläuft längere Zeit auf schmalem und ziemlich steilem Pfad. Der Abstieg holt etwas weiter aus und bietet meist moderateres Gefälle. Überall zuverlässig markiert; solide Kondition notwendig.
Einkehr: Hanskühnenburg (geöffnet von 9 bis 16 Uhr, Mi Ruhetag); Pension Sonneneck in Riefensbeek.
Stempel: Nr. 144 (Hanskühnenburg).

Von **Riefensbeek** ① steigen wir umgehend an den offenen Hängen höher, passieren nach wenigen Minuten einen kleinen Festplatz und

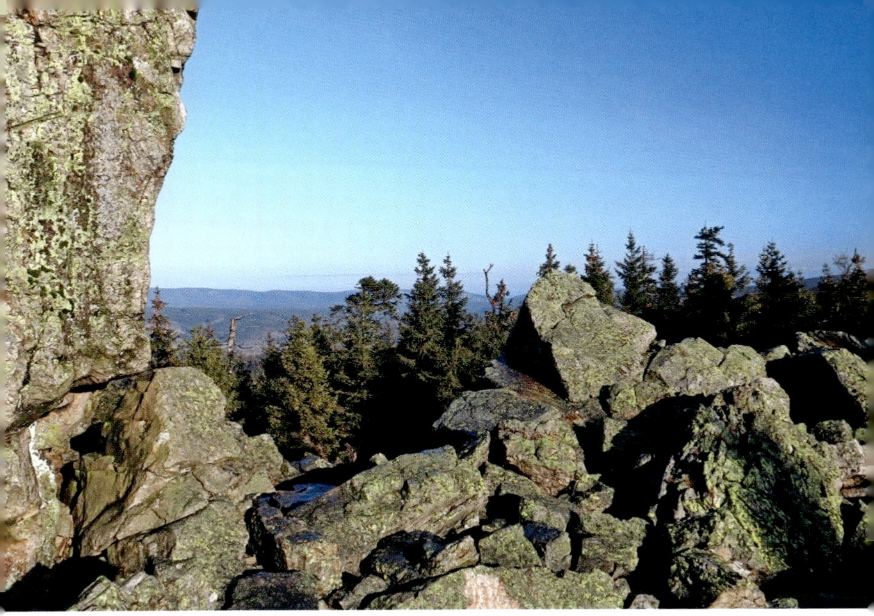

Auf der Kammroute kommen wir an der Hanskühnenburgklippe vorbei.

nähern uns einem vorgelagerten Kamm zwischen Eichelnberg und Bösenberg. Die anspruchsvollere Direktroute verliert jenseits zunächst wieder ein paar Höhenmeter bis ins **Große Mollental ❷**, 435 m, das sich hier mit dem Kleinen Mollental zur Großen Schacht vereinigt. Wenige Schritte nach rechts versetzt geht es weiter, nun meist auf kleinem Pfad recht kräftig und beständig aufwärts. Wenn hin und wieder mal Forstwege gekreuzt werden, ist die Fortsetzung stets gut bezeichnet. Wir treten ins Nationalparkgebiet ein und treffen am Großen Breitenberg auf die breit trassierte Route Nr. 10S, mit der in einer Art Schneise das letzte Stück hinauf zur **Hanskühnenburg ❸**, 811 m, bewältigt wird.

In nordöstlicher Richtung steht jetzt ein Abschnitt auf der Scheitellinie des Ackerkamms bevor (Nr. 10R, blaues Dreieck). Dabei kommen wir an der Hanskühnenburgklippe und an einem weiteren Aussichtspunkt vorbei, ehe sich der Bösenberger Hauptweg allmählich absenkt. Am **Auerhahnplatz ❹** kreuzen wir einen Forstweg geradeaus und drehen weiter unten allmählich gen Westen ein. Über den Geländerücken am Bösenberg hinab zum sogenannten **Ackerblick ❺** und von dort entweder dem Bogen der Forststraße folgen oder auf schmalem Pfad ca. 400 Meter quer durch den bewaldeten Hang über dem Mollental hinüber zur Aufstiegsroute. Das letzte Stück hinunter nach **Riefensbeek ❶** ist dann identisch.

Eines der attraktivsten und höchstgelegenen Gasthäuser im Harz.

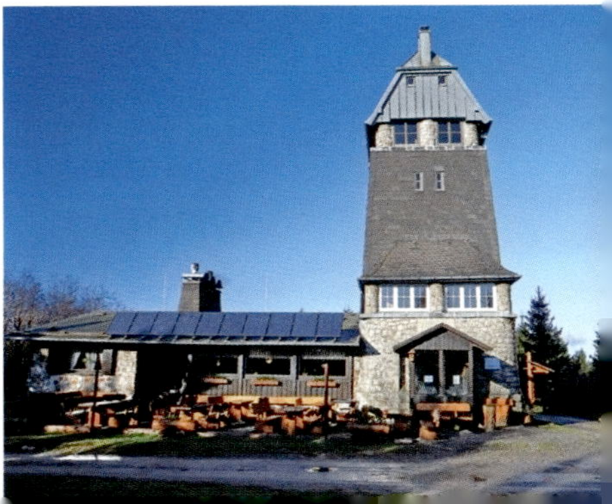

20 Lonauer Rundtour

Zum Dresselplatz im Lonauer Staatsforst

2.45 Std. | 10,0 km | ↗ 320 m | ↘ 320 m

Stille Waldwanderung im südwestlichen Harz

Lonau ist ein 300-Seelen-Dorf, das sich in einem schönen Tälchen ohne Durchgangsverkehr im Herzberger Hinterland versteckt. Auf unserer 10-Kilometer-Runde, die auch ohne besonderes Ziel auskommt, durchstreifen wir Buchenwälder und in den höheren Bereichen um Braakberg und Dresselplatz teils etwas wüst anmutende Fichtenforste. Im Juli blüht hier massenweise der Rote Fingerhut. Einen speziellen Anlaufpunkt gibt es anfangs aber doch: das Auerhuhn-Schaugehege. Vor einiger Zeit versuchte man von hier aus die Wiederansiedlung des einst für den Harz so typischen größten Hühnervogels Europas – leider ohne durchschlagenden Erfolg.

Ausgangspunkt: Lonau, ca. 340 m, Parkmöglichkeit beim Dorfgemeinschaftshaus (hier auch Bushaltestelle).
Öffentliche Verkehrsmittel: Buslinie 451 von Herzberg.
Anforderungen: Kürzere Pfadabschnitte gleich zu Beginn und zwischendurch mal recht verschlungen, ansonsten breitere Forstwege, im Mariental befestigt. Es treten nicht überall Ausschilderungen auf, dennoch relativ leicht zu finden.
Einkehr: Hotel-Restaurant Zur Quelle in Lonau.
Variante: Man kann auch beim Schwimmbad im Mariental starten und für den Aufstieg vollständig Weg 14K wählen (ohne Schaugehege). Die Strecke verkürzt sich damit auf weniger als 6 km.
Stempel: Keine.

Der Rote Fingerhut ist im Harz sehr häufig anzutreffen.

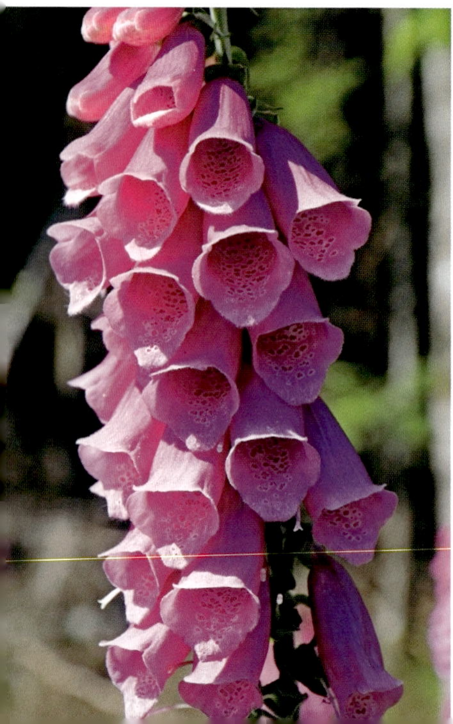

Am Dorfgemeinschaftshaus in **Lonau** ❶ folgen wir dem Hinweis zum Auerhuhngehege und wandern zunächst einmal über einen Wiesenweg, der in einen kurzfristig aufsteilenden Pfad überleitet. In eine breitere Trasse einmündend, erlaubt ein paar Schritte abseits ein Pavillon einen herrlichen Rückblick ins

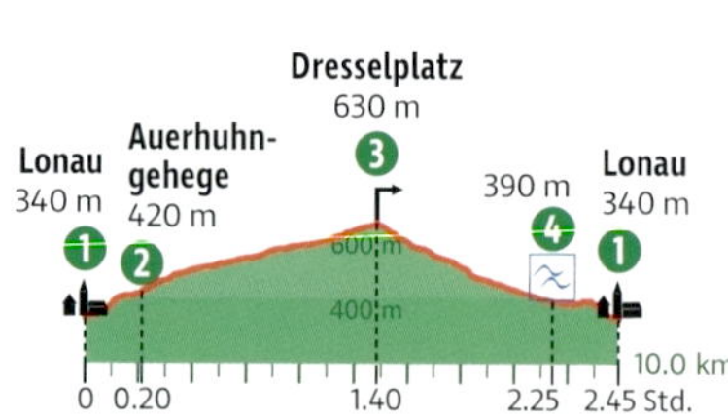

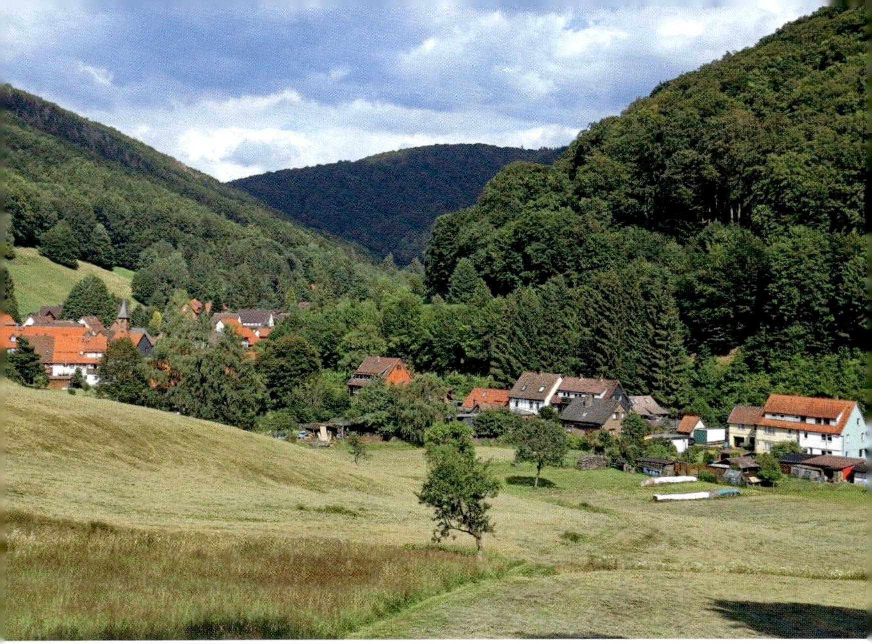

Lonau, eine kleine, stille Ortschaft im südwestlichen Harz.

Lonauer Tal. Bald darauf erreichen wir nach einem Rechtsknick bereits das **Auerhuhn-Schaugehege** ❷ und folgen weiter der Forststraße, bis sie sich gabelt. Wir setzen die Tour auf dem oberen, nicht beschilderten Weg fort und haben jetzt eine längere, sehr gemäßigte Steigung vor uns, mit einigen weitgezogenen Kurven, die sich an den Waldhang schmiegen. Später biegen wir in die von unten kommende Nr. 14K ein und begehen nun einen schmalen, beinahe schon verschlungen zu nennenden Pfad durch auffällige Totholzbereiche. Damit wird fast die maximale Höhe am Braakberg gewonnen. Gleich dahinter liegt die Kreuzung am **Dresselplatz** ❸, ca. 630 m, wo wir uns mit 14F rechts halten und damit den Rückweg durchs Mariental einleiten. Dort besteht der Untergrund teils sogar aus Asphalt, sonst aus festem Schotter. Schon weit unten werden ein kleiner Campingplatz sowie das **Schwimmbad** ❹ passiert.

Wir wechseln jetzt auf die linke Seite der Kleinen Lonau, begehen einen Forstweg am Waldrand und steigen über einen Wiesenpfad zu einem Parkareal ab. Damit schließt sich der Kreis ins Dorf **Lonau** ❶.

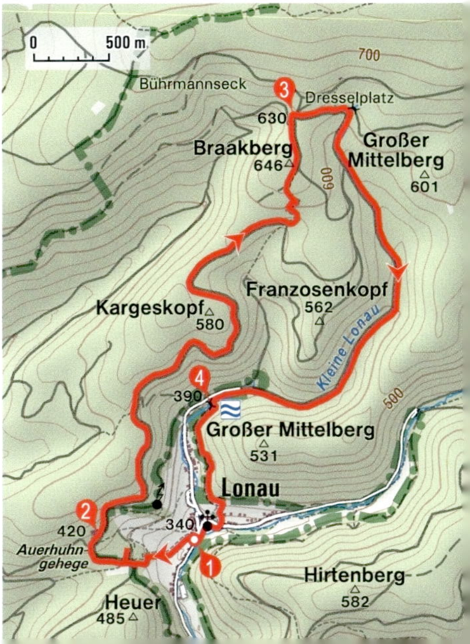

21 Naturerlebnispfad Sieber

Rund ums Herz des Siebertals

2.20 Std. | 8,2 km | ↗ 270 m | ↘ 270 m

Ein Weg zum Spielen, Schauen und Verstehen

Kommen wir nach Sieber im gleichnamigen, romantischen Harztal, das gegen Herzberg ausmündet, prangt es uns schon entgegen: Naturerlebnispfad. Das wollen wir doch mal ausprobieren! Tatsächlich entfernt man sich nie sehr weit von der Ortschaft, hat gemessen an vergleichbaren Lehrpfaden aber doch eine ordentliche Strecke abzulaufen. Zuweilen findet man auch die Bezeichnung »Panoramaweg« und diesbezüglich gleich im ersten Abschnitt an der südlichen Talseite die schönsten Perspektiven auf Sieber. Der Weg an sich ist oft spannend und lässt mit seinen zahlreichen Infotafeln, Erlebnisstationen und Rastplätzen keine Langeweile aufkommen. Die angegebene Gehzeit ist also nur nominell zu verstehen – gerade Familien mit Kindern finden hier reichlich Beschäftigung. Und gelernt hat man am Ende auch noch was, vor allem im Zusammenhang mit Waldökosystemen.

Ausgangspunkt: Sieber, Parkplatz beim Freibad im Tiefenbeek, ca. 330 m.
Öffentliche Verkehrsmittel: Buslinie 451 von Herzberg nach Sieber.
Anforderungen: Meistens kleinere, naturbelassene Wege, zwischendurch auch mal kurze Straßenabschnitte in der Ortslage. Die Markierung ist einheitlich – an wenigen Stellen würde man sich einen Hinweis mehr wünschen.
Einkehr: Café Dachstübchen in Sieber.
Stempel: Keine.

Bester Ausgangspunkt ist der Parkplatz beim Freibad in **Sieber ❶**, wo wir mit wenigen Schritten den Beginn des Erlebnispfades erreichen. Teils durch Waldabschnitte, teils an offenen Hängen zieht er zunächst an der südlichen Talflanke entlang und punktet sogleich mit schönsten Ausblicken. Auf Grasnarbe senkt sich die Route allmählich zu einem Sträßchen, das die Sieber überschreitet. Hinter der Brücke nach rechts zum Parkplatz respektive Bushalt **Obersieber ❷**. Mit einer Schleife geht es wenige Meter oberhalb am Fuß des Waldhanges genau in die entgegengesetzte Richtung, bevor man bei einer Rasthütte ins Tal der Goldenke einschwenkt. Man kommt zur gleich-

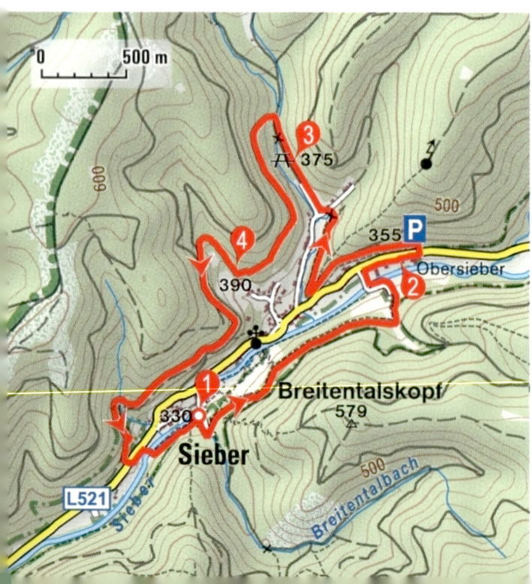

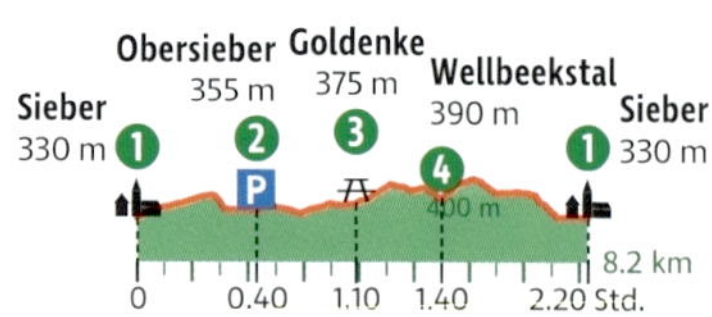

Vor allem der erste Wegabschnitt bietet herrliche Perspektiven auf Sieber.

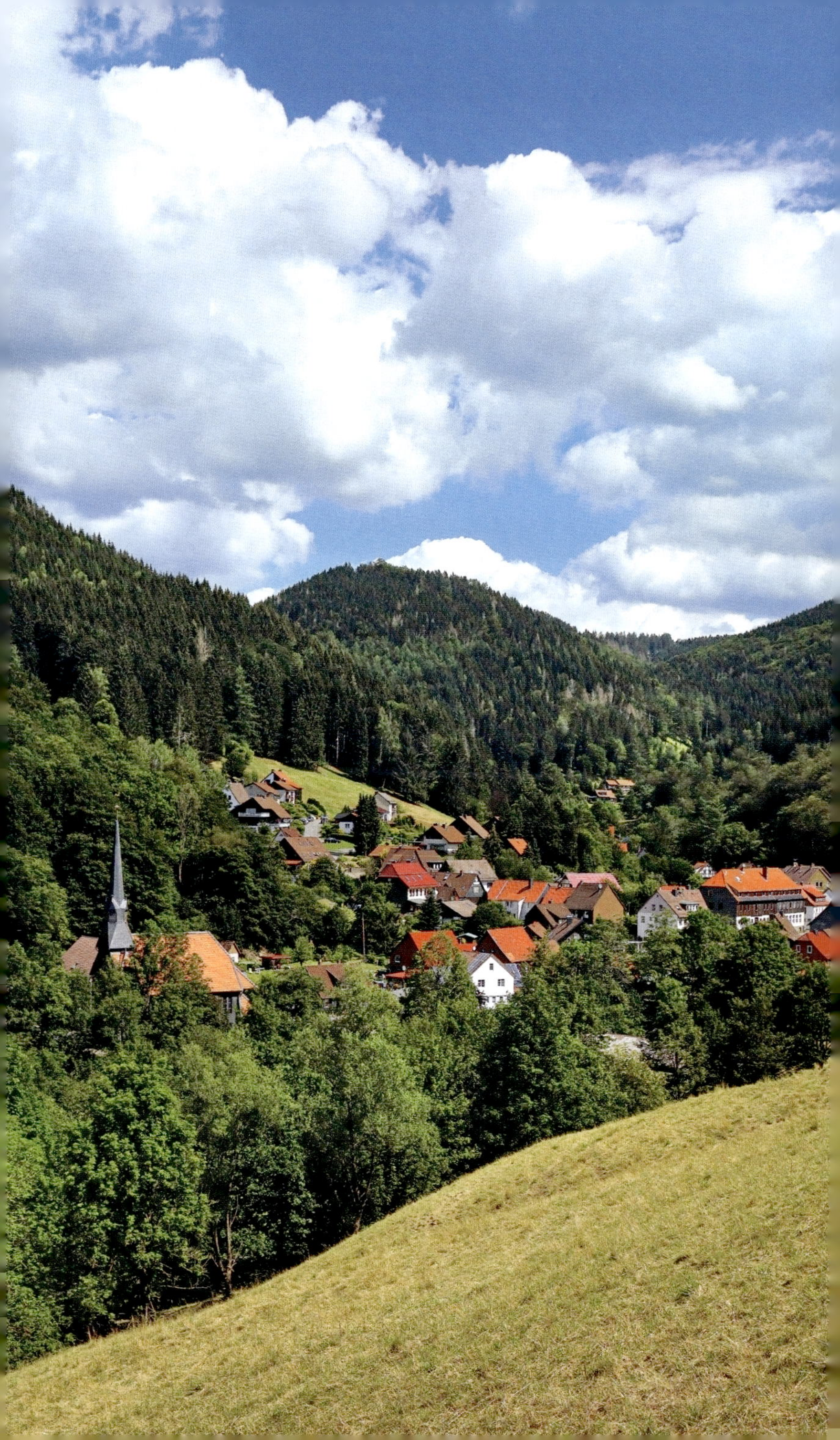

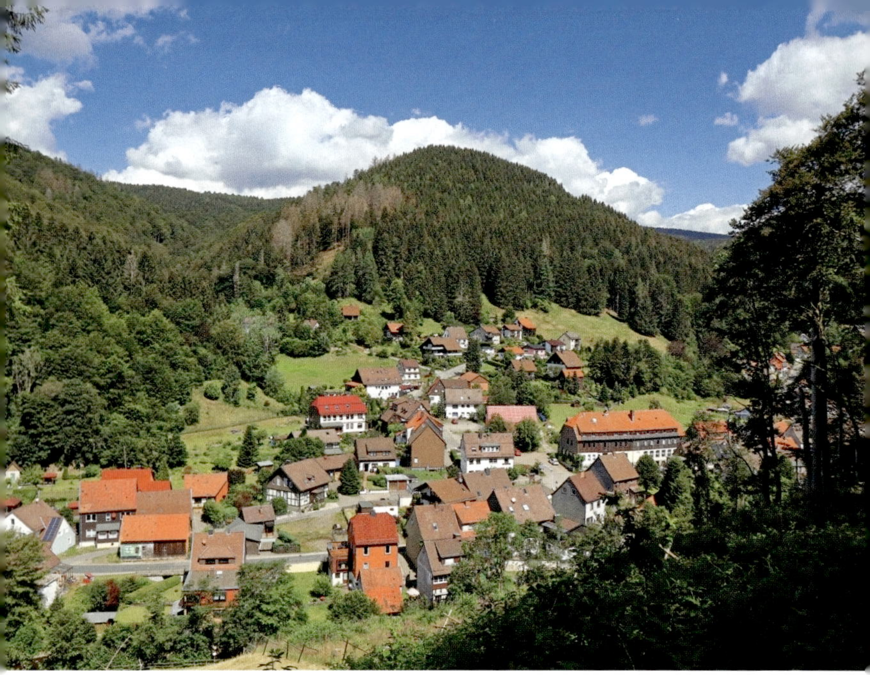

Auch der hübsche Ort Sieber geht auf den Harzer Bergbau zurück. Zum Glück ist er nicht in einem ehedem geplanten Stausee ertrunken ...

namigen Straße und hinter den Häusern zur Freizeitanlage **Goldenke** ❸ mit Wassertretanlage, Spiel- und Grillplatz. Rund 250 Meter weiter hinten wenden wir uns links in den Waldhang, gewinnen merklich an Höhe und achten dann auf die korrekte Fortsetzung an einer »Bucht« (ehemaliger Unterstand für Waldarbeiter) vorbei in den Einschnitt des **Wellbeekstals**. Dort empfängt uns in Kürze eine Köte ❹, wie sie aus Zeiten der Köhlerei rekonstruiert wurde. Mit einem Linksbogen auf die andere Seite und zu einer Forststraße, die nun eine ganze Weile verfolgt wird und bald parallel oberhalb des Siebertals verläuft. Nachdem ein kleiner Geländeeinschnitt ausgegangen ist, zweigt ein unscheinbarer Pfad Richtung Talsohle ab. Nicht tragisch, wenn man diesen verpasst: Dann geht man weiter fast bis zur Straße und folgt parallel zu dieser der freigeschnittenen Spur durch die Buschvegetation hin zu jener Stelle, wo auch die steilere Abkürzung herauskommt. Damit sind wir schon am Ortseingang von Sieber, wechseln alsbald nach rechts auf die andere Seite des Flusses und nutzen den idyllischen Pfad daneben für das letzte Stück zurück zum Parkplatz ❶.

Wiese mit Rautenblättriger Glockenblume.

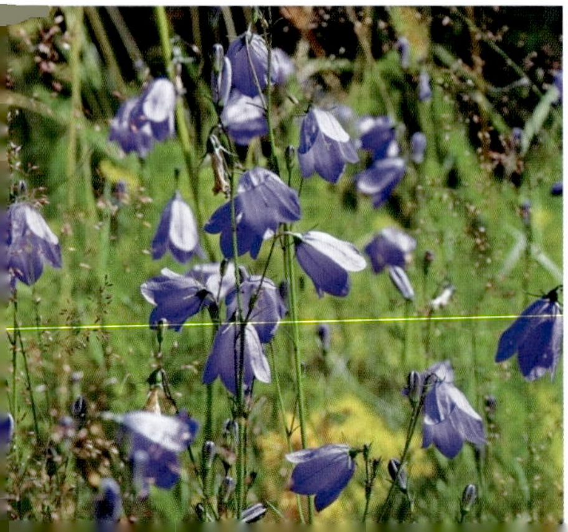

Ruine Scharzfels und Einhornhöhle

Im Umkreis von Scharzfeld

22

2.50 Std. | 9,4 km | ↗360 m | ↘360 m

Schöne Waldwege zu spektakulären Kultur- und Natursehenswürdigkeiten

Zwei echte Highlights am niedersächsischen Südrand des Harzes sind Kernbestandteile dieser Tour. Zum einen erkunden wir die Reste der Burg Scharzfels, die im Mittelalter als uneinnehmbare Festung galt. Erst 1761, im Siebenjährigen Krieg, wurde sie zerstört. Ihr Baustil und ihre Lage an einem mächtigen Dolomitfelsen beeindruckt selbst heute im Ruinenzustand noch. Nur rund einen Kilometer Luftlinie entfernt befindet sich die Einhornhöhle. Obwohl schon seit Jahrhunderten bekannt und seit geraumer Zeit auch touristisch genutzt, ist ihr Ausmaß bisher noch nicht vollständig erkundet. Enormen Stellenwert besitzt sie für die paläontologische und urgeschichtliche Forschung, wurden hier doch Knochen von zahlreichen Tierarten wie dem Höhlenbären sowie Artefakte des Neandertalers gefunden. Auch die Wanderwege in der Umgebung vermitteln reichlich naturkundliches und historisches Wissen.

Ausgangspunkt: Scharzfeld, Parkmöglichkeit in der Bremkestraße direkt unter der B243/27 (Zufahrt zum Campingplatz), ca. 248 m.

Öffentliche Verkehrsmittel: Buslinie 450 vom Bahnhof Herzberg Richtung St. Andreasberg; nächste Haltestelle »Scharzfeld Sattlergasse« in der Harzstraße.

Anforderungen: Überwiegend naturbelassene Waldwege und Pfade, zwischen Burgruine und Einhornhöhle deutlicher Abstieg und Wiederaufstieg. Die Markierung ist durchwegs gut; zudem viele Infotafeln entlang der Route.

Einkehr: Burgruine Scharzfels (Do–So

Scharzfeld liegt am unmittelbaren Südrand des Mittelgebirges.

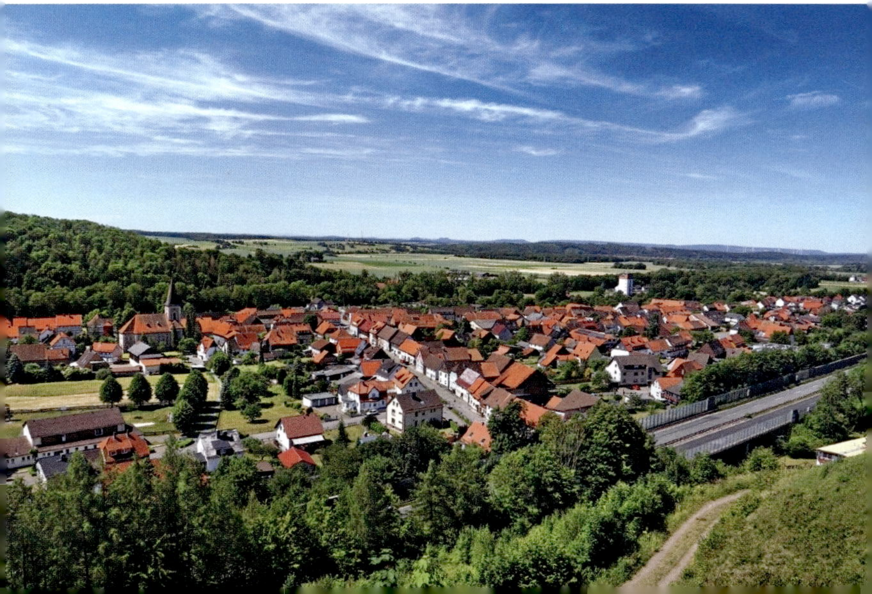

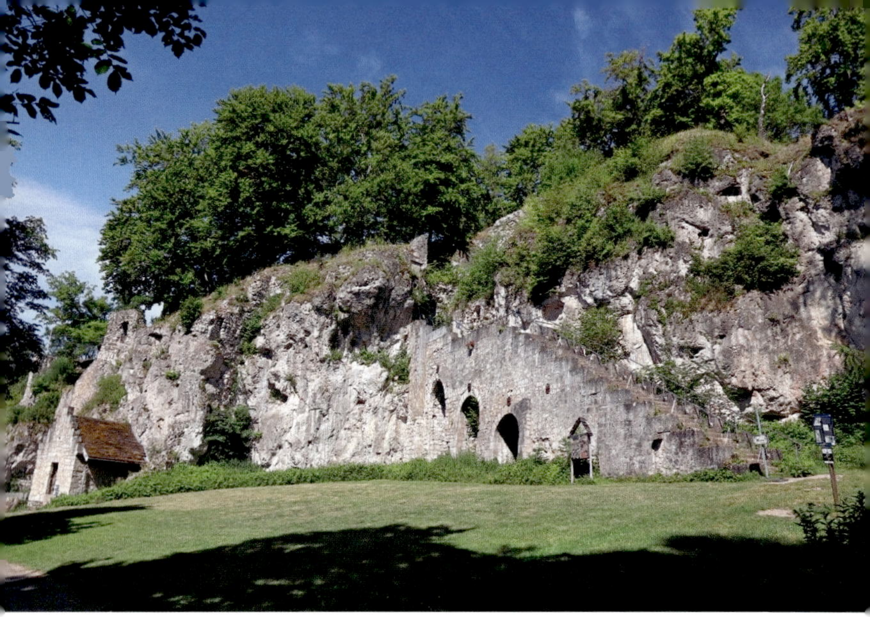

Die Ruine Scharzfels lässt noch die einstige Bedeutung der Anlage erahnen.

geöffnet); Wanderbaude Haus Einhorn (Mi bis So geöffnet); Blockhaus am Campingplatz; Hotel Harzer Hof in Scharzfeld.
Varianten: 1. Lohnenswert ist eine kleine zusätzliche Erkundung der Steinkirche; sie kann auch zu Beginn in die Tour integriert werden.
2. Von Wegpunkt 2 deutlich abkürzend direkt zur Einhornhöhle.
Tipp: Führungen durch die Einhornhöhle finden von Mi bis So jeweils stündlich zwischen 11 und 15 Uhr statt. Online-Reservierung unter www.einhornhoehle.de empfohlen.
Stempel: Nr. 151 (Ruine Scharzfels), Nr. 101 (Einhornhöhle).

Aus der Ortschaft **Scharzfeld** ❶ wandern wir ins Bremketal hinein, den Bachlauf unmittelbar rechts begleitend. Auf der anderen Seite wird bald der Campingplatz sichtbar. Später mit Nr. 13H rechts abzweigend und auf kleinerem Steig spürbarer bergauf. An einem Waldrücken treten die Rottsteinklippen auf. Wo der Weg südwärts schwenkt und damit Kurs zur Einhornhöhle nimmt ❷, biegen wir scharf links Richtung Göttinger Hütte ab. Wir wandern jedoch nicht ganz bis zu dieser, sondern drehen vor dem Herbstberg unsererseits rechts gen Süden ab (Nr. 13F, später 13G). Ein kurzer Seitensprung zur Ruine **Frauenstein** ❸ liegt sicher drin, bevor wir uns der stattlicheren **Burgruine Scharzfels** ❹ nähern, um

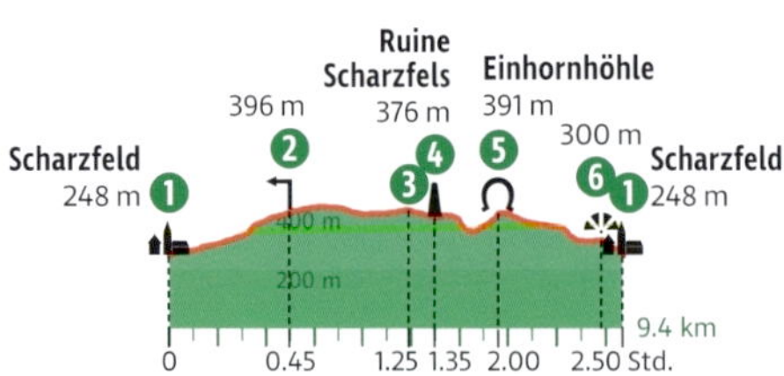

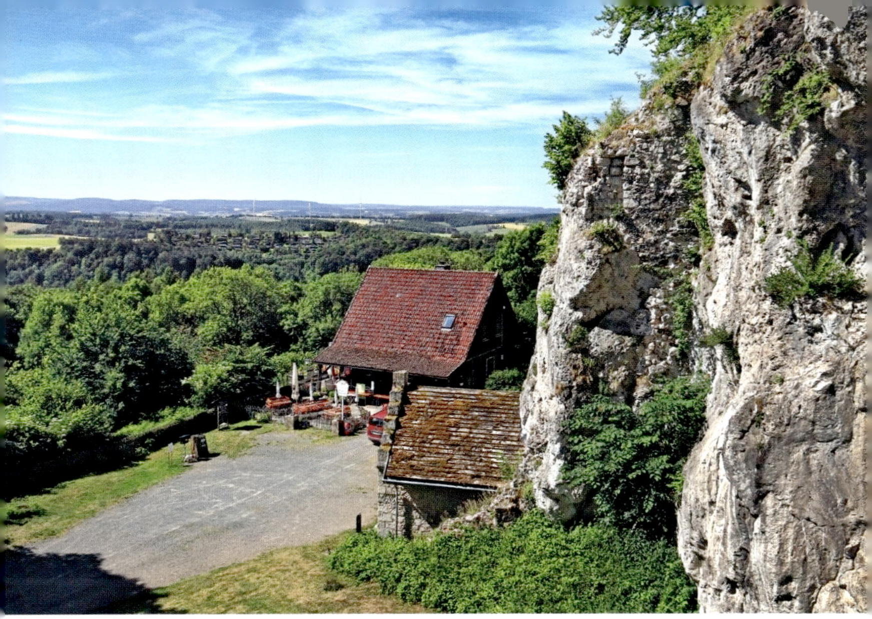

Heute befindet sich dort auch eine Einkehrstätte.

uns hier etwas intensiver umzusehen. Die Verbindung zur Einhornhöhle auf dem Karstwanderweg ist mit einem deutlichen Abstieg ins Hasenwinkeltal (dort rechts halten und über eine Minibrücke hinweg) sowie dem anschließenden Gegenanstieg verbunden. Wie schon bei der Ruine gibt es auch hier eine Wanderbaude. Nach allfälliger Führung durch die **Einhornhöhle** 5 folgen wir weiterhin dem Karstwanderweg, ein Stück weit parallel zu einer Forststraße, anschließend am Waldrand mit freiem Blick ins südwestliche Harzvorland und hinunter zur Ortsstraße *Im Rott*. Dort sofort wieder nach rechts kurz aufwärts, um über einen kleinen Geländeriegel hinweg die Runde zu schließen.

Wer indes noch ein pfiffiges Extra schätzt, kann einem unbezeichneten Schleichpfad an Felsen vorbei zum **Schulberg** 6 folgen: schönste Perspektive auf den Ort Scharzfeld! Zum Ende hin unterhalb vorbei zunächst nach links (Osten), dann mit scharfem Rechtsknick etwas schmal und verwachsen direkt hinunter zum Ausgangspunkt 1.

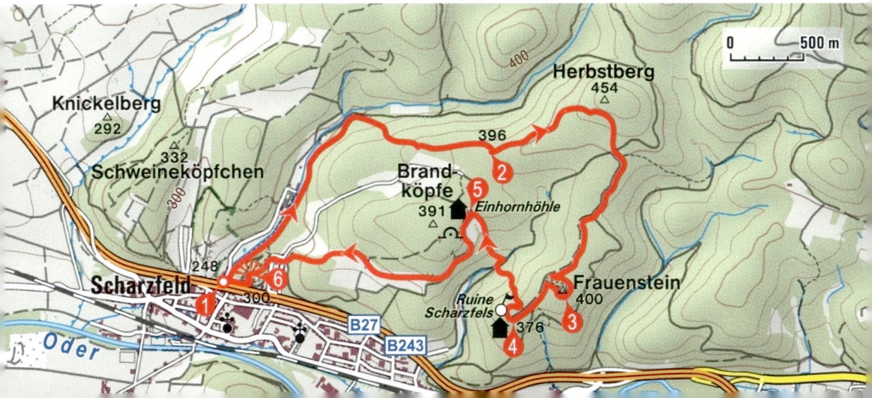

23 Großer Knollen, 687 m

Aus dem Tal der Lutter

3.15 Std. | 11,5 km | ↗ 400 m | ↘ 400 m

Zum Aussichtsberg zwischen Sieber und Bad Lauterberg

Etwa zeitgleich mit dem Bismarckturm bei Bad Lauterberg (siehe Tour 24) entstand etwas weiter harzeinwärts der Aussichtsturm auf dem Großen Knollen. In Kombination mit der Gaststätte handelt es sich natürlich um eines der bevorzugten Wanderziele, welches auch in den Harzer Baudensteig integriert ist. Neben einer längeren Route von St. Andreasberg sowie einer Rundtourmöglichkeit von Sieber (die im Rother-Wanderführer »Harz« ausführlich vorgestellt wird) soll es an dieser Stelle um den Zugang aus Richtung Bad Lauterberg gehen. Üblicherweise startet man kurz vor Kupferhütte, wo im Tal der Lutter früher Bodenschätze gefördert worden sind – einige Information darüber bekommen wir beim späteren Weg talauswärts. Wandertechnisch reizvoller gestaltet sich der Hinweg, der sich an die Kammhöhe über Scheffeltal, Großental und Hübichental schmiegt und häufig in Buchenwäldern verläuft.

Ausgangspunkt: Wanderparkplatz an der Zufahrt von Bad Lauterberg nach Kupferhütte, ca. 315 m.
Öffentliche Verkehrsmittel: Nächste Bahnstation ist Bad Lauterberg-Barbis (Strecke Northeim – Nordhausen). Von dort Busanschluss ins Zentrum von Bad Lauterberg (Linien 450 und 471). Ab Haltestelle »Molkereistraße« zusätzlich ca. 1,5 km Anmarsch bis zum Parkplatz.
Anforderungen: Im Aufstieg fast durchgängig Naturwege, einige steilere Passagen, meist aber ange-

Rechts: Die Attraktion auf dem Großen Knollen ist der Aussichtsturm mit der angeschlossenen Baude. Von dort aus überblickt man die Waldwellen des Harzgebirges (unten).

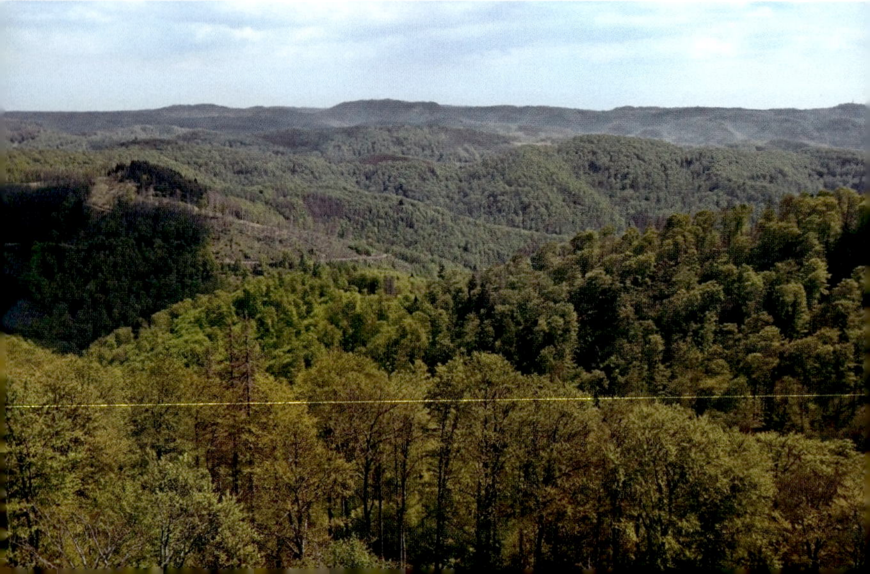

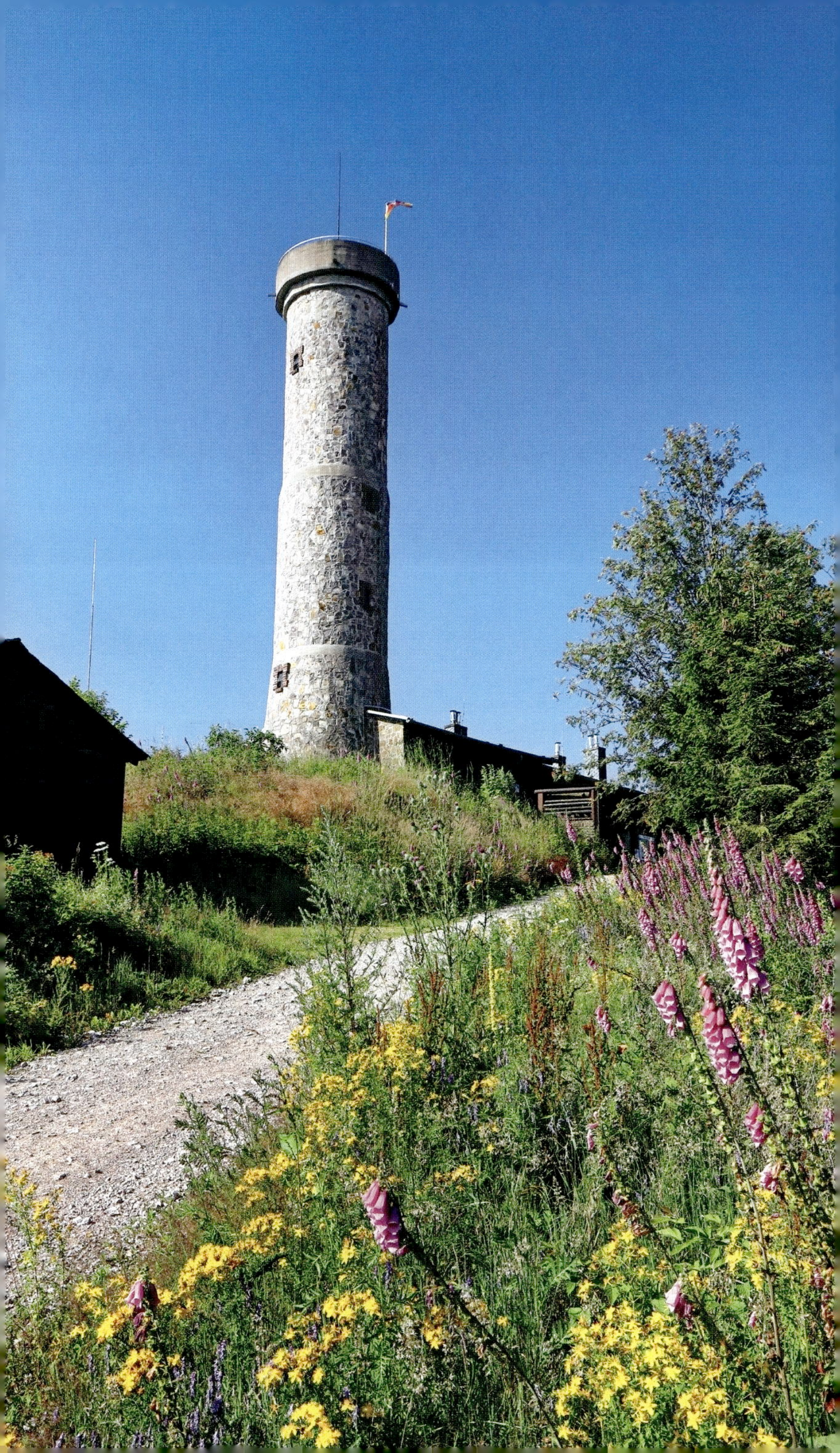

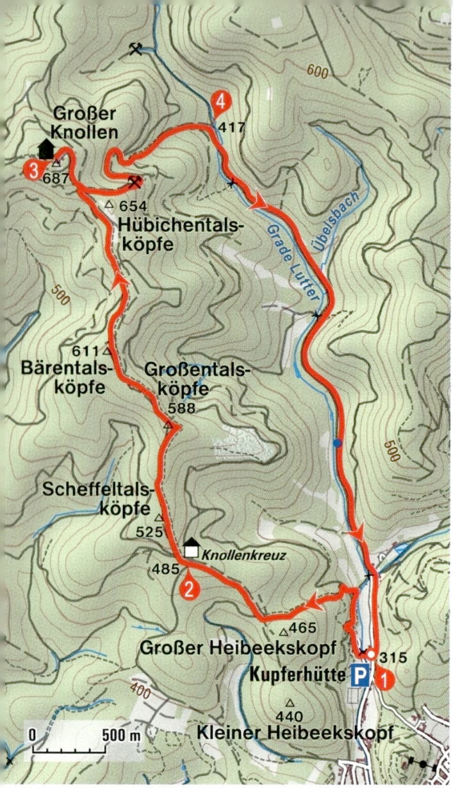

nehm. Beim Abstieg ins Tal der Lutter ebenfalls naturbelassen, talauswärts schließlich auf 4 km Hartbelag. Insgesamt eine der längeren Touren der Auswahl, überall gut markiert.

Einkehr: Knollenbaude (geöffnet von 9 bis 17 Uhr, Mo Ruhetag). Das Waldcafé Altes Forsthaus (Bienenhof Quellmalz) in Kupferhütte war zuletzt geschlossen.

Variante: Wer unabhängig vom eigenen Fahrzeug ist, kann auch Richtung Sieber absteigen (von dort Busverbindung zum Bahnhof Herzberg).

Stempel: Nr. 152 (Knollenkreuz), Nr. 150 (Großer Knollen).

Vom Parkplatz bei **Kupferhütte** ❶ wechseln wir sofort auf die linke Seite der Lutter und nehmen dort in Kürze einen schmalen Pfad auf. Wo man auf die vom Forsthaus kommende befestigte Trasse trifft, mit dieser nach links und um eine Kurve kurz aufwärts bis zum Beginn des Steiges Nr. 13D. Aus einer Art Sattel geht es rechts haltend zum Rastplatz am **Knollenkreuz** ❷ und anschließend weiter auf dem naturbelassenen Pfad im Bereich der Scheffeltals- und Großentalsköpfe. Hauptsächlich wandern wir hier durch Laubwaldbestände; es gibt aber auch einige Blößen. Die Steigung bleibt insgesamt erträglich – nur das letzte Stück von einer Kreuzung hinauf zum **Großen Knollen** ❸, 687 m, wird nochmals spürbar steiler.

Für den Rückweg geht es zunächst wieder zurück zur Kreuzung. Dort schlagen wir Nr. 13Q ein, zunächst deutlich bergab, dann mit einer überraschenden Linkstraverse. Auf einer Forststraße angekommen gilt es gut auf die Fortsetzung zu achten, und zwar auf dem unbefestigten Pfad durchs Knollental hinab. Dieses mündet unten ins Tal der Graden Lutter ❹, wo ein asphaltiertes Sträßchen verläuft. Talauswärts passieren wir eine Reihe von Infotafeln, ehe wir nach **Kupferhütte** und ein paar Minuten später zurück zum Parkplatz ❶ gelangen.

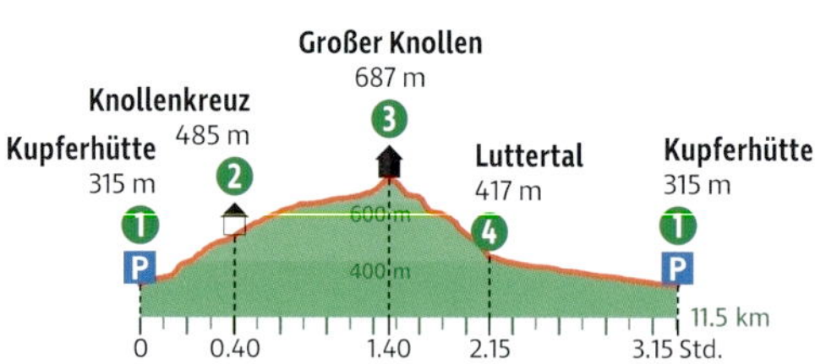

Lauterberger Bismarckturm, 536 m

Über den Hausberg Richtung Odertal

24

2.45 Std. | 9,0 km | ↗ 380 m | ↘ 380 m

Die klassischen Panoramapunkte bei Bad Lauterberg

Der Name Lauterberg gründet sich auf die mittelalterliche Burg Lutterberg bzw. das aus dem Südharz mündende Tal der Lutter. Größere Bedeutung erlangte der Ort mit der im 16. Jahrhundert verliehenen »Bergfreiheit«, was seinerzeit zahlreiche Knappen anzog und zum wirtschaftlichen Katalysator wurde. Ab der zweiten Hälfte des 19. Jahrhunderts entwickelte sich in Bad Lauterberg allmählich der Kurbetrieb, der im Gegensatz zum Bergbau heute noch prägend ist. Im Zuge dessen wurde auch die Umgebung mit touristischer Infrastruktur erschlossen – etwa am unmittelbar aus der Stadt aufragenden Hausberg, der außer dem Panoramarestaurant sogar einen Sessellift erhalten hat. Noch ein Stück höher steht seit 1904 der Bismarckturm (ebenfalls mit Gaststätte), von dem man auch harzeinwärts bis zum Brocken sieht. Wir erweitern unsere Wanderung später noch mit einem Bogen jenseits der Oder. Und wer mag, kann bei dieser Gelegenheit auch der Odertalsperre einen Besuch abstatten.

Ausgangspunkt: Bad Lauterberg, 296 m. Parkmöglichkeiten beim Kurhaus, am Kirchplatz oder an anderen Stellen im Zentrum.

Öffentliche Verkehrsmittel: Nächste Bahnstation ist Bad Lauterberg-Barbis (Strecke Northeim – Nordhausen). Von dort Busanschluss ins Zentrum. Linie 450 verbindet Herzberg mit St. Andreasberg, Linie 471 führt nach Bad Sachsa.

Anforderungen: Der größte Teil verläuft auf naturbelassenen Wegen, die abschnittsweise sogar recht steil sind.

Bad Lauterberg mit Umgebung vom Bismarckturm aus gesehen.

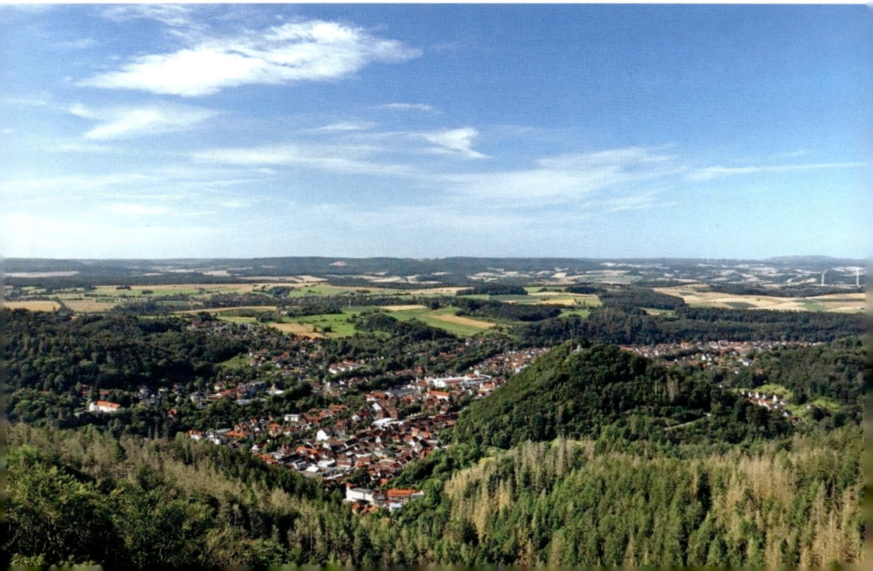

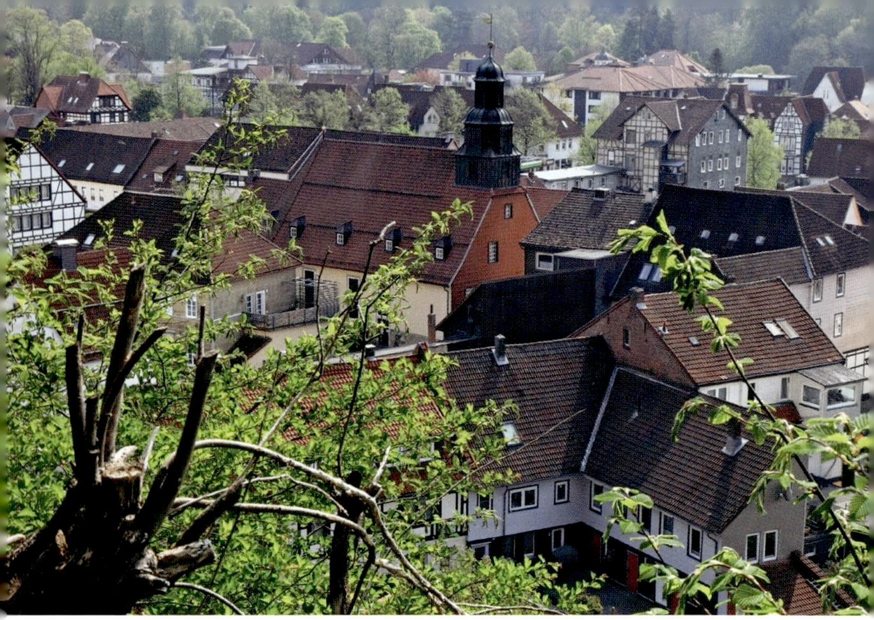

Über den Dächern der Kurstadt am Harzsüdrand.

Die Markierung ist insgesamt zuverlässig.
Einkehr: Restaurant auf dem Hausberg (geöffnet von 10.30 bis 18 Uhr, Mo Ruhetag); Waldgaststätte Bismarckturm (täglich geöffnet von 9 bis 18 Uhr); etliche Möglichkeiten im Stadtgebiet von Bad Lauterberg.

Varianten: 1. Der anfängliche Aufstieg zum Hausberg kann durch eine kurze Fahrt mit dem Sessellift ersetzt werden. 2. Wo der Linksabzweig nach Odertal erfolgt, auf dem breiten Forstweg geradeaus weiter und die Runde Richtung Startpunkt abkürzen.
Stempel: Nr. 115 (Bismarckturm).

Wenn wir beim Kurhaus in **Bad Lauterberg ❶** starten, folgen wir zuerst der *Ritscherstraße* bis zur *Hauptstraße*, gehen dort links bis zur Andreaskirche und wenden uns *Am Hausberg* bergwärts. Der Harzer Baudensteig führt am steilen Hang teilweise etwas hin und her, schließlich aber zielsicher hinauf zur aussichtsreichen Gaststätte auf dem **Hausberg ❷**, ca. 420 m. An der nahen Liftstation vorbei verlieren wir vorübergehend deutlich an Höhe, ehe von der Straße *Weinberg* die Gegensteigung zum Kummelberg eingeleitet wird. Auch hier sind wieder recht steile Passagen dabei, freilich stets gut ausgebaut. Am höchsten Punkt der Tour erwarten uns der **Bismarckturm ❸**, 536 m, und die angeschlossene Hütte, wo man neben dem Panoramablick auch kulinarisch

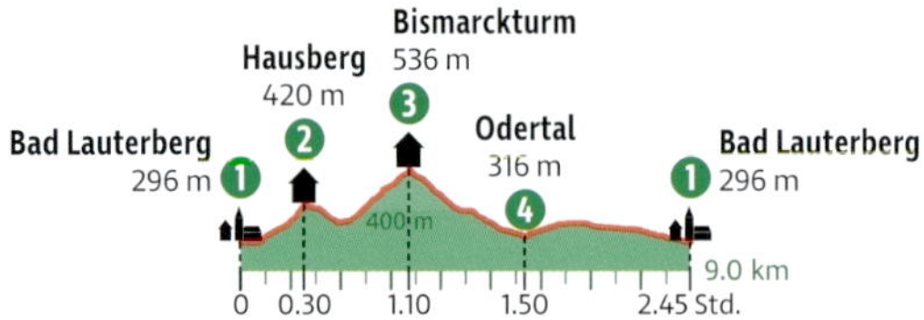

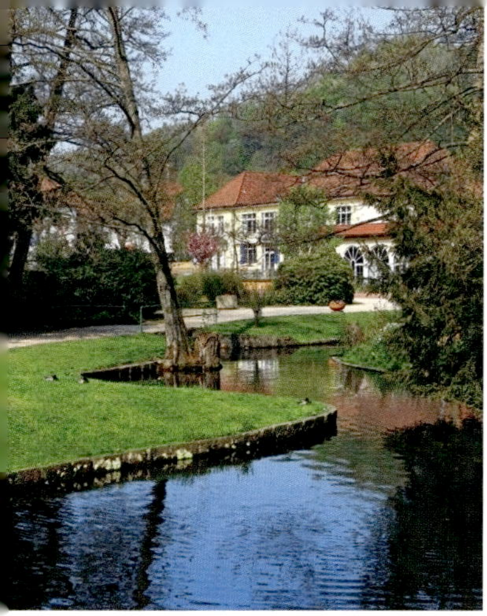

Das schmucke Kurhaus im Kurpark.

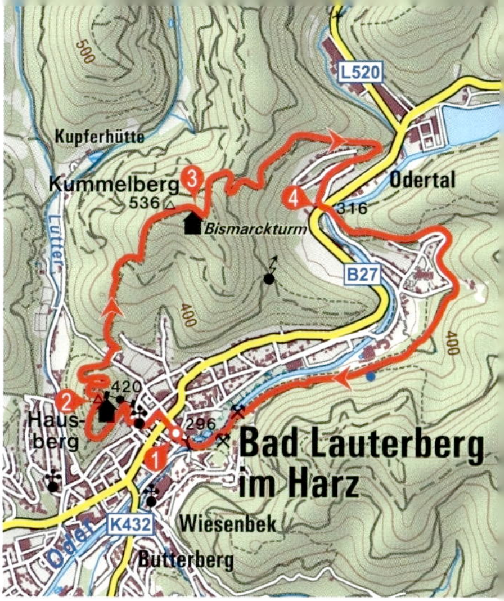

zum Genuss kommt. Von dort steigen wir anschließend ein Stück gegen Nordosten ab, achten dann auf den Hinweis »Odertal« nach rechts und schwenken kurz darauf scharf nach links. Der Waldpfad fällt phasenweise steil ab und geht später mehr in eine Traverse über. Kurz vor der *B27* scharf rechts in die DETA-Straße der Siedlung Odertal und weiter unten die Bundesstraße kreuzend **4**. Wir überschreiten die Oderbrücke und folgen dem Waldweg um die Siedlung Dietrichstal herum. Danach wird am besten auf einen tieferen Parallelweg gewechselt (Hinweis »Kurhaus« beachten), der sich schön naturnah präsentiert. Zum Schluss nutzen wir eine der Brücken in den Kurpark hinein und kommen wieder zum Ausgangspunkt in **Bad Lauterberg 1**.

Nebenan sprudelt eine Fontäne.

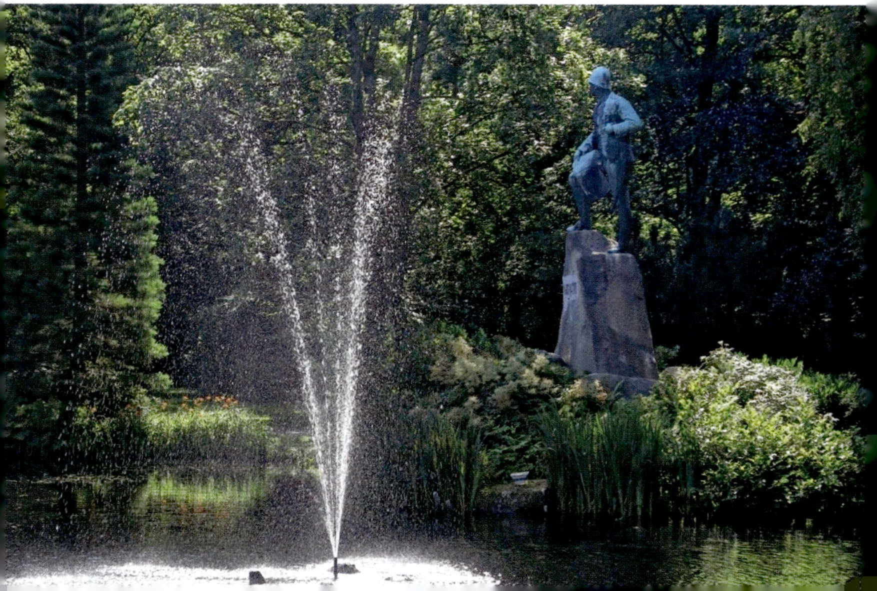

25 Wiesenbeker Teich

Aus dem Steinatal

1.40 Std. | 5,8 km | ↗190 m | ↘190 m

Auf stillen Wegen zur Perle von Bad Lauterberg

Das Lauterberger Kupferbergwerk »Aufrichtigkeit« war im frühen 18. Jahrhundert verantwortlich für die Anlage eines Kunstteichs im Wiesenbektal – er gehört heute zum Weltkulturerbe des Oberharzer Wasserregals. Für Bad Lauterberg ist es eine landschaftliche Perle im näheren Umfeld, touristisch manifestiert durch einen beliebten Campingplatz mit Bademöglichkeiten. Auch die meisten Wanderer kommen aus der Kurstadt hierher – ungeachtet dessen möchte ich an dieser Stelle aber einen stilleren Zugang aus dem Steinatal vorschlagen. Auf dem Hinweg überschreitet man die sogenannte Hohe Tür, retour den Rücken des Ahrendsberges.

Ausgangspunkt: Ehemalige Waldschänke (heute Gruppenhaus) im Steinatal, ca. 365 m.
Öffentliche Verkehrsmittel: Buslinie 471 zwischen Bad Lauterberg und Bad Sachsa. Die Haltestelle im Ort Steina befindet sich aber fast 2 km entfernt.
Anforderungen: Mehrheitlich schmale Pfade, zwischen Campingplatz und Ahrendsberg Forststraße. Mit guter Beschilderung eine kürzere Tour ohne wesentliche Orientierungsprobleme.
Einkehr: Wiesenbek-Baude (Di Ruhetag).
Variante: Man erreicht den großen Teich auch gut von Bad Lauterberg, entweder durchs Wiesenbektal oder über den Baudensteig.
Stempel: Nr. 43 (Hohe Tür).

Rund um den See finden wir viele lauschige Ecken.

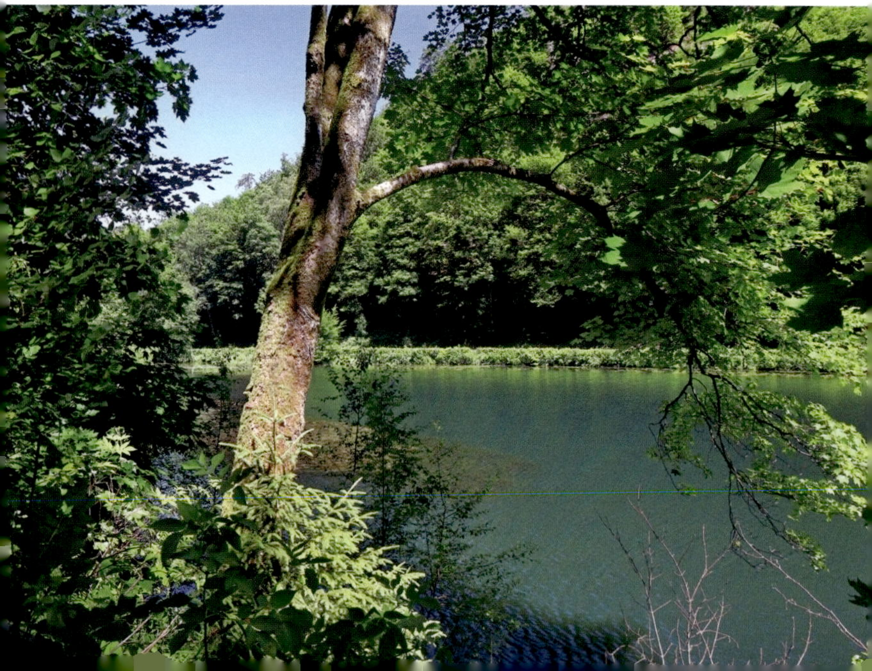

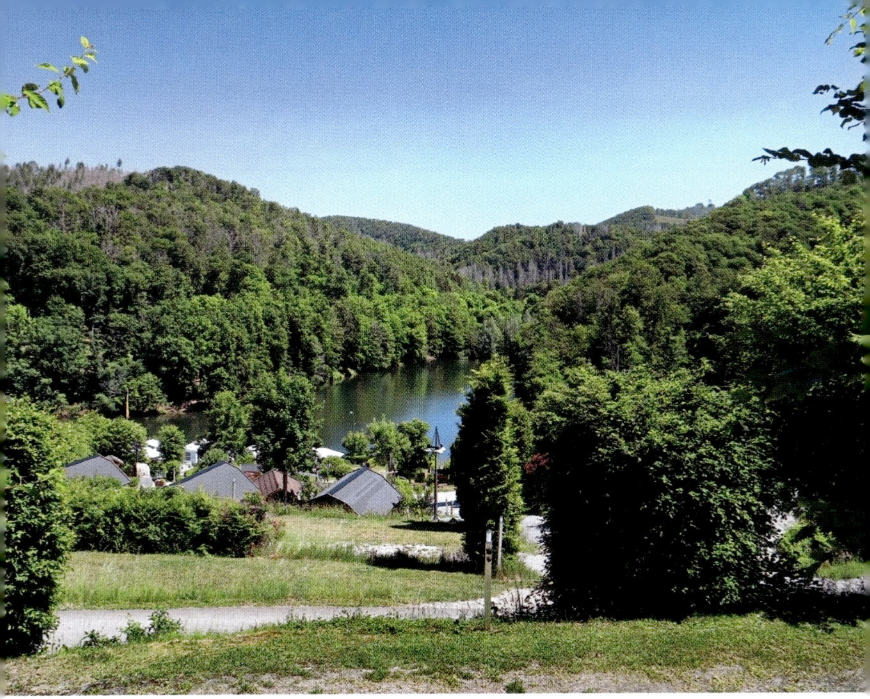

Über dem Ufer befindet sich einer der schönsten Campingplätze weit und breit.

Von der ehemaligen **Waldschänke** im **Steinatal** ❶ passiert man sogleich den Grillplatz und folgt nach Möglichkeit dem schmalen Wanderweg taleinwärts, sofern dem keine Sperrung wegen Astbruchgefahr o. Ä. entgegensteht. Damit geht es links am Stausee vorbei, andernfalls würde man das Sträßchen auf der rechten Seite nutzen. Dahinter erreichen wir den Geländesattel der **Hohen Tür** ❷ mit einer Stempelstelle der Harzer Wandernadel und wenden uns nach links. Ein schmaler Waldpfad führt jetzt rasch ins Wiesenbektal hinunter und zum Ostzipfel des **Wiesenbeker Teichs** ❸. Wegen der vielen schönen Perspektiven lohnt sich der etwas längere Kurs über den Staudamm hinweg – ansonsten gelangt man auch links herum zum Campingareal mit der **Wiesenbek-Baude** ❹. Knapp oberhalb nehmen wir eine Forststraße auf und gewinnen sukzessive ansteigend die Höhe am Ahrendsberg. Von einer Schutzhütte windet sich schließlich ein kleinerer Naturpfad wieder ins **Steinatal** ❶ hinab.

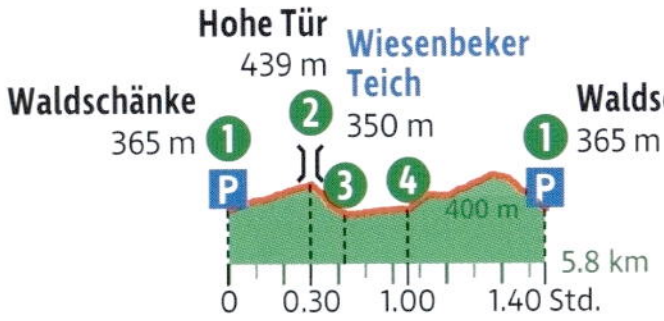

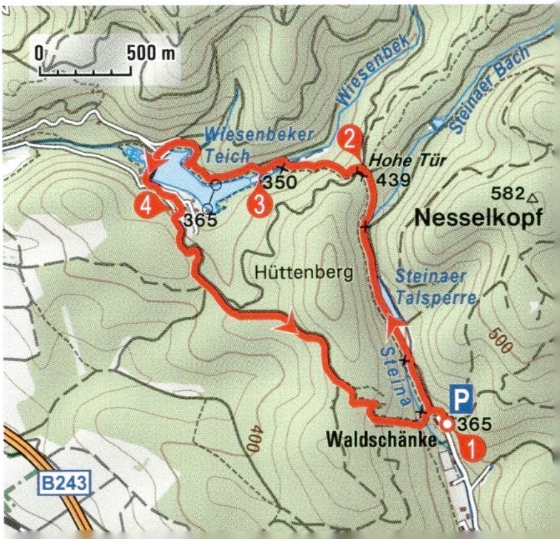

26 Sachsenstein bei Walkenried
Ein Stück vom Karstwanderweg

TOP | 2.30 Std. | 8,7 km | ↗200 m | ↘200 m

Klippen, Teiche und Buchenwälder am Südrand des Harzes

Mit dem 1127 gegründeten Zisterzienserkloster trat Walkenried als zumindest regional bedeutender Player in die Geschichte ein, nachdem zuvor bereits von Heinrich IV. die nahe gelegene Burg Sachsenstein im politischen Gefüge auftrat (1074 zerstört). Die Mönche beteiligten sich fortan am Bergbau im Harz und legten im engeren Umkreis ihres Standorts eine ausgedehnte Teichlandschaft zur Fischzucht an. Die angebliche Zahl von 365 darf allerdings wohl ins Reich der Legende verwiesen werden. Heute ist die Gegend Teil des Naturschutzgebietes »Gipskarstgebiet um Bad Sachsa«, das geologisch zum Südharzer Zechsteingürtel gehört und interessante Relieferscheinungen aufweist, etwa die lange Front der bis zu 30 Meter hohen Sachsensteinklippen über dem Uffetal oder die Erdfälle und Quellhöhlen, die auch als »Zwergenlöcher« bezeichnet werden. Dieser Wandervorschlag mag in seinem verwinkelten Kurs etwas gesucht erscheinen, nimmt somit aber möglichst viele solcher Elemente in sich auf. Immer wieder nutzen wir dafür den überregional ausgewiesenen Karstwanderweg, doch sind auch individuelle Abschnitte dabei. Insbesondere der wilde Pfad an den Sachsensteinklippen dürfte Entdeckungslustige begeistern. Am Priorteich kann man schließlich auch ins erfrischende Nass springen ...

Am Höllteich gleich südlich von Walkenried.

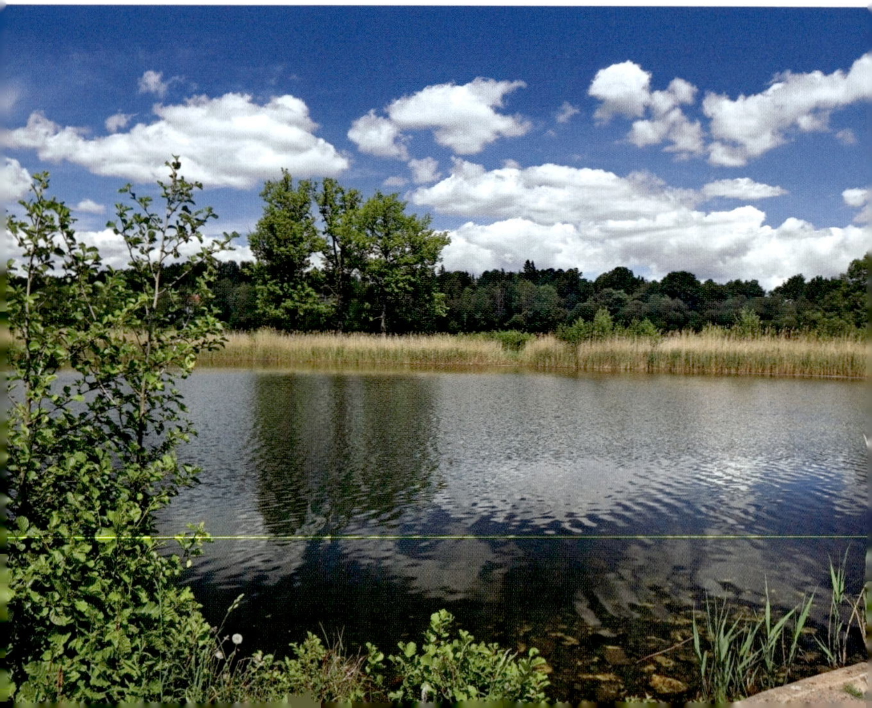

Ausgangspunkt: Bahnhof Walkenried, ca. 275 m.
Öffentliche Verkehrsmittel: Walkenried liegt an der Regionalbahnstrecke zwischen Northeim und Nordhausen. Busverbindungen mit Bad Sachsa und Braunlage.
Anforderungen: Entlang der Klippen schmaler, wilder Naturpfad ohne Markierung (elementare Trittsicherheit vorteilhaft). Ansonsten markierte und gut begehbare Wald- und Feldwege, meist mit Naturbelag. Der verwinkelte Verlauf erfordert etwas Orientierungssinn.
Einkehr: Etliche Möglichkeiten in Walkenried, besonders rund ums Kloster.
Varianten: 1. Abkürzungsmöglichkeit an der Spatenbornwiese (rechts zum Bahnübergang).
2. Spannende Fortsetzung des Klippenpfades bis zur Bahntrasse; auf der anderen Seite gelangt man im Anschluss sofort zur Sachsenburg. Allerdings fehlt an dieser Stelle eine offizielle Kreuzung der Gleise (was angesichts des Trampelpfads offenbar häufig ignoriert wird).
Tipp: Die Klosterruine Walkenried verspricht bei dieser Gelegenheit eine lohnende kulturelle Besichtigung.
Stempel: Nr. 166 (Sachsensteinhütte).

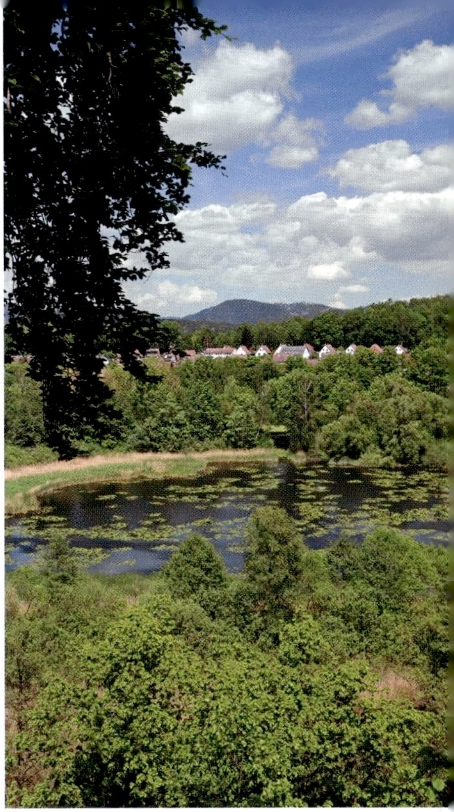

Diese Tour an den südlichen Harzausläufern bietet verblüffend vielseitige Impressionen.

Vom Bahnhof **Walkenried 1** auf die andere Seite der Gleise und neben der Straße am Andreasteich entlang, dann mit dem Karstwanderweg von dieser nach rechts zum Höllteich abrückend. Im Gehölz gewinnen wir ein paar Meter hinauf zum **Höllstein**. Sehr urwüchsig setzt sich der Pfad in

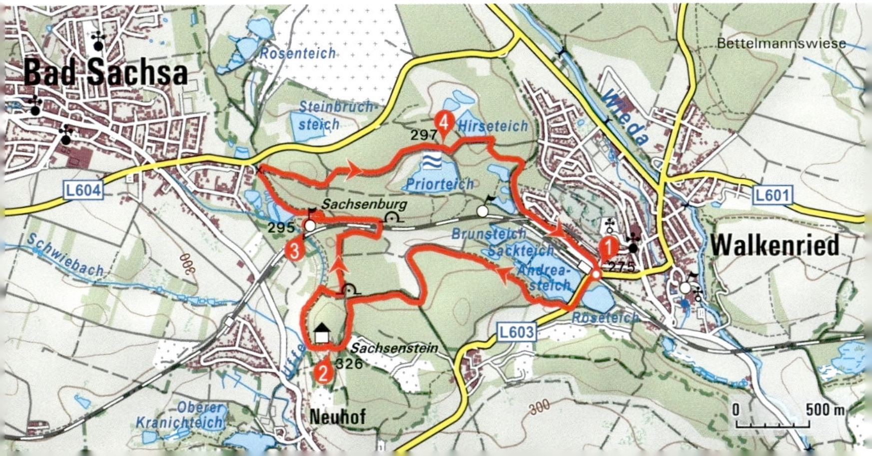

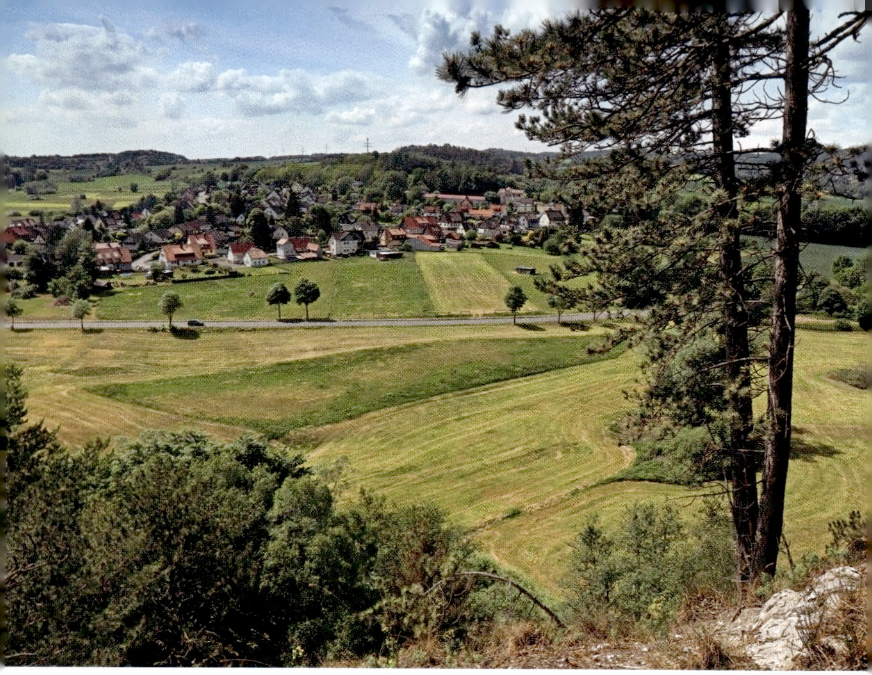

Blick vom Sachsenstein in die Umgebung von Neuhof.

diesem Gelände fort und trifft hinter der 850 Jahre alten Sachseneiche auf einen breiteren Feldweg. Damit geht es nun an der ausgedehnten Spatenbornwiese entlang, nach einem Linksbogen an der Abkürzungsmöglichkeit (siehe Variante 1) vorbei zu einer weiteren Gabelung und hier rechts. Bei der Helbinghütte weist ein Schild geradeaus auf die Aussicht an den Sachsensteinklippen hin, doch wollen wir mit einer Schleife mehr daraus machen: Deshalb jetzt zunächst nach links und zum Waldrand, wo sich bei der **Sachsensteinhütte** ❷ ein schöner Blick über die Gegend um Neudorf öffnet. Absoluter Clou ist jetzt der verschlungene Pfadverlauf direkt am Klippenabbruch entlang (nicht markiert, aber klar sichtbar ausgetreten). Mit etwas Auf und Ab kommt man zu jener Stelle, wohin auch der kürzere Stich vom Hauptweg führt. Wer nicht die etwas abenteuerliche Variante 2 versuchen möchte, kehrt dorthin zurück und folgt dem Karstwanderweg bis zum offiziellen Bahnübergang (etwas nach rechts versetzt). Jenseits parallel zu den Gleisen nach links und mittels Abstecher zur Ruine der **Sachsenburg** ❸ hinauf. Anschließend können wir noch eine kleine Schleife an den Teichen im Südosten von Bad Sachsa einbauen. Kurz vor der *L604* mit

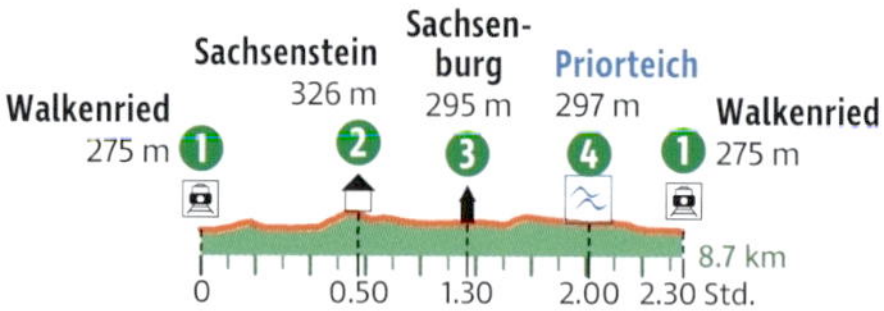

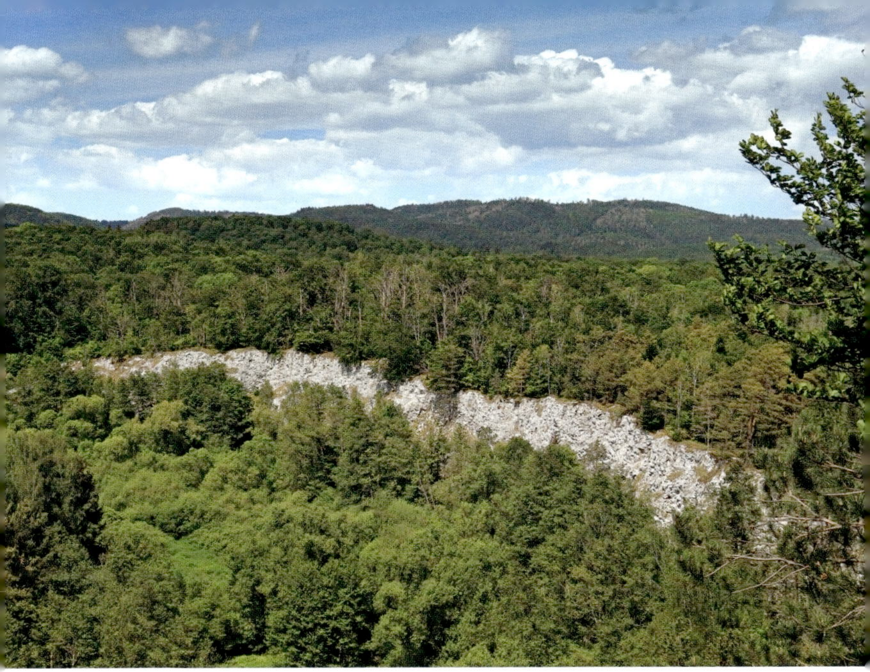

Als markante, helle Felsbarriere durchziehen die Sachsensteinklippen den Hang.

dem Karstwanderweg scharf rechts und bei einer Kreuzung halblinks zu jener Route, die sich dem **Priorteich** **4** auf seiner nördlichen Seite nähert. Hier liegt das Naturbad. Gleich dahinter biegen wir zum **Hirseteich** ab und an dessen Ende auf die Verbindung zum Eckteich (nach Beschilderung »Walkenried«). Zuletzt wird noch der Affenteich tangiert und die Runde im *Sachsaer Weg* zurück zum Bahnhof **1** vollendet.

Die Spatenbornwiese.

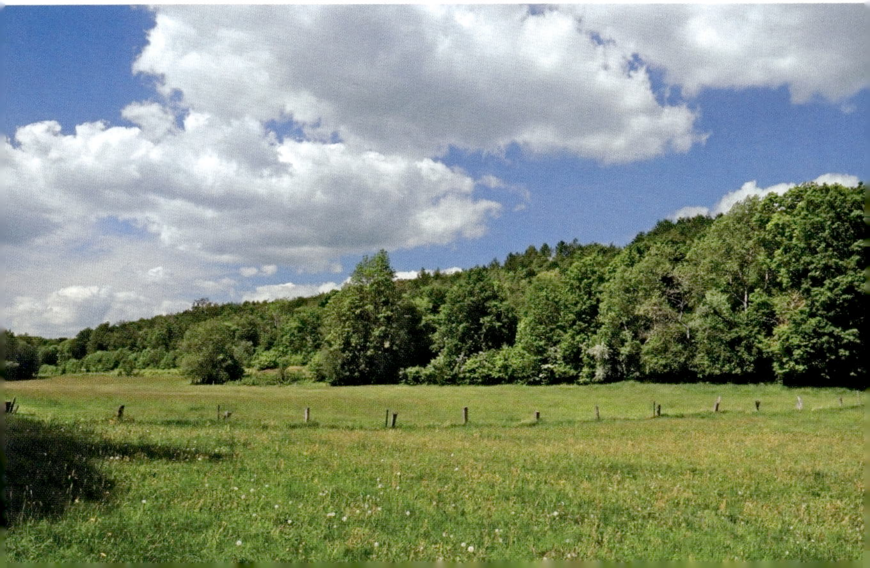

27 Stöberhai, 720 m
Überschreitung von Wieda

2.20 Std. | 8,4 km | ↗ 340 m | ↘ 340 m

Auf den Brocken des Südharzes

Als höchster Berg des Südharzes ist der Stöberhai ein beliebtes Wanderziel mit tollem Panorama Richtung Brocken. Gleichwohl ist es vergleichsweise still darum geworden, denn einst hatte dort oben ein Hotel gestanden und für einen ausgesprochen regen Ausflugsverkehr gesorgt. Diese Ära geriet in den 1960er- und 1970er-Jahren ins Wanken – und 1980 brannte das mittlerweile verwaiste Bauwerk komplett ab. Heute ist so gut wie nichts mehr davon zu erkennen. Auch der mächtige Aufklärungsturm der Bundeswehr, mit dem seinerzeit der militärische Funkverkehr der DDR abgehört wurde, ist obsolet und im Jahre 2005 gesprengt worden. Es macht den Eindruck, als hätte die Natur in kurzer Zeit wieder Besitz vom Stöberhai ergriffen ...

Ausgangspunkt: Wieda, bei der Bushaltestelle »Wald-/Bergstraße« am nördlichen Ortsausgang, ca. 385 m. Etwas Parkmöglichkeit vorhanden.
Öffentliche Verkehrsmittel: Buslinie 470 bzw. 472 zwischen Bad Sachsa bzw. Bahnhof Walkenried und Braunlage.
Anforderungen: Bis auf ein kurzes Stück am Stöberhai durchgängig breitere befestigte Forstwege, überall zuverlässig beschildert.
Einkehr: Waldgasthaus »Bahnhof Stöberhai« (Mo/Di Ruhetag, sonst ab 16 Uhr), außerdem Hotel »Zur Post«, Schützenhaus »El Greco« und Café Wiedatal in Wieda.
Variante: In der Rechtskehre am Nordhäuser Stieg geradeaus weiter und über den »Alten Waldweg« etwas abkürzend zurück nach Wieda. Gesamtgehzeit ca. 2.00 Std.
Stempel: Nr. 159 (Stöberhai).

Auf dem Gipfelplateau finden wir eine Unterstandshütte.

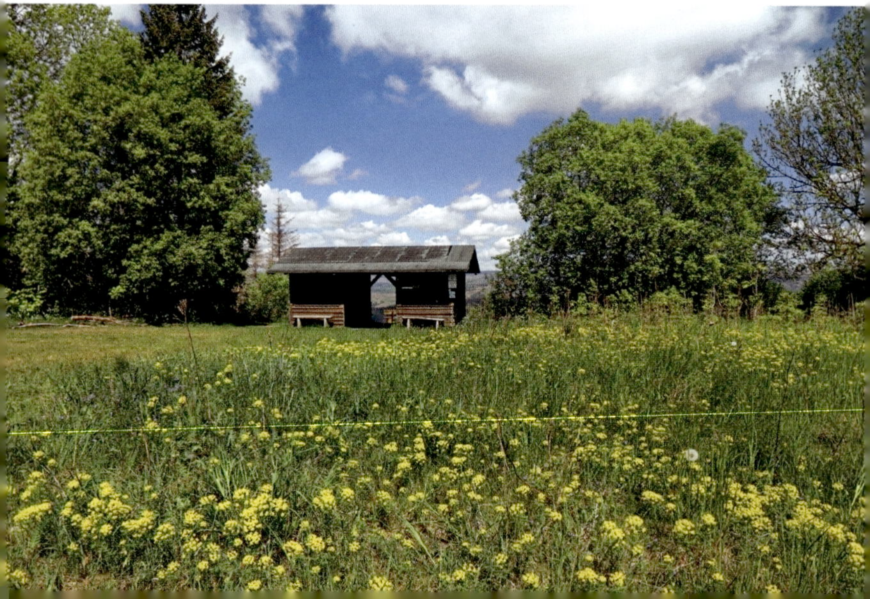

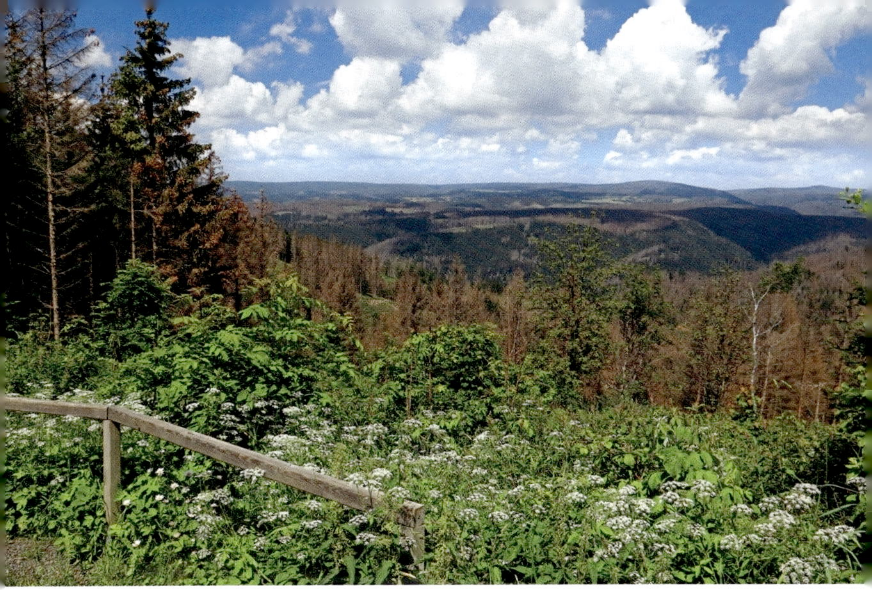

Der Stöberhai ist der höchste Punkt des Südharzes mit entsprechend großartiger Aussicht.

Wir starten nahe dem nördlichen Ortsende von **Wieda ①**, wo von der *Waldstraße* die Zufahrt zur Revierförsterei im Frankental abzweigt. Genommen wird nun aber der mittlere der drei Wege, welcher an der Flanke des Steigers Höhe gewinnt (Nr. 31B). Später mehr nach links eindrehend und im letzten Stück vor dem Gipfel auf einen unbefestigten Grasweg abzweigend, steuern wir den höchsten Punkt am **Stöberhai ②**, 720 m, an. Am Rande der Wiesenfläche befindet sich eine Schutzhütte mit freiem Gesichtsfeld nach Norden. Ein paar Schritte weiter schlagen wir scharf rechts den Nordhäuser Stieg (Nr. 12M, auch Teil des Harzer Baudensteigs) ein. Nach einer Links-rechts-Kombination deutlich abwärts bis zu jener Stelle, wo sich Großes Steintal und Weinglastal vereinigen. Gegenüber befindet sich die Gaststätte im ehemaligen **Bahnhof Stöberhai ③**. Die Fortsetzung bleibt allerdings auf der rechten Talseite (weiterhin Baudensteig) und bringt uns in Grundrichtung Süd zurück nach **Wieda ①**.

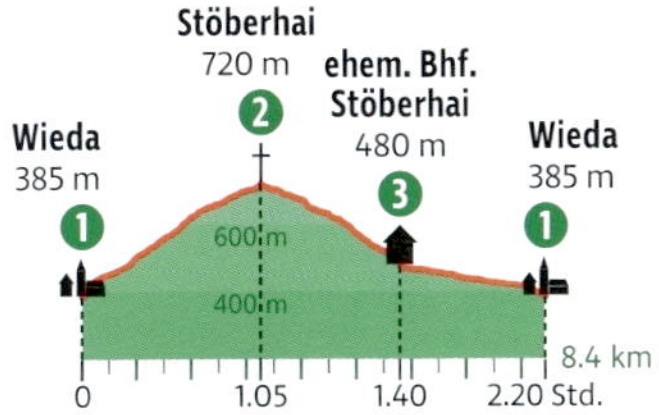

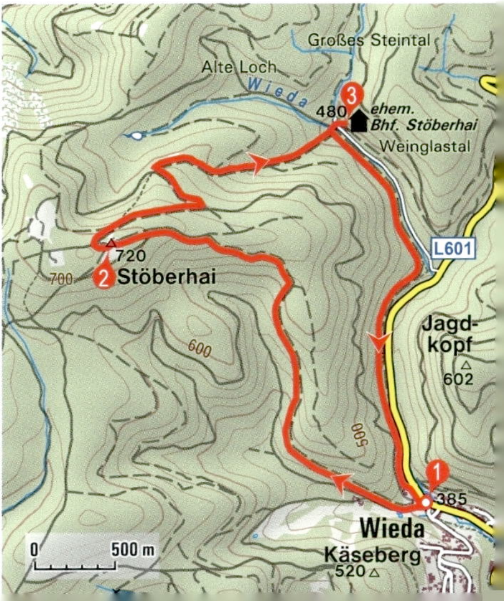

28 Bergwiesenweg Zorge
Über Planwiese und Hundert-Morgen-Wiese

2.00 Std. | 6,8 km | ↗ 250 m | ↘ 250 m

In den stillen Wäldern des Südharzes

Der Ort Zorge im gleichnamigen Tal gilt als Gründung des Klosters Walkenried, das hier montanwirtschaftlich tätig wurde. Ein Vergleich mit dem unweit gelegenen Wieda fällt ähnlich aus, mit Hohegeiß schon topografisch betrachtet hingegen ziemlich unterschiedlich. Die nachfolgend vorgestellte beschauliche Wanderrunde führt zu abgeschiedenen Bergwiesen inmitten tiefer Forste um Hoheharz, Fuchsburg und Staufenberg. Übrigens: Man berührt im Bereich der Hundert-Morgen-Wiese beinahe und eher unmerklich die Tour 61 von Ellrich.

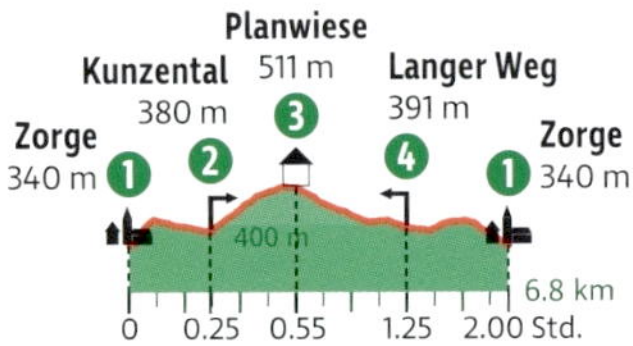

Ausgangspunkt: Zorge, 340 m, Parkplatz und Haltestelle »Kurpark«.
Öffentliche Verkehrsmittel: Buslinie 470 von Bad Sachsa bzw. Bahnhof Walkenried Richtung Braunlage.
Anforderungen: Anfangs steiler Aufstieg, ansonsten gewöhnliche Forststraßen und Waldwege. Ausreichend beschildert.
Einkehr: Diverse Möglichkeiten in Zorge.
Tipp: Heimatmuseum Zorge, geöffnet Mi 15–17 Uhr, Sa/So 10.30–12.30 Uhr.
Stempel: Keine. Auf der anderen Talseite Nr. 58 beim Aussichtspunkt »Pferdchen«.

Zorge vom Glockenturm aus gesehen.

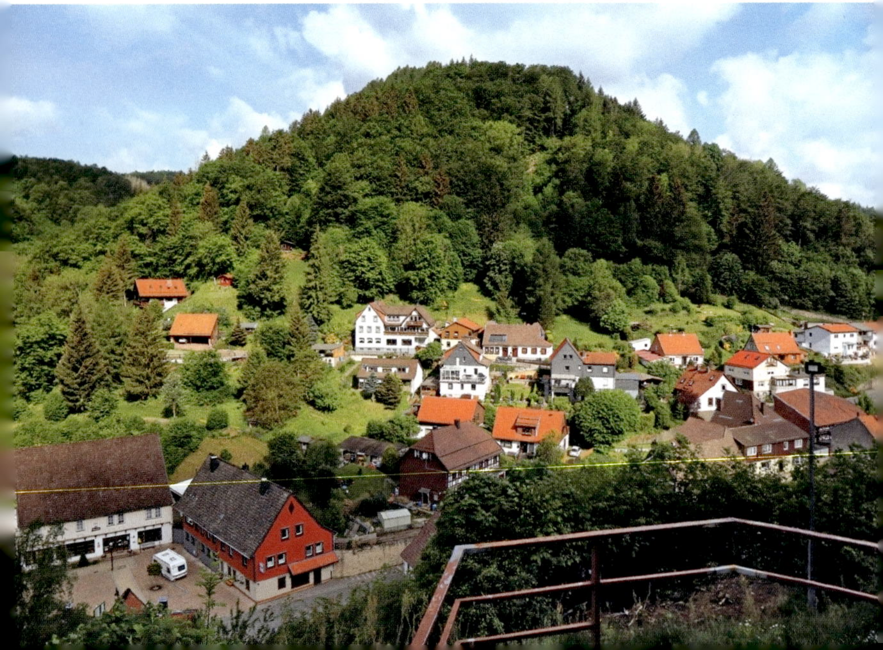

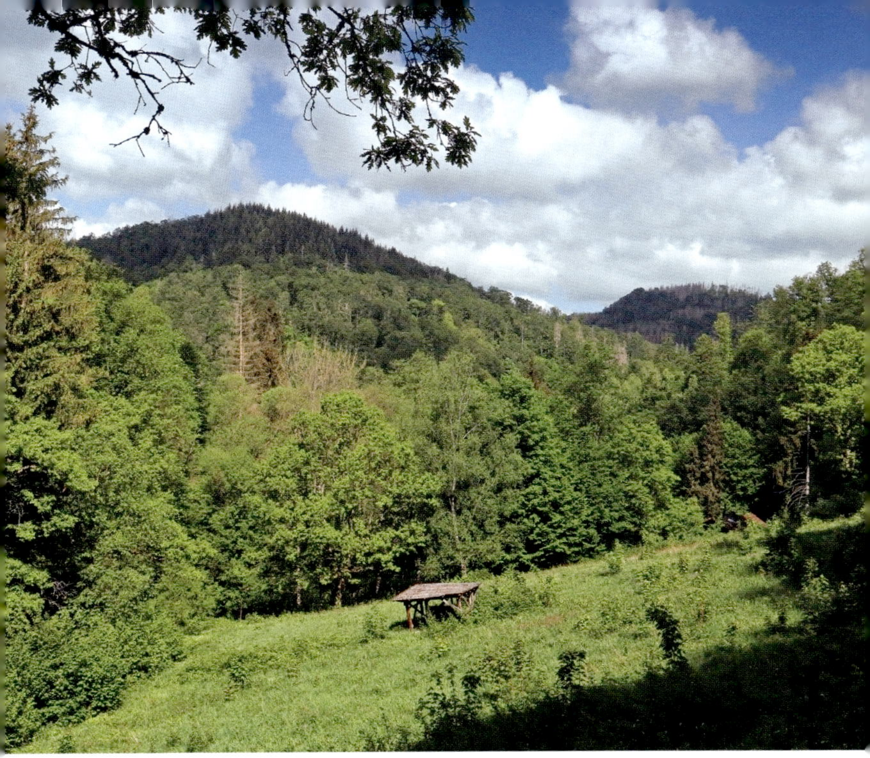

Solche Bergwiesen haben der Route ihren Namen verliehen.

Von **Zorge** ❶ steigen wir gegenüber dem Heimatmuseum über eine lange Treppe zum **Glockenturm** auf und erhaschen gleich einmal einen schönen Rückblick auf den Ort. Man stößt auf den »Langen Weg« und folgt ihm praktisch hangparallel nordostwärts Richtung **Kunzental** ❷, wo beim Campingplatz das Bergauf ins Große Tränkental beginnt. Später öffnet sich rechts haltend die **Planwiese**. Wir wandern an deren Rand bis zu einer Unterstandshütte ❸ hinauf und biegen hier nach links auf einen unbefestigten Waldweg ab. Mit diesem gelangt man ins Elsbachtal und wandert im weiteren Verlauf an der Hundert-Morgen-Wiese, die sich am Hang erstreckt, entlang. Nach einem Rechtsbogen gabelt sich die Route zweimal hintereinander. Wir gehen zuerst rechts und dann links ❹, womit wir uns wieder auf dem »Langen Weg« befinden. Nachdem das Rabenstal ausgegangen ist, kommen wir zurück zum Glockenturm und steigen kurz ins Tal nach **Zorge** ❶ ab.

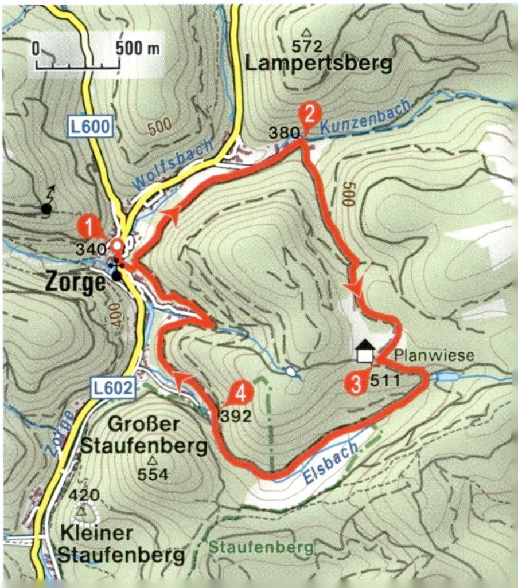

29 Rund um Hohegeiß

Zur Wolfsbachmühle

2.30 Std. | 8,9 km | ↗ 260 m | ↘ 260 m

Bergdorf an der ehemaligen Grenze zwischen West und Ost

Über vier Jahrzehnte lang war Hohegeiß Grenzort; die innerdeutsche Demarkationslinie lag hier wirklich nur den sprichwörtlichen Katzensprung entfernt. Auffällig ist außerdem die topografisch herausgehobene Lage, was dem Erholungswert zugutekommt, allerdings auch eine optische Irritation gezeitigt hat: Die Hochhäuser des Appartement-Hotels »Panoramic Hohegeiß« mit ihren dutzend Stockwerken muten schon von Weitem wie ein totaler Fremdkörper an. Immerhin lassen sie sich auf unserem Weg ins Wolfsbachtal (dort befindet sich auch ein Naturdenkmal mit den mächtigsten Fichten Norddeutschlands) die meiste Zeit ausblenden …

Ausgangspunkt: Hohegeiß, ca. 605 m, Parkplatz am nördlichen Ortsausgang (beim Grenz-Imbiss an der B4).
Öffentliche Verkehrsmittel: Buslinie 470 von Bad Sachsa bzw. Bahnhof Walkenried Richtung Braunlage. Nächste Haltestelle »Wilhelm-Raabe-Straße«.
Anforderungen: Wege unterschiedlicher Beschaffenheit, i. d. R. gut begehbar (außer bei Schneelage hinter der Wolfsbachmühle). Vor allem im letzten Drittel ist trotz Wegschildern für unseren individuellen Kurs auch etwas Orientierungsvermögen gefragt.
Einkehr: Waldhaus Wolfsbachmühle, außerdem etliche Möglichkeiten in Hohegeiß, u.a. der Grenz-Imbiss und das Landhaus Brockenblick in Nähe des Startpunkts.
Variante: Ohne die beiden Abstecher zu den Stempelstellen reduziert sich die Distanz auf ca. 6,5 km.
Stempel: Nr. 206 (Hahnestein); Nr. 45 (Dicke Tannen).

Der Hohegeißer Kurpark wartet mit obligatorischen Teichanlagen auf.

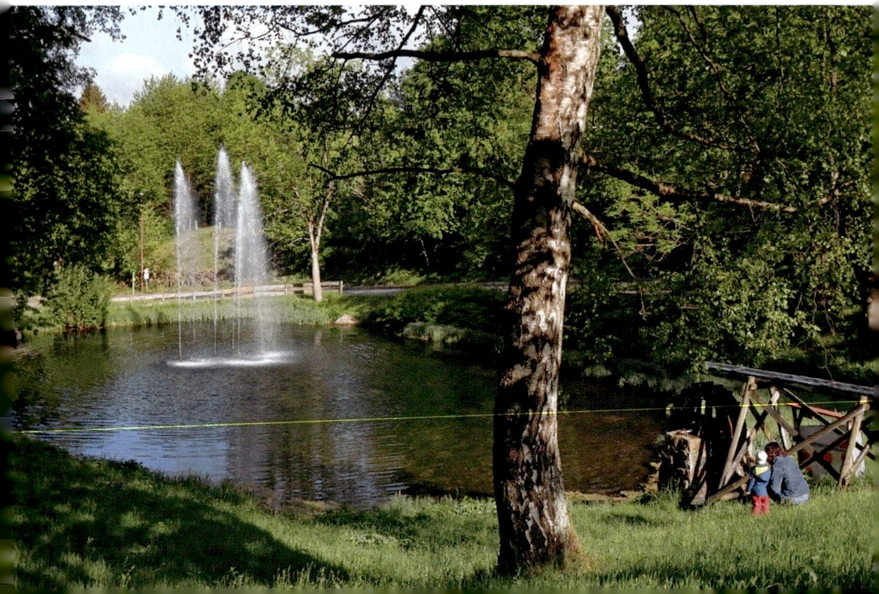

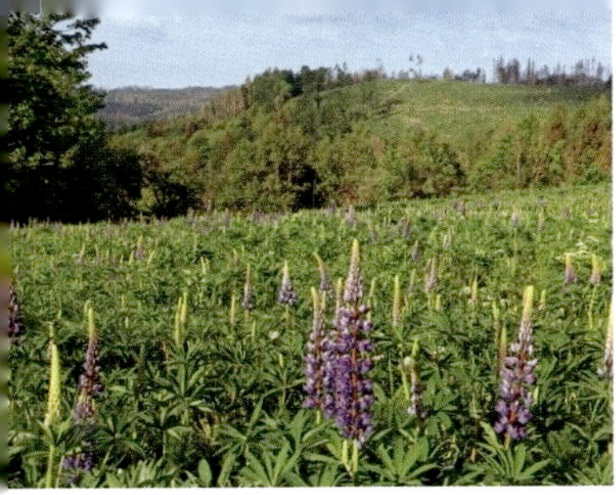

Lupinenblüte auf den Freiflächen um Hohegeiß.

Vom großen Parkplatz in **Hohegeiß** ❶ entfernen wir uns aus der Ortschaft in Nordrichtung (zunächst Radweg), wechseln dann auf die linke Seite der *B4* und wandern an der Sportanlage vorbei bis zum Heimathaus. Hier können wir links den Wurzelstieg einschlagen (oder wir gehen noch bis zum Parkplatz beim Bechlerstein und nutzen dann die fast parallele Forststraße Richtung Südwesten). Bald wieder gemeinsam weiter bis zu einer Köte, wo nach rechts der **Hahnestein** ❷ ausgewiesen ist. Stempeljäger können dort einen Eintrag für ihre Wandernadel ergattern. Auf der Hauptroute durchs Wolfsbachtal geht es weiter zur abgeschiedenen **Wolfsbachmühle** ❸. Wer auch das (durch Klimawandel bedrohte) Naturdenkmal **»Dicke Tannen«** ❹ einbeziehen möchte, läuft noch rund 800 Meter gen Süden bis zur nächsten Stempelstelle. Ansonsten geht es am kleinen Teich vorbei aufwärts, eventuell mit einer Mini-Schleife am »Alten Stollen« vorbei und über die Wiese »Am Brande« Richtung Hohegeiß hinauf. Bei den ersten Häusern

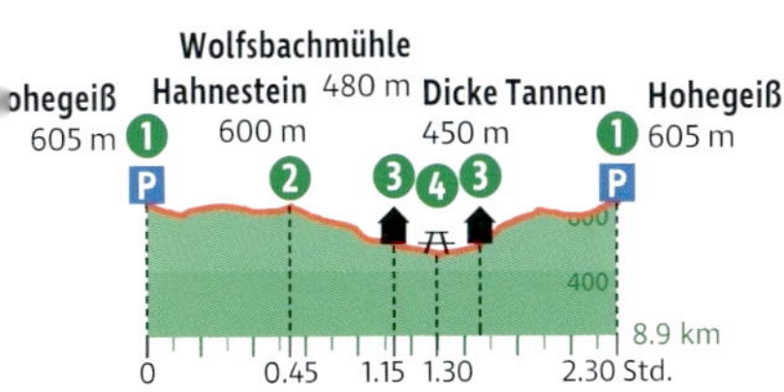

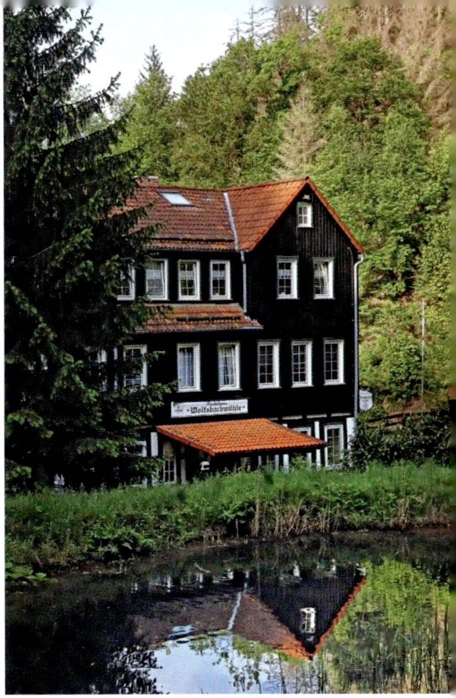

Die Wolfsbachmühle liegt in Waldeinsamkeit.

scharf links auf den »Kleinen Hohegeißer Rundweg« und nach einer schönen Traverse zu den erwähnten Hochhäusern. Gegen Ende wird noch der Kurpark durchquert, ehe wir etwas verwinkelt zurück zum Ausgangspunkt ❶ gelangen.

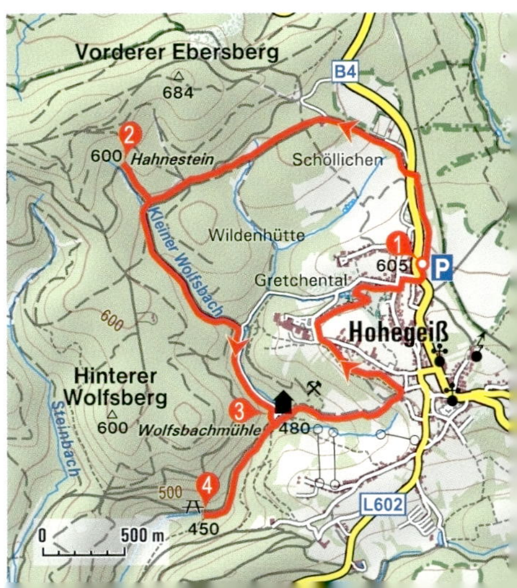

30 Gaststätte Rinderstall im Odertal

Rundtour von Oderhaus

2.15 Std. | 8,2 km | ↗250 m | ↘250 m

Wandereinkehr in der Idylle des Odertals

Einst diente der Rinderstall den Sankt Andreasberger Hirten als Basislager, wenn ihre Harzrinder den Sommer über die Wiesen im Odertal beweideten. In den 1950er-Jahren entstand aus dieser Unterkunft dann eine Gaststätte, die heute als autofreier Anlaufpunkt für Wanderer und Radfahrer im Nationalpark fungiert. Man kann sie über verschiedene Routen von Sankt Andreasberg, Braunlage oder Königskrug ansteuern – immer verbunden mit einem Abstieg, denn die Hütte liegt ja in einem tiefen Talgrund. Am kürzesten und topografisch logisch ist indes der Zugang von Oderhaus. Allerdings gönnen wir uns vorab doch eine kleine Schleife über die Höhen.

Ausgangspunkt: Oderhaus, ca. 425 m, an der Einmündung der L519 von St. Andreasberg in die B27 zwischen Braunlage und Bad Lauterberg.
Öffentliche Verkehrsmittel: Buslinie 820, die zwischen Braunlage, St. Andreasberg und Bad Harzburg verkehrt.
Anforderungen: Zu Beginn ein nicht bezeichneter, recht steil anziehender Erdweg, sonst nur hinter der Lausebuche noch kurzzeitig unbefestigt; die restliche Strecke verläuft auf Forststraßen (im Odertal asphaltiert).
Einkehr: Waldgaststätte Rinderstall (geöffnet Mo–Fr von 10.30 bis 17.30 Uhr, Sa/So geschlossen, aber Selbstbedienungsraum zugänglich).
Stempel: Nr. 123 (Rinderstall).

Bei **Oderhaus ❶** orientieren wir uns zur *B27* und steigen direkt gegenüber ohne nähere Beschilderung in den Hang ein (die in Karten enthaltene Nr. 15F war zuletzt nicht ersichtlich, eventuell auch durch Waldarbeiten zerstört). Jedenfalls nutzen wir den meist etwas zerfurchten Erdweg, der unmittelbar links vom Kirchtal bergauf zieht. Nach gut 150 Metern Höhengewinn stoßen wir oben auf die Waldstraße und folgen dieser linker Hand bis zur **Lausebuche ❷**, wo erneut die Bundesstraße gekreuzt wird. Jenseits sind wir ziemlich genau einen Kilometer auf dem Kaiserweg gen Norden unterwegs, ehe es auf der Morgensternstraße

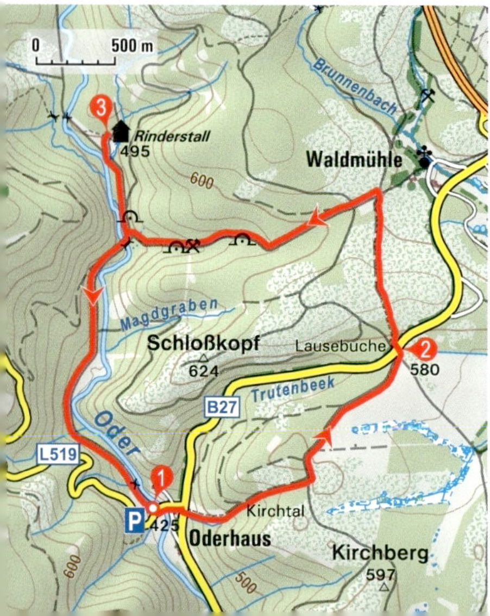

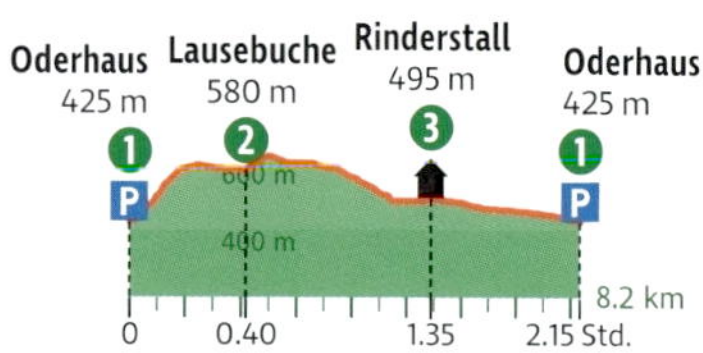

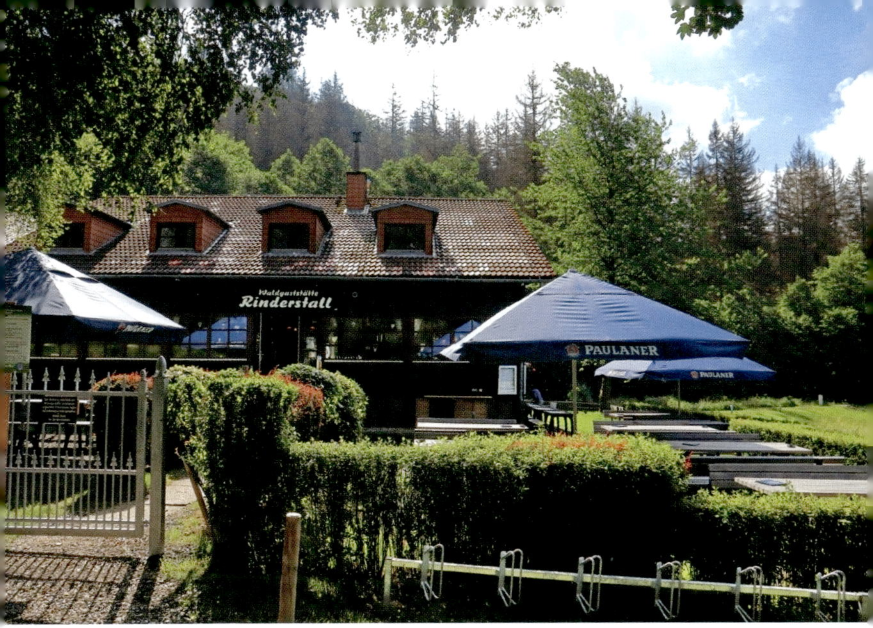

Der Rinderstall hat sich von einer Hirtenunterkunft zur beliebten Wandereinkehr entwickelt.

links wieder ganz bis ins Odertal hinabgeht. Unser Ziel, die Waldgaststätte **Rinderstall** ❸, liegt etwa 700 Meter taleinwärts. Der Rückweg wird ganz simpel auf dem (nicht öffentlichen) Zufahrtsträßchen (Nr. 15E) absolviert. Dabei begleiten wir mehr oder weniger direkt die Oder und kommen zwischendurch an einer Wildtierbeobachtungsstation vorbei, ehe sich der Kreis bei **Oderhaus** ❶ schließt.

Harzfluss: die Oder unterhalb vom Rinderstall.

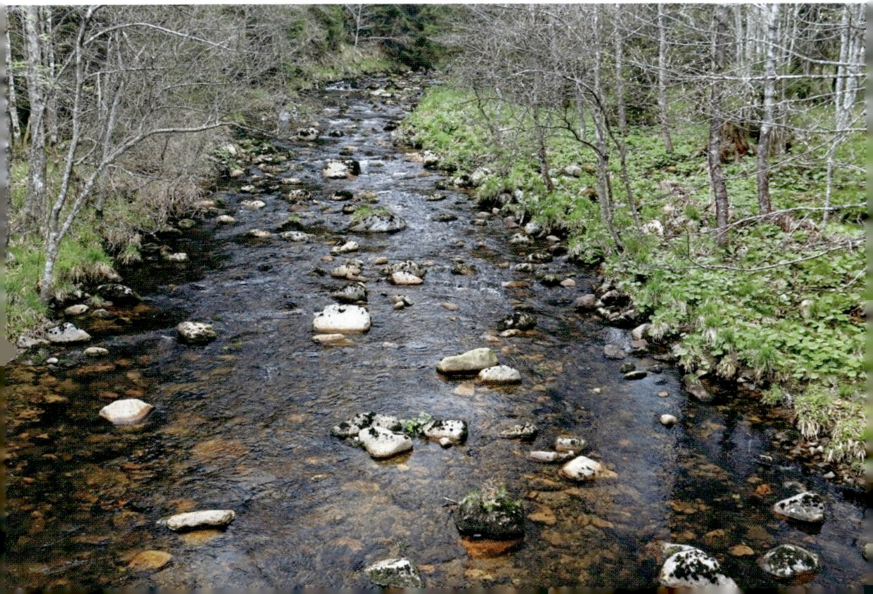

31 Um Galgenberg und Glockenberg
Sankt Andreasberger Panoramawege

1.20 Std. | 4,9 km | ↗150 m | ↘150 m

Stimmungsvolle Ansichten der einstigen Bergstadt im Oberharz

Sankt Andreasberg zählt zu den besonders hoch gelegenen Siedlungen im Harz, allerdings nicht einfach auf einer schlichten Rumpffläche, sondern inmitten eines durchaus profilierten Reliefs, das zwischen rund 500 und 700 Metern Meereshöhe variiert. Entsprechend verschachtelt verlaufen Wanderungen ringsum, etwa der große, über 16 Kilometer messende Andreasberger Höhenrundwanderweg, der im Rother Wanderführer »Harz« ausführlich vorgestellt wird. Im Sinne von »kurz & gut« beschränken wir uns hier auf eine kleinere, aber besonders schöne Stippvisite um Galgenberg und Glockenberg, sprich im Südwesten der alten Bergstadt, die aus ihrer montangeschichtlichen Bedeutung heraus zu einer für Gebirgslagen erstaunlichen Größe heranwuchs.

Ausgangspunkt: St. Andreasberg, Parkmöglichkeiten im Bereich Breite Straße, Am Markt bzw. Mühlenstraße, ca. 570 m.
Öffentliche Verkehrsmittel: Nach St. Andreasberg kommt man per Bus von Herzberg, Bad Lauterberg, Clausthal-Zellerfeld, Braunlage und Bad Harzburg.
Anforderungen: Abgesehen von den Straßenabschnitten innerorts meist reizvolle Graswege in offenem Gelände.
Einkehr: Vielfältige Auswahl an Gastronomie im Ort, u. a. im Berghotel Glockenberg.
Tipp: Bergbauinteressierte können in St. Andreasberg die Grube Samson und die Grube Roter Bär besuchen. Außerdem gibt es hier ein Nationalparkhaus und eine Sternwarte mit öffentlichen Veranstaltungen.
Stempel: Keine.

Pfadverlauf am Nordhang des Galgenbergs.

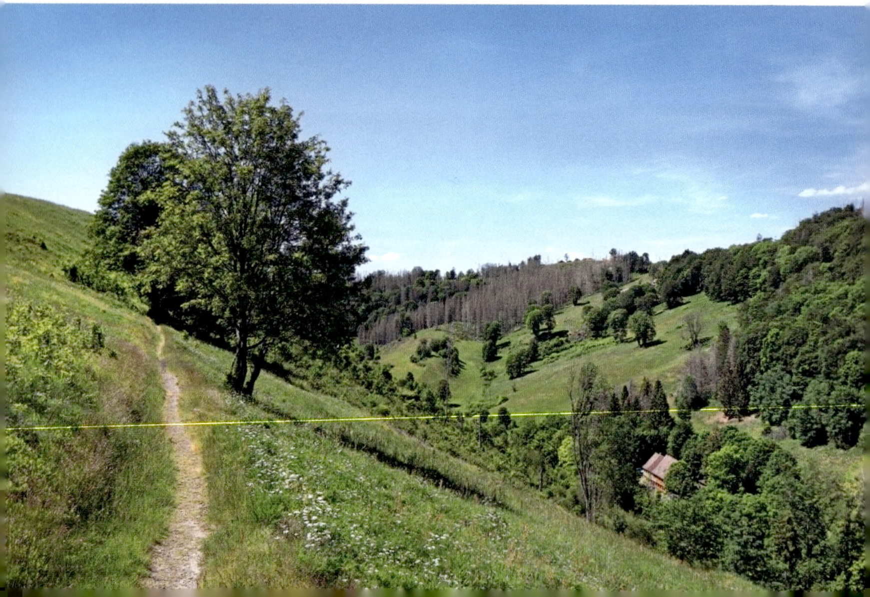

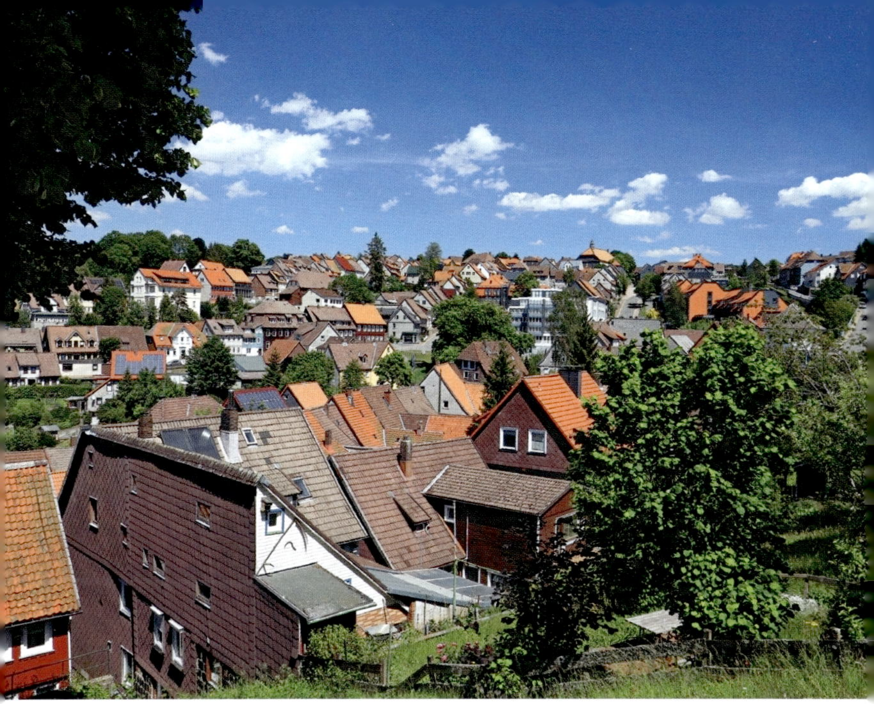

Sankt Andreasberg, kompakt gebaute Bergstadt in beachtlicher Höhenlage.

Der Rundkurs beginnt *Am Markt* in **St. Andreasberg ①**, wo wir uns zunächst leicht abwärts in die *Mühlenstraße* orientieren und aus der *Krummen Straße* auf den Wiesenweg am Nordhang des Galgenbergs. Diese als Fritz-Schlamelcher-Weg bezeichnete Route umrundet die Kuppe fast zur Gänze, worauf wir auch den Gipfelstich zum **Galgenberg ②**, 594 m, noch wahrnehmen. Danach geht es in den Straßen *Auf der Höhe* und *Schwalbenherd* bis zum Rechtsabzweig auf die Schiefe Halbe: erneut eine herrlich offene Passage, diesmal am Westhang des Glockenbergs. Leicht absteigend kommen wir zu einem Hinweis auf die unweit befindliche **Roßtrappe ③**, einer Aussichtskanzel über dem Wäschegrund. Nach dem kurzen Abstecher dorthin wandert man ostseitig des Glockenbergs wieder leicht aufwärts zum gleichnamigen Berghotel. Der Glockenturm war zuletzt leider geschlossen. Mit Eintritt ins Ortsgebiet begeben wir uns in die *Breite Straße* und nach links abwärts zurück zum Startpunkt ①.

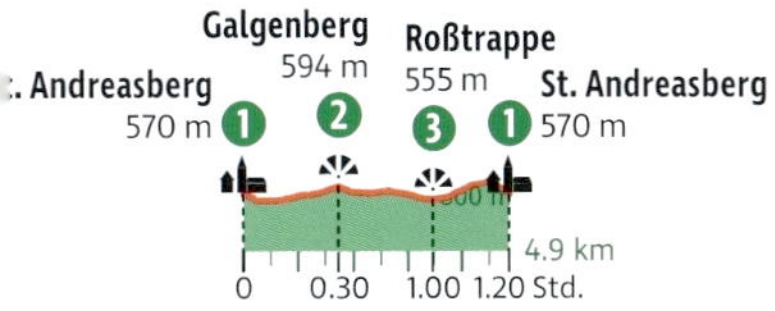

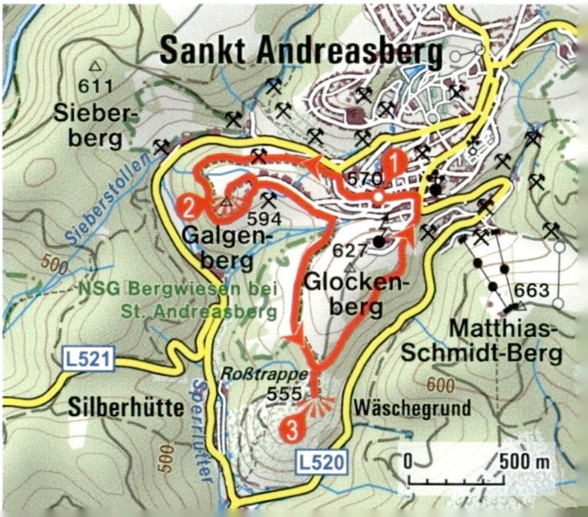

32 Naturmythenpfad Braunlage

Zum Silberteich westlich des Kurorts

1.10 Std. | 4,3 km | ↗100 m | ↘100 m

Schöner Lehr- und Entdeckerpfad für die ganze Familie

In unserer modernen technisierten Welt mag den Mythen etwas archaisch Entrücktes anhaften – sie gehören freilich zum ursprünglichsten Kulturgut der Menschheit. Auf spielerische Weise lässt sich diesem Thema auf dem rund vier Kilometer langen Naturmythenpfad bei Braunlage nachspüren. Neun Stationen laden Klein und Groß zum Entdecken und Sinnieren ein – insbesondere für Familien ein beliebter, müheloser Streifzug. Dabei kommt man auch am lauschigen Silberteich, der 1755 im Rahmen des Oberharzer Wasserregals angelegt wurde, vorbei. Einst hieß er jedoch Brunnenbach- bzw. Andreasberger Teich.

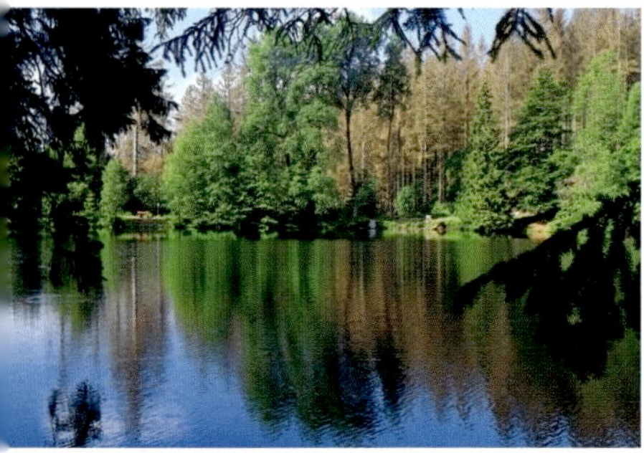

Der Silberteich ist das Highlight dieser Kurzwanderung.

Ausgangspunkt: Mutter-Kind-Heim Waldmühle, ca. 580 m, nahe der B27 südwestlich von Braunlage.
Öffentliche Verkehrsmittel: Buslinie 820 von Braunlage, St. Andreasberg bzw. Bad Harzburg.
Anforderungen: Sehr bequeme und überschaubare Wanderung mit kurzen naturnahen Abschnitten, ansonsten gewöhnliche Forststraßen.
Einkehr: Keine am Weg; unweit befindet sich die Waldgaststätte am Campingplatz.
Variante: Alternativer Zugang von Braunlage (Parkmöglichkeit am Sportplatz in der Von-Langen-Straße). Damit kommt man direkt zur initialen Infotafel.
Stempel: Nr. 148 (Naturmythenpfad am Silberteich).

Mit Start bei **Waldmühle** ❶ treffen wir schon nach knapp 400 Metern in nördlicher Richtung auf den Naturmythenpfad. Dieser fällt ein Stück weit mit dem Kaiserweg zusammen und passiert derweil die ersten Stationen (z. B. den »Wunschbaum«, das »Labyrinth« oder den »Mythos Wolf«). Die nächsten tauchen nach einem Linksabzweig auf, unter anderem der versteckte »Mythos Baum«.

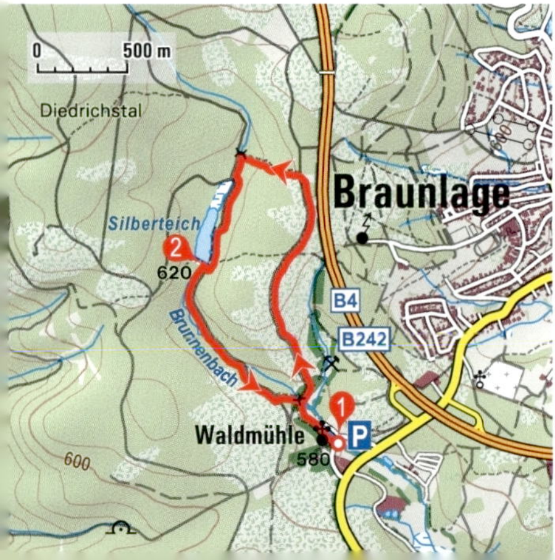

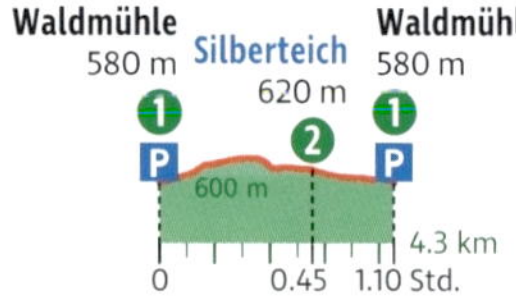

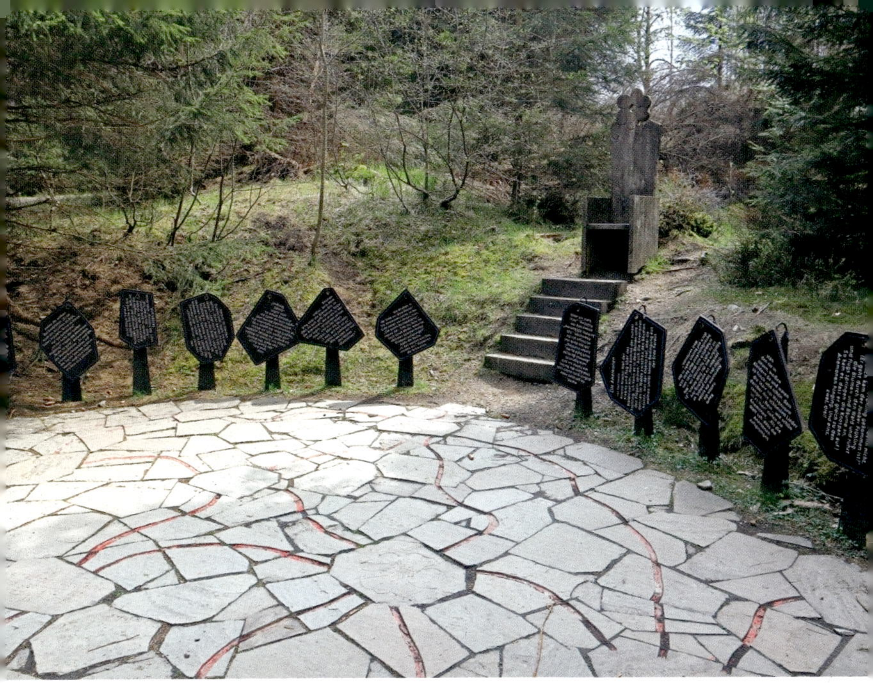

Am Naturmythenpfad gibt es etliche interessante Stationen.

Nachdem der Brunnenbach zweimal überschritten ist, gelangen wir zum malerischen **Silberteich** ❷, dem landschaftlichen Highlight der Tour. Im weiteren Verlauf südwärts warten noch die Mythen Vogel, Naturgewalten und Wald, ehe die Tour rasch Richtung **Waldmühle** ❶ ausläuft.

Zudem führt er direkt am Ufer des Silberteichs entlang.

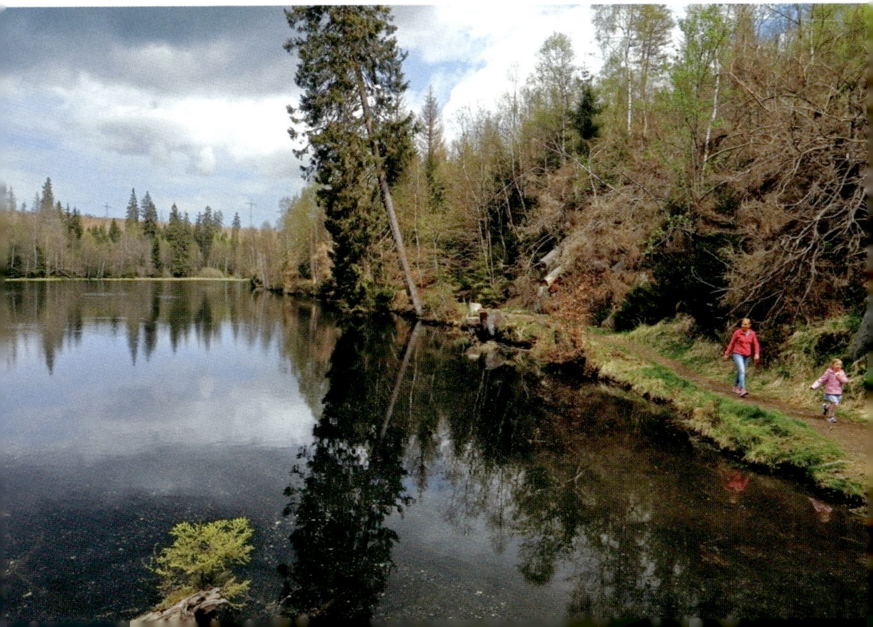

33 Braunlager Rundweg

Im engen Zirkel um das Stadtgebiet

2.20 Std. | 9,1 km | ↗ 200 m | ↘ 200 m

Von der Bergstadt zum staatlich anerkannten Luftkurort

Braunlage, am Oberlauf der Warmen Bode sowie auf einer Rumpffläche in rund 600 Meter Seehöhe gelegen, entstand als »Bergstadt« im 16. Jahrhundert, behielt jedoch noch lange Zeit eher dörflichen Charakter, insbesondere als das Hüttenwesen stagnierte. Die »zweite Karriere« widerfuhr dem Ort seit dem Ende des 19. Jahrhunderts mit dem aufblühenden Fremdenverkehr und der Gründung eines Kurbetriebs. 1934 erfolgte die Anerkennung als heilklimatischer Kurort. Die damalige Schneesicherheit befeuerte den Wintersport, sodass die Gästeschaft gleich in zwei Saisonen starken Zuwachs erfuhr. Heute zählt Braunlage rund 800.000 Übernachtungen im Jahr. Dies brachte nach und nach auch ein modernes Erscheinungsbild mit sich, wie sich auf einer Rundtour um das Stadtgebiet immer wieder offenbart. Wir erhalten Perspektiven von allen Seiten und können dem Trubel des Zentrums durchaus für eine Weile entfliehen.

Ausgangspunkt: Braunlage, Großparkplatz bei der Wurmbergbahn, ca. 570 m.
Öffentliche Verkehrsmittel: Buslinien 820 von Bad Harzburg, 470 von Bad Sachsa/Walkenried und 264 von Wernigerode nach Braunlage.
Anforderungen: Gepflegte Wanderwege, zwischendurch mal Hartbelag, naturnah speziell in den Bereichen Bodetal und Adamsblick. Moderates Auf und Ab, als Rundweg durchgehend beschildert (allerdings nicht an allen Verzweigungen optimal angebracht).
Einkehr: Zahlreiche Möglichkeiten in Braunlage, die hier gar nicht alle im Detail aufgezählt werden können.
Tipp: In Braunlage kann man mit der Seilbahn auf den Wurmberg fahren. Großes Harzpanorama!
Stempel: Am offiziellen Rundweg keine.

Wir starten bei der **Wurmbergbahn** ❶ in **Braunlage** und nehmen die Route im Uhrzeigersinn auf. Der erste Abschnitt führt nördlich um den Hütteberg herum. Wir kreuzen die *Große Wurmbergstraße* und die *Elbingeröder Straße (B27)*, wenden uns *Am Langen Bruch* Richtung Kurpark und tangieren das Areal außen am Rand (nebenan eine große, wüste Waldblöße). Dann schweift man nach links ab und nähert sich etwas absteigend dem Tälchen der **Warmen Bode** ❷. Jenseits wieder leicht ansteigend zu den südlichsten Siedlungsausläufern der Stadt, über die *Tanner Straße* hinweg und anschließend auf einem Wiesenweg neben dem Hasselkopf-Tunnel *(B4/B242)* zum **Adamsblick** ❸, der wohl das

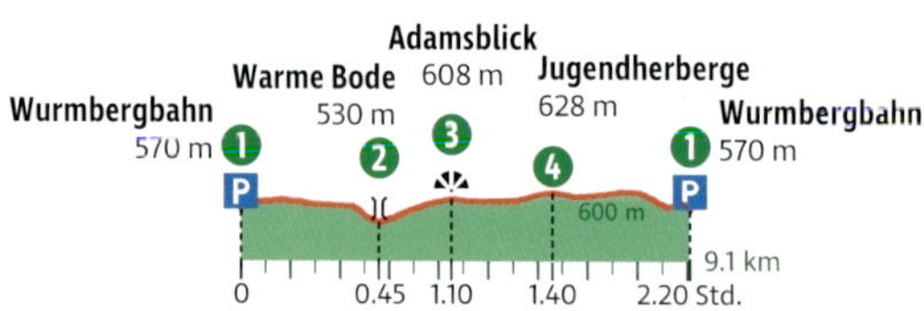

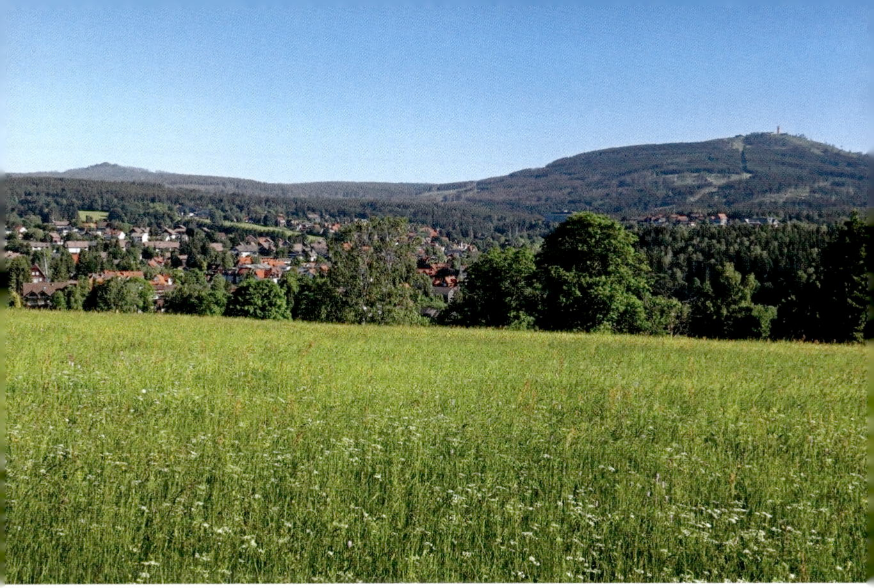

Der »Adamsblick« schweift von Süden über Braunlage zum Wurmberg.

schönste Panorama Braunlages vermittelt. Wir setzen die südliche Traverse fort, kommen am Meilerplatz vorbei, passieren auch den Friedhof und kreuzen die *Lauterberger Straße (B27)*. Damit geht es allmählich auf der Westseite Braunlages weiter, nach einem Rechtsschwenk zur **Jugendherberge** ❹ und kurz darauf scharf rechts der *Von-Langen-Straße* folgend, bis vor den Sportanlagen wiederum rechtwinklig nach links abgebogen wird. Wir durchschreiten das seichte Schultal, wandern nach einem Rechtsknick kurzzeitig über eine offene Wiesenfläche und setzen beim Café Panorama in der Straße *Unter den Buchen* fort. Mit einem Bogen hinab zur *Harzburger Straße*, gleich darauf auch über die Warme Bode hinweg und damit zurück zur **Wurmbergbahn** ❶.

Gilbweiderich blüht am Wegesrand.

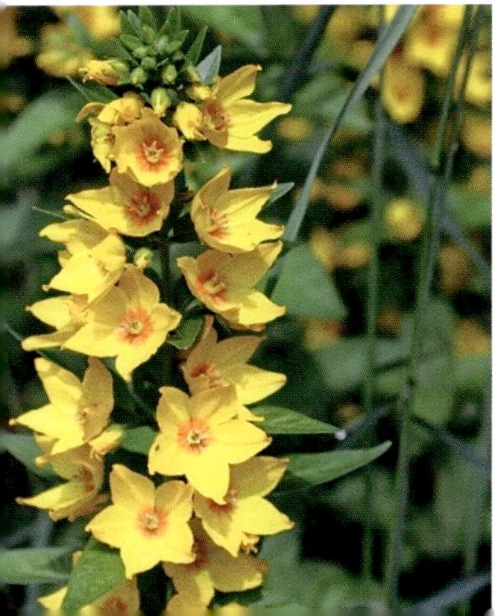

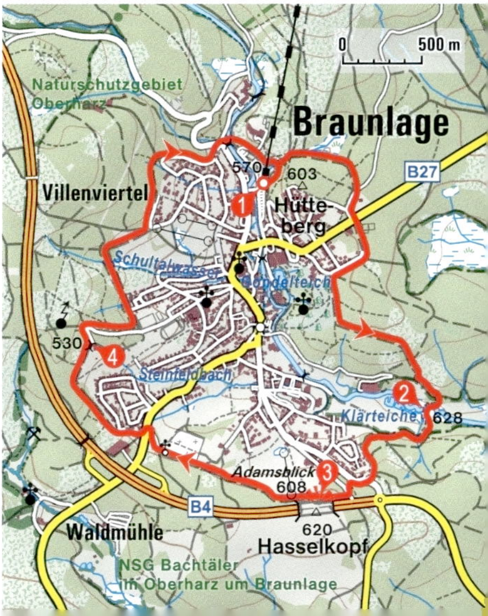

34 Rundweg Rehberg

Vom Oderteich zum Rehberger Graben

2.20 Std. | 8,7 km | ↗ 150 m | ↘ 150 m

An den Flanken des oberen Odertals

Der Rehberg ist eine an und für sich unbedeutende Waldkuppe nördlich von St. Andreasberg. Um die dortigen Bergwerke mit Aufschlagwasser zu versorgen, hat man einst in den zum Odertal hin steil abfallenden Hängen einen Wassergraben angelegt. Ein Vorläufer bestand schon Anfang des 17. Jahrhunderts, damals noch rund 30 Meter höher als die heutige Leitung, die im 18. Jahrhundert perfektioniert wurde, als mit Aufstau des Oderteichs auch wesentlich mehr Wasser zur Verfügung stand. Ein guter Teil der bequemen Grabenstrecke ist in den vor Ort ausgewiesenen »Rundweg Rehberg« integriert – zwischendurch aber auch ein verschlungener Pfadabschnitt, der wandertechnisch einen ziemlichen Kontrast bildet.

Ausgangspunkt: Oderteich, 730 m, Parkplatz an der B242 (Harzhochstraße) kurz vor der Einmündung in die B4.
Öffentliche Verkehrsmittel: Buslinie 820 mit Verbindungen Richtung St. Andreasberg und Braunlage bzw. Bad Harzburg.
Anforderungen: Ab Goetheplatz ein gut halbstündiges Wegstück auf schmalem, teils auch steilem Pfad (etwas Trittsicherheit vorteilhaft). Sonst überwiegend problemlose Forstwege, am Rehberger Graben entlang sogar praktisch horizontal. Gut beschilderte Route.
Einkehr: Keine am Weg. Wer am Grabenweg weiterwandert, kommt nach ca. 30 Min. ab Goetheplatz zum Rehberger Grabenhaus.
Variante: Fortsetzung Richtung Grabenhaus und später mit Nr. 16E (gelbes Dreieck) rechts abzweigend, um über den Harzburger Weg die Runde zu schließen. Strecke 11 km, Gehzeit 2.50 Std.
Stempel: Evtl. Nr. 155 (Grabenhaus).

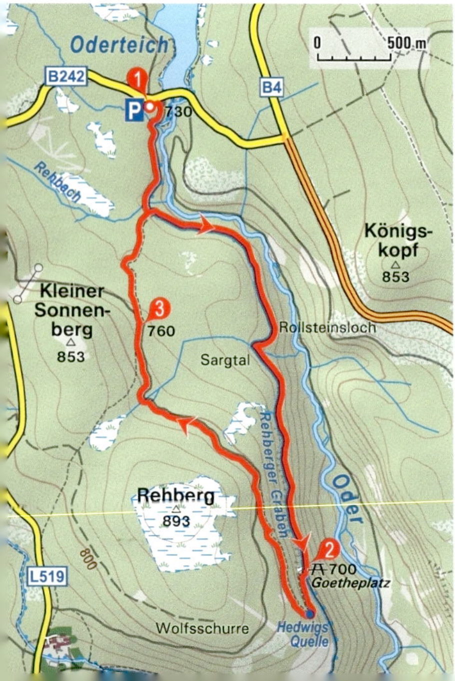

Direkt gegenüber dem **Oderteich** ❶ schlagen wir die leicht fallende Forststraße südwärts ein und stoßen in Kürze auf den **Rehberger Graben**, der quer durch die Hänge über dem oberen Odertal praktisch

Erosion legt wollsackverwitterte Granitblöcke frei.

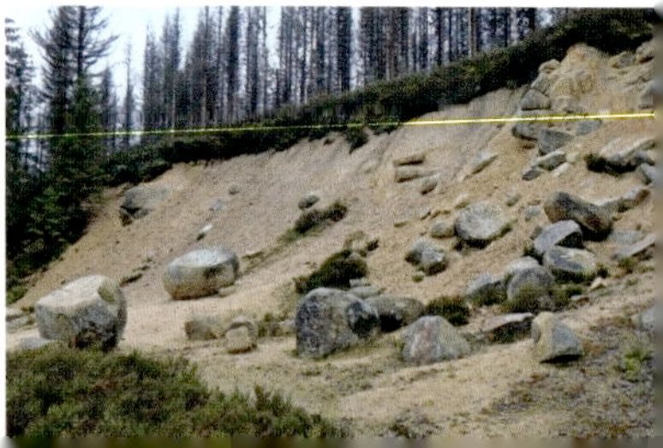

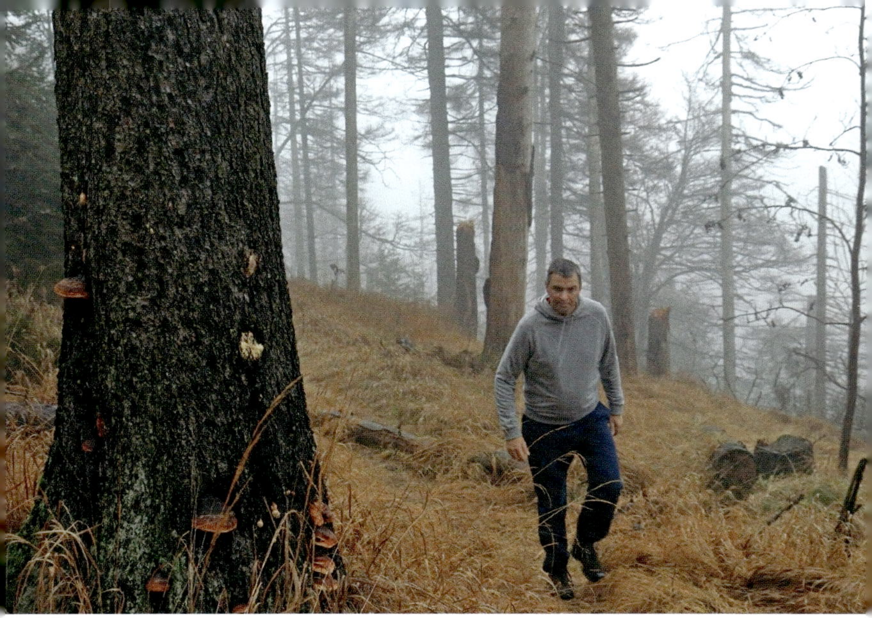

Bei dichtem Nebel herrscht eine mystische Stimmung.

keine Höhenunterschiede aufweist. Wir passieren jenen Abzweig des Rundweges, an dem wir später zurückkommen werden und folgen zunächst weiter dem Grabenweg an der Sarghaihütte bis zum **Goetheplatz ❷**. Hier, am Fuße der Hohen Klippen, wo Goethe während seiner Harzreise naturwissenschaftlichen Studien nachging und eine Kontaktzone von Granit und Hornfels entdeckte, zweigen wir mit dem roten Dreieck auf den bergwärts leitenden Pfad ab. Dieser zieht anfangs steil an und geht nach einem scharfen Rechtsknick mehr in eine Traverse über. Später erreichen wir wieder eine Forststraße und damit den höchsten Bereich der Tour. Bei einem Rastplatz öffnet sich ein Brockenblick. Die Forststraße führt mit einigen Kurven leicht absteigend in Grundrichtung Nordwest und wird später auf einen Fußweg nach rechts verlassen ❸. Damit zurück zum Rehberger Graben und mit leichter Gegensteigung zum **Oderteich ❶**.

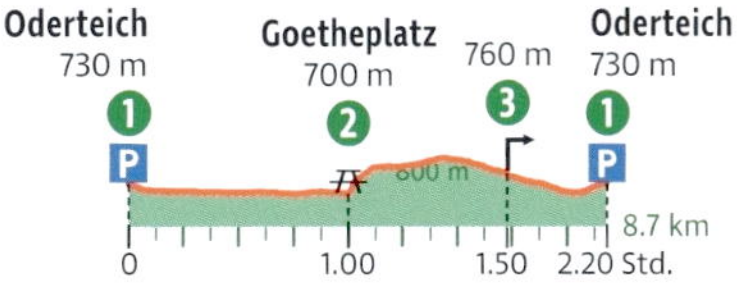

Am Rehberger Graben.

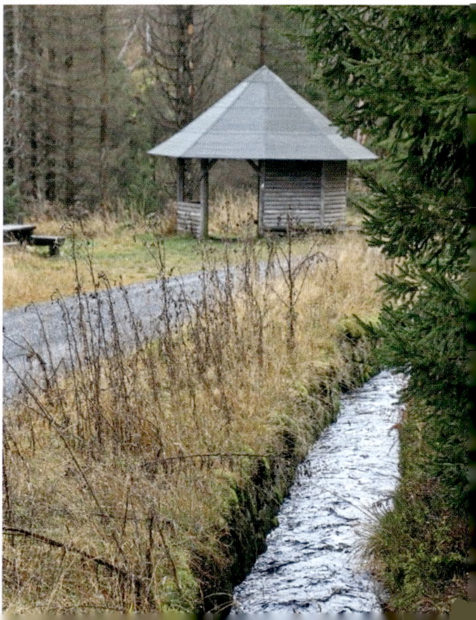

35 Rund um den Oderteich
Abwechslungsreiche Uferwege

TOP | 1.20 Std. | 4,4 km | ↗ 50 m | ↘ 50 m

Bekanntester Stauteich im Harzer Wasserregal
Als Bergleute zwischen 1715 und 1722 den Oderteich anlegten, war dies eine regelrechte Pionierleistung. Gespeist von der nahen Oderquelle sowie dem Rotenbeek blieb dieser bis Ende des 19. Jahrhunderts der größte Stausee nicht nur im Harz, sondern gar ganz Deutschlands. Heutzutage zieht der von schützenswerten Mooren umgebene Oderteich zahlreiche Ausflügler an. Der Rundweg zählt zu den kürzesten Wanderstrecken in unserem Band, gleichwohl auch zu den schönsten. Er kann in beiden Richtungen empfohlen werden.

Ausgangspunkt: Oderteich, 730 m, Parkplatz an der B242 (Harzhochstraße) kurz vor der Einmündung in die B4.
Öffentliche Verkehrsmittel: Buslinie 820 mit Verbindungen Richtung St. Andreasberg und Braunlage bzw. Bad Harzburg.
Anforderungen: Sehr kurze Wanderung, meist auf guten Wegen (Feuchtbereiche sind streckenweise mit Bohlen überbrückt), teils dennoch unbefestigte Wurzelpfade, die bei Nässe matschige Stellen aufweisen.
Einkehr: Keine in der Nähe.
Stempel: Nr. 217 (Sonnenkappe Oderteich).

Der Oderteich an einem glasklaren Spätherbsttag.

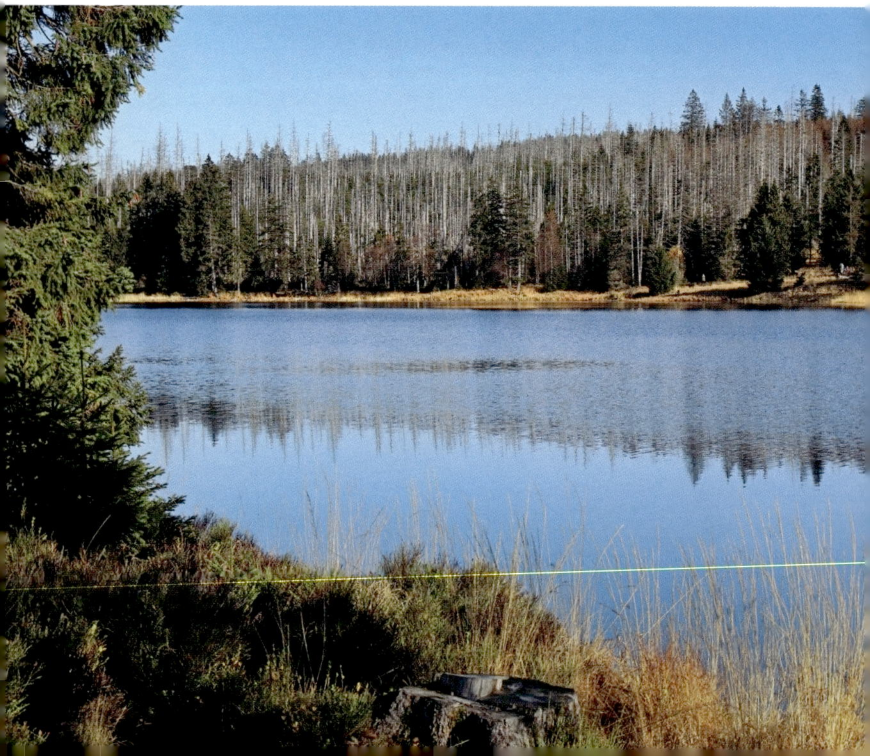

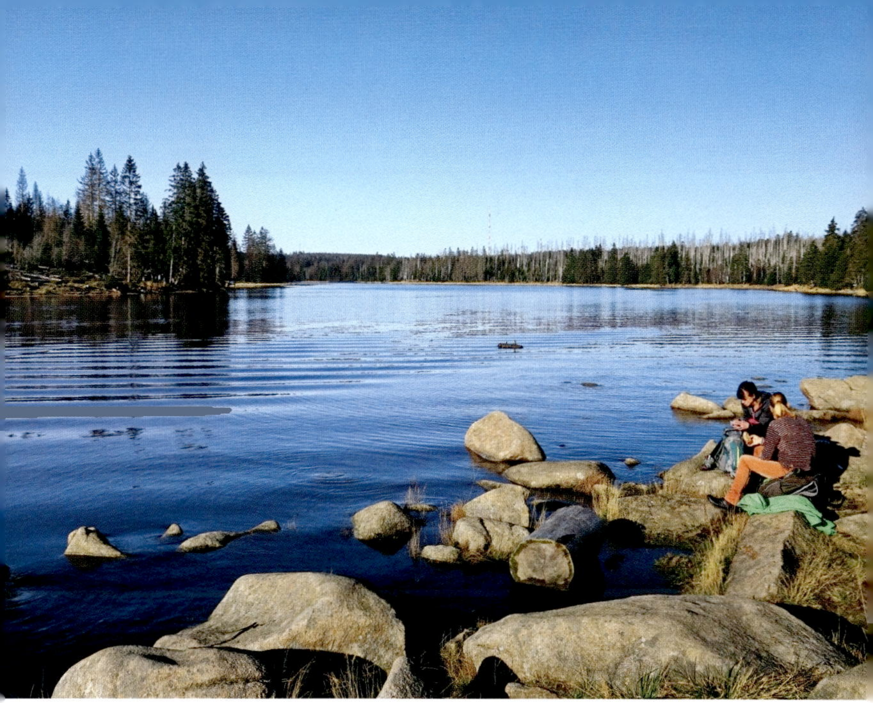

Auf den Blöcken am Ufer können wir die Seele baumeln lassen.

Vom **Parkplatz ①** überqueren wir die Straße und stehen nach wenigen Schritten bereits vor dem Oderteich. An dessen Westseite wählen wir natürlich zunächst den ufernahen Wurzelweg, ehe wir nach einer Viertelstunde zum breiten Weg abseits davon geleitet werden. Mehrheitlich bewaldet geht es Richtung Norden und damit zum Kreuzungspunkt **Sonnenkappe ②**, wo wir den Bach nach rechts überschreiten und damit den Rückweg auf einem Teilstück des Harzer Hexenstiegs einleiten. Bald wird ein Zugang von Oderbrück her aufgenommen und kurz darauf die Oder gekreuzt. Allmählich rücken wir wieder näher ans Ufer heran und kommen in sumpfigen Bereichen über solide Bohlen voran. Gegen Ende hat man es nochmals mit einem sehr wurzligen Untergrund zu tun, ehe sich der Kreis über den Staudamm an der Straße schließt.

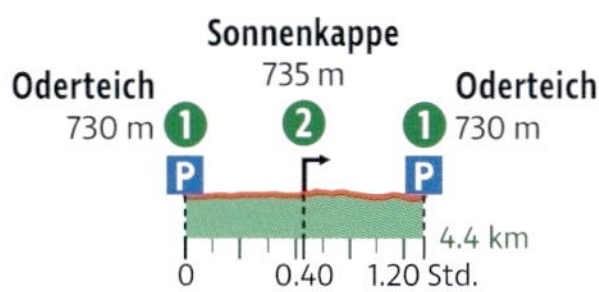

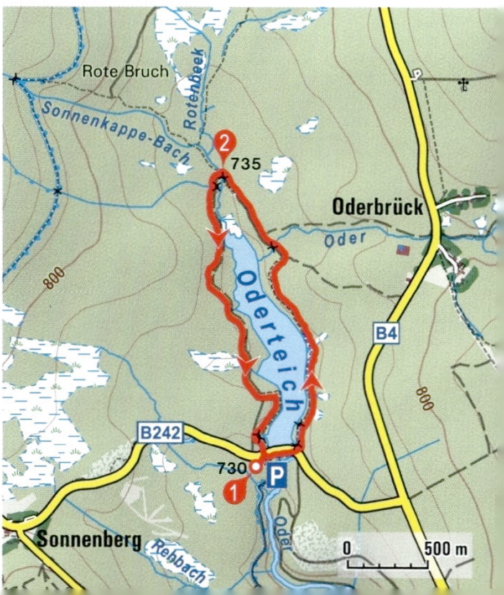

36 Achtermannshöhe, 925 m
Kurzaufstieg von Königskrug

1.30 Std. | 5,0 km | ↗170 m | ↘170 m

Naturbelassener Aussichtsberg im Hochharz
Während an Brocken und Wurmberg die Zeichen der Erschließung schon aus der Ferne unübersehbar sind, präsentiert sich der Achtermann – übrigens die dritthöchste Landmarke ganz Niedersachsens – noch so gut wie naturbelassen. Lediglich ein Holzgeländer umgibt den abschüssigen Gipfel, der ganz zuoberst aus Hornfels und sonst ringsum aus dem Granit des Brockenplutons besteht. Dank der hoch gelegenen Startrampe von Königskrug bzw. Oderbrück kommt man am Achtermann relativ schnell in den Genuss eines großen Harz-Panoramas. Knapp sechs Kilometer nordöstlich dominiert der mächtige Brocken, noch näher liegt östlich der Wurmberg. Davon abgesehen schweifen die Augen gleichsam über die Wogen eines Waldmeeres, das allerdings auch großflächige Wunden offenbart: Allenthalben schimmern silbrig die Legionen nackter Baumpfähle und wüst durcheinander geworfener Gerippe …

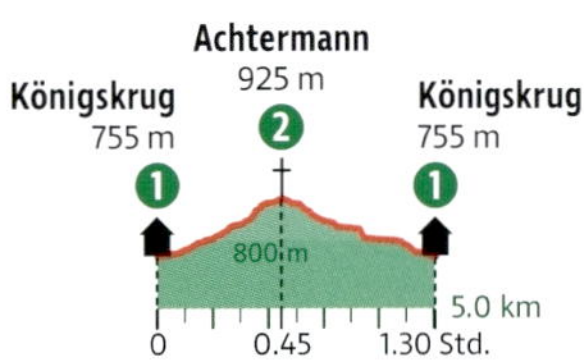

Ausgangspunkt: Königskrug, 755 m, an der B4 nördlich von Braunlage.
Öffentliche Verkehrsmittel: Buslinie 820 zwischen Bad Harzburg (Bahnhof) und Braunlage.
Anforderungen: Recht steiler, felsdurchsetzter Steig, der ein Grundmaß an Trittsicherheit verlangt. Beim Rückweg mehrheitlich breiter Forstweg. Ziemlich kurze Tour.
Einkehr: Gasthaus Königskrug.
Variante: Abstieg nach Norden zum Kaiserweg und mit diesem an der Westseite des Achtermann zurück nach Königskrug (etwas länger und fast ausschließlich Naturwege).
Stempel: Nr. 12 (Achtermannshöhe).

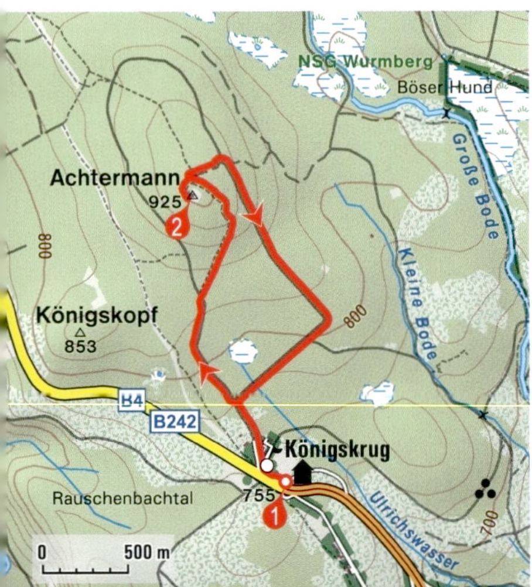

Knapp nördlich des Gasthauses **Königskrug** ❶ nehmen wir die Markierung 31H (grünes Dreieck) auf und folgen einer Forststraße zunächst sachte bergauf. Bald wird eine leichtere Variante rechts sowie eine schwierigere geradeaus angeboten. Auf dieser zweigt man erst etwas später auf einen aufsteilenden Wurzelpfad ab. Wir nähern uns den Granitklippen, müssen den Gipfelbereich aber vorerst umgehen, um schließlich von einem Rastplatz aus das letzte Stück über die Nordseite aufzusteigen. Auf der **Achtermanns-**

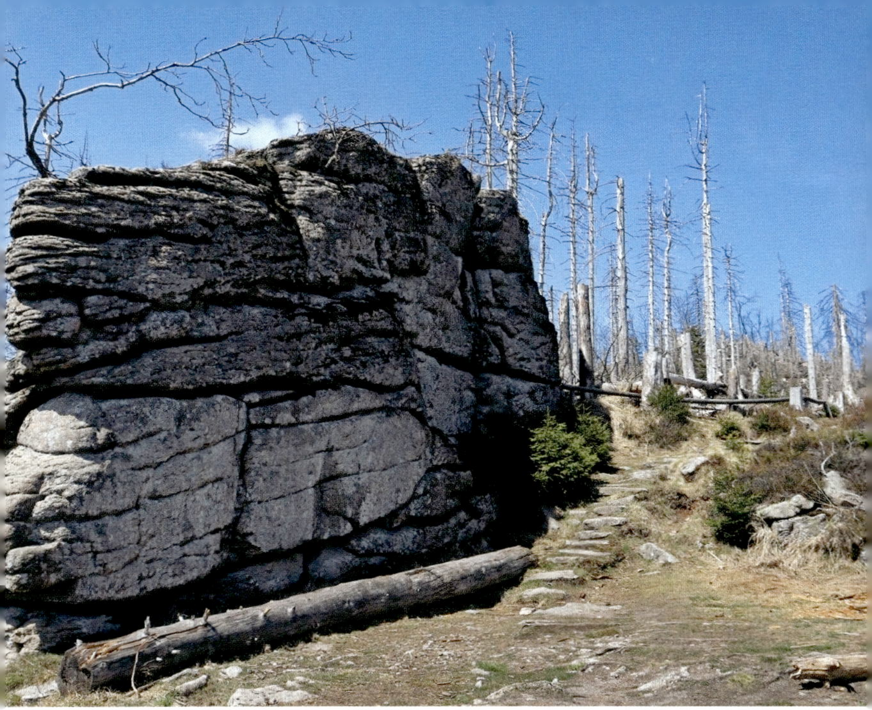

Der Granit des Brockenplutons ist am Achtermann vorherrschend.

höhe ②, 925 m, erfassen wir ein komplettes 360-Grad-Panorama. Für den Rückweg nach Königskrug gibt der Wegweiser nahe dem Rastplatz zwei Möglichkeiten an. Die kürzere wendet sich auf einem breiten Forstweg in die Ostflanke und dort gen Süden, vollzieht später eine Rechtsbiegung und mündet in die Aufstiegsroute ein.

Zuoberst liegt infolge einer Kontaktmetamorphose aber eine Schicht aus Hornfels.

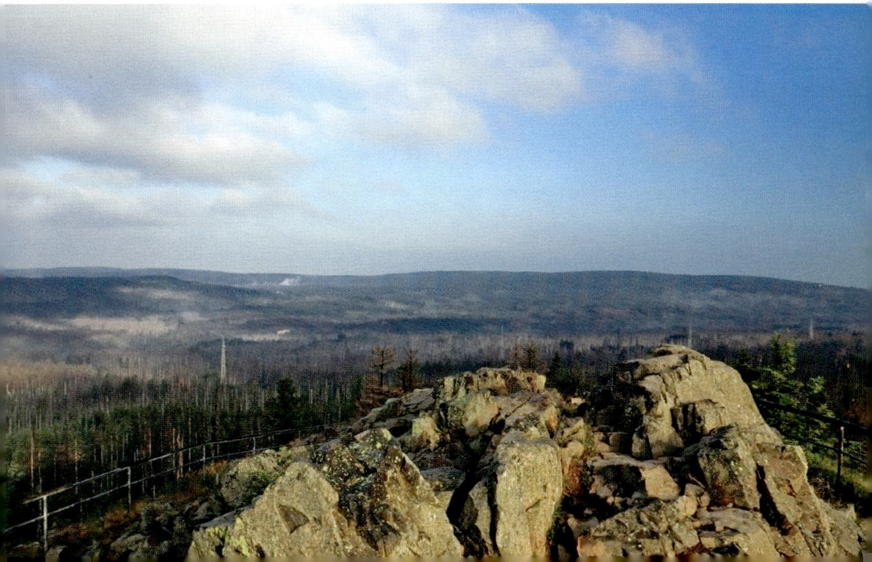

37 Torfhaus-Runde
Um das Torfhausmoor (Radaubornmoor)

1.20 Std. | 5,1 km | ↗ 80 m | ↘ 80 m

Regenmoorlandschaft auf der Wasserscheide zwischen Radau und Ecker
Heutzutage ist Torfhaus ein veritabler touristischer Hotspot im Oberharz, doch der Name weist schon auf die ursprüngliche Bedeutung der kleinen Bergsiedlung hin. Erste Torfstiche gab es am Radauer Born, wie die Gegend um das seit der letzten Eiszeit entstandene Sattelmoor auch heißt, schon im 16. Jahrhundert; intensiviert wurde der Abbau im 18. und 19. Jahrhundert, als durch vermehrte Kahlschläge Holzknappheit herrschte. Die Torfschicht ist hier mit teilweise über sechs Metern vergleichsweise mächtig ausgebildet – unter anderem eine Folge des hohen Niederschlagsaufkommens, aus dem die torfbildenden Pflanzen ihre Nährstoffe beziehen. Botanisch prägend sind außer dem Torfmoos auch die Rasige Haarsimse, die Schlammsegge und der fleischfressende Sonnentau. Den unmittelbarsten Einblick bekommen wir am kleinen, mit Bohlen angelegten Moorstieg, sonst dominiert oft der umgebende, mittlerweile weithin abgestorbene Moorfichtenwald. Mit dem Abbegraben finden wir ein Relikt der Oberharzer Wasserwirtschaft, welches das natürliche Gefüge des Hochmoores negativ beeinflusst.

Ausgangspunkt: Torfhaus, Parkplatz »Brockenblick«, ca. 805 m.
Öffentliche Verkehrsmittel: Buslinie 820 zwischen Bad Harzburg und Braunlage.
Anforderungen: Komfortabel ausgebaute, gut beschilderte Wanderwege mit nur geringen Höhenunterschieden.
Einkehr: Bavaria Alm (täglich geöffnet ab 11 Uhr, Wochenende ab 9 Uhr) und Harzresort.
Variante: Im ersten Teil kann auch der Wald-Wandel-Weg gewählt werden.
Stempel: Keine am Weg.

Goldener Schimmer im Abbegraben.

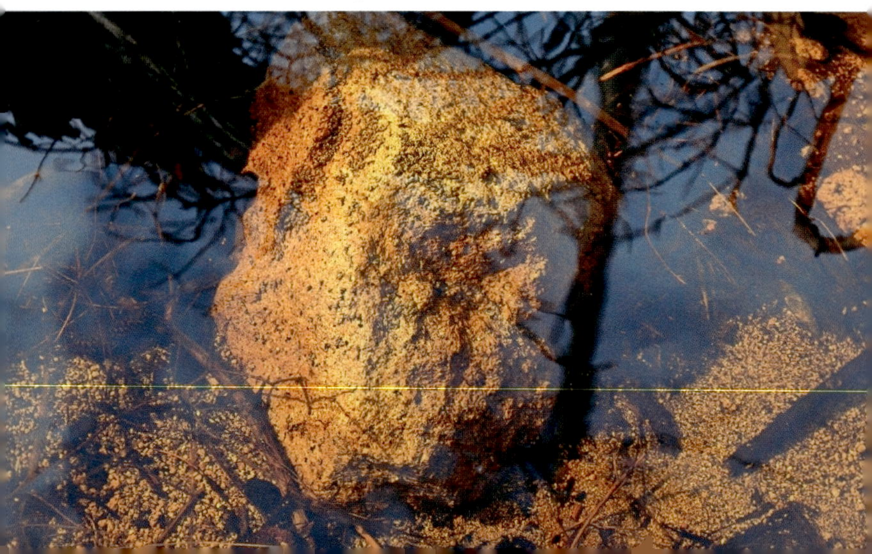

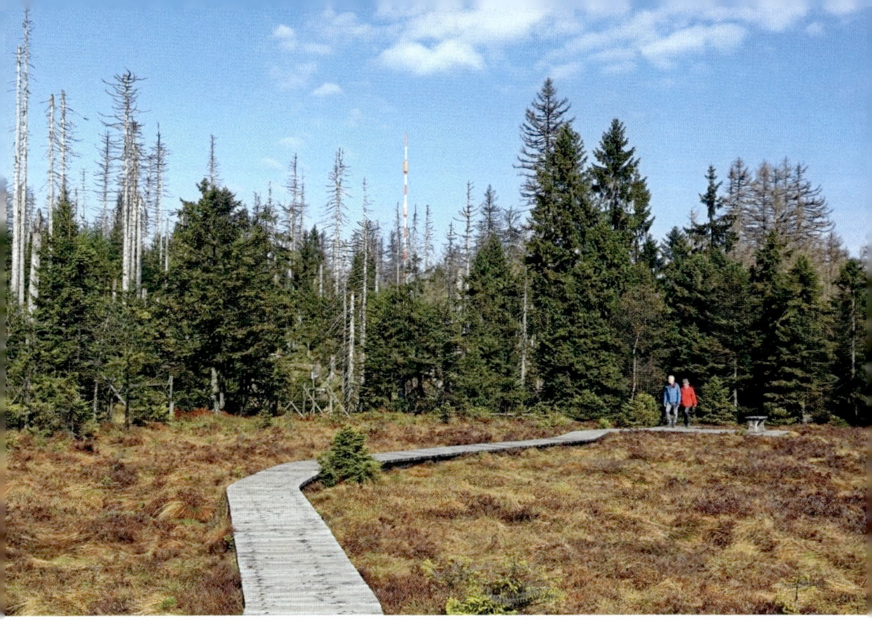

Die interessanteste Passage befindet sich am Moorstieg.

Vom Großparkplatz bzw. der Bushaltestelle in **Torfhaus** ❶ geht es anfangs mit Nr. 25G ein Stück abwärts. Wir überschreiten die in der Nähe entspringende Radau und folgen einem befestigten Weg ostwärts bis zur Einmündung in den Kaiserweg. Damit nun südwärts leicht ansteigend zum **Luchsdenkmal** ❷ bei der Abbebrücke und zu jener Kreuzung, wo wir den Kaiserweg nach rechts wieder verlassen. Auf dem Goetheweg begleiten wir jetzt den Abbegraben, nehmen natürlich den Schlenker des Moorstiegs mit und kommen in den südlichen Teil der Siedlung Torfhaus. Von dort sind es noch gut fünf Minuten zurück zum Ausgangspunkt ❶.

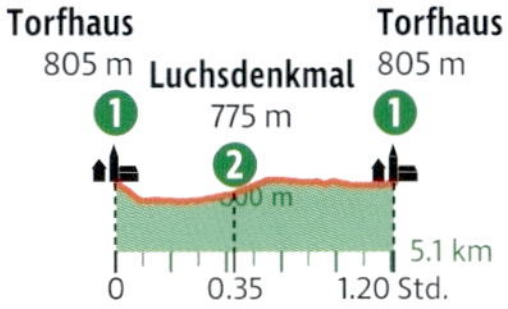

Luchsdenkmal.

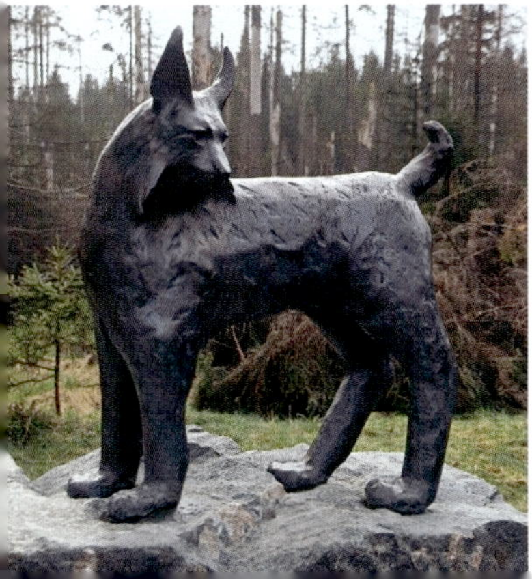

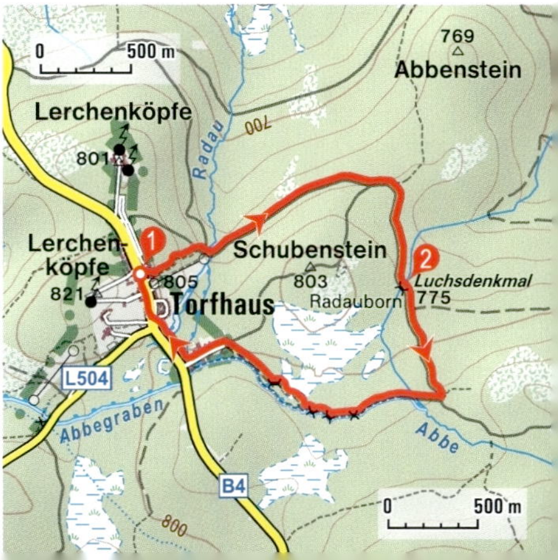

38 Wolfswarte, 918 m

Von Altenau über den Buttersteig

TOP | 3.10 Std. | 11,0 km | ↗ 450 m | ↘ 450 m

Herrliche Aussichtsklippe am Bruchberg

Im Bereich zwischen Torfhaus und Altenau ist die Wolfswarte, eine aus Quarzitgestein bestehende Blockklippe, das attraktivste Ziel. Sie befindet sich zwischen typischem Reitgras-Fichtenwald an der Nordseite des Bruchbergs, der auch größere Kammmoore aufweist. Seit dem Ende der letzten Eiszeit sind hier bis zu drei Meter mächtige Torflagen entstanden. Im Folgenden soll nicht der kürzeste Zustieg näher vorgestellt werden, sondern der abwechslungsreichere von Altenau, der mit einer ausgedehnten Wiesentraverse beginnt und am Buttersteig urwüchsig-wurzlig wird. Vom kantigen Felsblockhaufen schweifen die Blicke vor allem über die Höhenzüge im Nord- und Westharz. Ganz knapp spitzt auch der Brocken über die Baumwipfel am Bruchberg.

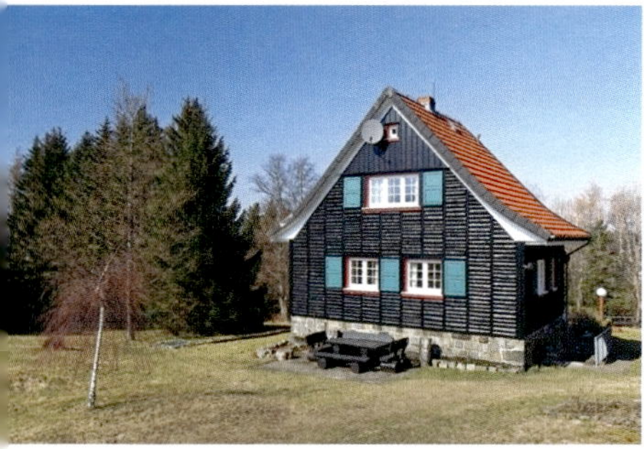

Typischer Harzer Baustil bei Altenau.

Ausgangspunkt: Altenau, ca. 460 m. Parkplatz und Bushaltestelle im Schultal.

Öffentliche Verkehrsmittel: Busverbindungen von Goslar über Oker bzw. über Clausthal-Zellerfeld.

Anforderungen: Zwischen Altenau und Dammgraben jeweils Wiesenwege, gipfelwärts naturnaher Waldsteig, im Abstieg auch ein längerer Abschnitt auf Forststraße. Der Höhenunterschied verlangt ordentliche Kondition.

Einkehr: Diverse Möglichkeiten in Altenau, die sich im Bereich der Durchgangsstraße (B498) konzentrieren.

Variante: Start beim Parkplatz südwestlich von Torfhaus, ca. 500 m ab Abzweig von der B4 Richtung Altenau. Dann mit Nr. 18B zunächst auf Wurzelpfad, die Straße kreuzen und in einer steini-

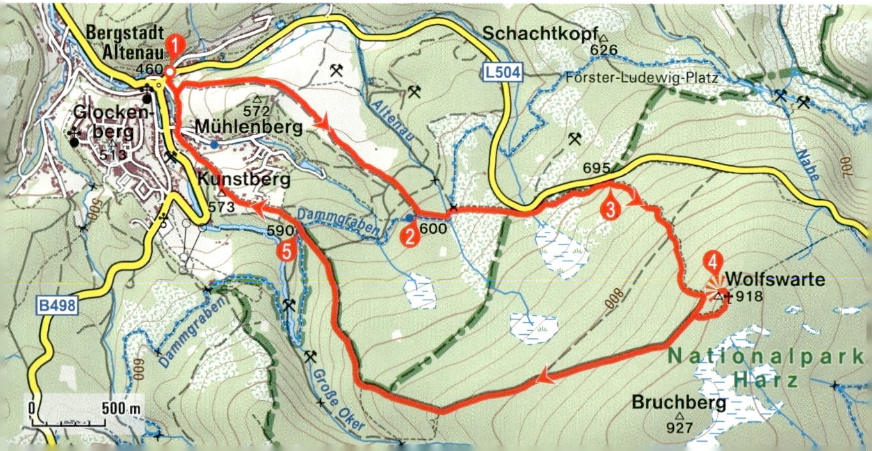

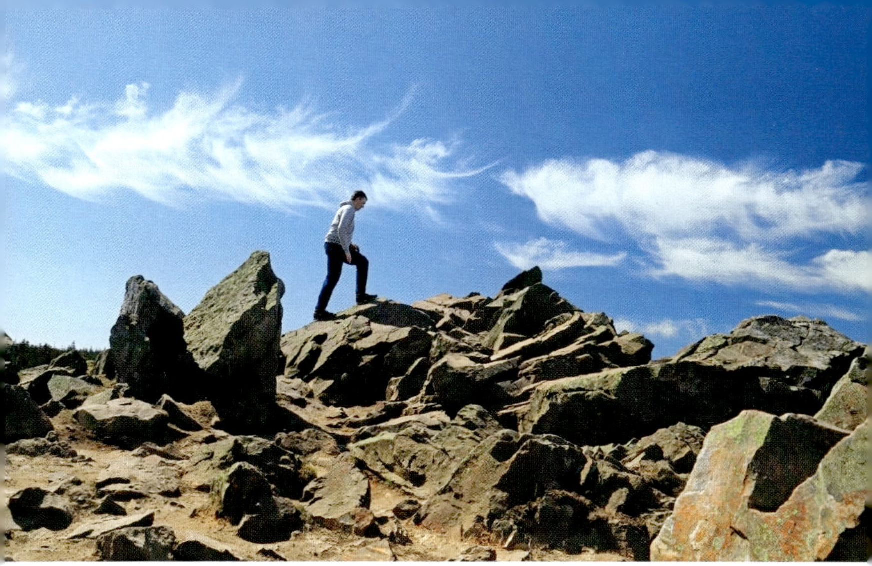

Felsblöcke aus Acker-Bruchberg-Quarzit bauen den aussichtsreichen Gipfel der Wolfswarte auf.

gen Schneise mäßig steil aufwärts zur Wolfswarte. Einfache Gehzeit 40 Min.
Tipp: In Altenau befindet sich der größte Kräuterpark Deutschlands, ein Botanischer Garten, der sich auf Heilpflanzen, Gewürze und Küchenkräuter spezialisiert hat.
Stempel: Nr. 149 (Kleine Oker, Tischlertal), Nr. 135 (Wolfswarte), Nr. 134 (Gustav-Baumann-Weg).

In **Altenau** ❶ geht es am Mühlenberg bergauf, der Bezeichnung Nr. 18A folgend nach einem steileren Stück auf die Wiesen über dem Schultal, die sich nach einer Biegung sehr weitläufig und plateauartig offenbaren. Sachte ansteigend nähern wir uns dem **Dammgraben** ❷, wo der Harzer Hexenstieg verläuft. Diesem folgen wir nach links bis hinter die nächste Kurve, dann rechts abzweigend und bald parallel zur Landstraße, bis der **Butterstieg** ❸ rechts aufwärts ausgewiesen wird (Nr. 18H zu 18J). Der Wurzelpfad zieht recht kräftig an und kommt weiter oben – unweit einer Schutzhütte – mit dem Oberen Bruchbergweg zusammen. Nun ist es nicht mehr weit bis auf die **Wolfswarte** ❹, 918 m.
Für den Abstieg nutzen wir die Forststraße des Oberen Bruchbergweges, der mit Rotstrich-Markierung in angenehmem Gefälle gen Westen führt und später in den Gustav-Baumann-Weg übergeht. Rechts eindrehend etwas kräftiger bergab zum **Dammgraben** ❺, der an dieser Stelle geradeaus gekreuzt wird. Am Kunstberg landet man wieder auf einem Wiesenweg und läuft – nach allfälligem Abstecher zur Schützenklippe – beim Kleinen Okerpark in **Altenau** ein. Von dort noch wenige Minuten zurück zum Startpunkt ❶.

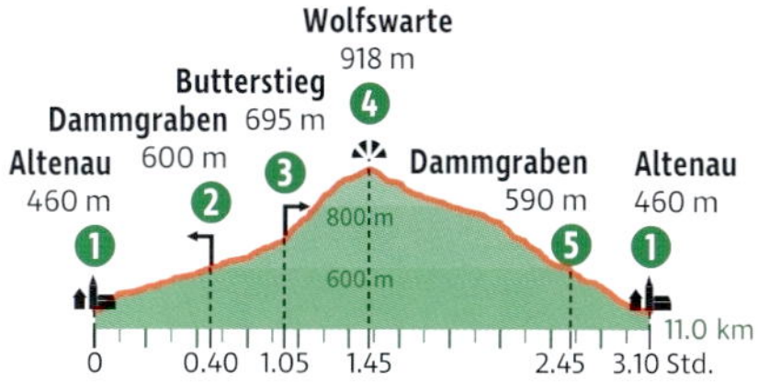

39 Marienbruch und Schachtholzweg

Rundwanderung links und rechts der Bundesstraße 4

2.00 Std. | 7,8 km | ↗140 m | ↘140 m

Ein Besuch bei den Wildkatzen

Zielstrebig zieht es die meisten Wanderer und Ausflügler, die via Bad Harzburg die B4 hinauffahren, in den hohen Bereich um Torfhaus, Oderbrück oder weiter Richtung Braunlage. Dabei übersehen sie vielleicht das interessante Wildkatzengehege beim Marienbruch und ahnen kaum etwas vom lauschigen Marienteich nebenan. Die vorgestellte Wanderung ist zweifellos unspektakulär, kann aber noch mit einer gewissen Einsamkeit aufwarten, die in den populären Ecken leider oft verloren geht. Man kann den kurzen Marienbruch-Rundweg wählen oder zusätzlich den westlichen Bogen über den Schachtholzweg einbinden. Auch der Brocken gibt sich unterwegs manchmal zu erkennen. Der Besuch bei den Wildkatzen – die in den tiefen Harzwäldern ihren angestammten Lebensraum finden – rundet die Wanderung ab.

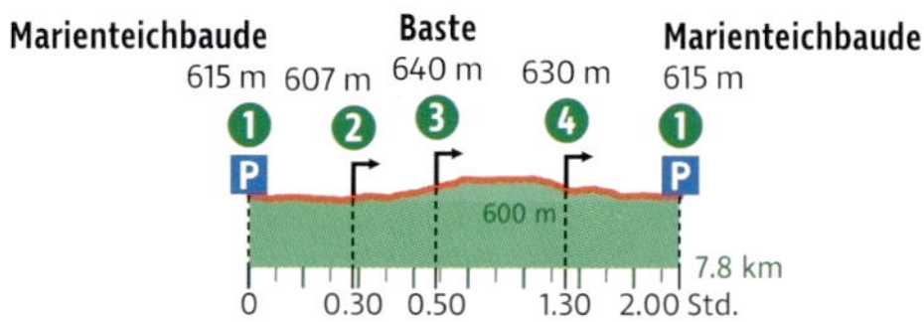

Im Hintergrund wölbt sich die Brockenkuppe auf.

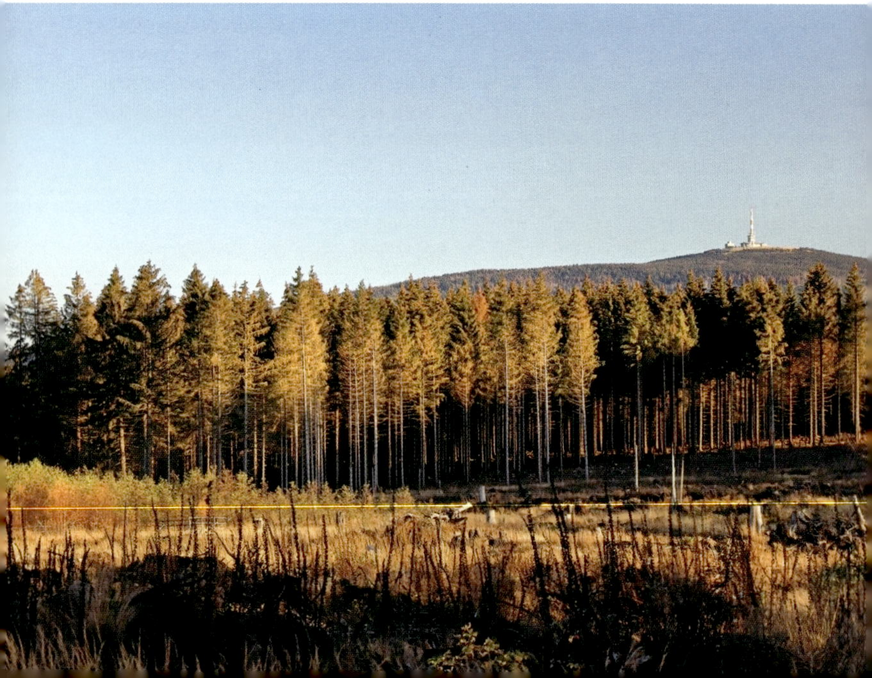

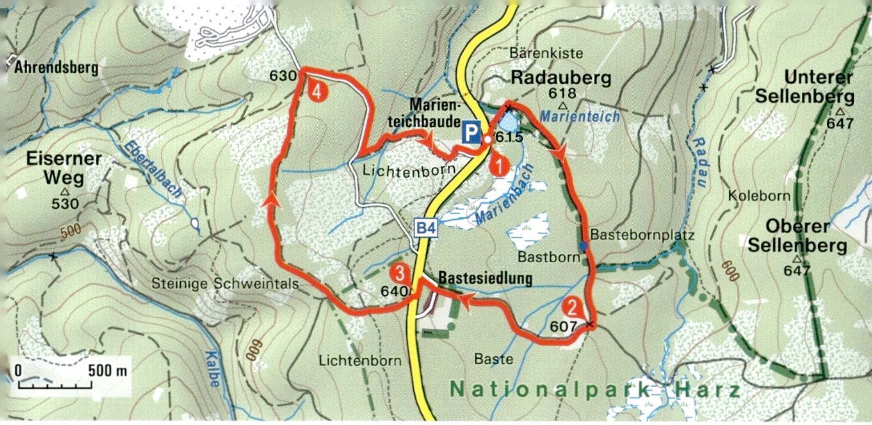

Ausgangspunkt: Marienteichbaude, 615 m, an der B4 von Bad Harzburg Richtung Torfhaus. Direkt an der Straße befinden sich zwei Parkplätze, jener beim Restaurant/Wildkatzengehege ist ausschließlich für Gäste.
Öffentliche Verkehrsmittel: Bushaltestelle »Marienteichbaude« der Linie 820 (Bad Harzburg – Braunlage) beim oberen der beiden Parkplätze.
Anforderungen: Befestigte und speziell am Schachtholzweg auch unbefestigte Forstwege, eigentlich problemlos, sofern nicht stellenweise durch Forstbetrieb in Mitleidenschaft gezogen. Die Wege sind nicht überall beschildert.
Einkehr: Marienteichbaude (Mo/Di Ruhetag). Angeschlossen ist auch ein Wildkatzengehege, das wie die Gaststätte ab 11 Uhr besucht werden kann.
Variante: Bleibt man bei der Bastesiedlung am Marienbruch-Rundwanderweg, verringert sich die Gehzeit um eine gute halbe Stunde.
Stempel: Keine.

Den **Marienteich** erreichen wir jeweils rasch vom oberen **Parkplatz** ❶ her auf einem Pfad, vom unteren auf der Forststraße. Diese wird nun südost- bis südwärts weiter begangen, ehe nach fast 2 Kilometern ein Rechtsabzweig erfolgt ❷, während der Salzstieg hier als unbefestigter Pfad geradeaus weiter Richtung Torfhaus führt. Wir kommen in die Nähe der **Bastesiedlung**, zur Fortsetzung des Marienbruch-Rundweges nach rechts (siehe Variante) und zur B4, wo auf der anderen Seite, ein Stück weit nach links versetzt, der Anschluss zum Schachtholzweg besteht ❸. Gute 500 Meter folgen wir einer größeren Forststraße an einigen Schneisen vorbei und nehmen dann die unbefestigte Fortsetzung halbrechts. Der Schachtholzweg vollzieht allmählich einen Bogen und dreht damit gen Norden ein, zwischendurch auch mal in offenerem Gelände. Später stößt er auf ein breites Asphaltband: die Zufahrt zu einem Steinbruch ❹. Rechts einbiegend müssen wir eine knappe Viertelstunde entlang der Straße laufen, ehe scharf links die Verbindung zur **Marienteichbaude** abzweigt. Man beachtet zwei weitere Richtungswechsel (jeweils beschildert) und kommt damit zum Gasthaus sowie in Kürze zurück zum Ausgangspunkt ❶.

Am lauschigen Marienteich.

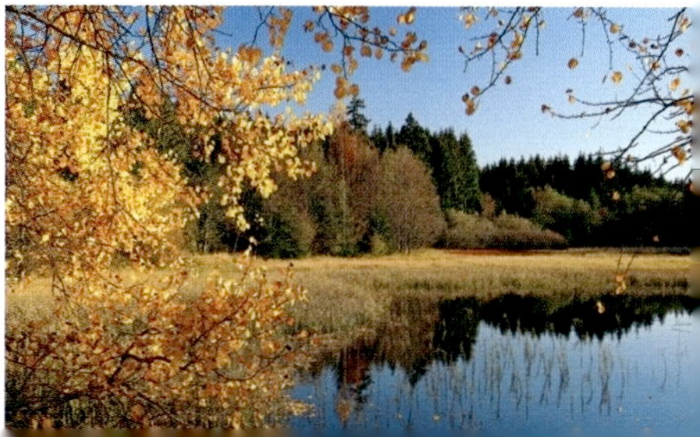

40 Rund um den Eckerstausee

Per Nationalparkbus von der Luisenbank

2.45 Std. | 10,5 km | ↗180 m | ↘180 m

Einst »geteilter« See am Nordfuß des Brocken

Die im harten Eckergneis errichtete Eckertalsperre besteht seit dem Jahr 1943; zu DDR-Zeiten verlief die Grenze kurioserweise direkt durch die Staumauer. Eine wichtige Aufgabe kommt heute unter anderem der Trinkwasserversorgung für den Raum Braunschweig-Wolfsburg zu. Es ist daher nicht gestattet, den unmittelbaren Uferbereich zu betreten, was aber kein Manko bedeutet, denn von unserem Weg aus ergeben sich wunderschöne Ausblicke. Auch der massige Brocken zeigt sich im Hintergrund.

Ausgangspunkt: Luisenbank, ca. 590 m, erreichbar in der Saison mit dem Nationalpark-Wanderbus von Bad Harzburg (keine individuelle Anfahrt möglich, ggf. kommen 40 Min. Anmarsch vom Radau-Wasserfall an der B4 dazu).
Öffentliche Verkehrsmittel: Bad Harzburg besitzt Bahnanschluss aus Richtung Hannover, Braunschweig und Kreiensen/Goslar. Die Nutzung des Nationalparkbusses wird empfohlen.
Anforderungen: Mehrheitlich Naturwege, streckenweise etwas wurzlig, sonst auch breitere Waldwege. Die Eckerquerung kann bei Hochwasser heikel sein (selten).
Einkehr: Keine am Weg, evtl. Gasthaus Radau-Wasserfall an der Bundesstraße.
Stempel: Nr. 1 (Eckerstaumauer).

Mittels Nationalparkbus starten wir am Rastplatz **Luisenbank ❶** und kommen nach einer markanten Linkskurve leicht absteigend zur **Eckerstaumauer ❷**, 559 m. Damit leiten wir den interessanten Rundweg um den Stausee ein, und zwar im Uhrzeigersinn. Jenseits der

Blick vom Nordufer über den Eckerstausee zum Brocken.

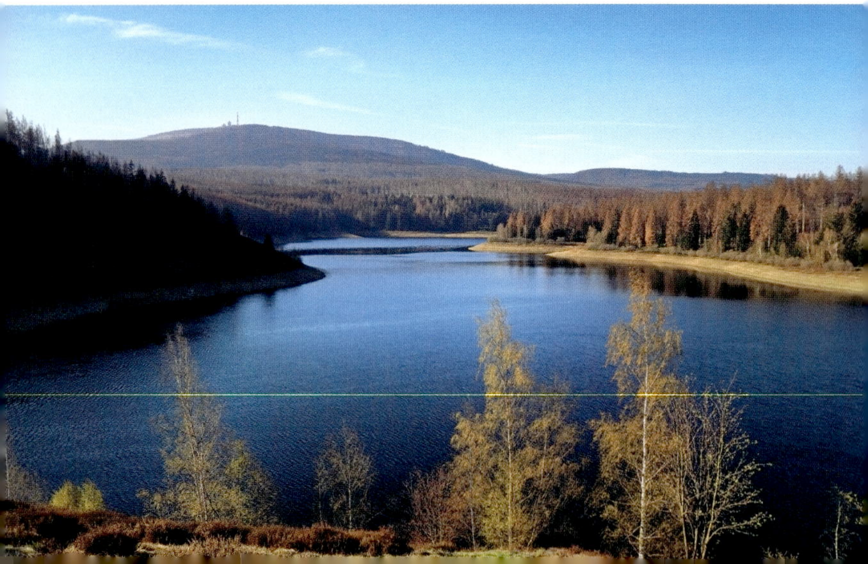

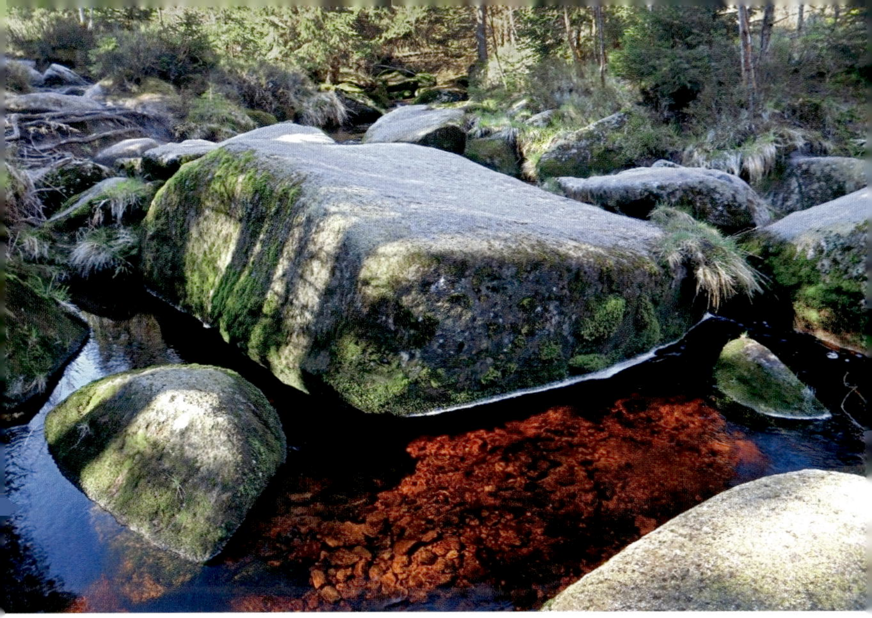

Die Eckerquerung: ohne Brücke über große Blöcke.

Dammkrone erwartet uns zunächst ein lauschiger Naturpfad, der später breiter wird und eine ganze Weile herrliche Seeblicke bietet, anfangs mit dem Brocken im Hintergrund. Nach Abzweig einer Route zum Brocken und zum näher gelegenen Scharfenstein **3** muss auf gut zwei Kilometern ein herkömmlicher, allerdings unbefestigter Forstweg begangen werden, der manchmal etwas zerfahren sein kann. Damit kommen wir südwärts zur **Eckerquerung** **4** voran und überschreiten den Bergbach dort auf großen Blöcken, also ohne eigentliche Brücke. Drüben setzt sich in Nordrichtung der **Pionierweg** fort, phasenweise über Bohlen, dann vorübergehend breiter trassiert und wieder dicht neben dem Eckerstausee, schließlich nochmals auf reizvollem Naturpfad. Wir gelangen nun wieder in unmittelbare Nähe der Talsperre und zurück zur **Luisenbank** **1**.

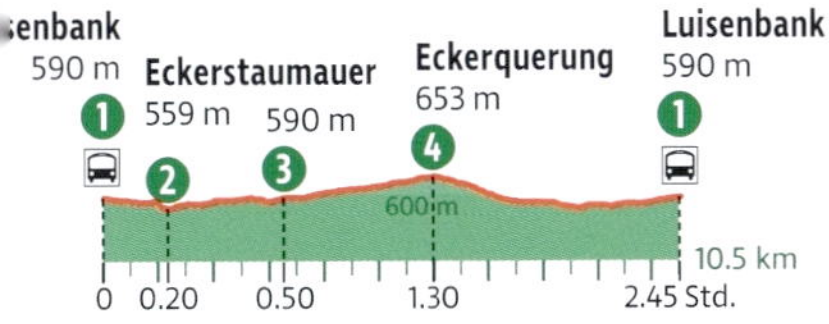

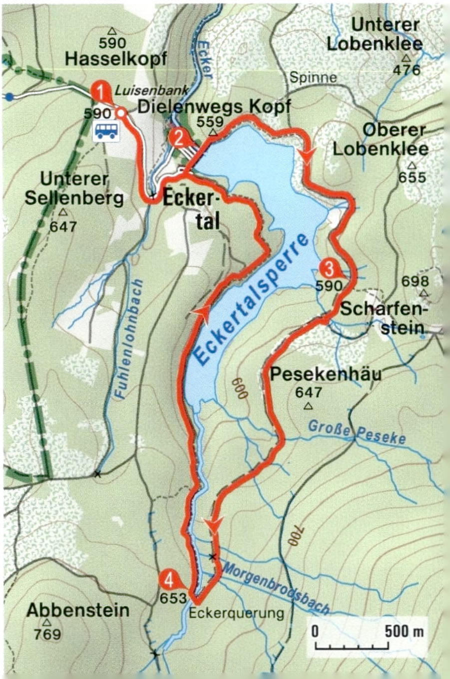

41 Molkenhaus und Radau-Wasserfall

Im Bad Harzburger Süden

2.30 Std. | 8,8 km | ↗ 330 m | ↘ 330 m

Waldidyllen zwischen Ettersberg und Winterberg

Das traditionsreiche Molkenhaus steht schon seit 200 Jahren an Ort und Stelle und besaß sogar einen noch älteren Vorläufer, der vor allem Kuhhirten als Unterkunft diente. Heutzutage ist es ein beliebtes Wander- und Einkehrziel mit Liegewiese, Teich, Waldspielplatz und Wildbeobachtungsstation. Nachdem wir über den Ettersberg zum Molkenhaus hinaufgewandert sind, geht es am Winterberg wieder bergab. Dabei liegen Rudolf- und Winterbergklippe am Weg. Unten im Tal schießt der Radau-Wasserfall 23 Meter über die Felsen – ein begehrtes Fotosujet! Der nahe Gabbro-Steinbruch ist natürlich weniger eine Zier, aber zumindest geologisch interessant. Über den Philosophenweg lässt sich die Runde am Ende bequem schließen.

Ausgangspunkt: Bad Harzburg, Großparkplätze bei der Burgbergbahn, ca. 290 m, sowie im weiteren Verlauf der Bundesstraße 4.
Öffentliche Verkehrsmittel: Bad Harzburg besitzt Bahnanschluss aus Richtung Hannover, Braunschweig und Kreiensen/Goslar. Mit der Stadtbuslinie 873 zur Burgbergbahn.
Anforderungen: Gut ausgebaute Wanderwege, durchaus mit steileren Steigungen und Gefällstrecken. Allgemein ausreichend beschildert.
Einkehr: Molkenhaus (täglich 9.30–22 Uhr); Waldgaststätte Radau-Wasserfall (Mo/Di Ruhetag); ansonsten zahlreich in Bad Harzburg.
Tipp: Baumwipfelpfad Bad Harzburg, zwischen April und Oktober 9.30–18 Uhr, in der Wintersaison 10–16 Uhr geöffnet.
Stempel: Nr. 169 (Molkenhaus).

Rechts: Der Radau-Wasserfall zählt zu den populären, viel fotografierten Natursehenswürdigkeiten.
Unten: Ganz in der Nähe des Molkenhauses liegt der Hasselteich.

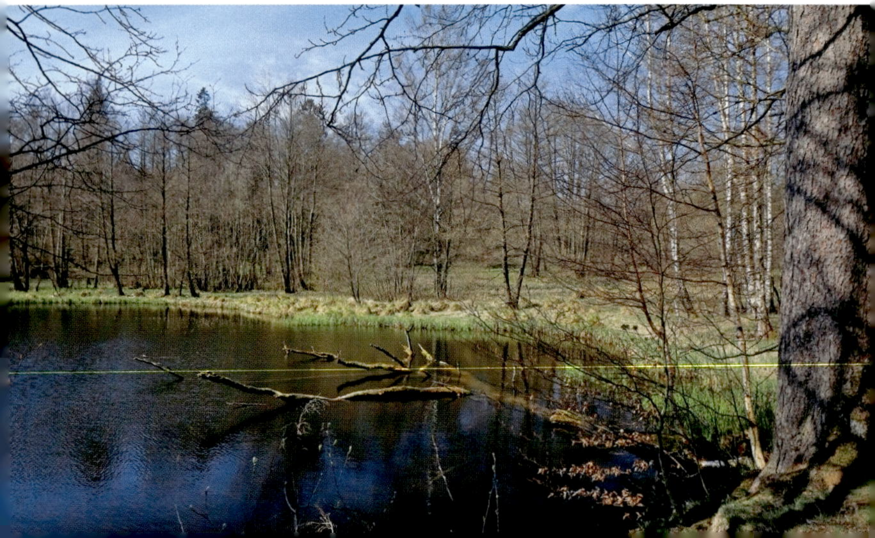

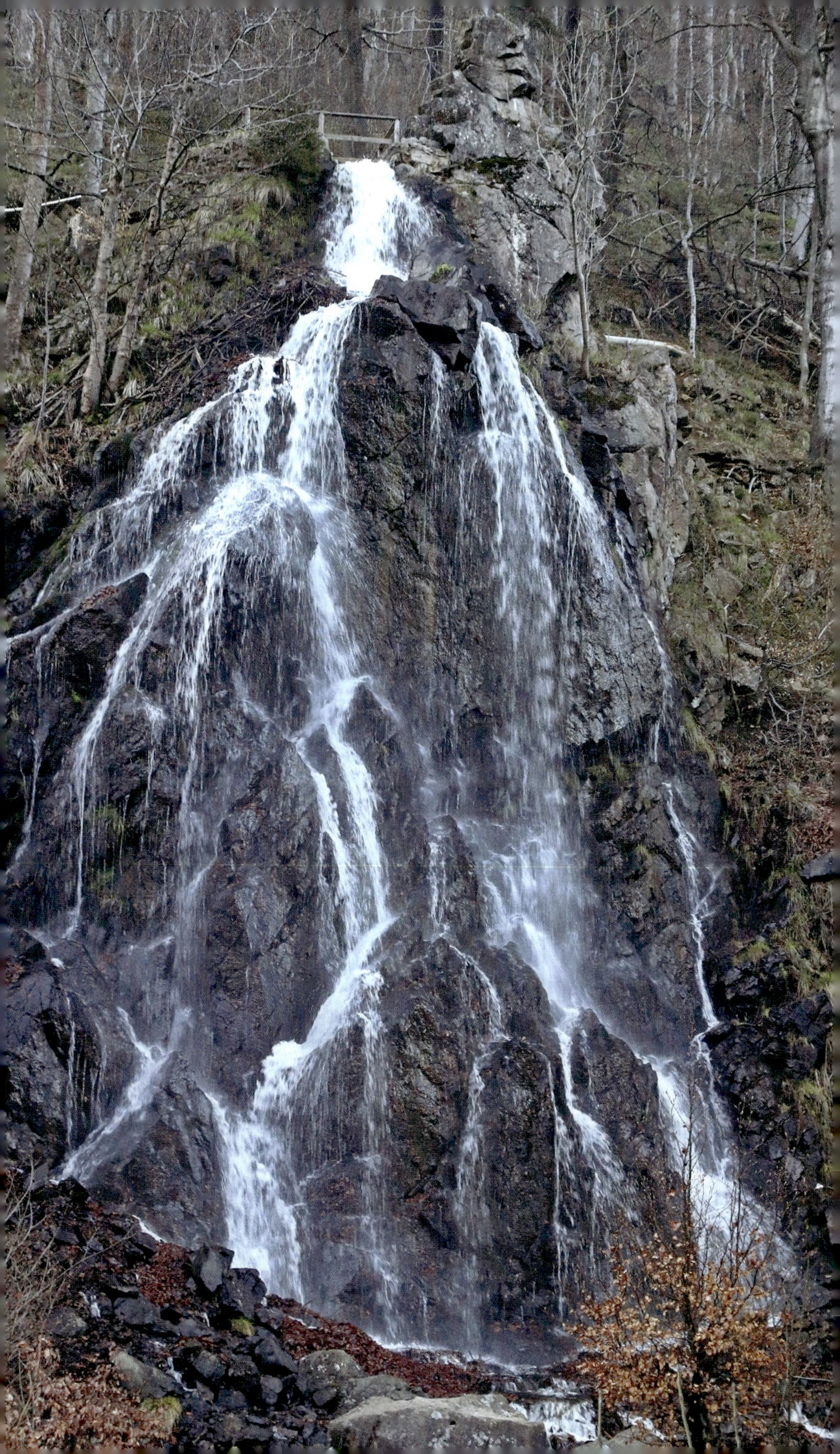

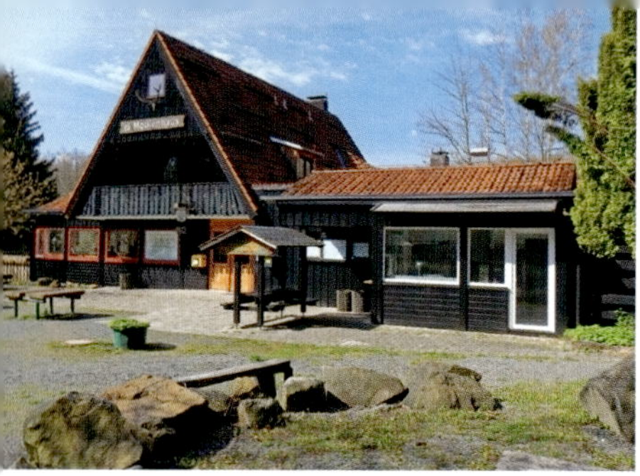

Altehrwürdige Waldgaststätte: das Molkenhaus.

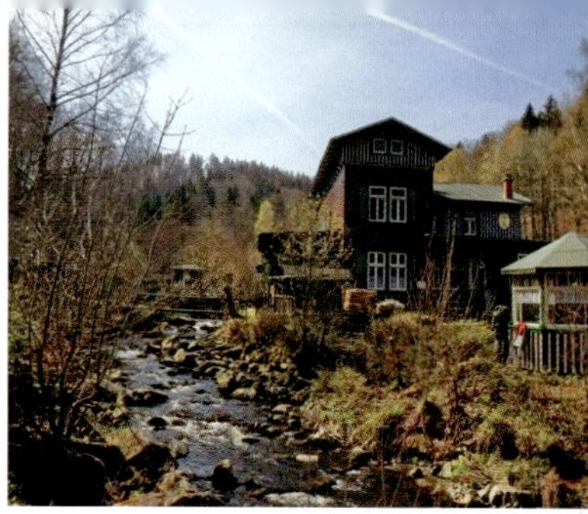

Auch unten an der Radau befindet sich ein Gasthaus.

Auf der östlichen Seite der *B4* in **Bad Harzburg** ➊, gegenüber der Burgbergbahn, kommen wir im Märchenwald rasch zu den Installationen des Baumwipfelpfades und drehen mit dem Hinweis »Brocken über Ettersbergklippe« nach rechts ab. Dies ist der Teufelsstieg, der sich am Waldhang als laubbedeckter Steig Richtung Ettersberg bergauf schraubt. Später gemäßigter weiter südostwärts und zum inzwischen wieder bewirtschafteten **Molkenhaus** ➋, 524 m, am Rande einer Freifläche (Wildfütterungsareal). Ein lauschiges Fleckchen findet man auch nebenan am Hasselteich. Nun wieder ein Stück zurück bis zur Kreuzung und dort mit Nr. 19D westwärts gegen den Winterberg hinan. Ein kurzer Stich führt zur **Rudolfklippe** ➌, ca. 575 m. Die Aussicht auf Bad Harzburg ist allerdings freier an der Winterbergklippe, die bald darauf folgt. Am steilen Westhang des Winterbergs führt unser Weg mit einigen großen Serpentinen tiefer. Wenn wir oberhalb der Talsohle am Graben entlangqueren, kommen wir zum Einschuss des **Radau-Wasserfalls** ➍, den wir aber natürlich auch von unten beäugen sollten. Anschließend folgen wir dem Philosophenweg Richtung Bad Harzburg, an sich ein schöner, angenehmer Waldweg, der allerdings durch den starken Verkehr auf der nahen *B4* etwas beeinträchtigt wird. Gegenüber liegt der gewaltige Gabbro-Steinbruch, aus dem es werktags ebenfalls dröhnt. Sukzessive leicht absteigend nähert sich die Route schließlich wieder dem touristischen Komplex in **Bad Harzburg**.

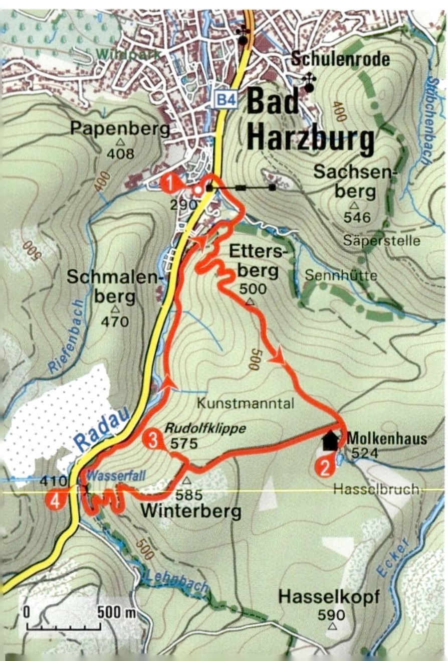

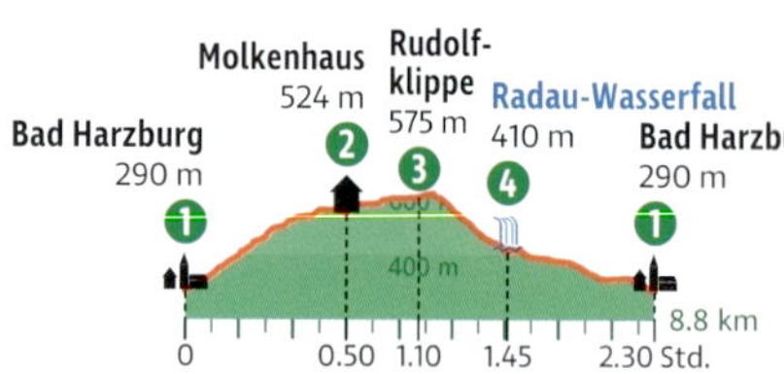

Kleiner und Großer Burgberg, 483 m

Mit Rückweg über den Sachsenberg

42

2.10 Std. | 7,2 km | ↗ 400 m | ↘ 400 m

TOP

Harzburger Premium-Aussichten

Mit den Resten der mittelalterlichen Harzburg, der Canossasäule und dem Ausflugsrestaurant zählt der Große Burgberg zweifelsohne zu den touristischen Hotspots am Harznordrand, zumal man die 200 Höhenmeter vom Tal aus auch ganz bequem mit der Seilbahn überwinden kann. Erstaunlich hingegen, dass die pfiffige Route über den vorgelagerten Kleinen Burgberg relativ wenig frequentiert wird. Die ebenso beeindruckende Aussicht kann man dort mit etwas Glück in aller Stille genießen. Weitere spannende Bergpfade – und einen erweiterten historischen Hintergrund – gibt es rund um den benachbarten Sachsenberg zu entdecken. Summa summarum eine Tour im Nahbereich von Bad Harzburg, die starke Kontraste vermittelt.

Ausgangspunkt: Bad Harzburg, Parkplatz bei der Burgbergbahn, ca. 290 m.
Öffentliche Verkehrsmittel: Hier auch Haltestelle der Buslinien 871 und 873. Der Bahnhof mit Verbindungen aus Hannover, Braunschweig und Kreiensen liegt ca. 2 km entfernt.
Anforderungen: Steile Naturpfade im Aufstieg über den Kleinen Burgberg sowie beim Bergab über den Resiweg; zwischendrin auch komfortabler ausgebaute Abschnitte. Bis auf wenige Ausnahmen zuverlässig beschildert.
Einkehr: »Plumbohms Aussichtsreich« auf dem Großen Burgberg (geöffnet 9.30–18.30 Uhr, Mo Ruhetag). Weitere Möglichkeiten in Bad Harzburg.
Varianten: Bequemer, aber auch gewöhnlicher ist der Anstieg zum Großen Burgberg über den Antoniusplatz. Diesen kann man ggf. auch fürs Bergab wählen, wenn man dorthin vom Sach-

Im Mittelalter thronte die stattliche Harzburg auf dem Burgberg.

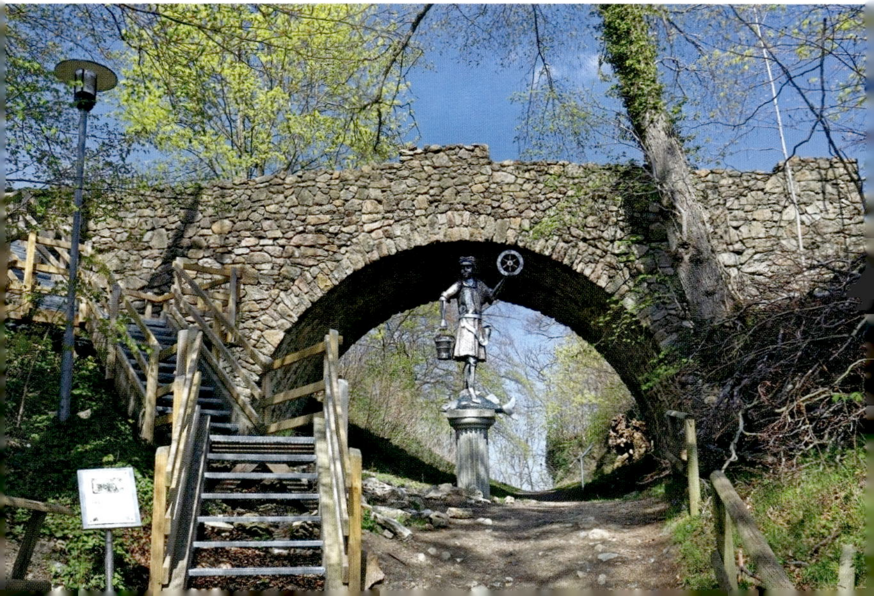

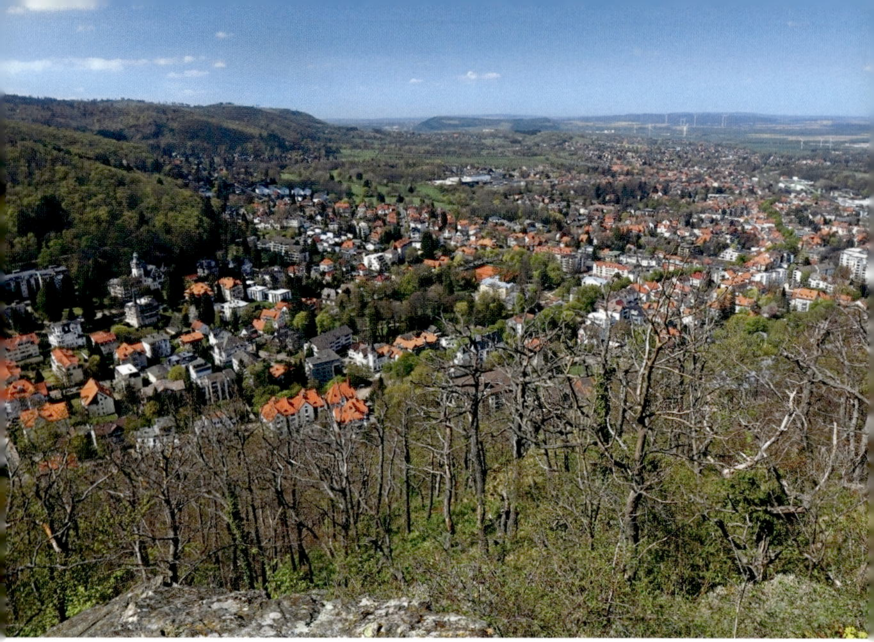

Am Kleinen Burgberg lässt sich das Bad Harzburger Panorama meist in Ruhe genießen.

senberg über den nördlichen Hangweg zurückkehrt. Außerdem sind Kombinationen mit Tour 43 denkbar.
Tipp: Besondere Attraktionen am Burgberg sind – neben der altehrwürdigen Seilbahn – der Baumwipfelpfad sowie die nagelneue Baumschwebebahn.
Stempel: Nr. 121 (Großer Burgberg).

Bei der Burgbergbahn in **Bad Harzburg** ❶ überqueren wir die Fußgängerbrücke an der *B4*, wenden uns sofort nach links und ziehen mit einem Bogen um den Hang des Kleinen Burgbergs herum, bis unsere Wunschroute bergwärts abzweigt.

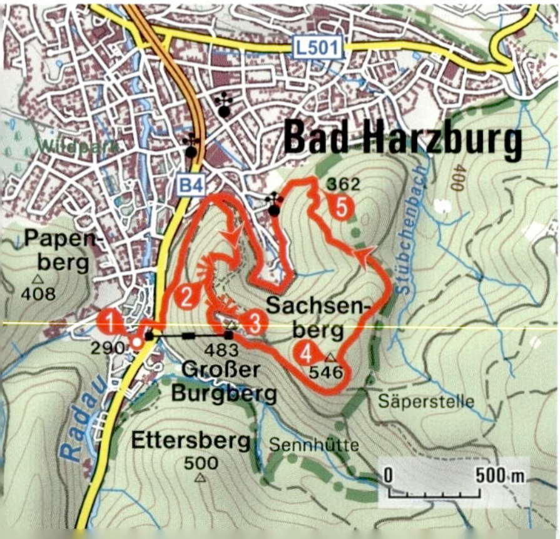

Nach einigem Höhengewinn entdeckt der Aufmerksame einen steilen, abkürzenden Pfad hinauf zum **Kleinen Burgberg** ❷, 436 m, wo noch Reste der alten Befestigungsanlage sichtbar sind und sich bei der Rastbank das fantastische Bad Harzburger Panorama öffnet. Die Beschilderung würde uns indes von hinten herauflotsen. Der Anschluss zum überbauten **Großen Burgberg** ❸, 483 m, mit der markanten Canossasäule ist rasch vollzogen. Hier können wir auch den kleinen »Historischen Rundweg« im Bereich der einstigen Harzburg erkunden. Nach einem kurzen Gefälle nehmen wir am Antoniusplatz den Besinnungsweg auf und steigen als Nächstes zum **Sachsenberg** ❹, 546 m, an. Von

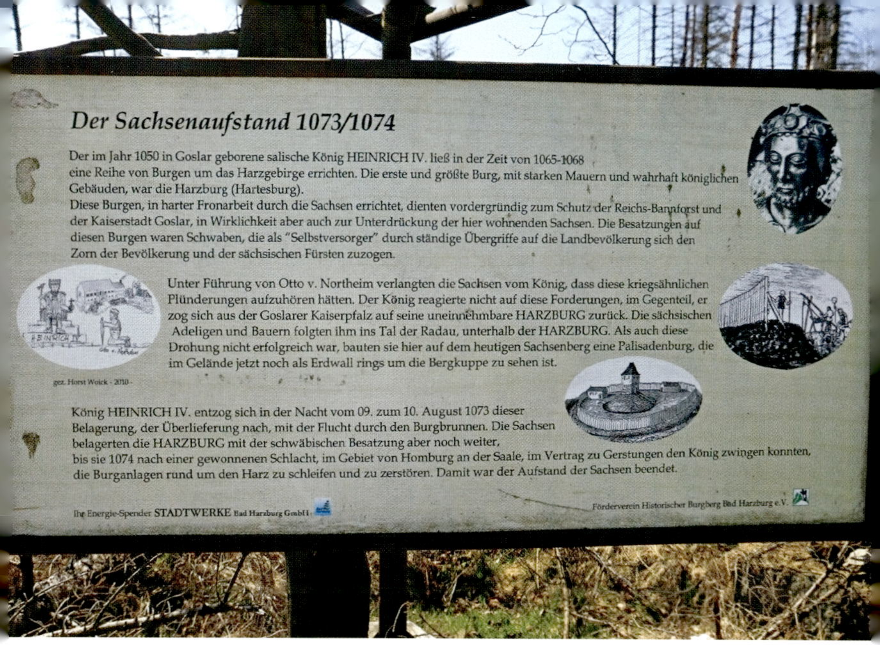

Geschichtslektion am Sachsenberg.

der höchsten Kuppe lässt man im nordseitigen Bergab die Fortsetzung des Besinnungsweges links abziehen und begibt sich ohne Markierung rasch hinab in den Sattel vor dem Eichenberg. Auf dem schmal trassierten Resiweg links daran vorbei und allmählich recht steil abwärts. Nach einigem Zickzack stoßen wir auf den quer verlaufenden Ringwanderweg **5**, biegen hier nach links ein und gehen den besiedelten Einschnitt des Krodotals mit einem markanten Bogen aus. Anschließend wird noch der Hang des Burgbergs umkurvt, um schlussendlich auf bekannter Route wieder am Startpunkt in **Bad Harzburg** **1** einzulaufen.

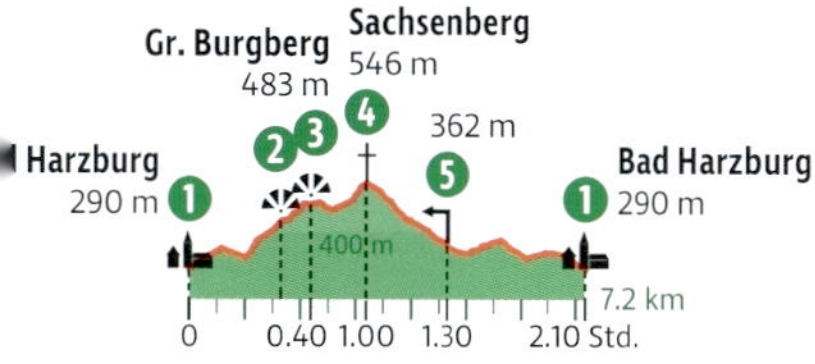

Die Canossasäule krönt den Großen Burgberg.

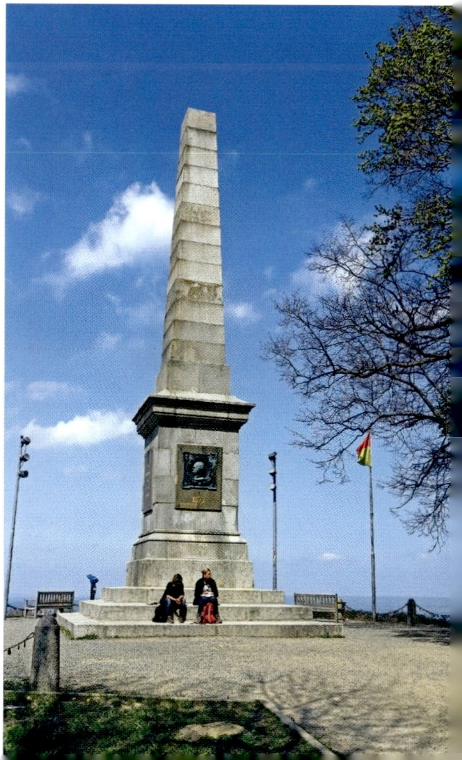

43 Rabenklippe und Kattnäse, 590 m

Aus dem Stübchental bei Bad Harzburg

2.50 Std. | 10,3 km | ↗ 350 m | ↘ 350 m

Interessante Wanderziele über dem Eckertal

Auch hinter dem prominenten Harzburger Burgberg gibt es jede Menge zu entdecken, wie diese Runde beweist. Wir steigen abseits des Rummels im Stübchental ein und steuern die Rabenklippe hoch über dem Eckertal an. Neben der herrlich gelegenen Gaststätte ist das einzige Luchs-Schaugehege im Harz ein starker Anziehungspunkt. Ein zweiter großartiger Brockenblick erwartet uns auf der stilleren Kattnäse – alternativ kann auch über das Kreuz des Deutschen Ostens zurückgewandert werden.

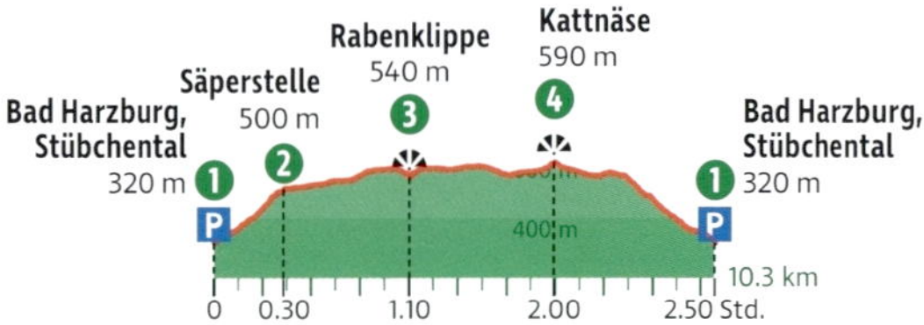

Die Rabenklippe gegen das Brockenmassiv.

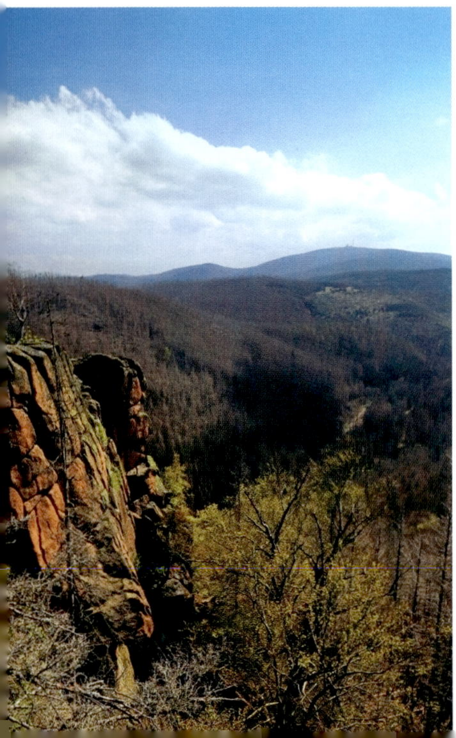

Ausgangspunkt: Stübchentalstraße in Bad Harzburg, ca. 320 m. Parkmöglichkeit bei den letzten Häusern oder direkt am Waldrand.
Öffentliche Verkehrsmittel: Nächste Bushaltestelle in der Ilsenburger Straße; der Bahnhof Bad Harzburg liegt rund 2 km entfernt. Dorthin aus Richtung Hannover, Braunschweig oder Kreiensen/Goslar.
Anforderungen: Steile Waldpfade im Bereich des Stübchentals und kurzfristig an der Kattnäse, sonst auf den Höhen hingegen oft moderat verlaufende, breitere Wege. Bis auf wenige Stellen ordentlich beschildert.
Einkehr: Waldgaststätte Rabenklippe, Tel. 05322 2855 (mit Luchsgehege).
Variante: Vom Weg Nr. 20D kann im Bereich des Spüketalskopf nach links auf Nr. 20E (blauer Balken) abgezweigt werden. Damit kommt man zum Kreuz des Deutschen Ostens auf der Uhlenklippe und im weiteren Verlauf wieder zur Säperstelle (Wegpunkt 2).
Stempel: Nr. 170 (Rabenklippe), evtl. Nr. 122 (Kreuz des Deutschen Ostens).

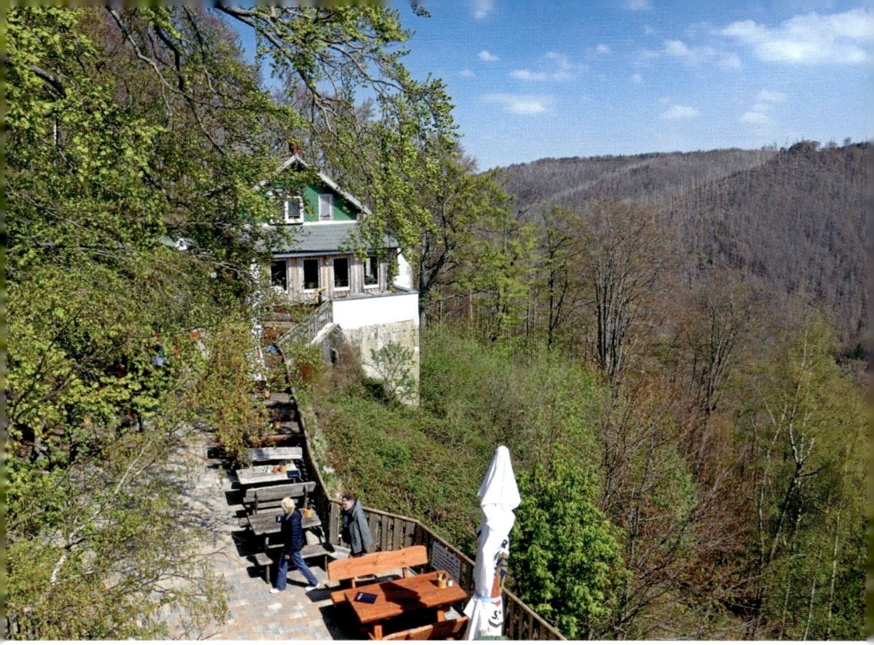

Direkt an der Abbruchkante klebt das Gasthaus.

Vom Waldrand ❶ begeben wir uns unmittelbar ins **Stübchental** hinein. Zweimal zweigen Routen zur Kattnäse ab, bevor unser Weg schmaler und deutlich steiler wird. Nach etwa einer halben Stunde ist der Waldrücken bei der **Säperstelle** ❷ gewonnen. Bei der Mehrwegekreuzung zunächst halblinks. In Kürze trennt sich der Kaiserweg (Nr. 19B) von der Forststraße (Nr. 23E) – beide sind für die Fortsetzung möglich. Wählt man Ersteren, muss man sich im Kalten Tal später aufwärts wenden, um ab der Tiefen Kohlstelle wieder gemeinsam das Luchsgehege bei der **Rabenklippe** ❸ anzulaufen. Falls die Waldgaststätte geöffnet ist, können wir gleich den Durchgang nutzen; ansonsten links um das Gehege herum und mit Nr. 20D über die häufig baumlosen Höhen in Richtung Uhlenkopf. Den Hinweis ins Stübchental ignorieren wir vorerst, um zunächst noch die **Kattnäse** ❹, 590 m, mitzunehmen: hinter der Biegung (schöner Aussichtspunkt mit Rastbank) auf einen Grasweg abzweigend und zu einem steileren Stichpfad, der bis auf die Klippe leitet. Retour schlagen wir den erwähnten Abstiegsweg nach Bad Harzburg ein, wählen bei der Gabelung den schmalen tieferen Pfad und gelangen auf dieser Route bestmöglich zurück zum Ausgangspunkt im **Stübchental** ❶.

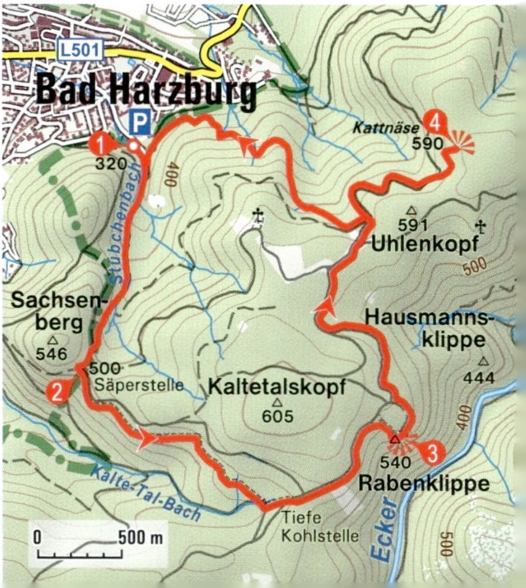

Ostharz

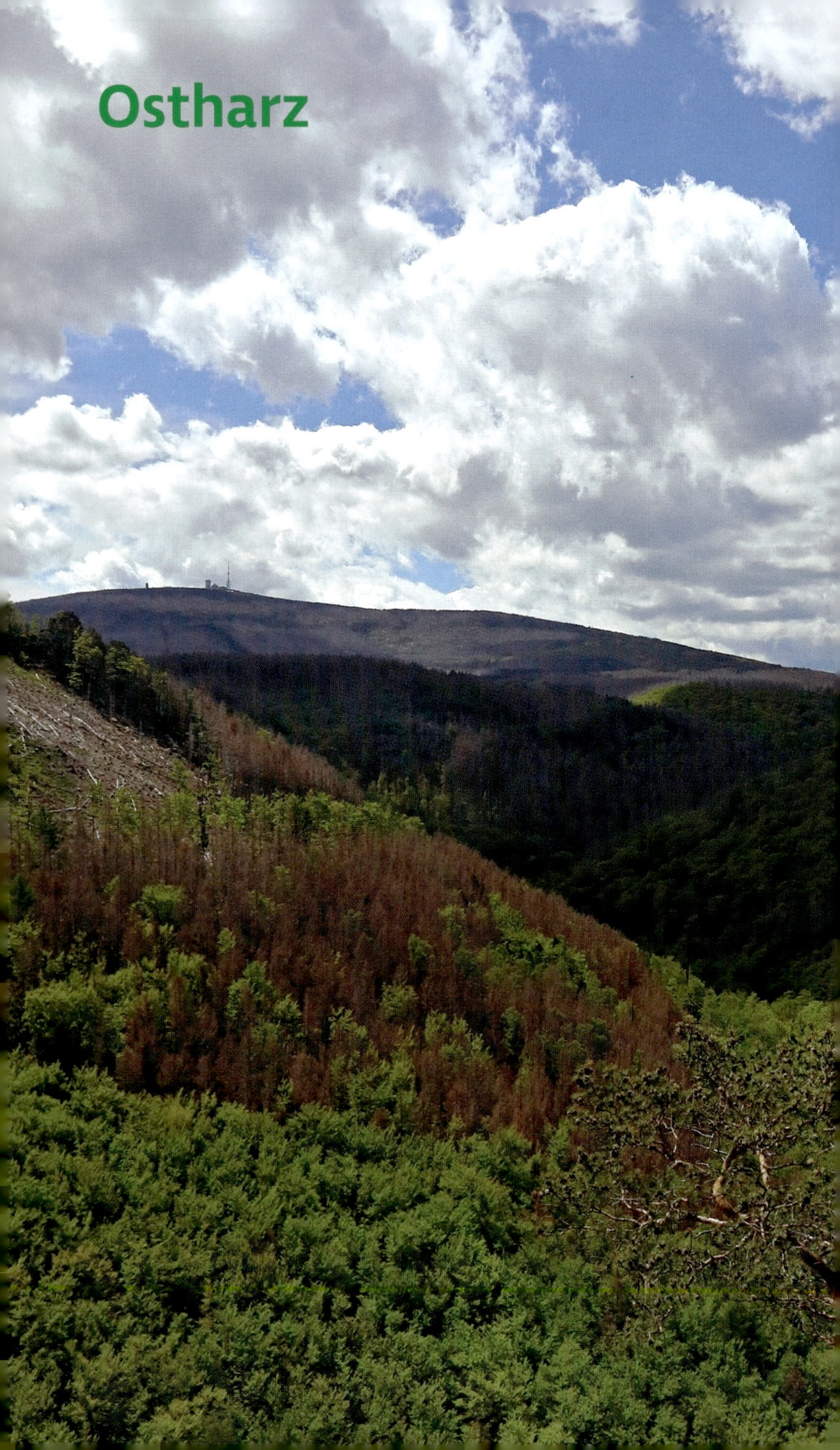

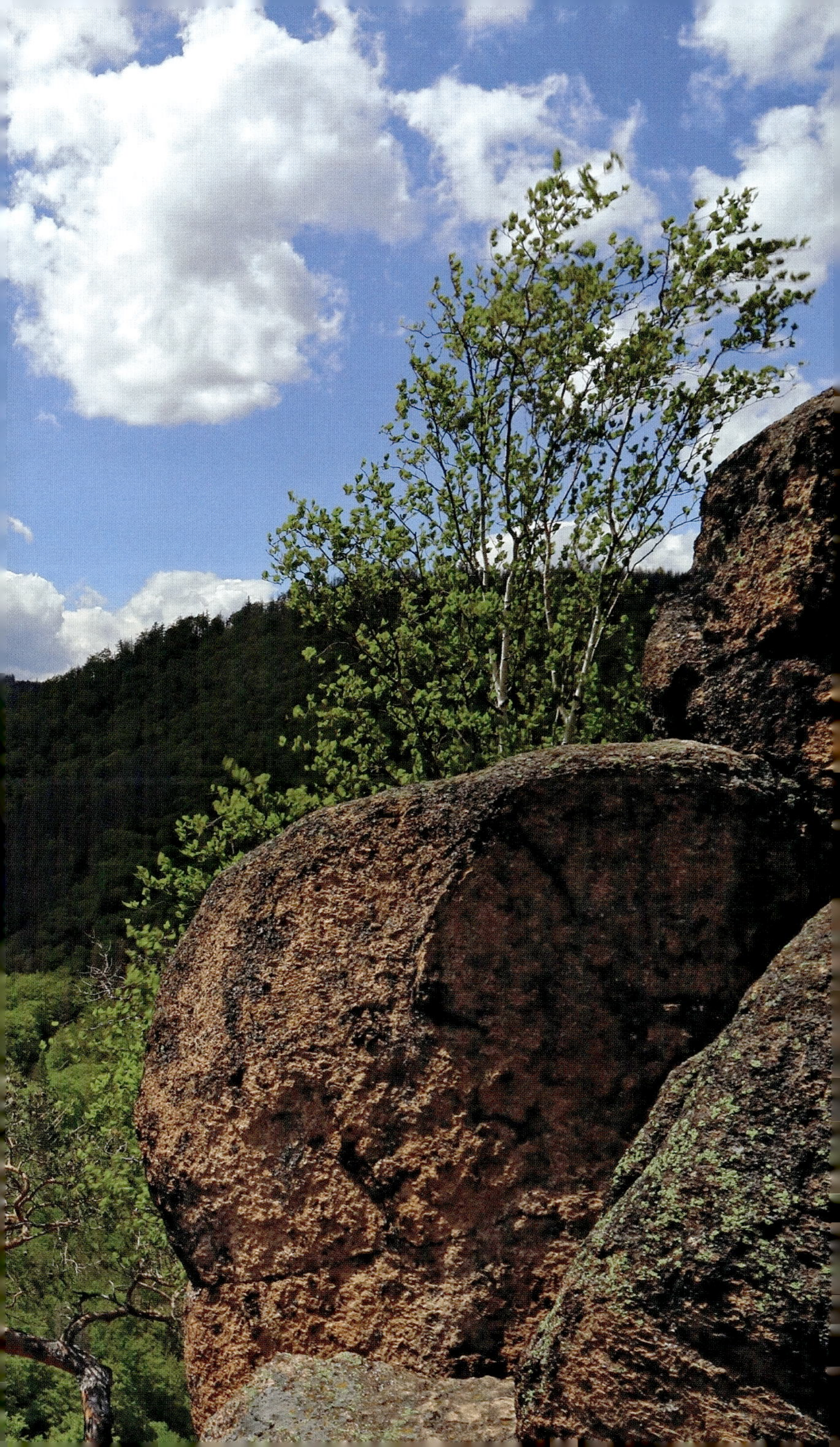

44 Westerklippe, 529 m
Von Ilsenburg über den WildnisStieg (Borkenkäferpfad)

1.40 Std. | 5,6 km | ↗ 280 m | ↘ 280 m

Brockenblick über dem Ilsetal

Schon seit Zeiten Heinrich Heines gilt Ilsenburg als klassisches Eintrittstor in den Harz. Der nach dem Dichter benannte Weg fungiert als beliebter Nordanstieg zum Brocken – eine Tour, die fraglos als Highlight empfohlen werden kann, allerdings nicht wirklich zu unserem Motto »kurz & gut« passt. Praktisch, dass wir auch im näheren Umfeld von Ilsenburg spannende Ziele finden, beispielsweise die etwas versteckte Westerklippe. Von dort erhascht man einen fulminanten Blick ins obere Ilsetal und natürlich auch zum alles überragenden Brocken. Unterwegs lassen sich gut die Veränderungen des Bergwaldes beobachten. Bisher wurde dies unter dem Thema »Borkenkäferpfad« vermittelt, doch soll daraus in Zukunft der »WildnisStieg« entstehen.

Ausgangspunkt: Ilsenburg, gebührenpflichtige Parkplätze im Ilsetal, ca. 283 m.
Öffentliche Verkehrsmittel: Ilsenburg besitzt Bahnanschluss, außerdem verkehrt die Buslinie 274 von Wernigerode. Aus dem Ortszentrum fällt ein zusätzlicher Anmarsch von rund 1 km an.
Anforderungen: Überwiegend schmalere Steige, die teils in steilem Gelände verlaufen, aber gut angelegt sind. Etwas Trittsicherheit angenehm. Überall ordentlich ausgeschildert, weithin mit grünem Punkt bezeichnet.
Einkehr: Diverse Möglichkeiten in Ilsenburg, in der Nähe des Startpunkts z.B. die »Nagelschmiede«.
Tipp: Ohne Hinweis kann man vom Grüneruheplatz in wenigen Minuten den Buchberg, 449 m, und damit eine auffächernde Aussicht ins nördliche Harzvorland erreichen. Möglich, dass auf dem kleinen, grasigen Rundweg herumliegendes Totholz stört.
Stempel: Nr. 5 (Froschfelsen).

An der Westerklippe öffnet sich der Blick südwärts Richtung Brocken.

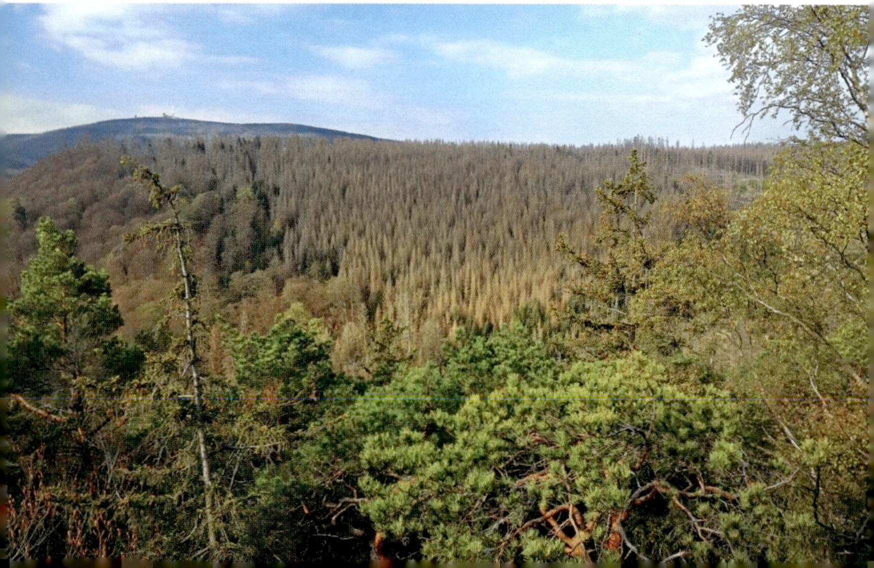

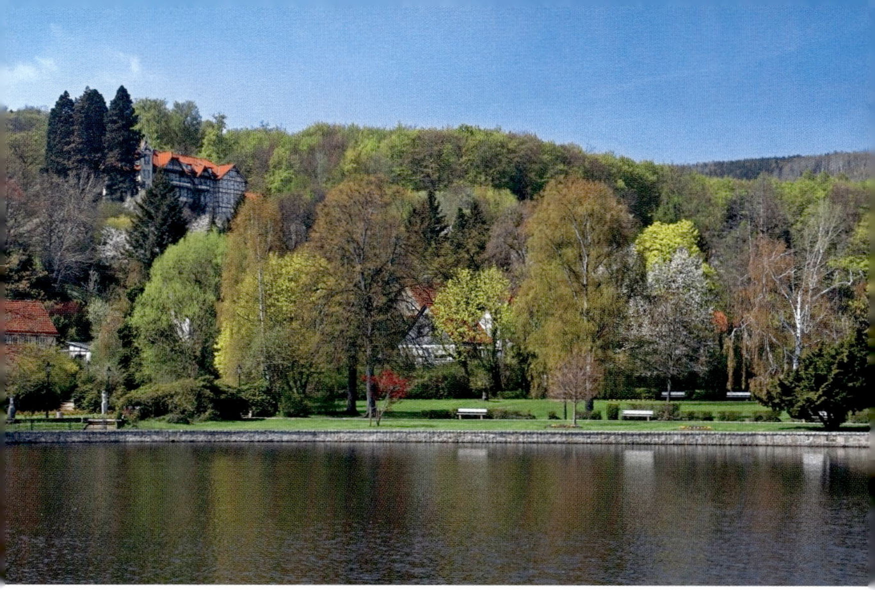

Ilsenburg kam schon im 19. Jahrhundert bei Reisenden in Mode, nicht zuletzt befeuert durch Heinrich Heines literarische »Harzreise«.

Vom großen Parkplatz bzw. Wohnmobilstellplatz im Ilsetal bei **Ilsenburg** ❶ gehen wir einige Schritte taleinwärts, bis rechts der Aufstieg zur Westerklippe ausgewiesen wird. Dies ist der originale Borkenkäferpfad, der eine Zeitlang gesperrt war, inzwischen aber vom Totholz befreit worden und tadellos begehbar ist. Er schraubt sich an der Bäumlersklippe vorbei im Zickzack gegen den Meineberg hinauf. Nach knapp 200 Höhenmetern stoßen wir auf einen Querweg und folgen diesem nach links, ehe mit einem weiteren kräftigen Bergauf der Meineberg unmittelbar überschritten wird. Dahinter passieren wir den bizarren Froschfelsen und erreichen bald darauf die **Westerklippe** ❷, 529 m, mit herrlicher Aussicht zum Brocken. Unser lauschiger Waldpfad zieht um den Westerberg herum zu einer Forststraße, auf die wir nun für rund einen Kilometer angewiesen sind. Am **Grüneruheplatz** ❸ stehen uns mehrere Möglichkeiten offen. Vorbehaltlich eines Abstechers zum Buchberg wählen wir den Naturpfad nach rechts (der jüngst als Borkenkäferpfad-Umleitung diente) und kehren im Schrägabstieg nach **Ilsenburg** zurück. Dort in die *Waldhofstraße* und hinüber zum Parkplatz ❶.

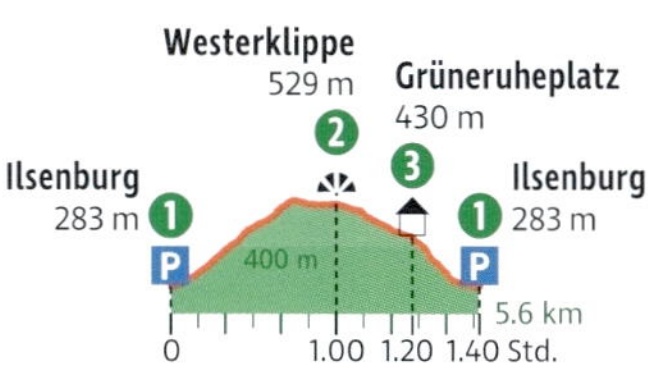

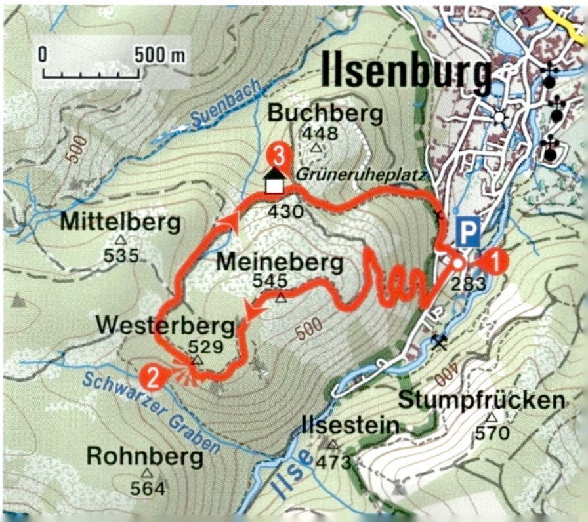

45 Ilsestein und Plessenburg, 545 m

Beliebte Rundtour von Ilsenburg

TOP | 3.00 Std. | 10,8 km | ↗ 330 m | ↘ 330 m

In und über dem wildromantischen Ilsetal

Der Harz ist bekannt für seine zahllosen harten Granitklippen. Mancherorts ragen sie nur wenige Meter aus dem Waldboden heraus und verblüffen vorbeikommende Wanderer. Zu den spektakulärsten Felsformationen weit und breit zählt indes der sagenumwobene Ilsestein, der fast 200 Meter pfeilgerade aus dem Ilsetal emporschießt und von oben eine faszinierende Perspektive offenbart. Die Tour wird dann gern über die lauschige Paternosterklippe in Richtung Plessenburg fortgesetzt, denn hier lässt sich inmitten der Natur vortrefflich einkehren. Dass man gegen Ende den Ilsestein auch noch von unten sieht und das Wildflüsschen ein Stück weit begleitet, macht das Erlebnis zur runden Sache.

Ausgangspunkt: Ilsenburg, zentraler Startpunkt »Blochhauer«, ca. 267 m, in der Mühlenstraße.
Öffentliche Verkehrsmittel: Buslinie 274 von Wernigerode und Regionalbahn zwischen Goslar und Halberstadt bzw. Magdeburg. Zur Plessenburg verkehrt in der Saison auch ein Wanderbus (von Wernigerode, Elbingerode oder Ilsenburg).
Anforderungen: Wechsel zwischen befestigten und naturbelassenen Abschnitten, zu Beginn relativ steiler Aufstieg. Eine der längeren Touren unserer Auswahl, Grundkondition vonnöten. Allgemein gut beschildert.
Einkehr: Raststätte Ilsestein (am Wochenende); Waldgaststätte Plessenburg (11–17 Uhr, Mo Ruhetag); außerdem etliche Möglichkeiten in Ilsenburg, z. B. »Nagelschmiede« und »Wilde Ilse« nahe dem Ausgangspunkt.
Variante: Dem Jagdweg bis zur Bremer Hütte am Heinrich-Heine-Weg folgen und damit von weiter oben durchs Ilse-

Blick vom Ilsestein durchs bewaldete Ilsetal hinaus.

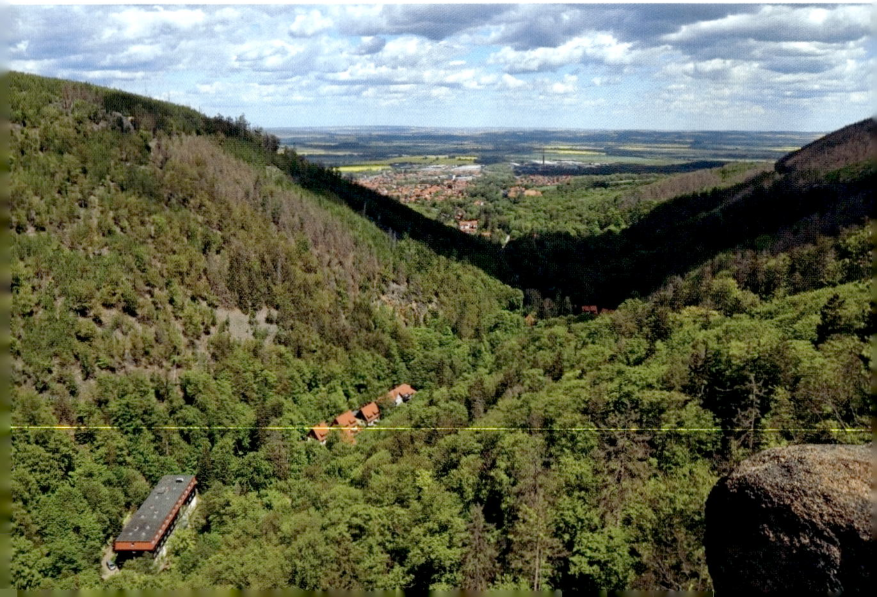

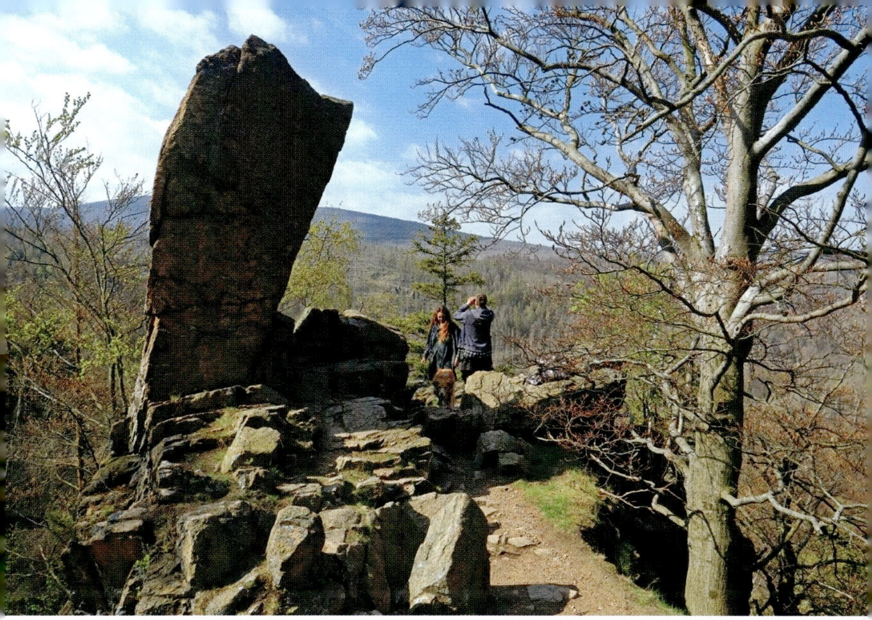

Auch die Paternosterklippe erweist sich als herrlicher Fleck.

tal zurück. Die Gehzeit verlängert sich um ca. 40 Minuten.
Stempel: Nr. 30 (Ilsestein), Nr. 7 (Plessenburg).

Direkt beim Blochhauer in **Ilsenburg** **1** überschreiten wir die Ilse und steigen am linksseitigen Hang – der mittlerweile großflächig entwaldet ist – einige Zeit schräg bergauf, zwischendurch mal mit zwei Kehren. Man stößt auf eine Forststraße, die weiter zum **Ilsestein** **2**, 474 m führt. Von der mit einem Felsensteig erschlossenen Klippe ergibt sich ein atemberaubender Tiefblick. Auf der Fortsetzung von Nr. 22A (roter Punkt und grünes X) achten wir auf den Rechtsabzweig, gehen das Mietgauerloch aus und erreichen an der **Paternosterklippe** **3**, 522 m, den nächsten besonderen Fleck. Nun fast horizontal gen Südosten zur Haltestelle des Nationalparkbusses. Die beliebte Gaststätte **Plessenburg** **4** befindet sich etwas höher auf einem kleinen Plateau. Hier begeben wir uns auf den Jagdweg (rotes Dreieck)

Exponiert steht das Kreuz auf dem Ilsestein.

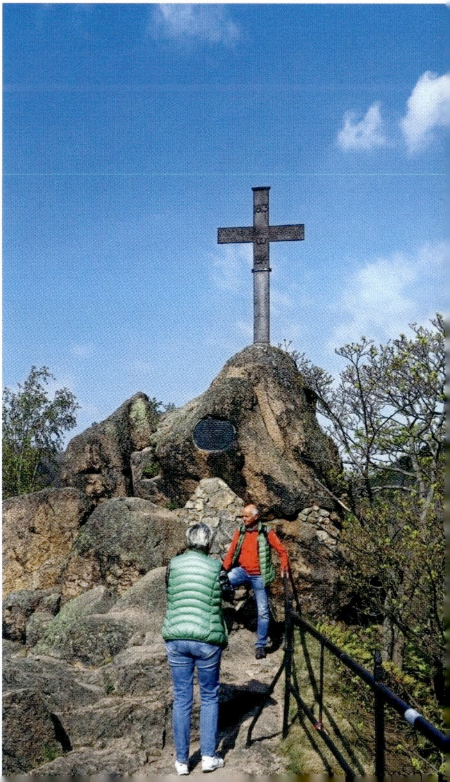

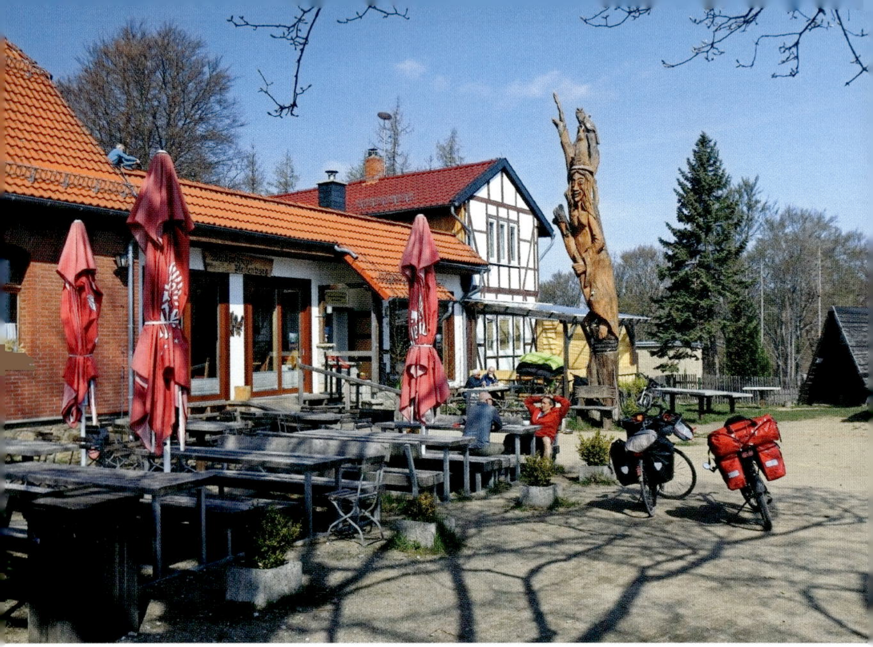

Beliebtes Anlaufziel: Gasthaus Plessenburg.

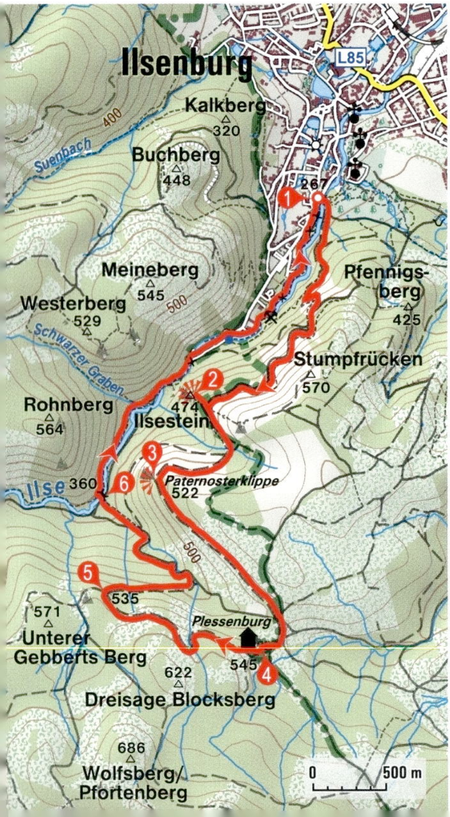

und halten noch eine Weile die Höhe (bzw. gewinnen zwischendurch sogar noch ein paar Meter), ehe rechts haltend auf den Krummen Weg ❺ abgebogen wird. Damit hinunter in den Einschnitt der Loddenke und auf breiter Forststraße bis ins Ilsetal ❻, wobei kurz davor eine kleine, unbeschilderte Abkürzung genommen werden kann. Nun befinden wir uns auf dem viel begangenen Heinrich-Heine-Weg, wandern talauswärts am Zanthierplatz und direkt am Fuß des kantigen Ilsesteins vorbei (manchmal etwas verblockt). Man folgt praktisch immer dem Verlauf der Ilse und kommt damit automatisch zurück zum Startpunkt in **Ilsenburg ❶**.

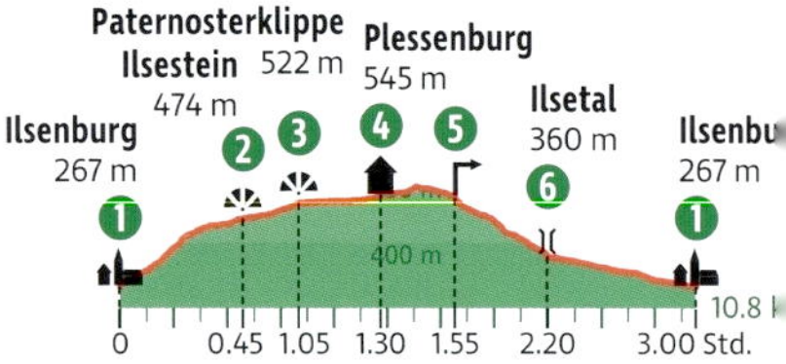

Brockenkinder und Große Zeterklippe, 930 m

Mit Abstecher zur Sonnenklippe

46

3.50 Std. | 13,1 km | ↗ 440 m | ↘ 440 m

Stille und relativ strenge Entdeckungen gegenüber dem Brocken

Diese Tour im östlichen Brockenumfeld erscheint hier mit einem zugedrückten Auge, denn wirklich kurz ist sie mit 13 Kilometern nicht mehr und zudem in dieser Form auch nur mithilfe des Wanderbusses zu realisieren. Aber sie besitzt spannende Elemente mit echtem Harzflair und Teilbereiche, die aufgrund relativer Abgelegenheit kaum jemals überlaufen sind. Das Kernstück verläuft – nach urwüchsigem Zustieg über den Höllenstieg, der Brockenroute auf dieser Seite – im Kammbereich der Brockenkinder und Zeterklippen, wo man den wuchtigen Brocken gegenüber fast zum Greifen nah hat. Wer mag, kann später noch die Sonnenklippe mitnehmen. Ganz eindrücklich wird uns auch der aktuelle Wandel des Waldzustands vor Augen geführt.

Ausgangspunkt: Haltestelle »Abzweig Steinerne Renne« des Nationalparkbusses im Hanneckenbruch, ca. 583 m. Zwischen Anfang Juni und Ende Oktober verkehren jeweils einige Kurse von Wernigerode und Elbingerode (außer sonntags). Vorab unbedingt die aktuellen Fahrpläne eruieren; nähere Infos unter www.nationalpark-harz.de. Keine individuelle Anfahrt möglich, aber Kombination mit Tour 47 durch die Steinerne Renne!

Öffentliche Verkehrsmittel: Siehe Ausgangspunkt.

Anforderungen: Längere Zeit schmale, teils auch mal etwas verwachsene Naturpfade; an der Sonnenklippe zuletzt ein ziemlicher Verhau durch umgestürzte Bäume. Zu Beginn und Ende längere Forststraßenabschnitte. Insgesamt gut markiert; konditionell eine der am stärksten fordernden Touren

Auf der Großen Zeterklippe.

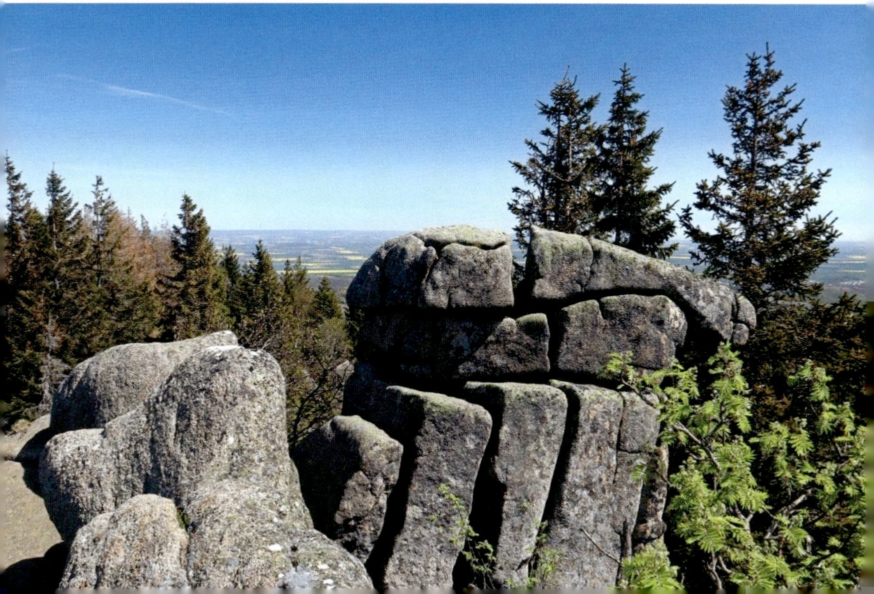

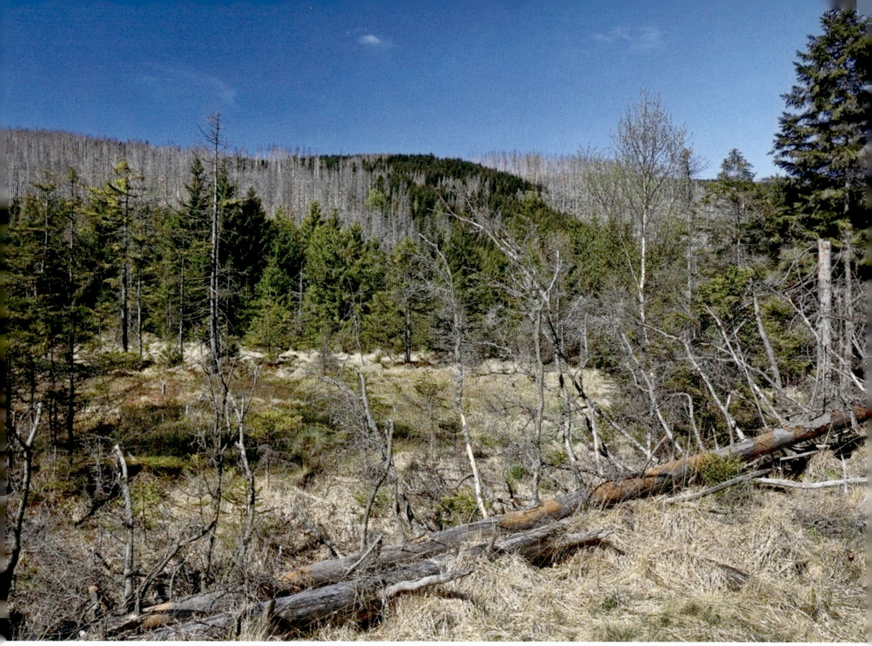

Auf den Harzhöhen hat sich der Charakter der Waldlandschaft in letzter Zeit stark gewandelt.

dieser Auswahl.
Einkehr: Keine am Weg; von der Haltestelle kann in wenigen Minuten das Hotel Steinerne Renne erreicht werden.

Stempel: Nr. 22 (Brockenbett, Abzweig Gelber Brink), Nr. 10 (Große Zeterklippe), Nr. 23 (Molkenhausstern), evtl. Nr. 28 (Gasthaus Steinerne Renne).

Vom Haltepunkt des Wanderbusses im **Hanneckenbruch** ❶ schlagen wir wenige Schritte südwärts rechter Hand die Route 11D ein, legen ein gutes Stück eher flach auf einer breiten Forststraße zurück und gehen, wo diese sich im Bereich »Blumentopf« mehr nach rechts Richtung Molkenhausstern wendet, geradeaus am **Höllenstieg** ❷ weiter. Nach einem Linksknick im Totenmoor steilt das Gelände allmählich auf. Weiter oben kreuzen wir den Viktor-von-Scheffel- sowie den Forstmeister-Sietz-Weg und erreichen nach einem verschlungenen Pfadverlauf die Kammhöhe mit dem Glashüttenweg. Gleichlaufend mit dem Hexenstieg geht es binnen weniger Minuten Richtung **Brockenbett** ❸, ca. 900 m, wo wir die Hauptroute zum Brocken verlassen. Ein kleiner, holpriger Naturpfad

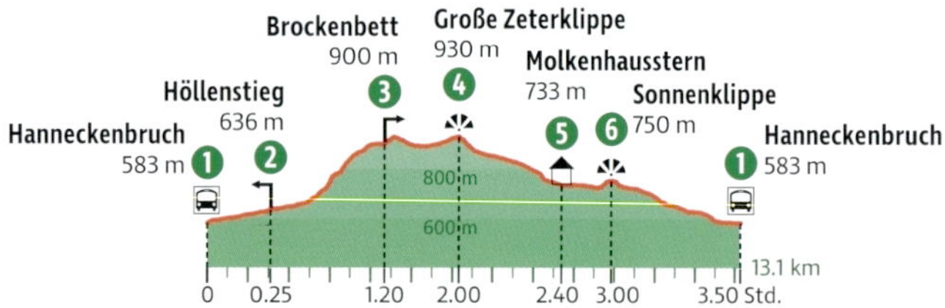

leitet rasch hinauf zu den felsigen Brockenkindern am Renneckenberg und setzt sich dann in Nordrichtung fort. Er wird bald wieder leichter begehbar. Damit nähern wir uns der **Großen Zeterklippe** ❹, 930 m, deren Felsformation mit einer Leiter gangbar gemacht worden ist: ein Blick wie von einem Thron, zumal sich die Brockenkuppe nur zwei Kilometer entfernt aufwölbt. Die Rotstrich-Markierung leitet mit einigen Schlenkern weiter in die Nähe der Mittleren Zeterklippe (die derzeit nur erschwert zugänglich ist) und dreht dann mit einem markanten Bogen südostwärts ein. Wo man auf den Forstmeister-Sietz-Weg trifft, scharf links zur nahen Mehrwegekreuzung am **Molkenhausstern** ❺, 733 m. Nun kann man die Chaussee A wählen, alternativ aber auch die Chaussee B weiter nördlich, um dort noch einen etwas unwegsamen Abstecher zur **Sonnenklippe** ❻ einzubauen. Der kleine Stichpfad ist beschildert, verliert sich im Totholz-Verhau aber etwas. Davon abgesehen folgen wir dem grünen X durch ein weithin entwaldetes Gebiet leicht abwärts zur Steinernen Bucht und zuletzt noch kurz nach rechts zum Ausgangspunkt ❶.

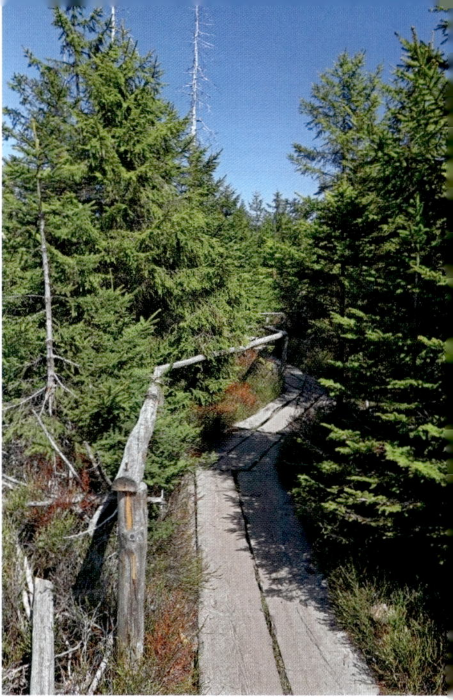

Gleichwohl gibt es noch Bereiche mit typisch dichtem Fichtenkleid.

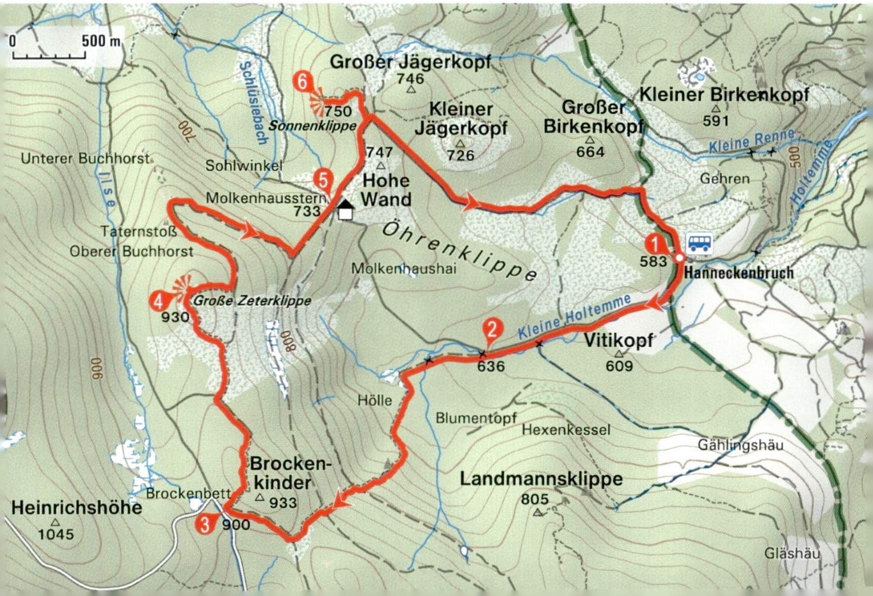

47 Steinerne Renne

Mit Kleiner Renne und Wodansklippe

TOP | 1.50 Std. | 5,4 km | ↗ 280 m | ↘ 280 m

In der Schluchtenlandschaft der Holtemme

Stolz thront das bereits 1869 erbaute Gasthaus über dem Einschnitt der Steinernen Renne und liefert eines der bekanntesten Harzer Fotosujets überhaupt. Der Aufstieg dorthin ist ein Klassiker im Gebiet um Wernigerode. Dabei können wir mit der direkten Hauptroute und jener durch den Seitengraben der Kleinen Renne zwei spannende Schluchtwege entlang der Sturzbäche kombinieren. Kenner nehmen dabei noch die Wodans- bzw. Renneklippe mit: eine herrlich verschwiegene Aussichtskanzel. Als zusätzliches Ziel dieser kompakten Tour käme in erster Linie der Ottofelsen in Betracht. Er befindet sich 1,5 Wanderkilometer weiter südöstlich und lässt sich über steile Eisentreppen erklimmen. Leider hat der Wald ringsum zuletzt sehr gelitten.

Ausgangspunkt: Bahnhof Steinerne Renne, ca. 310 m. Zufahrt von Wernigerode (Stadtteil Hasserode) über die Bielsteinchaussee; Parkmöglichkeit beim Wasserkraftwerk oder ein Stück weiter vorn.
Öffentliche Verkehrsmittel: Die Harzer Schmalspurbahn von Wernigerode hält direkt am Ausgangspunkt. Nächstgelegene Bushaltestelle (Linie 264) am »Floßplatz«.
Anforderungen: Abschnittsweise ziemlich steile Naturpfade, die ein Grundmaß an Trittsicherheit erfordern. Außer an der Wodansklippe zuverlässig bezeichnet.
Einkehr: Hotel Steinerne Renne (täglich von 10 bis 18 Uhr geöffnet, Übernachtungsmöglichkeit, Tel. 0151 29809574).
Varianten: 1. Statt die Wodansklippe zu überschreiten, kann man diese vom Ausstieg aus der Kleinen Renne einfach auf dem Fahrweg umkurven (»Rennebogen«, Rotstrich-Markierung).
2. Zum Ottofelsen nutzt man Route Nr. 22C via Rupprechtsklippe; außerdem führt eine Forststraße vom Hanneckenbruch her in die Nähe.
Stempel: Nr. 28 (Gasthaus Steinerne Renne), evtl. Nr. 27 (Ottofelsen).

Rechts: Legendäres Fotomotiv – das Gasthaus in der Steinernen Renne. Unten: Diese Tour besitzt den Charakter eine Schluchtwanderung.

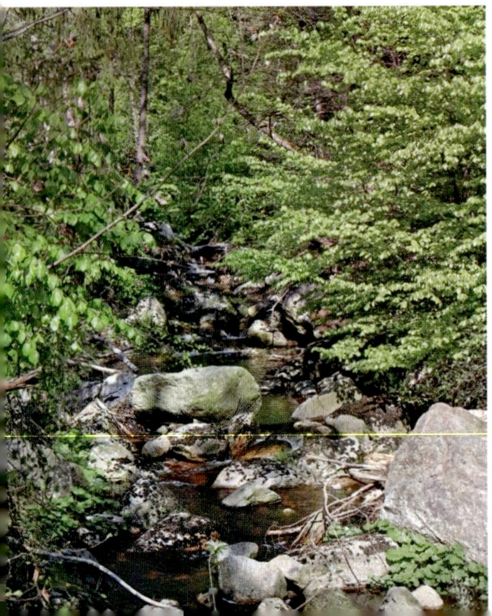

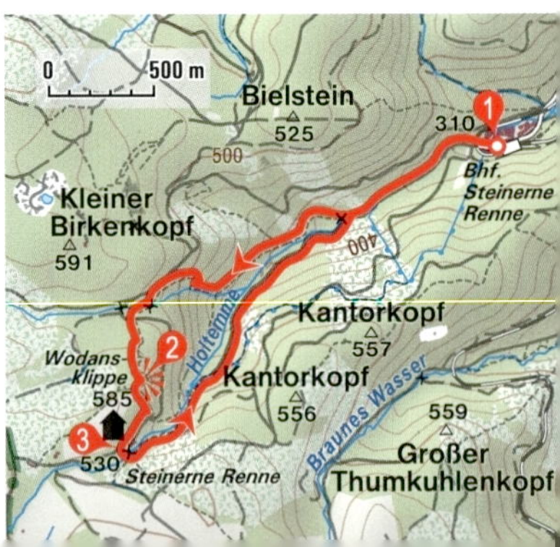

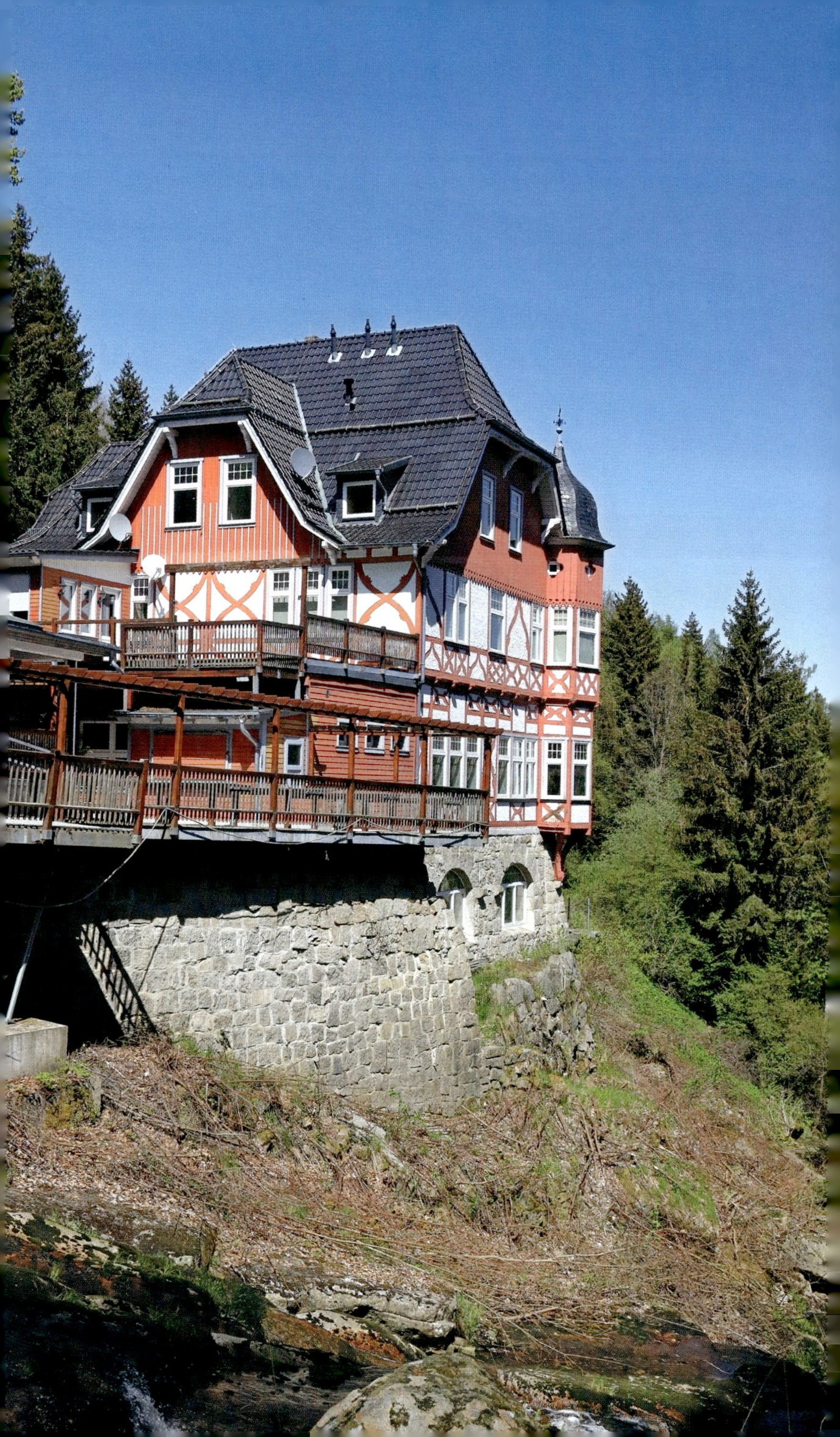

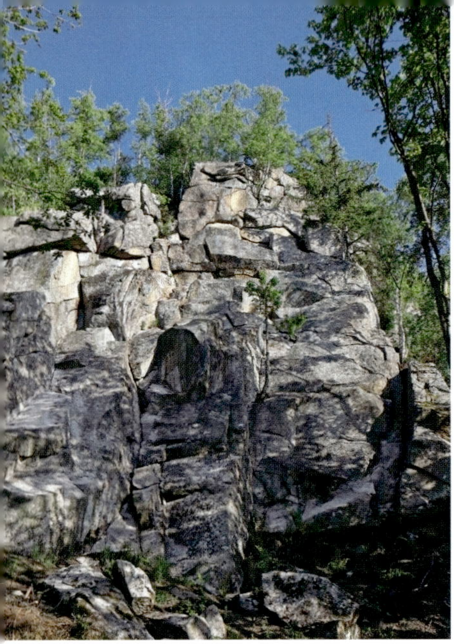

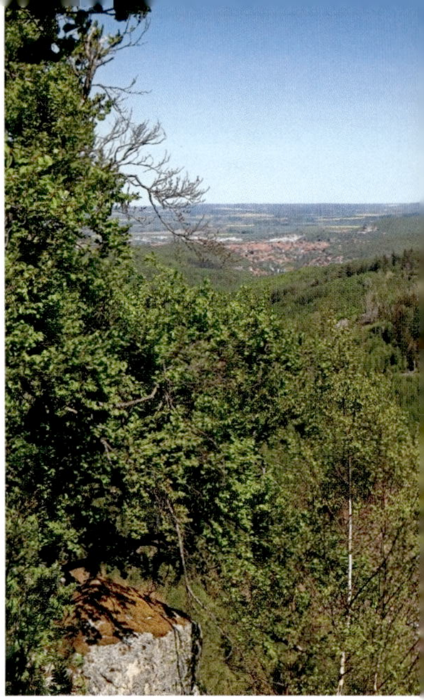

Der Felsabbruch der Wodans- oder Renneklippe. Dort oben ergibt sich ein Fernblick hinaus nach Wernigerode.

Vom **Bahnhof Steinerne Renne** ❶ bzw. dem Wasserkraftwerk überschreiten wir die Gleise und begeben uns im Geländeeinschnitt der Holtemme taleinwärts. Nach knapp einem Kilometer gabelt sich die Route. Weil jene durch die Kleine Renne tendenziell etwas anspruchsvoller ist, wählen wir sie für den Aufstieg. Zunächst bleibt das Bergauf noch ein Weilchen eher sachte, doch mit Beginn der eigentlichen Schluchtstrecke zieht es kräftig an. Bei einem Wasserfall holt man zu einer kleinen Schleife aus und bewegt sich immer an den rechtsseitigen Flanken. Erst kurz vor dem Ausstieg über den Graben hinweg und zum Sträßchen (»Rennebogen«), das unmittelbar gekreuzt wird. Denn wir wollen mit der Fortsetzung des Pfades auch die **Wodansklippe** ❷ besuchen. Ein verblüffender Fernblick bis Wernigerode ergibt sich dort. Auf der anderen Seite kurzzeitig ebenso steil bergab und zum nahen **Hotel Steinerne Renne** ❸. Auf der Bachbrücke, wo die legendären Fotos geschossen werden, leiten wir den Rückweg ein. Dieser führt nun auf zunächst ebenfalls felsdurchsetztem Steig direkt am Hauptbach der Holtemme abwärts. Später wieder in einen breiteren Waldweg überleitend zurück zum Ausgangspunkt ❶.

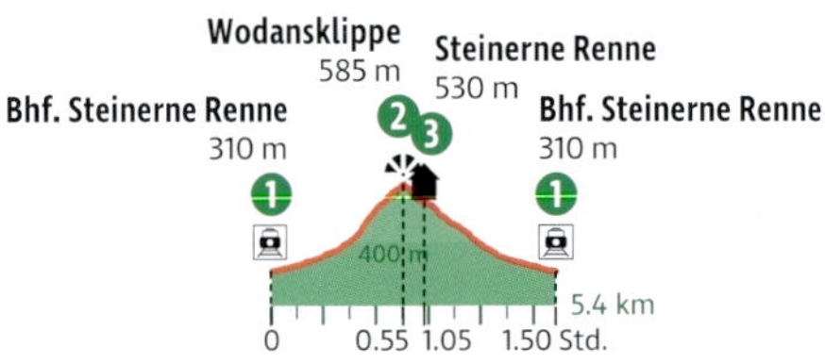

Von Hasserode zum Armeleuteberg

Über Steinbergkopf, Elversstein und Neue Heeg

48

2.45 Std. | 9,4 km | ↗ 350 m | ↘ 350 m

Pfiffige Tour zur Aussicht vom Kaiserturm

Zu den beliebtesten Wanderzielen um Wernigerode zählen der 1902 errichtete Kaiserturm sowie das Gasthaus am Armeleuteberg. Wir nehmen einen etwas ungewöhnlichen Kurs dorthin, indem wir vom Stadtteil Hasserode aus zunächst den lauschigen Elverssteinweg erkunden und im Bereich der Neuen Heeg eine Möglichkeit abseits der Forststraße nutzen. Nach dem großartigen Panorama vom Kaiserturm, das uns sowohl die Stadtperspektive als auch den Brocken offenbart, bildet der Märchenweg durchs Nesseltal den Abschluss.

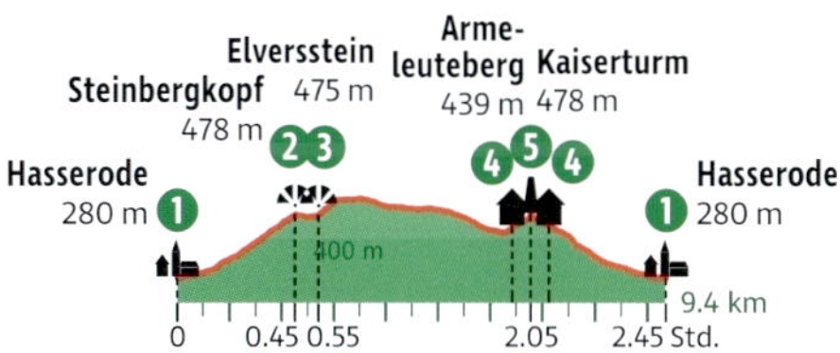

Ausgangspunkt: Hasserode, in der Straße Langer Stieg (Nähe Burghotel bzw. Ferienpark), ca. 280 m.

Öffentliche Verkehrsmittel: Haltestellen »Hasseröder Ferienpark« oder »Trift« (Buslinie 201 vom Bahnhof Wernigerode oder überregionale Linie 264).

Anforderungen: Am Elverssteinweg eher schmaler, pfadartiger Verlauf, im Bereich der Neuen Heeg naturbelassener, nicht markierter Weg (im Gegen-

Blick hinaus zum Harznordrand bei Wernigerode.

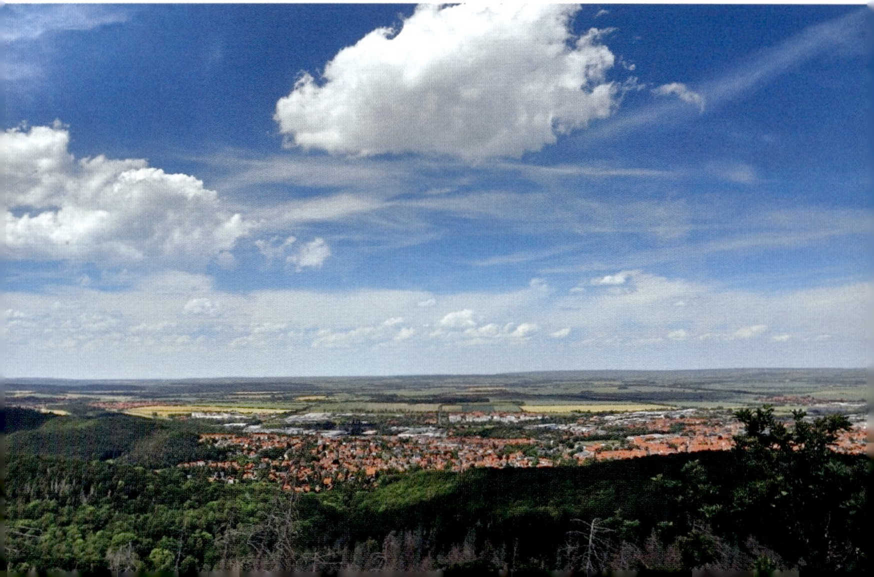

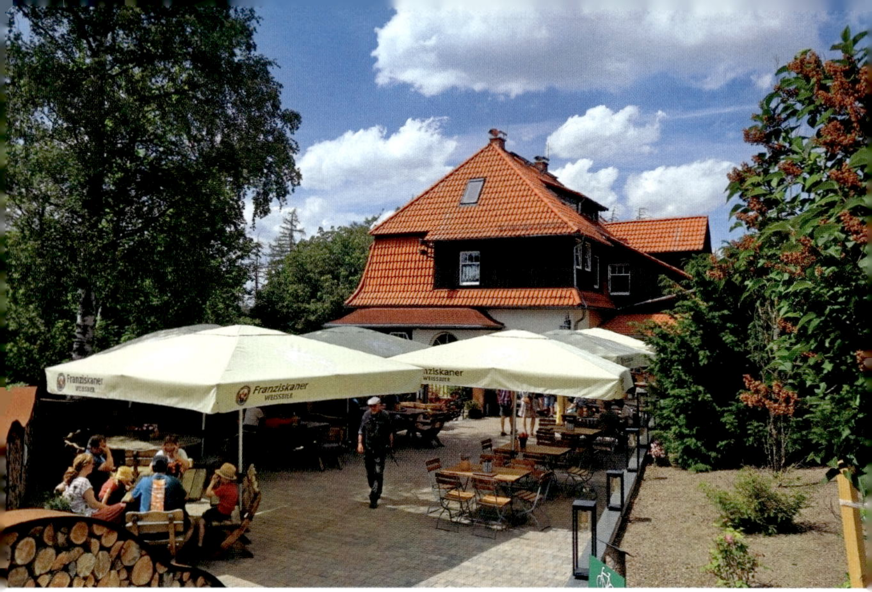

Am Armeleuteberg lädt ein Gasthaus zur Einkehr ein.

satz zur bezeichneten Forststraße), vom Armeleuteberg talwärts gute Waldwege.
Einkehr: Waldgasthaus Armeleuteberg (Mo Ruhetag); weitere Gastronomie in Hasserode bzw. Wernigerode.
Variante: Eine Kombination bietet sich auch von Wernigerode aus mit Harburg und evtl. Scharfenstein an (siehe Rother-Wanderführer Harz).
Tipp: Brockenbad beim Hasseröder Ferienpark.
Stempel: Nr. 29 (Elversstein), Nr. 35 (Gasthaus Armeleuteberg).

In **Hasserode ❶** wenden wir uns aus dem *Langen Stieg* in die *Trift* und erhalten damit Anschluss zum Elverssteinweg, der sich an einem Waldrücken aufwärts schlängelt. Weiter oben zweigt ein unbezeichneter Pfad ab, der zum **Steinbergkopf ❷**, 478 m, leitet – ansonsten gelangen wir dorthin aber auch etwas später und deutlicher erkennbar mit kurzem Abstecher von unserer markierten Route aus. Nicht weit entfernt erreicht man auch schon das Geländeeck am **Elversstein ❸** mit der Stempelstelle und nach einem kurzen Steilstück die Höhen der Neuen

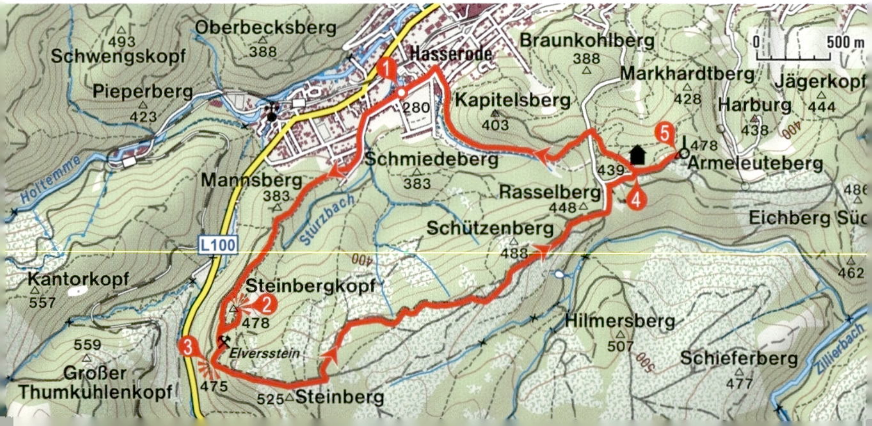

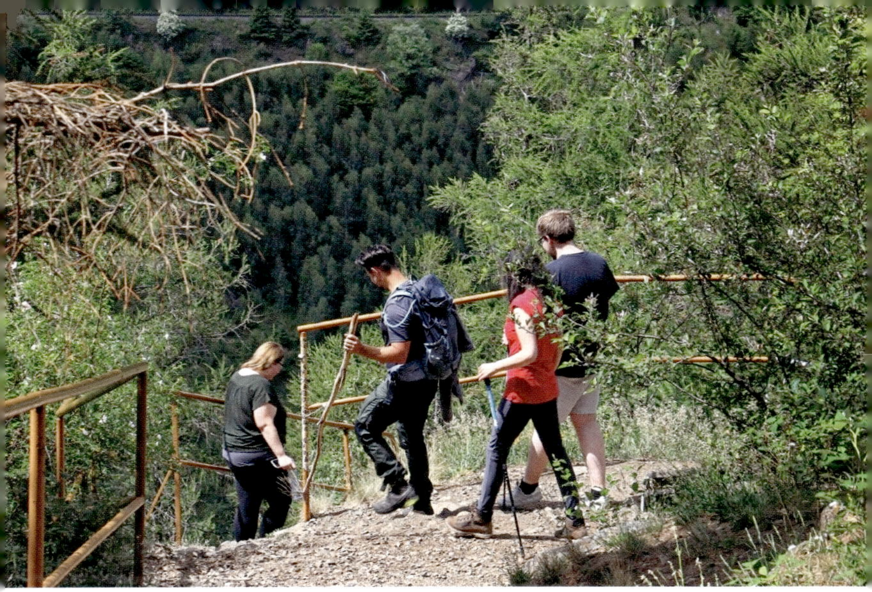

Unterwegs am Elversstein.

Heeg. Wo linker Hand eine Schutzhütte auftaucht, orientieren wir uns in diese Richtung, verlieren auf dem Grasweg ein paar Meter und schwenken bei der nächsten Gabelung nach rechts. Dieser Weg gewährt im Folgenden einige Durchblicke ins Tal, während die offiziell vorgegebene Route weiter oben (gelber Balken) eher eintönig verläuft. Später berühren sie sich nochmals, wobei wir aber links haltend den unbefestigten Weg nutzen und damit etwas absteigend zum Försterplatz (Waldparkplatz) gelangen. Etwas tiefer mit einem Rechtsknick hinauf zum Waldgasthaus **Armeleuteberg** ❹ und noch knapp 10 Minuten aufwärts bis zum **Kaiserturm** ❺, 478 m, der durch den »Märchenweg« mittlerweile den Beinamen »Rapunzelturm« erhalten hat. Dieser Märchenweg vermittelt anschließend den überschaubaren Rückweg. Unmittelbar beim Gasthaus zuerst rechts haltend und dann hinab zur Zufahrt, die bei einer Schutzhütte gekreuzt wird. Damit tauchen wir ins romantische Nesseltal ein und folgen seinem Bogen am Fuße des Kapitelsberges hinaus nach **Hasserode**. Vom Ferienpark schlussendlich zurück zum Ausgangspunkt ❶.

Am höchsten Punkt befindet sich der Kaiserturm.

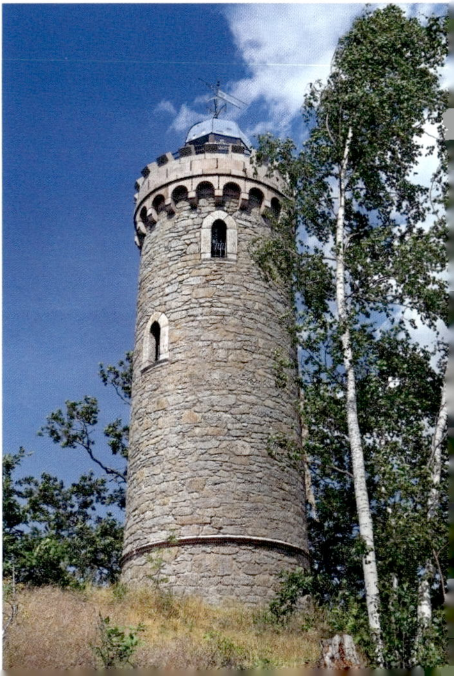

49 Zum Schloss Wernigerode

Wanderwege am Agnesberg

1.45 Std. | 6,3 km | ↗200 m | ↘200 m

Ein Kulturgut ersten Ranges und Sinnbild der Romantik

Keine Frage, das imposante Schloss Wernigerode ist ein Besuchermagnet unter den Ausflugszielen im und um den Harz. Hervorgegangen aus einer mittelalterlichen Burgfestung, wurde es im späten 17. Jahrhundert zu einem barocken Residenzschloss ausgebaut und in der zweiten Hälfte des 19. Jahrhunderts unter Graf Otto zu Stolberg-Wernigerode schließlich einem großen historischen Umbau mit bestechender Detailfülle in Außen- und Innenarchitektur unterzogen. Gern wird dieser kulturelle Besuch mit einer kleinen Wanderung verbunden, denn das angrenzende Waldgebiet um den Agnesberg eignet sich dafür ganz hervorragend. Die Variationsmöglichkeiten sind im Prinzip zahlreich – besondere Empfehlungen gelten noch dem Wildpark im Christianental sowie der Parkanlage des Lustgartens.

Ausgangspunkt: Wernigerode, Parkplatz Anger/Schloss, ca. 234 m, an der Halberstädter Straße. Der Bahnhof liegt nur wenige Gehminuten entfernt. Es gibt auch andere Parkmöglichkeiten, die wegen geringer Kapazität aber oft belegt sind.

Öffentliche Verkehrsmittel: Wernigerode ist per Bahn aus Richtung Magdeburg, Halle und Goslar erreichbar. Es gibt zahlreiche Buslinien in die Umgebung (auch Stadtverkehr).

Anforderungen: Gepflegte Waldwanderwege, kurzfristig mal etwas steilere Passagen.

Einkehr: Schloss Wernigerode (Schlossterrassen, Büchsenmacher, Café im Schloss); Waldgasthaus Christianental; zahlreiche weitere Möglichkeiten in der Wernigeröder Innenstadt.

Tipp: Eine Schlossbesichtigung ist täglich zwischen 10 und 18 Uhr möglich. Der Wildpark ist generell frei zugänglich.

Stempel: Nr. 31 (Agnesberg), Nr. 32 (Gasthaus Christianental).

Aus der Distanz strahlt Schloss Wernigerode romantisches Flair aus.

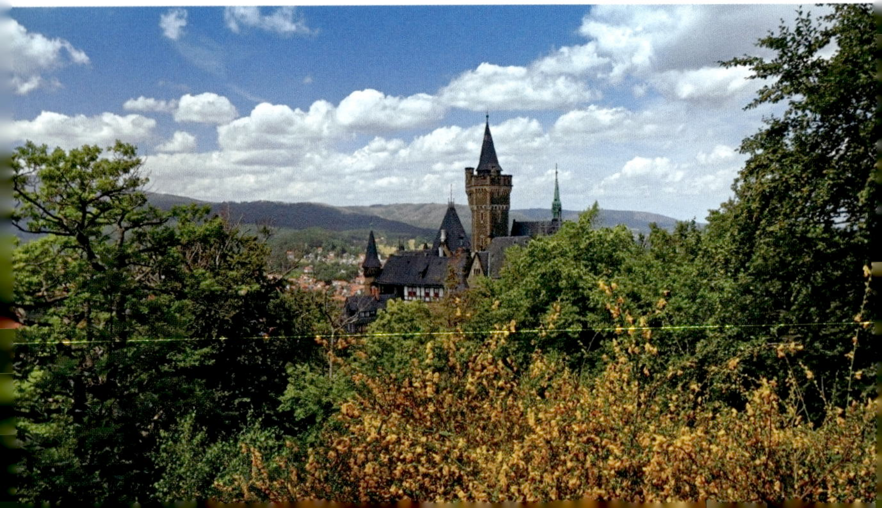

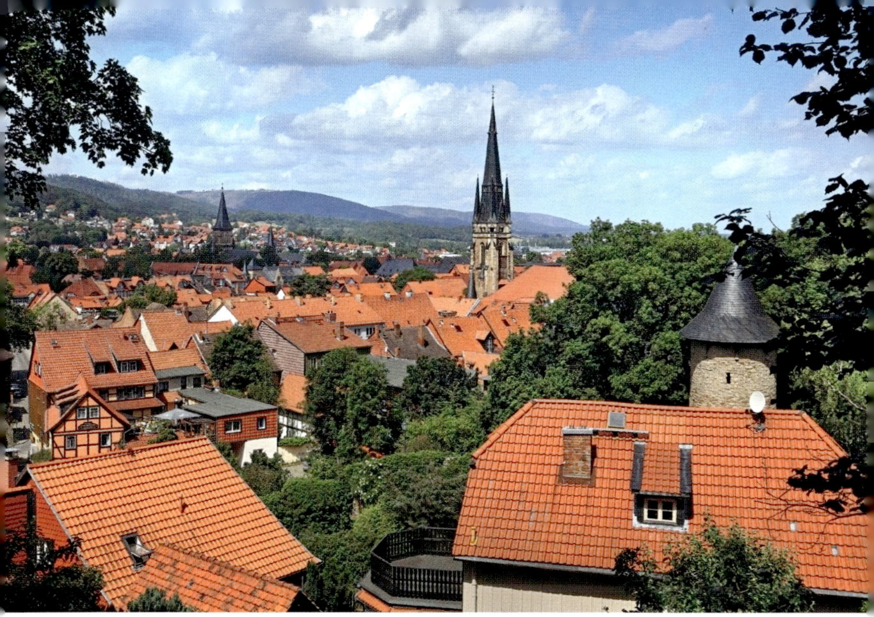

Dächerlandschaft von Wernigerode.

Vom empfohlenen Parkplatz in **Wernigerode** ❶ orientieren wir uns zum Lustgarten, der ein Stück weit durchquert wird (die Spaziergänge dort können natürlich auch etwas ausgedehnt werden). Auf der Südseite beginnt *Im Rosenwinkel* der Schlossaufstieg, und zwar schräg rechts bis zum Eintritt in den Festungsbereich, wo man über Gassen und Treppen zur Aussichtsterrasse ❷ gelangt. Auf der Südostseite finden wir einen Ausgang zu den angrenzenden Wanderwegen, zunächst mit einem kurzen Abstieg, am Gegenhang in Serpentinen wieder aufwärts, den Annaweg kreuzend, zum legendären »Fotopoint« am **Agnesberg** ❸. Auf der Fortsetzung stoßen wir bald wieder auf den promenadenartigen Annaweg und folgen diesem quasi horizontal durch den Hang bis zu einer Mehrfachkreuzung. Von dort steigen wir rasch zur frequentierten Ausflugsgaststätte im **Christianental** ❹ ab. Nun hat man die Möglichkeit, den Wildpark absteigend zu durchlaufen; ansonsten steht uns retour der Erbgrafenweg, später in den Blumenweg überleitend, zur Verfügung. Unterhalb des Schlosses vollzieht man einen markanten Bogen und kehrt via Lustgarten zum Ausgangspunkt ❶ zurück.

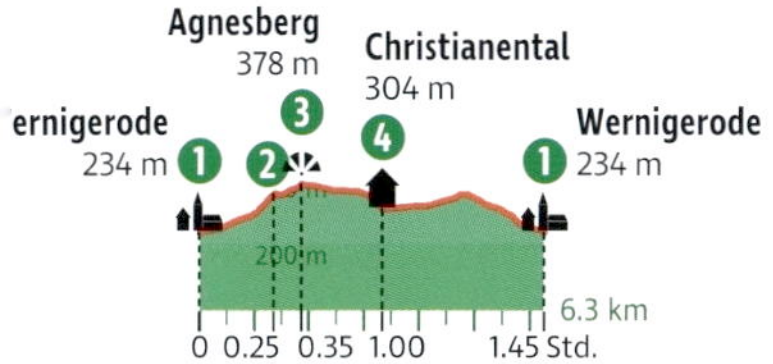

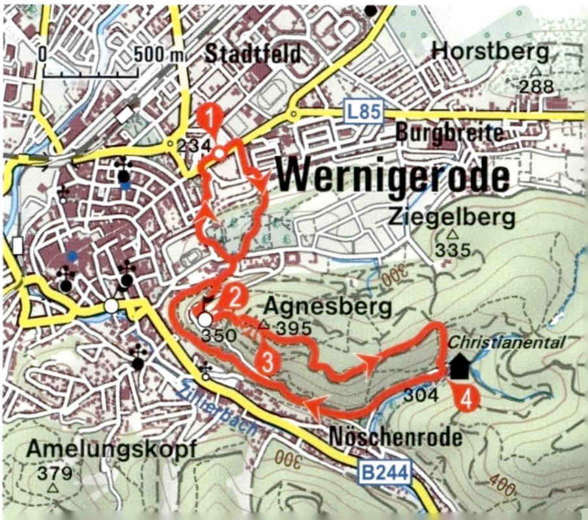

50 Rund um Benzingerode

Über Austberg, Stapenberg und Ziegenberg

3.15 Std. | 11,0 km | ↗400 m | ↘400 m

Direkt vor dem Gebirge

Benzingerode liegt wenige Kilometer östlich von Wernigerode am unmittelbaren Harznordrand, eingerahmt von den Muschelkalkrücken des Aust- und Ziegenbergs. Die Geländeaufwölbungen gewähren herrliche Perspektiven auf den Ort vor den dahinter ansteigenden Harzbergen, ebenso wie ins Vorland hinaus. Wegen seiner durch traditionelle Schafbeweidung entstandenen Halbtrockenrasen, Gebüsch- und Kiefernbeständen ist speziell der Ziegenberg zum Naturschutzgebiet erklärt worden. Im Mittelalter stand dort die Struvenburg.

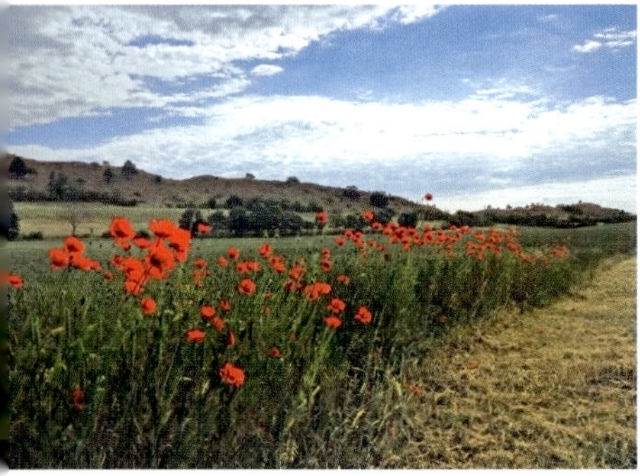

Klatschmohn in der Feldmark.

Ausgangspunkt: Benzingerode, 235 m. Parkmöglichkeit bei der Kirche, hier auch Bushaltestelle.

Öffentliche Verkehrsmittel: Buslinien 230 von Wernigerode nach Quedlinburg und 250 nach Thale.
Anforderungen: Teilweise schmale Pfade (speziell an Austberg und Ziegenberg), sonst breitere Waldwege, zum Stapenberg hinauf ziemlich steil. Markierungen sind nicht überall vorhanden, aber insgesamt ausreichend.
Einkehr: Restaurant Lindenhof in Benzingerode (Mo–Mi geschlossen).
Variante: Der Aufstieg zum Stapenberg kann ausgelassen werden (gut 30 Min. und 150 Hm weniger), außerdem kann am Abzweig direkt in den Ort abgebogen werden.
Stempel: Nr. 83 (Austbergturm), Nr. 33 (Stapenberg).

In **Benzingerode** ❶ gehen wir an der hübschen Dorfkirche vorbei und schlagen dahinter nach links den »Austberg-Rundweg« ein. Ein

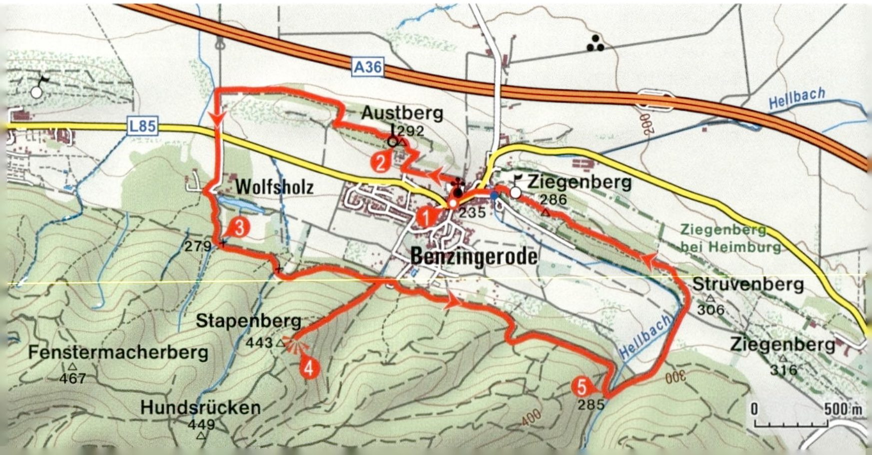

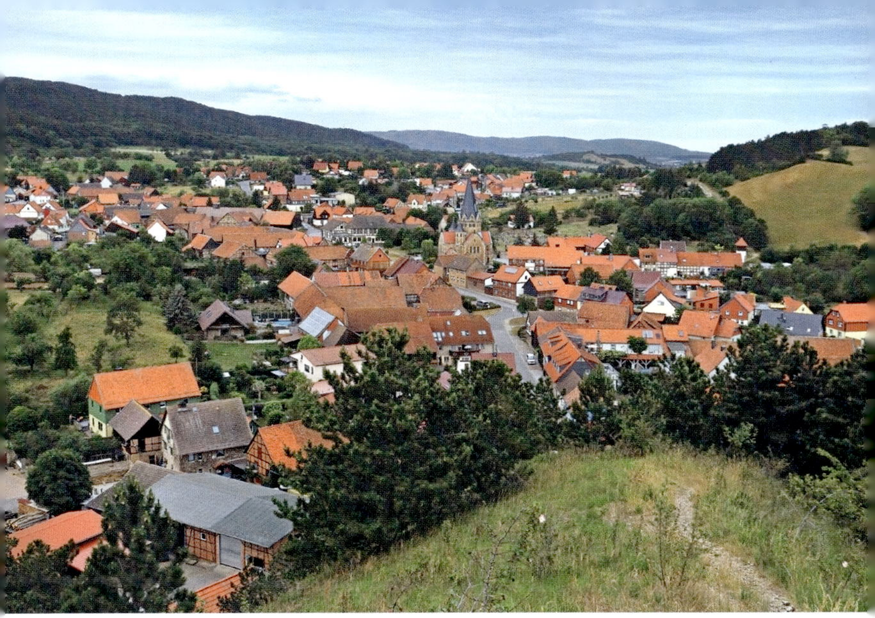

Benzingerode liegt am Harznordrand zwischen Wernigerode und Blankenburg.

Stück weit wandert man oberhalb der Siedlungen entlang und gelangt mit einer Rechts-links-Kombination bereits zum **Austbergturm** ❷, 292 m, der uns einen allseitigen Rundumblick beschert. Wir setzen den Kammpfad westwärts fort, orientieren uns später vorübergehend zum nördlichen Geländeabfall und schließlich nach links zur *Benzingeröder* Straße, die nach **Wolfsholz** geradeaus überquert wird. Hinter den Häusern an einem länglichen Teich vorbei bis zu einem Forstweg, der mit dem E11 zusammenfällt ❸. Nun gilt die Grundrichtung Ost. Wir gehen den Eisergarten aus und können einen Abstecher hinauf zum **Stapenberg** ❹ erwägen. Bis zum Rastplatz mit Stempelstelle zieht der Weg steil an – die Pfadspur bis zum höchsten Punkt der Kuppe ist etwas verwachsen und bietet kaum einen Mehrwert. Zurück auf der Hauptroute geht es in ähnlicher Weise ostwärts weiter bis zum **Hellbach** ❺, dort links haltend ins freie Gelände hinaus und bis vor den Ziegenberg. Am besten nutzt man jetzt sofort einen Graspfad, der schräg links zum Geländerücken aufschließt und folgt diesem sehr abwechslungsreich bis zum Standort der ehemaligen **Struvenburg**. Als etwas abschüssig erweist sich noch der finale Abstieg nach **Benzingerode** ❶, wo man durch die *Ziegeleistraße* in die *Blankenburger Straße* den Kreis schließt.

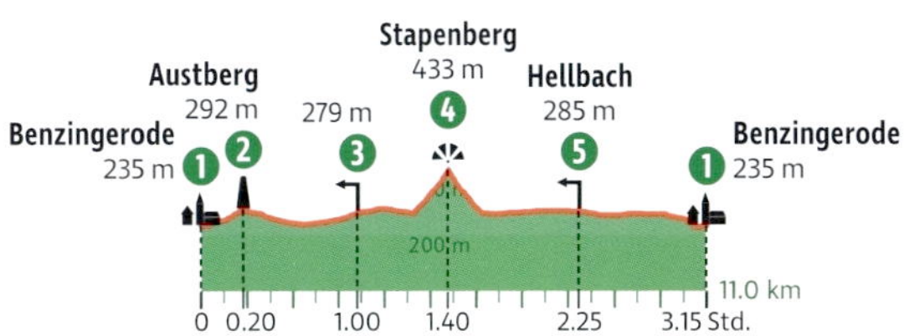

51 Im Umkreis von Elbingerode

Zur einstigen Pfalz Bodfeld und zum Schaubergwerk Büchenberg

2.40 Std. | 10,2 km | ↗170 m | ↘170 m

Frühe Königsstützpunkte und ein traditionelles Revier der Bergleute

Die Gegend um Elbingerode präsentiert sich als weithin offene Hochfläche, nicht erst seitdem die Waldbestände zuletzt gelitten haben. Im Norden des Städtchens erstrecken sich die Ortberger Wiesen, im Süden und Osten ist der Tagebau im sogenannten Elbingeröder Komplex prägend. Riffkalke des Devon und Unterkarbon bilden hier eine geologische Sonderstellung im Harz und werden wegen ihrer Reinheit als Baustoff sehr geschätzt. Auch Roteisenlagerstätten hatten lange Zeit große Bedeutung, nachweislich schon seit dem Mittelalter. In diesem Zusammenhang ist auch der Königshof (bzw. die Pfalz) Bodfeld nordöstlich von Elbingerode zu sehen – eine der frühen Siedlungen im Innern des Harzes. Die Anlage verfiel aber bereits im Mittelalter und geriet in Vergessenheit. Erst modernere archäologische Methoden konnten ihren mutmaßlichen (und lange umstrittenen) Standort feststellen.

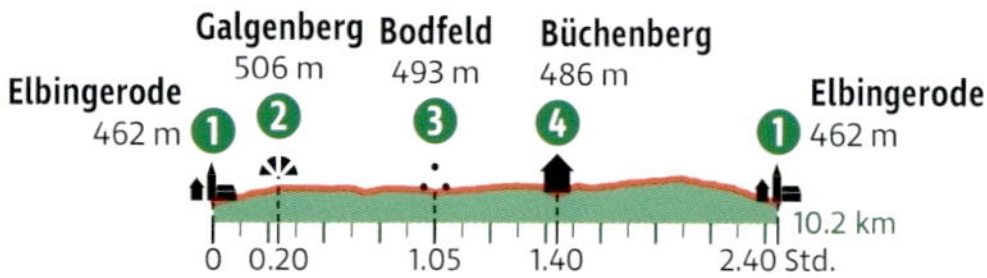

Ausgangspunkt: Elbingerode, ca. 462 m. Parken bei der Kirche oder in den angrenzenden Straßen nach Augenschein.
Öffentliche Verkehrsmittel: Häufige Busverbindung vom Bahnhof Wernige-

Tagebau im sogenannten Elbingeröder Komplex.

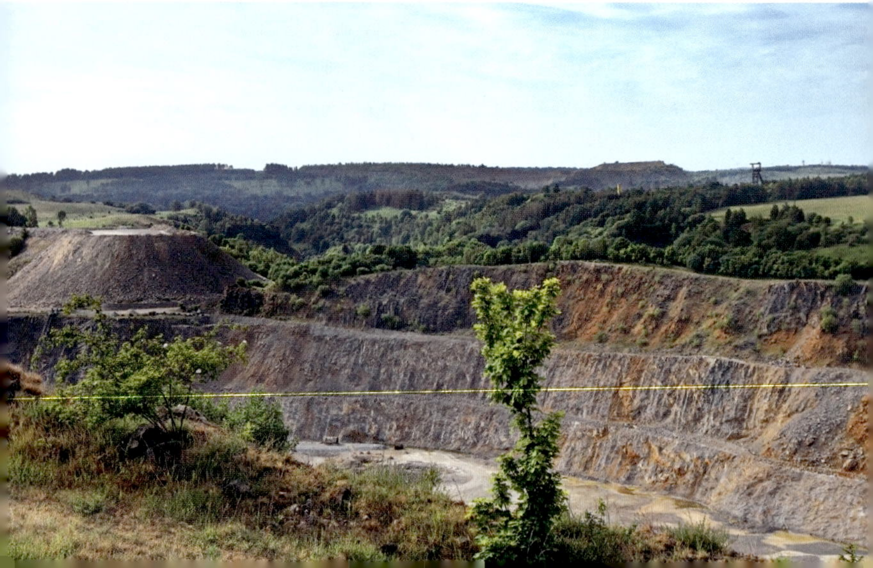

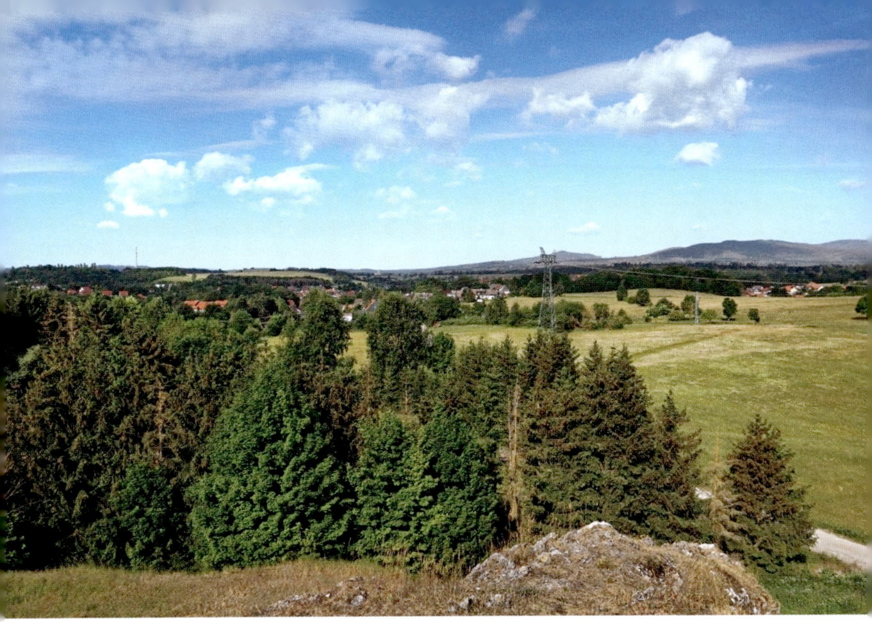

Vom Galgenberg schweift der Blick über die offene Rumpffläche um Elbingerode.

rode; Haltestelle »Elbingerode Markt«.
Anforderungen: Wechsel von Graswegen und befestigten Forstwegen mit vergleichsweise gemäßigtem Relief. Die wesentlichen Wegpunkte sind gut ausgeschildert.
Einkehr: Beim Schaubergwerk sowie diverse Restaurants in Elbingerode.
Tipp: Wer sich für die Montangeschichte interessiert, wird sich einer Führung im Schaubergwerk Büchenberg anschließen. Diese finden um 10.30, 12, 14 und 16 Uhr statt und dauern eine gute Stunde. Infos unter Tel. 039454 42200.
Stempel: Nr. 38 (Galgenberg), Nr. 37 (Schaubergwerk Büchenberg).

Die Stadtkirche von Elbingerode.

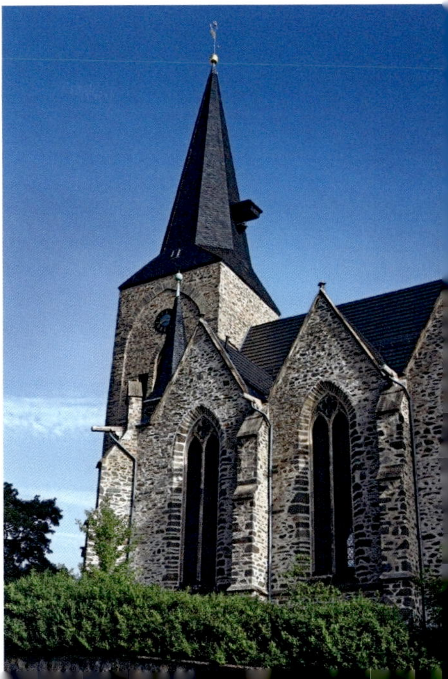

In **Elbingerode** ❶ überqueren wir innerorts zunächst die *B244* ostwärts und laufen im *Wolfshagen* aufwärts, abgelöst vom *Bleichenkopf*. Rechts haltend beachten wir den Hinweis zum **Galgenberg** ❷ und stehen bald auf dem geschichtsträchtigen Hügel am Rande ausgedehnter Gruben des Tagebaus. Von der Infotafel wechseln wir über die Wiese zum Nachbarweg und steuern bei der Gabelung links den Rastplatz »Drei Eichen« an. Es folgt ein Abschnitt auf grasbewachsenem Untergrund, der bei Nässe entsprechend unange-

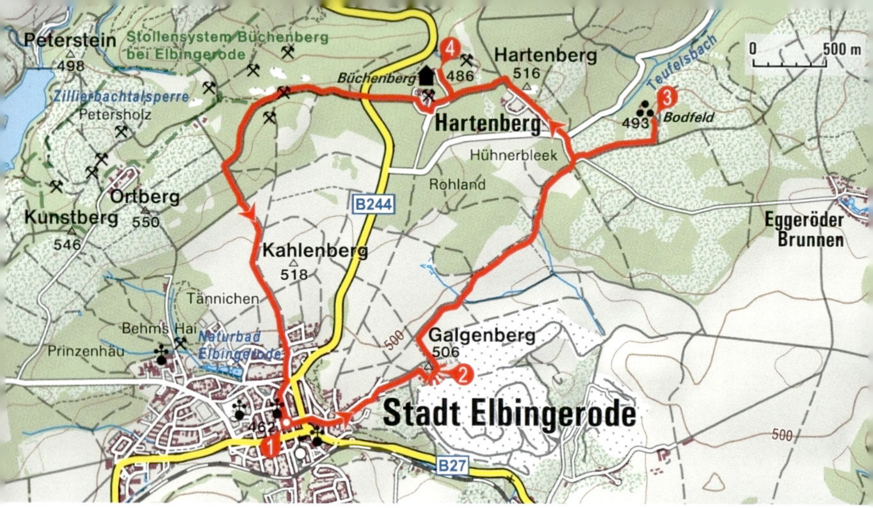

nehm werden kann. Wo man wieder auf eine normale Forststraße stößt, ist links das Schaubergwerk Büchenberg ausgewiesen, doch wollen wir uns zuvor noch ansehen, wo sich früher die **Pfalz Bodfeld ❸** befunden hat. Dazu folgen wir einer breiten Fahrbahn gen Osten und zuletzt dem beschilderten Stichweg nach links. Nach diesem »Seitensprung« kreuzen wir die *K1347* nahe dem Dreiherrenstein, passieren die Wochenendhütten am Hartenberg und biegen dahinter links ab. 400 Meter weiter geht es dann per Abstecher rechts hinunter zum **Schaubergwerk Büchenberg ❹**. Anschließend lassen wir den nahen Parkplatz und die hässliche Industrieruine hinter uns, kreuzen westwärts die *B244* und wandern anhand des gelben Dreiecks noch bis zur Schutzhütte »An der Eisensteinstraße«, um dort links in den Bereich der Ortberger Wiesen abzubiegen. Man kann auch vorher bereits eine unbeschilderte Abkürzung (Grasweg) wählen. Über die offenen Flächen nähern wir uns **Elbingerode ❶** schließlich von Norden her und vollenden die Tour via *Büchenberg* und *Pfarrstraße* Richtung Zentrum.

Am Büchenberg gibt es heute ein Schaubergwerk.

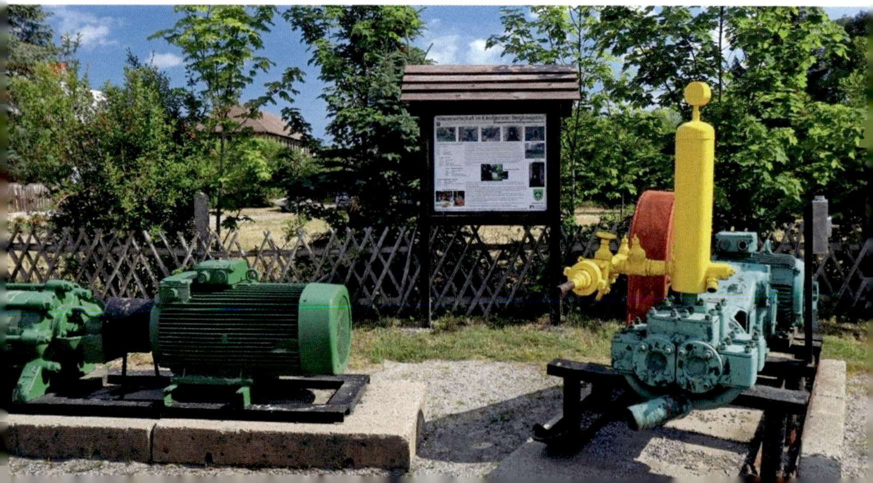

Von Rübeland zur Wendefurther Talsperre

52

Auf dem Harzer Hexenstieg

3.15 Std. | 11,0 km | ↗ 270 m | ↘ 200 m

Schöne Passage am Oberlauf der Bode

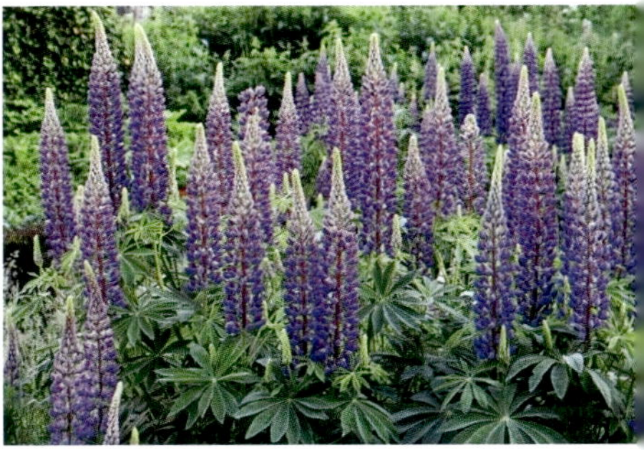

Der Hexenstieg ist die bekannteste Weitwanderung im Harz, in durchschnittlich fünf Etappen von Osterode bis Thale zu bewältigen. Natürlich passt solcherlei nicht wirklich zum Motto »kurz & gut«, doch lassen sich ja durchaus interessante Abschnitte in kleinerer Portionierung herauspicken. Besonders ursprünglich zeigt sich das Bodetal östlich von Rübeland, bevor der Fluss vom Wendefurther Stausee aufgenommen wird. Da verläuft der Hexenstieg im dichten, auenartigen Grün, weicht später deutlich in die Höhe aus und gewährt an der Talsperre selbst wieder neue Eindrücke. Mit einem kleinen Anschluss zum Oberbecken, unweit der imposanten Rappbode-Hängebrücke (siehe Tour 70), wird auch die Logistik einer Streckenwanderung praktikabel, denn der Bus bringt uns in wenigen Minuten direkt zurück zum Ausgangspunkt.

Ausgangspunkt: Rübeland, ca. 385 m, Parkmöglichkeiten im Zentrum unweit der Tropfsteinhöhlen.

Endpunkt: Wendefurth Oberbecken, ca. 450 m, Abzweig der L96 nach Rübeland von der B81.

Der Wendefurther Stausee gehört als unterste Stufe zum Rappbodesystem.

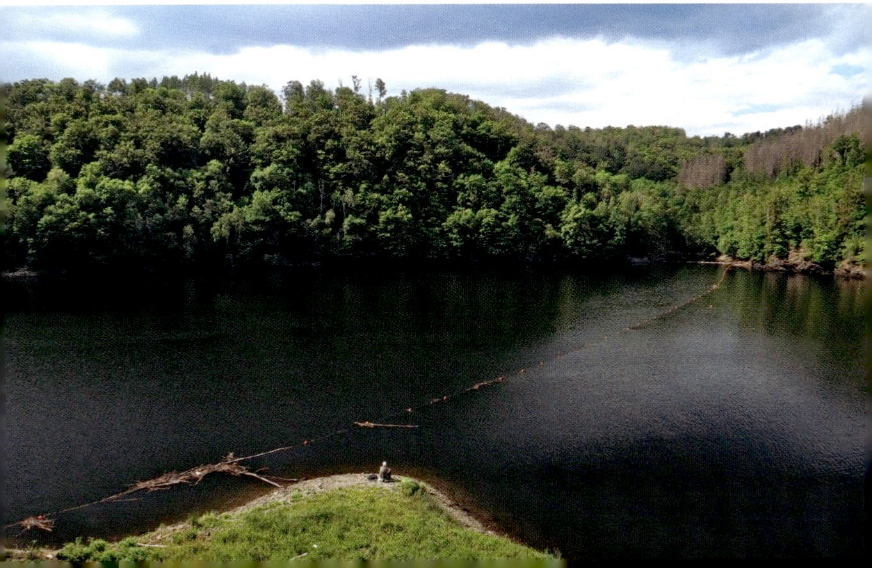

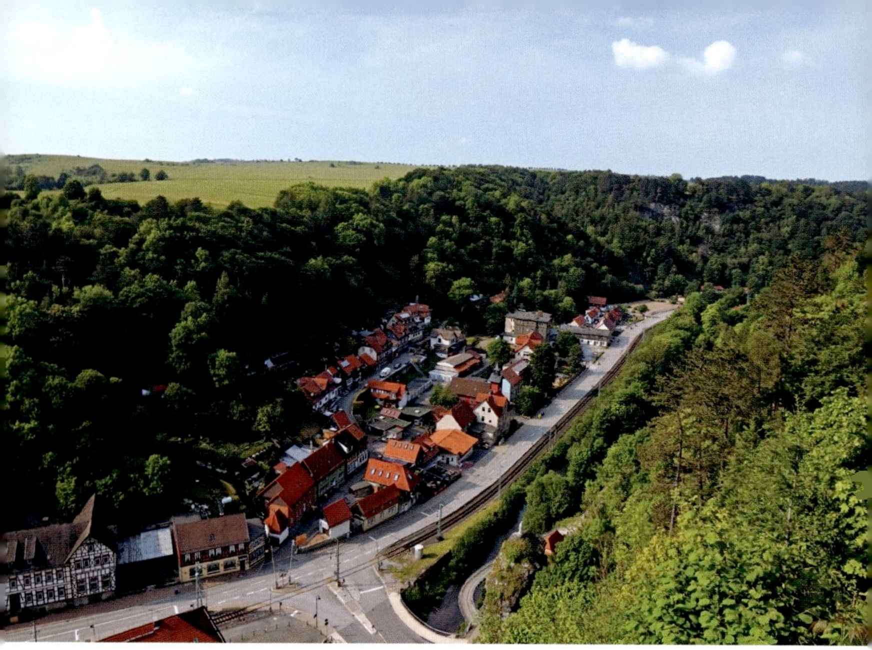

Rübeland im Bodetal.

Öffentliche Verkehrsmittel: Buslinie 260 zwischen Wernigerode und Allrode mit Haltestellen sowohl in Rübeland (»Tropfsteinhöhlen«) als auch am Oberbecken bei Wendefurth.
Anforderungen: Auf längeren Strecken vollkommen naturbelassene Wege, etwas Trittsicherheit und grundlegende Ausdauer vorteilhaft. Bis zur Talsperre durchgängig und zuverlässig mit dem Hexenstieg-Symbol markiert.
Einkehr: Diverse in Rübeland, Bodetaler Wirtshaus in Neuwerk, Gasthaus »Zum Fischer« am Wendefurther Stausee.
Tipp: In Rübeland können Baumannshöhle und Hermannshöhle besichtigt werden; nähere Infos unter www.harzer-hoehlen.de.
Stempel: Nr. 62 (Talsperre Wendefurth, Bergseite).

In **Rübeland ❶** begeben wir uns über die Straßenbrücke in die *Blankenburger Straße* und zweigen kurz darauf in den *Philosophenweg* ab. Die Route des Hexenstiegs folgt dem Verlauf der Bode, womit als nächstes Ziel die kleine Siedlung Kreuztal passiert wird. Dahinter entlang bzw. parallel zur Straße ins pittoreske **Neuwerk ❷**, wo wir die Seite wechseln. Der *Mühlenweg* leitet direkt in einen urwüchsigen Pfad über, welcher jetzt für einige Zeit ein sehr ursprüngliches Wandervergnügen verspricht. Nach wie vor bildet die Bode unsere Leitlinie, doch sind auch einige kurze Auf- und Abstiege eingelagert. Bei feuchter Witterung kann die Trasse

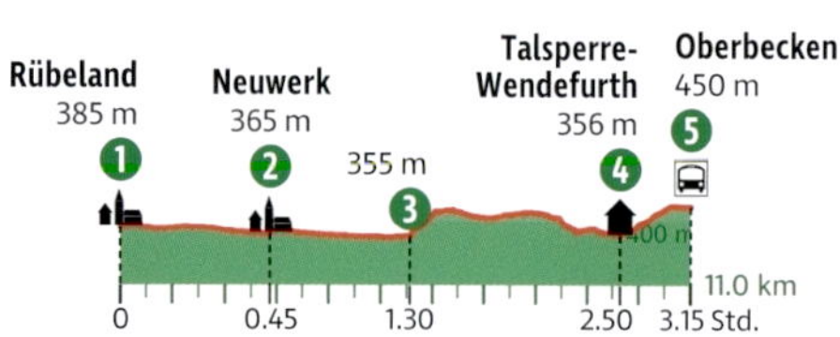

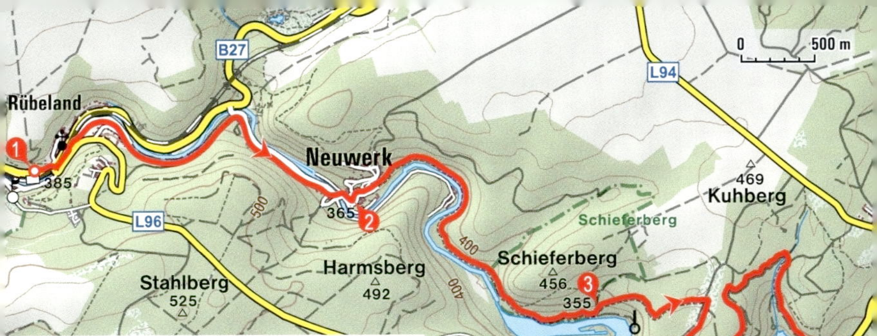

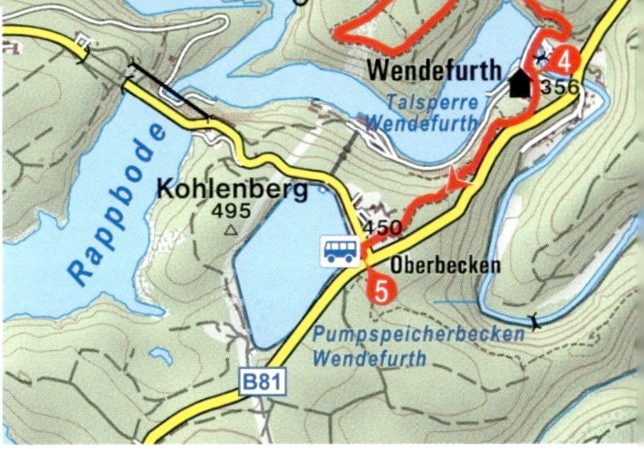

stellenweise etwas aufgeweicht bzw. rutschig sein. Bald nach Beginn des Wendefurther Stausees löst sich der Hexenstieg vom Ufer ❸ und zieht recht kräftig in die Höhe. Bei einer T-Kreuzung unter einer Stromleitung rechts, anschließend ein Stück weit im Bogen am talseitigen Hang entlang und zu einer Forststraße, die allmählich abwärts führt. Dann gilt es, auf den Abzweig eines schmalen, verschlungenen Pfades zu achten – die Verbindung zu einem tieferen Forstweg, der uns schließlich zur **Wendefurther Talsperre** ❹ bringt. Um Anschluss an den Bus Richtung Rübeland zu erhalten, müssen wir dort den Hexenstieg verlassen und noch eine knappe halbe Stunde mehr oder weniger parallel zur *B81* zum **Oberbecken** ❺ aufsteigen.

Im Bodetal verläuft die Wanderung verläuft meist naturnah.

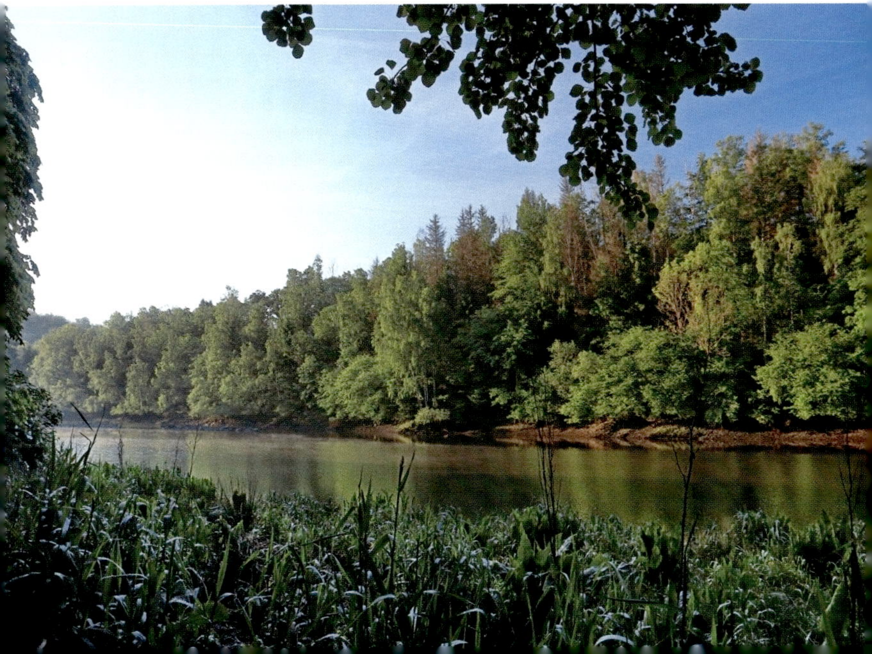

53 Überleitungssperre Königshütte

Rundweg über die Trogfurther Brücke

1.45 Std. | 6,7 km | ↗ 60 m | ↘ 60 m

Überschaubare Stausee-Wanderung

Bei Königshütte vereinigen sich Kalte und Warme Bode und verschwinden vorübergehend in der sogenannten Überleitungssperre, von wo ein Teil des Wassers durch einen Stollen zum Rappbodestausee geleitet wird. Der Rest fließt weiter durch eines der romantischsten Täler überhaupt im Harz, das sich am besten im Rahmen des mehrtägigen Hexenstiegs erkunden lässt. Dieser passiert auch das Südufer des etwa zwei Kilometer langen Stausees bei Königshütte. Mit der gleichwertigen nördlichen Traverse ergibt sich ein netter, völlig anspruchsloser Rundweg. Einen kleinen Mehreinsatz sollte man indes für die Ruine Königsburg aufwenden. Sie stammt sehr wahrscheinlich aus dem 13. Jahrhundert, was die früher angenommene Gleichbedeutung mit der legendenumwobenen Jagdpfalz Bodfeld ausschließt. Jene wird nach neueren archäologischen Forschungen stattdessen nordöstlich von Elbingerode verortet (siehe Tour 51). Nichtsdestotrotz: Von der Ruine Königsburg ergibt sich ein schöner Ausblick auf die Verzweigung des Bodetals.

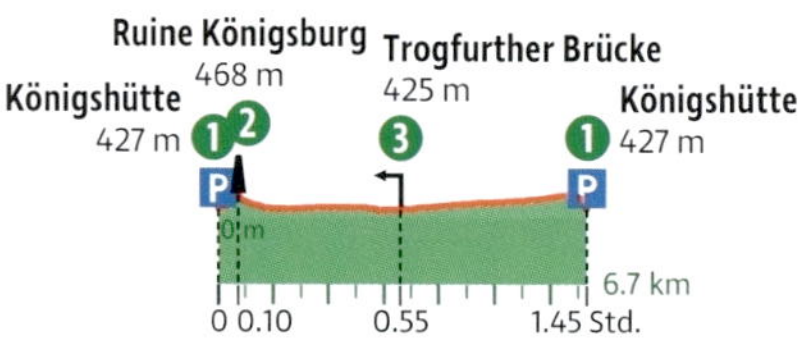

Urwüchsige Impressionen am Uferweg.

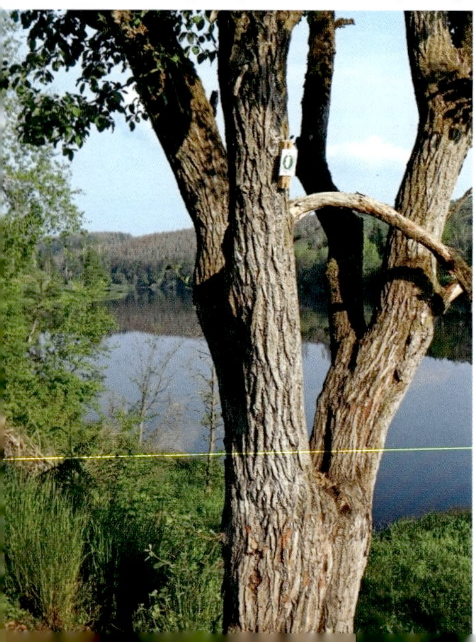

Ausgangspunkt: Parkplatz am südlichen Ortsende von Königshütte, 427 m, an der Straße Richtung Tanne.
Öffentliche Verkehrsmittel: Buslinie 265 von Wernigerode nach Benneckenstein; Haltestelle »Tanner Straße«.
Anforderungen: Abgesehen vom steilen Aufstieg zur Königsburg (optional) einfache Wanderung auf breiten, flachen Wegen. Auch orientierungsmäßig problemlos (gegen Ende Brückenquerung beachten).
Einkehr: Pension »Am Felsen« in Königshütte (nur abends).
Variante: Beim Rückweg können Ge-

Die Bode bei Königshütte, kurz nach Vereinigung der beiden Quellflüsse.

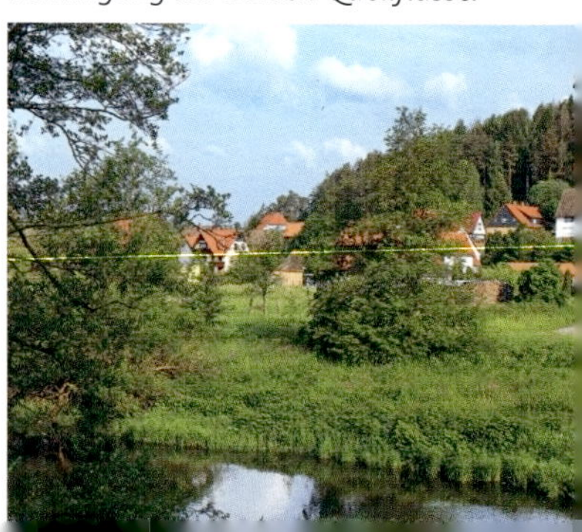

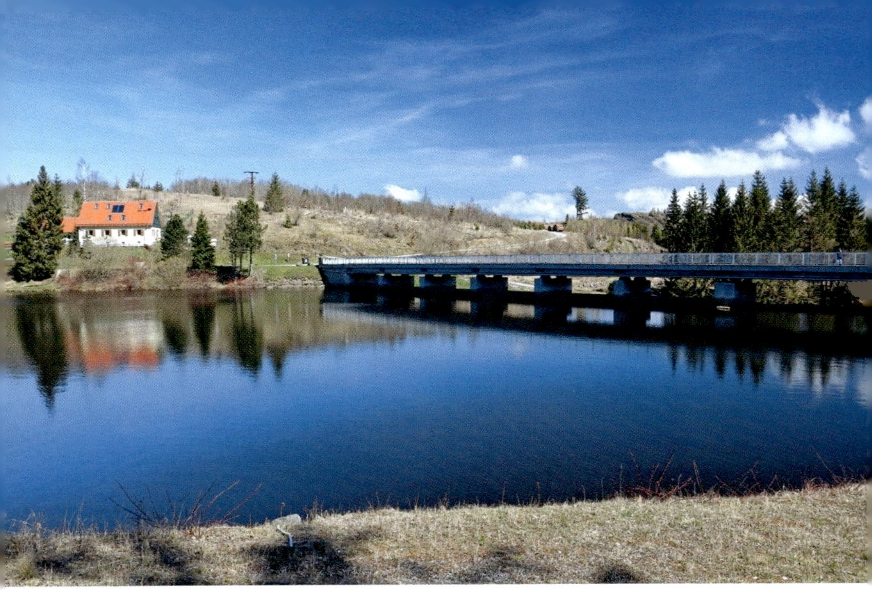

Kurz vor der Trogfurther Brücke, dem Wendepunkt.

schichtsinteressierte einen Abstecher zur 1870 ausgegrabenen Ruine der mittelalterlichen Andreaskirche unternehmen. Allerdings sind nur noch wenige unspektakuläre Reste erkennbar. Vom Hauptweg steigt man durch den Einschnitt des Papenbachs etwa eine Viertelstunde dorthin auf.

Stempel: Nr. 41 (Ruine Königsburg), Nr. 42 (Trogfurther Brücke).

Vom Parkplatz am Ortsrand von **Königshütte ❶** stehen wir mit wenigen Schritten am sogenannten »Teiler«, der Nord- und Südvariante des Hexenstiegs ausweist. Unmittelbar bergwärts zieht ein Zickzack-Pfad zur nahen Ruine **Königsburg ❷** hinauf. Nach deren Besichtigung (schöner Blick auf Königshütte) orientieren wir uns wieder zum Talweg, und zwar abkürzend zur Nordroute, die nun die Überleitungssperre begleitet. Rund drei Kilometer sind es am Uferweg entlang bis zur **Trogfurther Brücke ❸**, 425 m, die überschritten wird. Auch der Rückweg auf der anderen Seite bleibt stets nahe am Gewässer und wartet mit der einen oder anderen Rastbank auf. Wir kreuzen die Mündung des Papenbachs und nutzen im Ortsteil Königshof die Möglichkeit, wieder auf die Südseite zu wechseln und den Rundkurs damit vorteilhaft zu schließen.

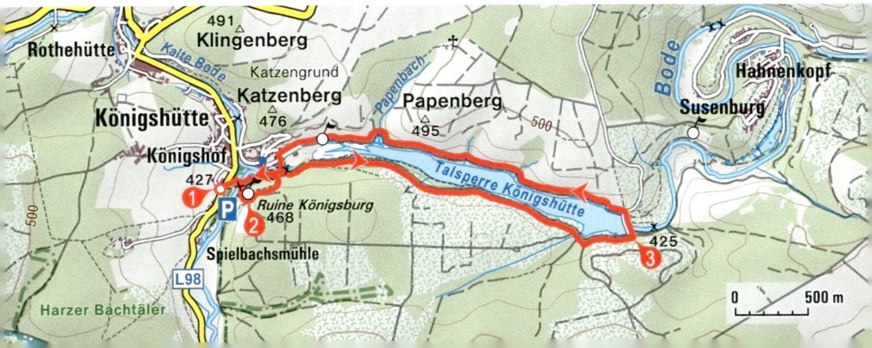

54 Königshütter Wasserfall u. Talsperre Mandelholz

Rundtour von Mandelholz

2.00 Std. | 7,8 km | ↗150 m | ↘150 m

Am ersten Aufstau der Kalten Bode

Die Kalte Bode entspringt am Abhang des Brockens und fließt über Schierke und Elend dem ersten Rückhaltebecken, welches wasserbautechnisch zum großen Rappbodesystem gehört, entgegen. Die in den 1950er-Jahren angelegte Talsperre Mandelholz wollen wir etwas näher kennenlernen, ergänzt um einen Besuch beim Königshütter Wasserfall, der auch Autotouristen regelmäßig zu einem Zwischenhalt animiert. Mit ein paar Wanderkilometern hat man natürlich mehr davon …

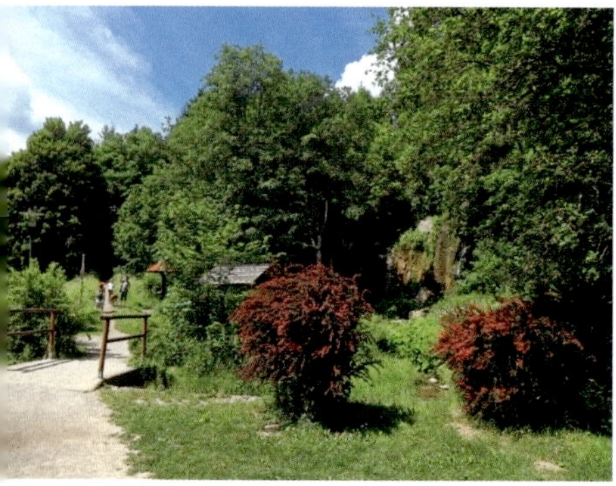

Die Umgebung des Wasserfalls mutet an wie ein kleiner Park.

Ausgangspunkt: Mandelholz, beim Hotel Grüne Tanne, ca. 467 m.
Öffentliche Verkehrsmittel: Buslinie 264 zwischen Wernigerode und Schierke.
Anforderungen: Wechsel von Forstwirtschaftswegen und kleineren Fußpfaden hauptsächlich in der zweiten Hälfte der Tour, nur sehr selten mal steil. Bis Steinbach auf der Hexenstieg-Route, sonst ausreichende lokale Markierungen.
Einkehr: Hotel Grüne Tanne in Mandelholz (Mo Ruhetag).
Stempel: Nr. 40 (Königshütter Wasserfall).

Unmittelbar neben dem Gasthaus in **Mandelholz ①** folgen wir dem Hexenstieg und dem grünen Dreieck ins Tälchen der Wormke, bald auf die rechte Seite wechselnd. Der Waldweg dort war zuletzt durch Arbeiten etwas zerrüttet, doch kommt man bald auf eine befestigte Forststraße und folgt dieser rechts haltend in Ostrichtung. Hinter dem Bastkopf

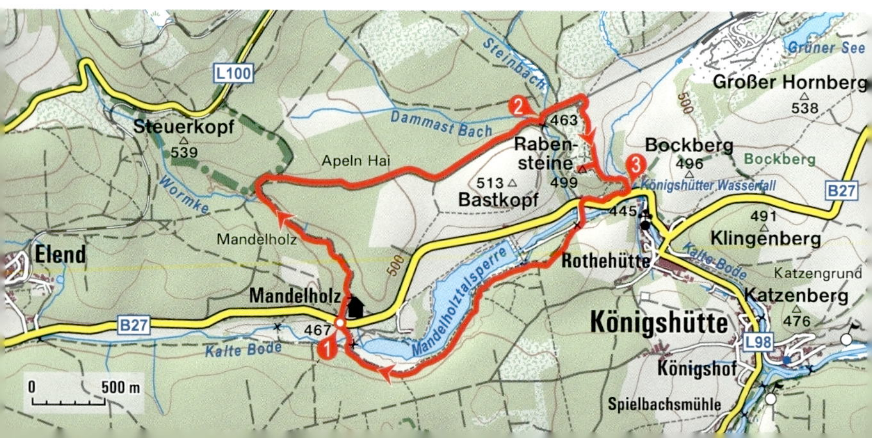

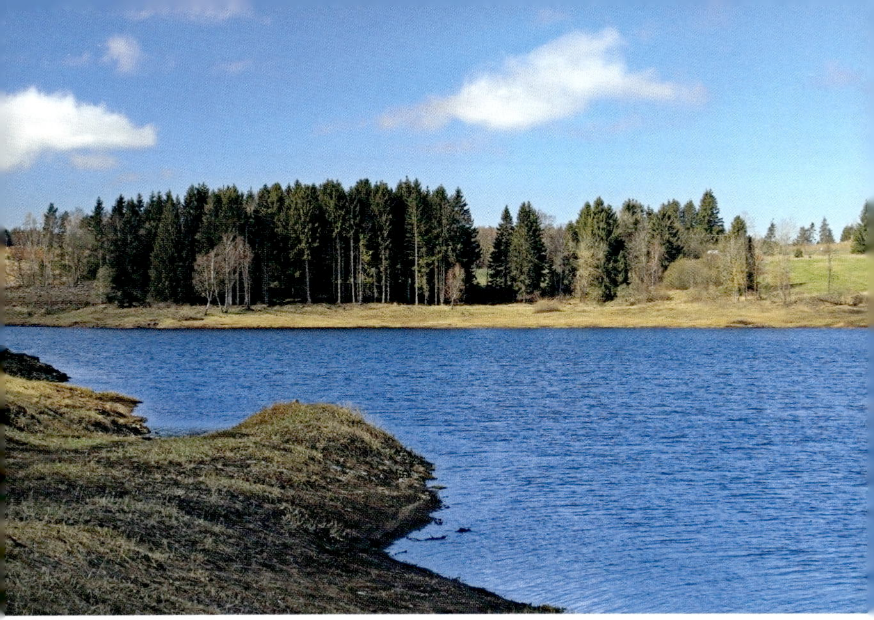

Reizvoll ist die Südufer-Traverse der Talsperre Mandelholz.

entlang erreichen wir das **Steinbachtal** ❷, wo der Hexenstieg rechter Hand direkt nach Königshütte führt. Interessanter ist eine kleine Schleife oberhalb: Beim Rastplatz zunächst links, dann sofort rechts hoch und bei einem verfallenden Gebäude scharf rechts auf einen Grasweg. Auf der einen Seite ergibt sich der Einblick ins Teichtal, auf der anderen sieht man nach einem kurzen, signalisierten Abstecher die Talsperre Mandelholz. Ins Gehölz eintretend gelangen wir anschließend auf kleinem Pfad direkt zum **Königshütter Wasserfall** ❸ hinunter. Im Ortsteil Neuehütte geht es nun zum Ortsausgang, dort links über die Kalte Bode hinweg und nach einem kurzen Zwischenanstieg zum Süduferweg an der Talsperre Mandelholz. Am Ende kreuzen wir den Zufluss und treffen wenige Minuten später wieder am Ausgangspunkt ❶ ein.

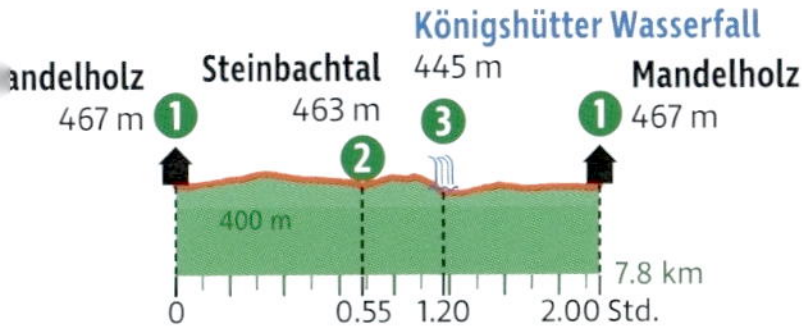

Königshütter Wasserfall.

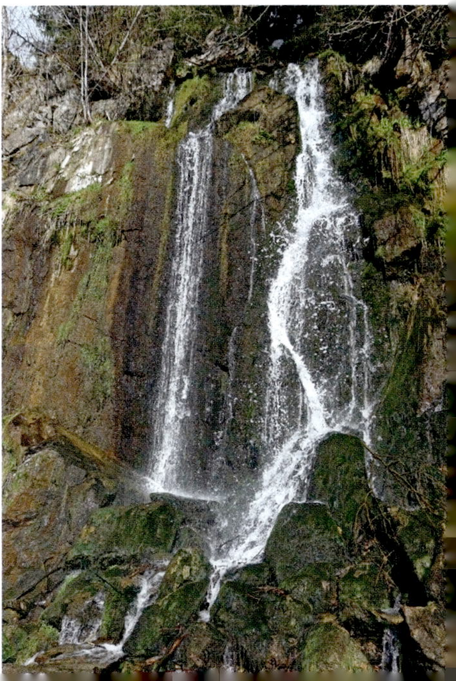

55 Leistenklippe, 901 m

Über Trudenstein und Beerenstieg

2.40 Std. | 8,1 km | ↗380 m | ↘380 m

Toller Aussichtsfelsen am Hohnekamm

Im östlichen Teil des Nationalparks Harz, nur rund fünf Kilometer vom Brocken entfernt, erstreckt sich der Hohnekamm. Zwischen einigen typisch wollsackverwitterten Klippen bietet sich dort ein naturnahes Wandererlebnis, das sich mit der Ersteigung der Leistenklippe krönen lässt. Man überblickt praktisch den gesamten Ostharz und sogar über dessen Ränder hinaus. Einen kleinen Vorgeschmack darauf erhalten wir bereits am Trudenstein. Und später können wir diese Tour im sogenannten »Steinharz« mit einer Stippvisite beim Natur-Erlebniszentrum Hohnehof, das vom Nationalpark unterhalten wird, abrunden.

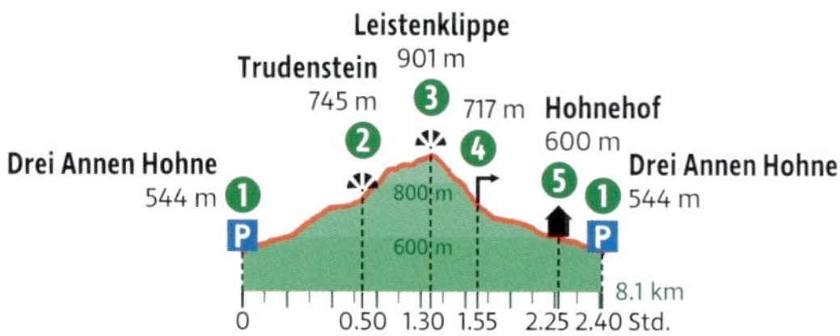

Ausgangspunkt: Drei Annen Hohne, 544 m.

Öffentliche Verkehrsmittel: Buslinie 264 von Wernigerode Richtung Schierke sowie Haltepunkt der Harzer Schmalspurbahn (Verzweigung von Harzquerbahn und Brockenbahn). Zum Hohnehof gelangt man auch mit dem

Im Hohnehof ist ein Informationzentrum des Nationalparks untergebracht.

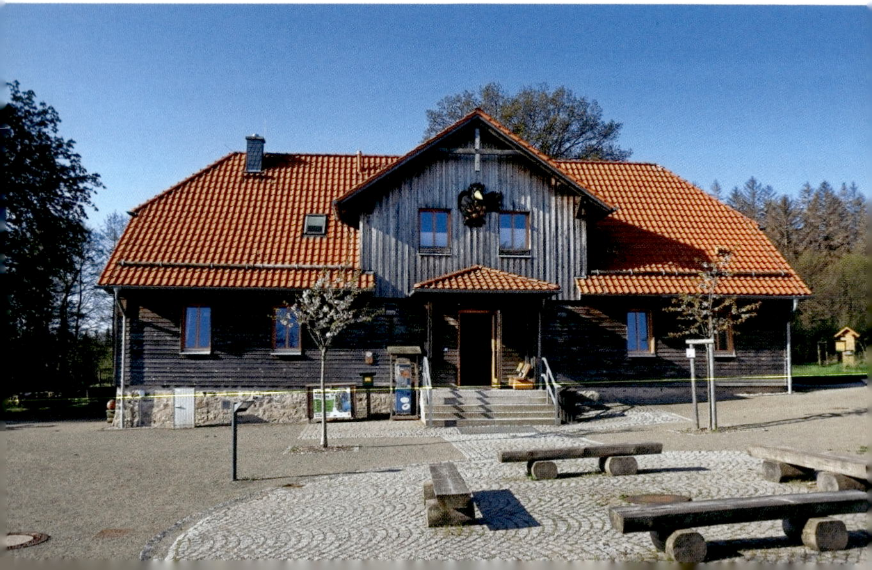

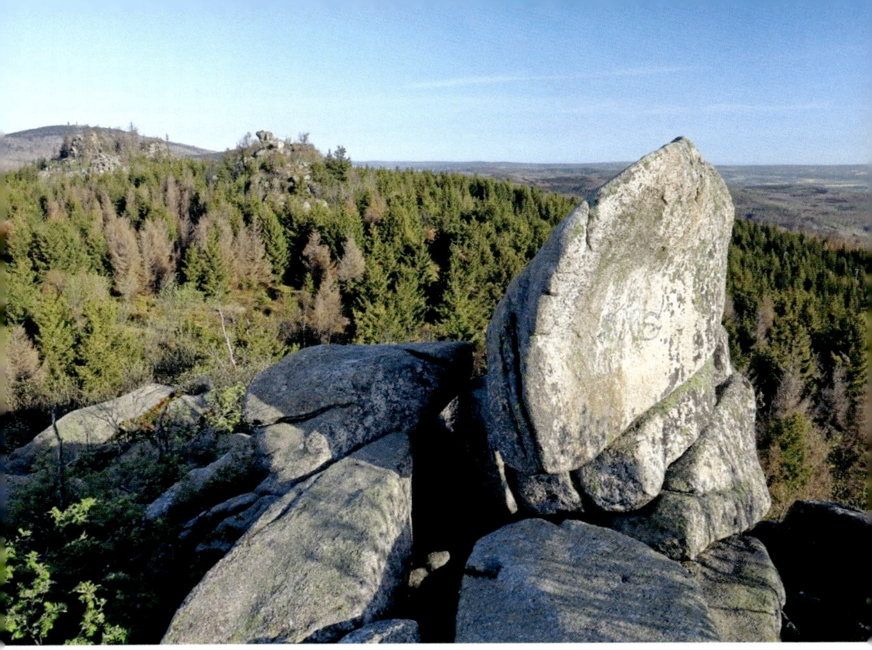

Oben auf der Leistenklippe hat sich die Aussicht immens erweitert.

Nationalparkbus ab Wernigerode oder Elbingerode (zwischen Juni und Oktober, jeweils Mo bis Sa).
Anforderungen: Im Bereich des Hohnekamms schmale Naturpfade, etwas Trittsicherheit vorteilhaft. Anmarsch und Rückweg meist über Forststraßen. Größtenteils ordentlich beschildert.
Einkehr: Hohnehof (täglich von 10 bis 17 Uhr geöffnet).
Variante: Vom Trudenstein weiterqueren bis hinter die Spinne und dann auf dem Moorstieg bergwärts.
Tipp: Löwenzahn-Entdeckerpfad unweit des Startpunkts (speziell für Kinder); außerdem das Natur-Erlebniszentrum Hohnehof.
Stempel: Nr. 17 (Trudenstein), Nr. 15 (Leistenklippe), Nr. 174 (Hohnehof).

Am Löwenzahn-Entdeckerpfad bei Drei Annen Hohne.

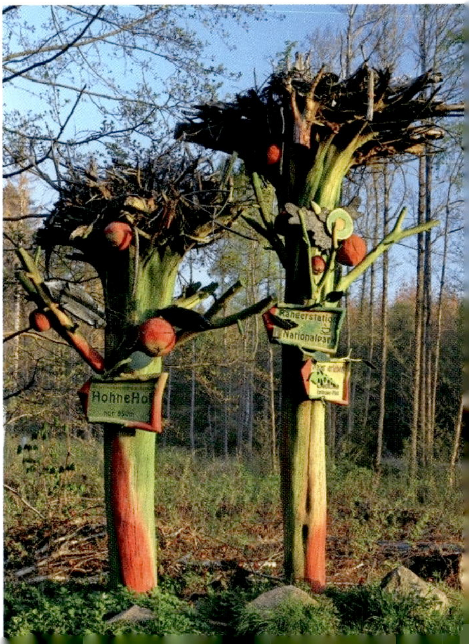

Von **Drei Annen Hohne** ❶ beginnen wir auf der westwärts führenden Forststraße. Wo der Löwenzahn-Entdeckerpfad nebenan liegt, gehen wir bei der Gabelung geradeaus weiter und gewinnen allmählich deutlich an Höhe. Die Abkürzung der Forstwegkehre ist nach Holzschlag nicht mehr markiert und kaum noch praktikabel. Mit dem treppenartig erschlossenen **Trudenstein** ❷ errei-

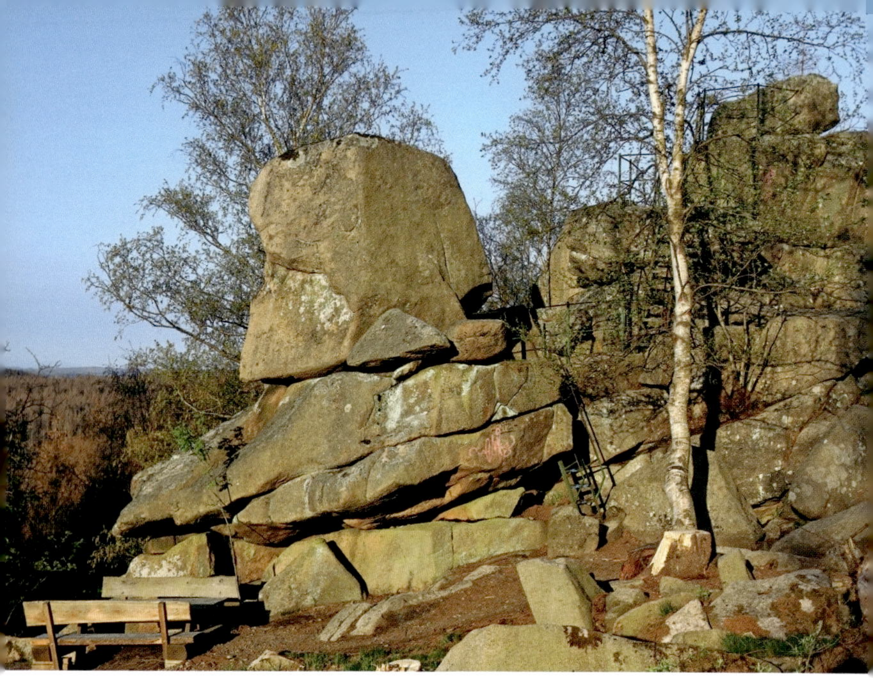

Der Trudenstein, eine Klippe am Südhang des Hohnekamms.

chen wir die erste Besonderheit der Tour. An dieser Stelle steigen wir in den steilen Waldhang ein, wo herumliegendes Totholz den Aufstieg ein wenig erschweren kann. Nahe der Bärenklippe gewinnt man den Hohnekamm und folgt dem schönen Schlängelpfad über Stock und Stein. Schließlich nehmen wir den Abstecher auf die ebenfalls geländergesicherte **Leistenklippe** ❸, 901 m, wahr – buchstäblicher Höhepunkt der Tour.

Ganz in der Nähe setzt auf der anderen Kammseite bereits der Abstieg über den Beerenstieg (Nr. 30D) ein. Von einer Unterstandshütte geht es ein Weilchen tiefer, über einen ersten, grasigen Querweg hinweg und mit Erreichen einer befestigten Trasse ❹ dann am besten rechts abkürzend zur Eschwegestraße. In einer Linkskurve nehmen wir die Abkürzung geradeaus und wandern schlussendlich am **Hohnehof** ❺ vorbei zurück nach **Drei Annen Hohne** ❶.

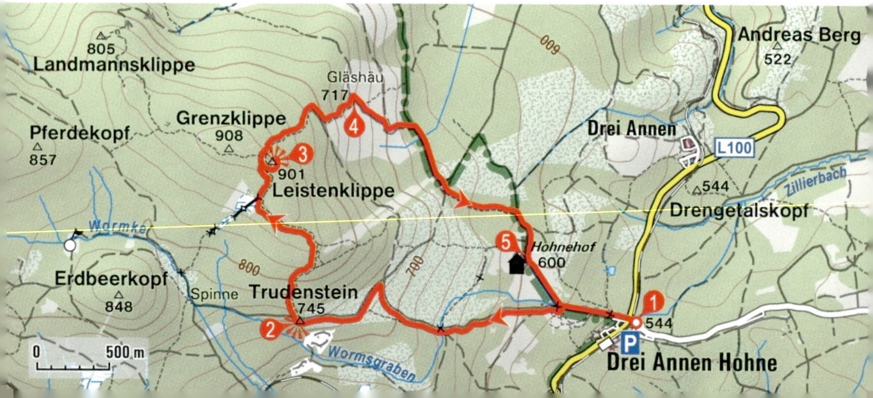

Schnarcherklippen am Barenberg

Rund ums Elendstal bei Schierke

2.15 Std. | 7,5 km | ↗320 m | ↘320 m

Wo schon Dichterfürst Goethe die Harzer Mystik entdeckte
Am Barenberg bei Schierke stehen die beiden Granittürme der Schnarcherklippen im Wald. Sie sind ein typisches Beispiel für die im Harz vielerorts zu beobachtende Wollsackverwitterung und dienten Goethe einst als Inspiration zur Walpurgisnachtszene im Faust. Der Name soll von eigenartigen Geräuschen herrühren, die sich vor allem bei Südostwind einstellen. Im Rahmen unserer Rundtour überschreiten wir den Barenberg von Elend Richtung Schierke und kehren auf der gegenüberliegenden Seite auf dem schönen Wanderweg via Helenenruh wieder zurück.

Ausgangspunkt: Elend, ca. 495 m, gebührenpflichtiger Parkplatz beim Kreisel in Ortsmitte (am Denkmalsplatz zwischen Braunlager und Hauptstraße).
Öffentliche Verkehrsmittel: Buslinie 264 von Wernigerode.
Anforderungen: Recht steiler Aufstieg zum Barenberg und mit Leitern erschlossener Felssteig an der Schnarcherklippe (für Trittsichere). Die zweite Hälfte ist insgesamt einfacher. Ausreichend beschildert, vor allem in Schierke aber aufpassen, dass man die richtigen Anschlüsse erwischt.
Einkehr: In Elend und Schierke.
Variante: Man kann auch den Weg durchs tief eingeschnittene Tal der Kalten Bode für Hin- oder Rückweg einbeziehen.
Stempel: Nr. 20 (Aussichtspunkt Barenberg), Nr. 14 (Schnarcherklippen), Nr. 21 (Helenenruh).

Entschlossen hinauf zur Schnarcherklippe ...

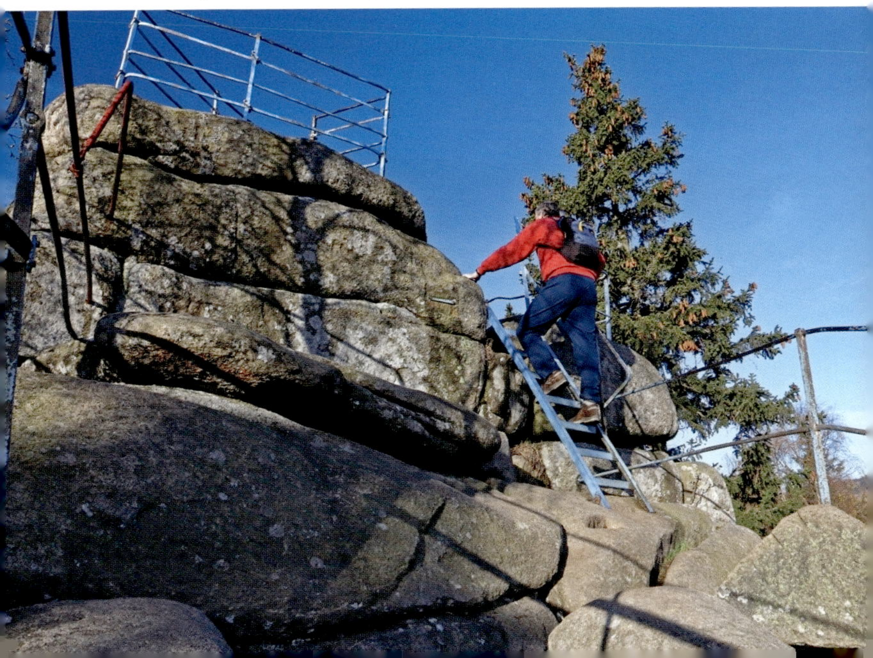

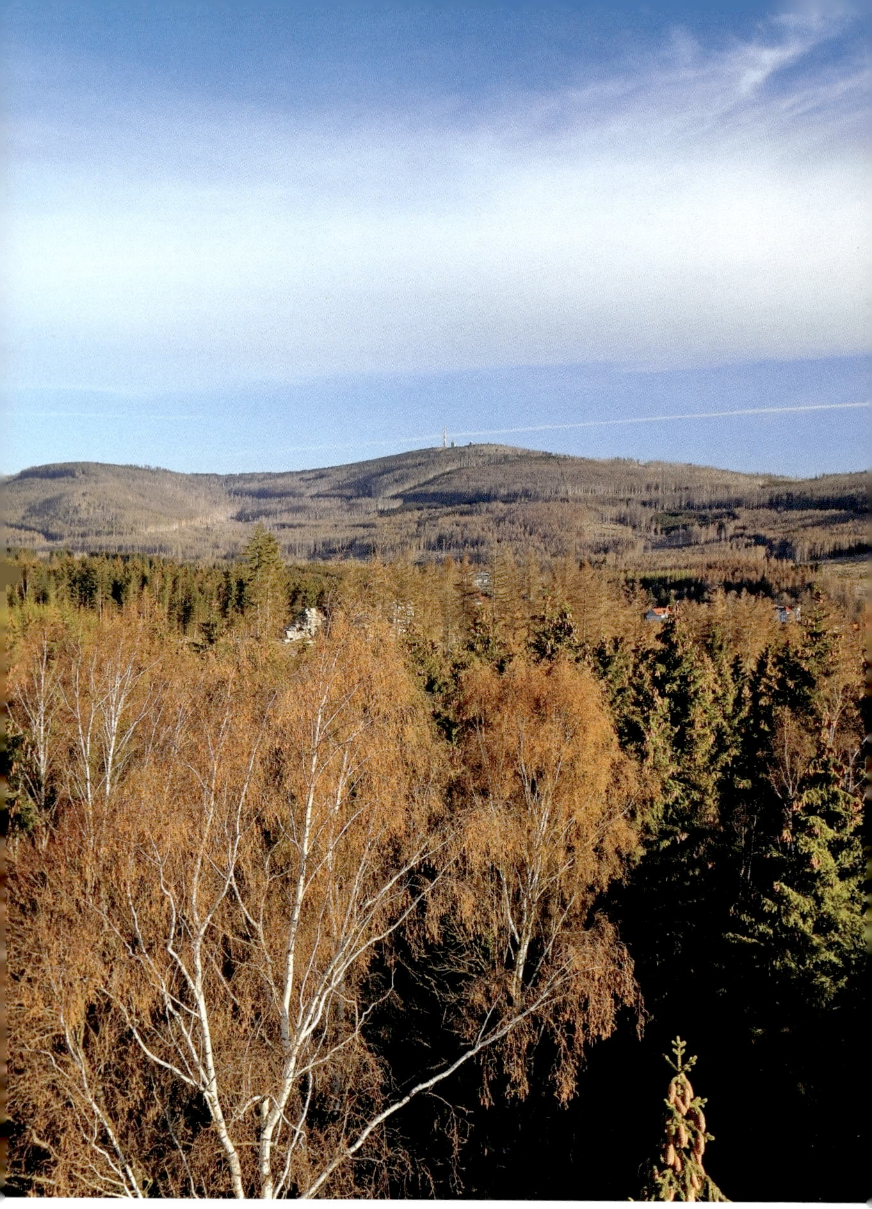

Im Panorama steht natürlich auch der Brocken.

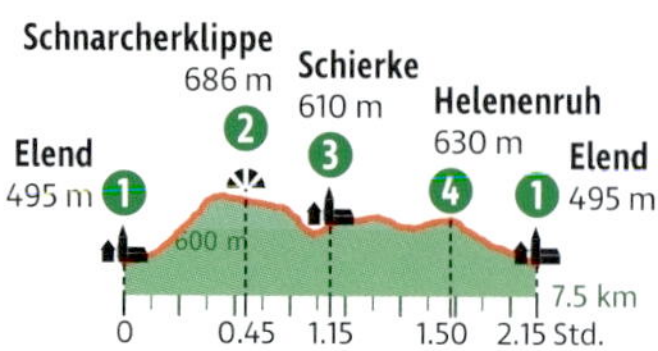

In **Elend** ❶ folgen wir der *Braunlager Straße* bis über die Kalte Bode hinweg. Gleich dahinter rechts auf den ansteigenden Waldweg, der sich hinter den Gleisen der Schmalspurbahn verzweigt. Für uns ist die Beschil-

derung zum Barenberg und zu den Schnarcherklippen maßgebend. An einem entwaldeten Hang zieht die Route steil an. Zwischendurch lockt auf der rechten Seite eine Aussichtskanzel zu einem Mini-Abstecher. Die Gipfelkuppe des **Barenbergs**, 696 m, können wir entweder rechts umgehen oder überschreiten (kleiner Klippenaufbau zuoberst). Nur wenige Gehminuten jenseits tauchen zwischen den Bäumen plötzlich die beiden **Schnarcherklippen** ❷ auf. Während die nördliche (mit Kreuz) Kletterern vorbehalten bleibt, ist die südliche mit Metalltreppen zur Ersteigung erschlossen worden. Auf der Fortsetzung passieren wir die Mauseklippe und finden uns erneut auf einer großen Blöße wieder. Die Signalisierung des gelben Dreiecks senkt sich nun hinab nach **Schierke**, wo wir beim Hotel Bodeblick die Kalte Bode überschreiten und am Kirchberg zur Bergkirche ❸ ansteigen.
Gleich oberhalb der *Hagenstraße* bzw. des Friedhofs schlagen wir einen nach rechts querenden Wanderweg ein. Dieser zieht quasi höhengleich Richtung Osten und senkt sich später zur Bushaltestelle »Heinrich Heine« in der *Hagenstraße*. Knapp unterhalb trifft man auf die *Alte Wernigeröder Straße*. Beim Hotel Brockenblick nehmen wir wieder einen Waldweg auf, der leicht ansteigend zur **Helenenruh** ❹ führt und anschließend in das finale Gefälle überleitet. Dabei können wir in Kürze rechts abseits eine weitere Aussichtskanzel über dem tief eingekerbten Elendstal aufsuchen. Nach zweimaligem Kreuzen der *L99* (Obacht auf den Verkehr) gelangen wir schließlich hinunter zur Harzquerbahn und damit zurück nach **Elend** ❶.

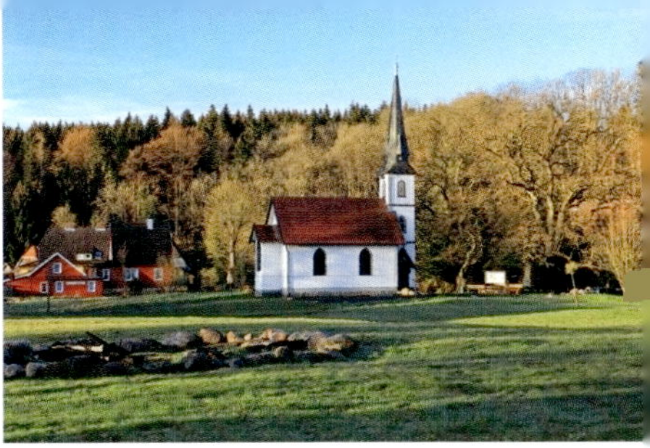

Die frei stehende Dorfkirche in Elend.

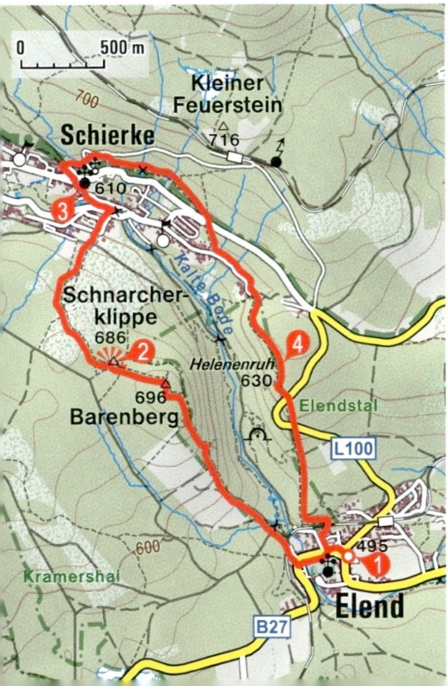

Faszinierende Felsstruktur im Detail an den Schnarcherklippen.

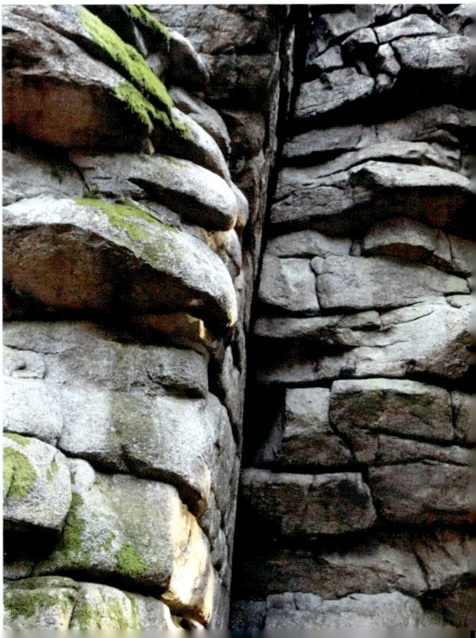

57 Brocken, 1141 m

Von Schierke über den Eckerlochstieg

3.20 Std. | 10,8 km | ↗500 m | ↘500 m

Der kürzeste Anstieg auf das Dach des Harzes

Ein Harz-Wanderbuch ohne den Brocken wäre wohl kaum denkbar. Wer den Höchsten aus eigener Kraft besteigen möchte, hat natürlich eine ganze Reihe von Startpunkten und Routen zur Auswahl. Unter unserem Motto »kurz & gut« scheiden die meisten aber eher aus. Als relativ kurz ist tatsächlich nur der Eckerlochstieg von Schierke zu bezeichnen. Mit seinen Granitblöcken, über die man immer wieder steigen muss, gilt er als sehr urwüchsig. Oder sollte man besser sagen: galt? Leider ist man heute nicht mehr wie einst in intakten Fichtenwäldern unterwegs, sondern bewegt sich durch jede Menge Totholz. Da insbesondere bei Sturm oder Schneeauflast keine ausreichende Sicherheit gewährleistet werden kann, sah sich die Nationalparkverwaltung bereits zu zeitweiligen Sperrungen veranlasst. Ein Klassiker ist und bleibt der Eckerlochstieg dennoch ...

Ausgangspunkt: Schierke, 640 m, letzte Parkmöglichkeit vor dem Fahrverbot in der Brockenstraße (hinter dem Hotel Brockenscheideck). Alternativ: Parkplatz »Alte Bobbahn« oder Parkhaus »Am Winterbergtor« (alle gebührenpflichtig).
Öffentliche Verkehrsmittel: Buslinie 264 von Wernigerode, Haltestelle »Jugendherberge«.
Anforderungen: Recht steiler Aufstieg auf von Blöcken und Wurzeln durchsetztem, teils auch erdigem Steig durchs Eckerloch, im oberen Bereich über die breite, asphaltierte Brockenstraße. Überall gut beschildert. Aufstiegspensum von 500 Höhenmetern, daher durchaus anstrengend.
Einkehr: Auf dem Brocken (SB-Restaurant im Touristensaal, Café im Brockenhaus sowie Brockenwirt); diverse Möglichkeiten in Schierke.
Variante: Bitte vorab Information über die Begehbarkeit des Eckerlochstiegs einholen. Bei Sperrung kann über die Alte Bobbahn, am Mönchstein vorbei und schließlich über einen längeren Abschnitt der Brockenstraße aufgestiegen werden (ggf. auch Variante für den Abstieg).
Stempel: Nr. 11 (Eckerloch), Nr. 9 (Brockenhaus).

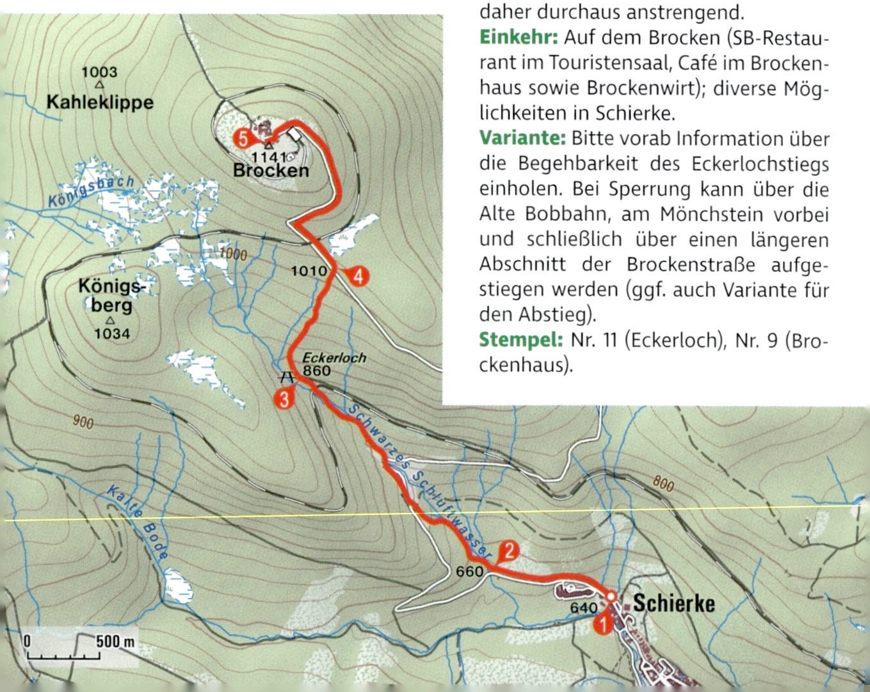

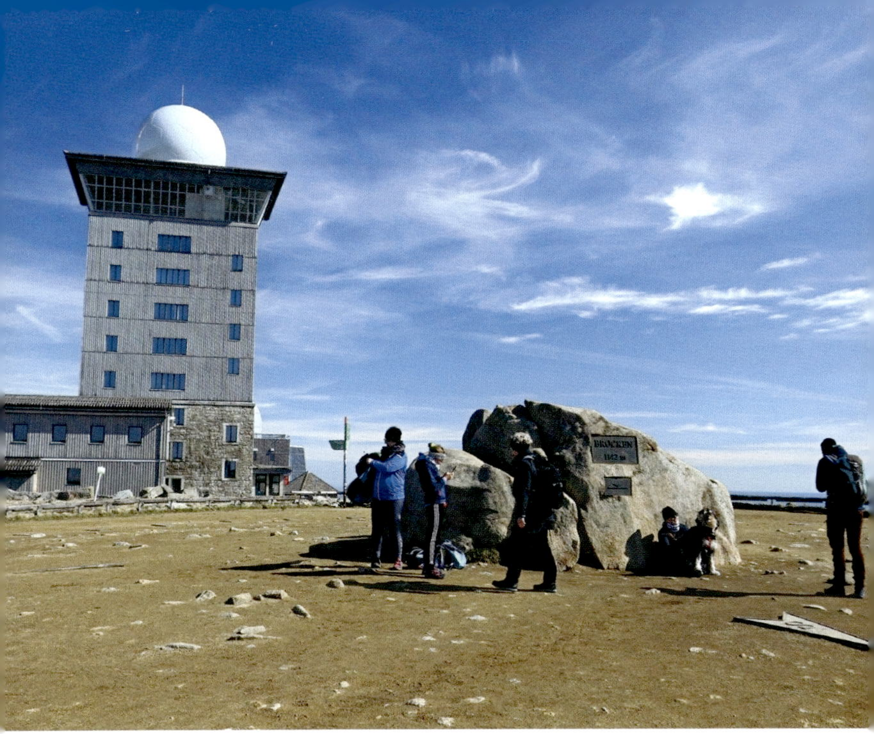

Oben: Ein Granitfels markiert den höchsten Punkt auf 1141 Metern über Meer; nebenan das mehrstöckige Brockenhotel.
Unten: Aktueller Waldzustand im Eckerloch.

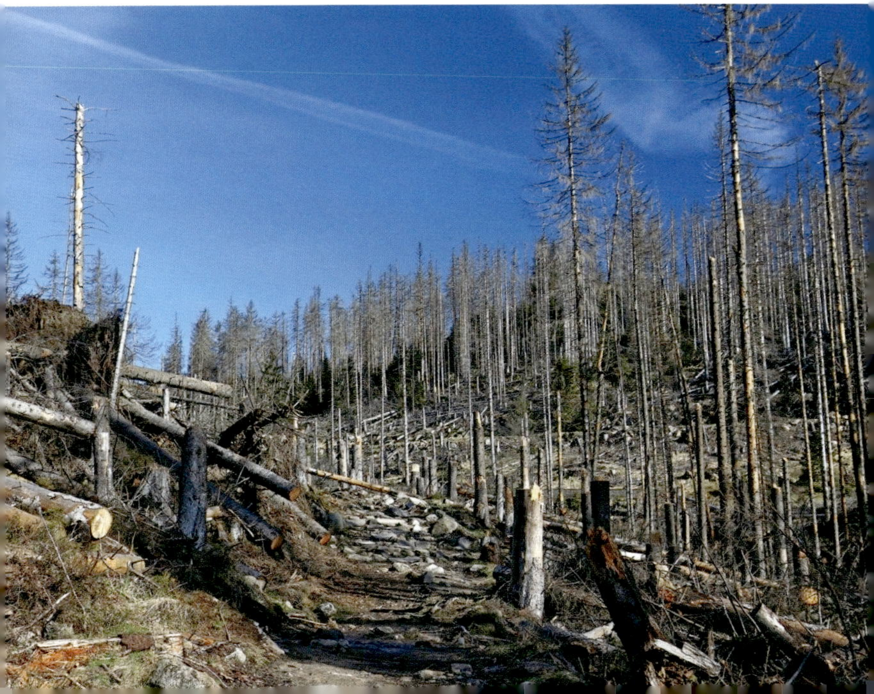

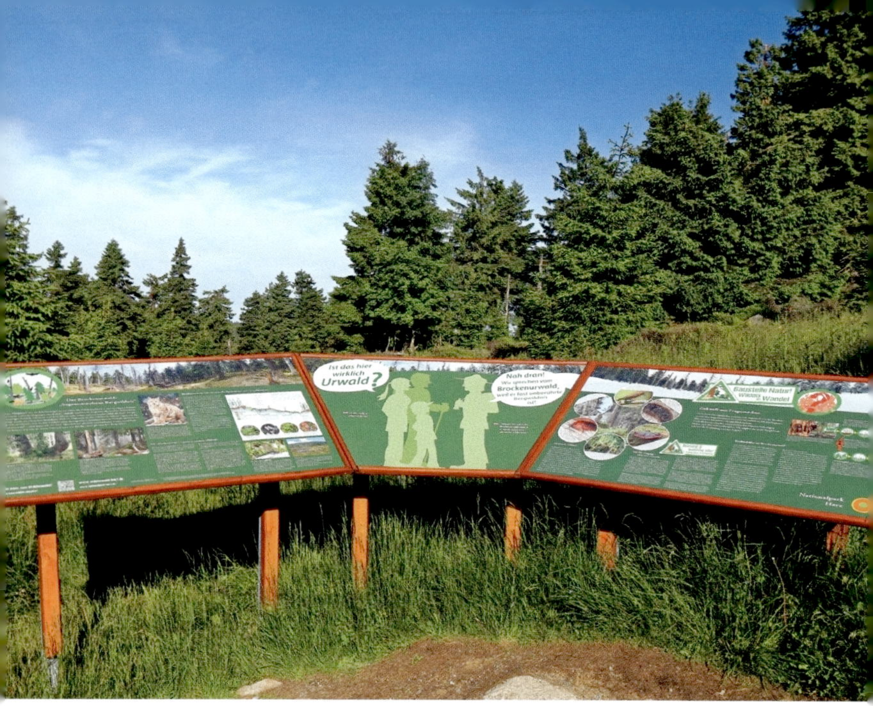

Ausführliche Infotafeln dienen der Umweltbildung.

Am Ortsende von **Schierke** ❶ folgen wir zunächst weiter der – für den öffentlichen Verkehr gesperrten – *Brockenstraße*, passieren das Nationalparkhaus und zweigen beim **Schwarzen Schluftwasser** ❷ nach rechts auf den Eckerlochstieg ab. Links vom Bacheinschnitt zieht die Route vorerst mäßig steil höher und berührt zwischendurch nochmals die *Brockenstraße*. Nachdem die Trasse der Brockenbahn gekreuzt ist, kommen wir zum Rastplatz im **Eckerloch** ❸. Rechts eindrehend wird der von Granitblöcken begleitete Steig phasenweise steiler und mündet auf gut 1000 Meter Höhe in den oberen Teil der **Brockenstraße** ❹. Darauf in Kürze nochmals über die Gleise hinweg (an dieser Stelle mündet der Goetheweg ein) und nach der sogenannten »Knochenbrecherkurve« allmählich in den baumfreien Gipfelbereich mit seinen auffälligen Bauten. Am Bahnhof vorbei streben wir dem Granitblock inmitten der »Uhr« zu, der den höchsten Punkt des **Brockens** ❺, 1141 m, markiert. Abstieg wie Aufstieg.

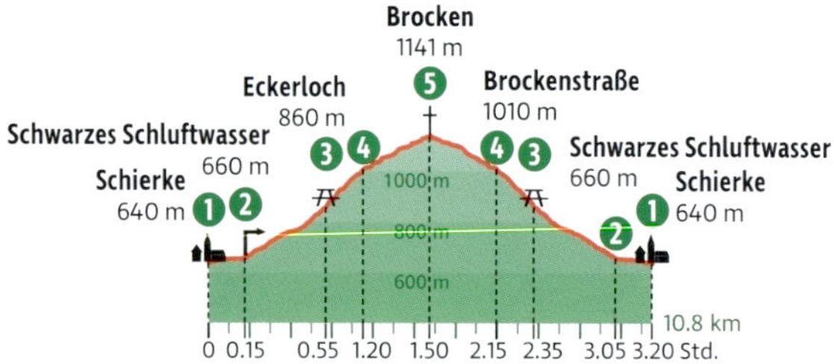

Der Brocken-Rundweg

Im Kreis um die Gipfelkuppe

0.40 Std. | 2,3 km | ↗ 50 m | ↘ 50 m

Ein Panoramaweg auf buchstäblich hohem Niveau

Der Brocken, einst sagenumwoben »Blocksberg« genannt, wird zu jeder Jahreszeit und nahezu bei jedem Wetter besucht – da müsste es schon ein sehr ungemütlicher Tag sein, dass man hier einmal die große Einsamkeit erlebt. Zu den zahlreichen Wanderern (und etlichen Mountainbikern) gesellt sich die enorme Schar der Touristen, die mit der Brockenbahn heraufzuckelt. Bei schönem Wetter ergibt dies ein ordentliches Gewusel, etwa rund um die »Brockenuhr« am höchsten Punkt oder bei den anderen touristischen Einrichtungen, zu denen der Brockenwirt sowie das Gipfelhotel zählen, aber auch das Brockenmuseum, das über die Geschichte dieses außergewöhnlichen Berges informiert, oder der Brockengarten mit teils seltenen Pflanzen. Ein Standardprogramm für halbwegs Gehfreudige ist der Rundweg, den man unbedingt unternehmen sollte, um das gesamte Panorama im 360-Grad-Zirkel zur Entfaltung kommen zu lassen. Bei besonders klarer Luft reicht die Sicht über 100 Kilometer weit, etwa bis zu Thüringer Wald und Rhön, Rothaargebirge und Weserbergland. Im engeren Umfeld überblicken wir die Waldwellen des Harzes aus buchstäblich überragender Perspektive. Auf der Brockenkuppe befindet man sich übrigens schon oberhalb der natürlichen Waldgrenze. Zu beachten ist das Wegegebot, denn abseits davon ist das Gelände mit seiner empfindlichen Flora streng geschützt.

Diese Felsformation am Brocken trägt den Namen Teufelskanzel.

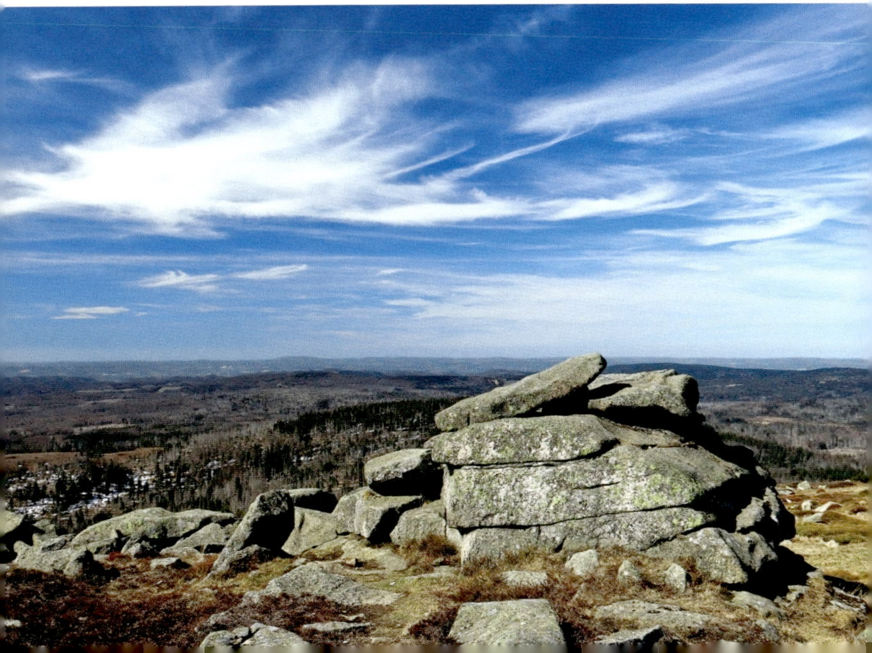

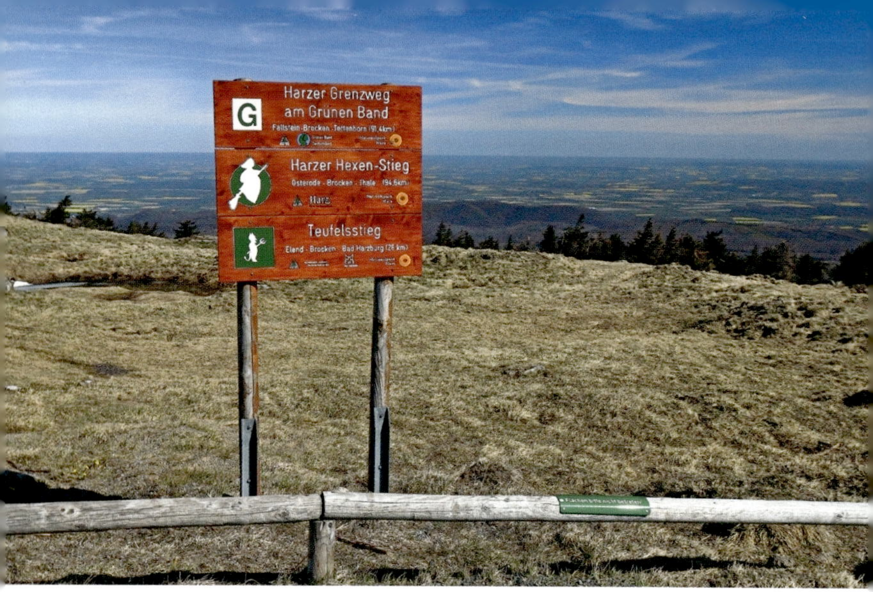

Über den Brocken führen auch mehrere Weitwanderwege.

Ausgangspunkt: Brocken-Bahnhof, 1125 m, erreichbar mit der Harzer Schmalspurbahn, die von Wernigerode über Drei Annen Hohne und Schierke heraufführt. Ansonsten natürlich auch über Wanderrouten, z. B. Tour 57.
Öffentliche Verkehrsmittel: Die Dampfloks der Brockenbahn verkehren nach dem Sommerfahrplan (Anfang April bis Anfang November) ab Wernigerode täglich von 8.55 bis 16.25 Uhr bergwärts (ab Drei Annen Hohne 9.45 bis 17.16 Uhr, ab Schierke 10.05 bis 17.48 Uhr). Letzter Zug vom Brocken talwärts um 18.31 Uhr. Der Winterfahrplan ist hinsichtlich Zeiten und Frequenz beschränkter. Infos unter www.hsb-wr.de. Nach Schierke gelangt man im Übrigen auch mit dem Bus (Linie 264) von Wernigerode.
Anforderungen: Komfortabel ausgebauter Wanderweg ohne große Höhenunterschiede. Sehr kurze Wanderung für jedermann. Auf jeden Fall warme Kleidung mitnehmen, denn am Brocken kann es auch bei Schönwetter sehr windig sein.
Einkehr: Brockenwirt (beim Bahnhof), SB-Restaurant im Touristensaal, Café im Brockenhaus.
Stempel: Nr. 9 (Brockenhaus).

Vom **Brocken-Bahnhof** **1** nehmen wir den deutlich beschilderten Rundweg im Uhrzeigersinn auf, d. h. zunächst an der Südflanke der Gipfelkuppe unweit der Wetterwarte

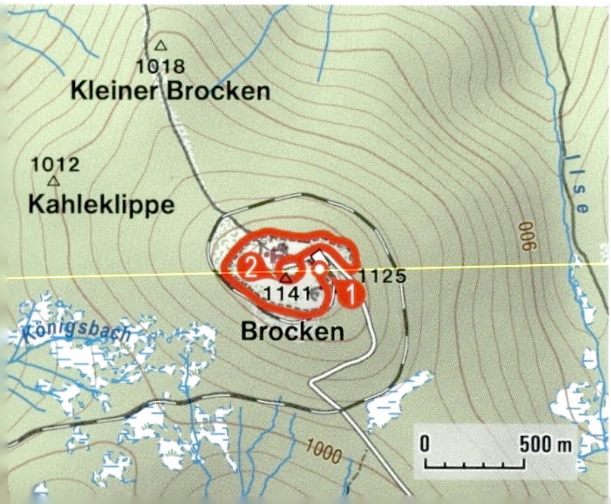

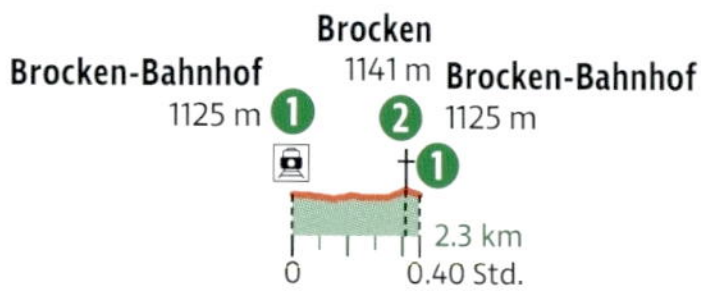

Der Brocken – »Top of Harz« und ein Ausflugsziel von Rang!

und des Brockengartens entlang. Wir passieren mit Teufelskanzel und Hexenalter zwei kleine Klippen und drehen nach einem minimalen Gefälle rechts ein. Der von Norden heraufkommende Hirtenstieg wird jetzt gekreuzt, obgleich man mit ihm auch am riesigen Sendeturm vorbei rasch gipfelwärts gelangen könnte. Stattdessen komplettieren wir den offiziellen Rundweg jetzt aber mit der nordseitigen Traverse, die uns weit ins nördliche Vorland blicken lässt und stoßen dann auf die Brockenstraße. Scharf rechts geht es aufwärts Richtung Bahnhof, wobei wir natürlich auch den kleinen Abstecher zum höchsten Punkt des **Brockens** ❷, 1141 m, keinesfalls versäumen wollen. Ringsum kann man sich je nach Lust und Laune noch länger umsehen.

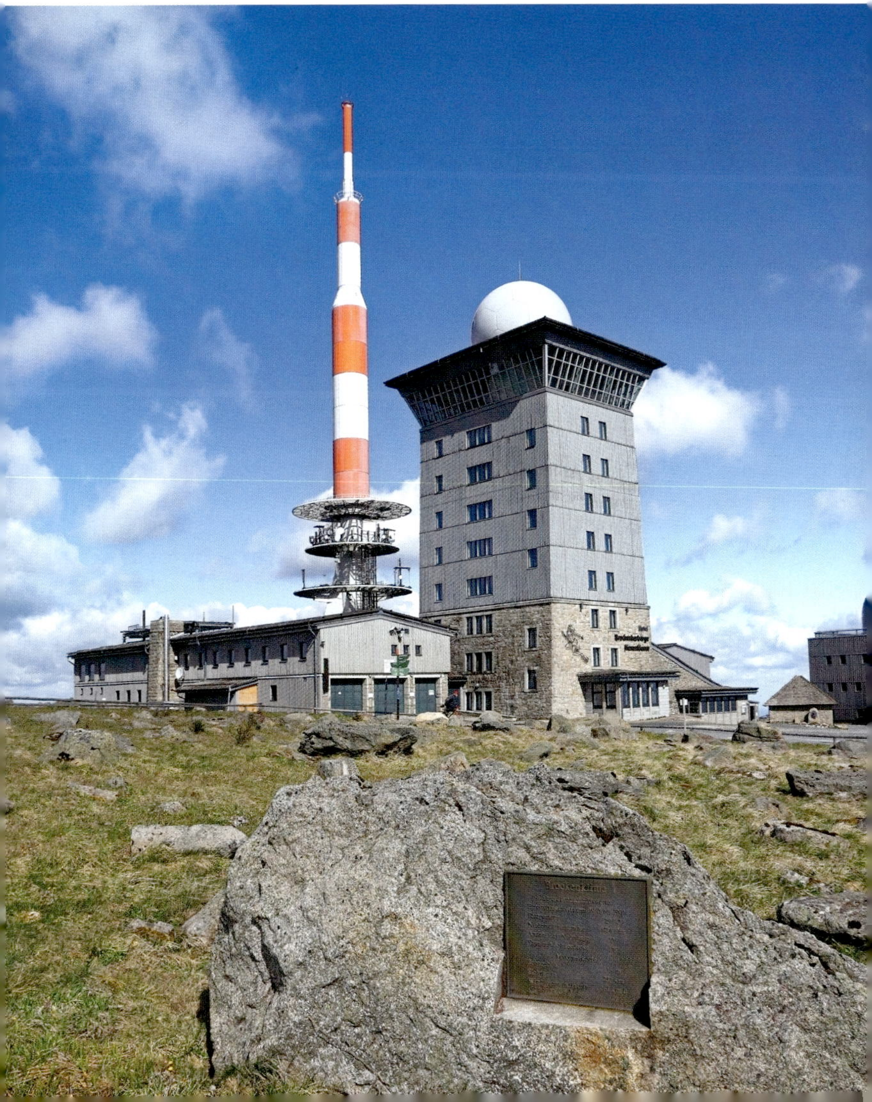

59 Rund um Tanne
Mit dem Blick vom Kapitelsberg

2.10 Std. | 7,6 km | ↗200 m | ↘200 m

Auf den Spuren des Harzer Höhenviehs

Die Umgebung von Tanne zeigt sich geprägt von weitläufigen Wiesen, auf denen sommers das Harzer Rote Höhenvieh weidet. Dabei handelt es sich um eine besonders ursprüngliche Rinderrasse, die leider selten geworden ist. Unser Tanner Rundweg beginnt an der Warmen Bode, verlässt die Ortsrandlage auf einem idyllischen Naturpfad ostwärts, um sich zum Kapitelsberg hinaufzuwinden. Der Rückblick aus erhöhter Lage ist fantastisch. Man überblickt auch die großen Weideflächen nördlich der Ortschaft, die im zweiten Teil der Wanderung durchquert werden.

Ausgangspunkt: Tanne, Parkplatz in der Bodetalstraße, Abzweig Schierker Weg, ca. 467 m.
Öffentliche Verkehrsmittel: Buslinie 265 von Wernigerode Richtung Benneckenstein.

Am Kapitelsberg erhaschen wir eine formidable Aussicht.

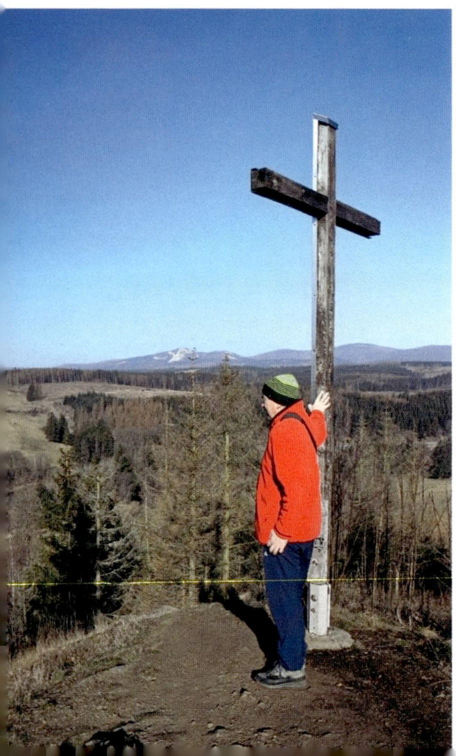

Anforderungen: Teils schmale Naturpfade, teils breitere Wald- und Feldwege. Ordentlich markiert, abschnittsweise als Harzer-Höhenvieh-Pfad.
Einkehr: Hotel Zum Tannenpark, Brockenbauer, Tannenblick, Tannenzapfen, McGregor Imbiss (alle in Tanne).
Variante: Es gibt auch einen offiziellen Tanner Rundweg, der südlich der Bode etwas höher am Hang entlangführt, den Kapitelsberg jedoch auslässt.
Tipps: Heimatmuseum und Schaubauernhof in Tanne.
Stempel: Nr. 44 (Kapitelsberg).

Falls die kleine Fußgängerbrücke beim Parkplatz in **Tanne** ❶ gesperrt ist, bleiben wir zunächst auf der orografisch linken Seite der Warmen Bode und nehmen nach knapp 10 Minuten die Straßenbrücke. Gleich dahinter auf einem schönen Naturpfad weiterhin nahe an der Bode entlang, bis die Route zum Kapitelsberg beim zweiten Seitengraben

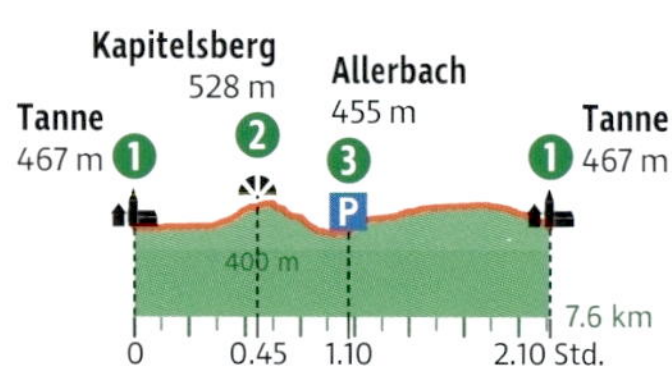

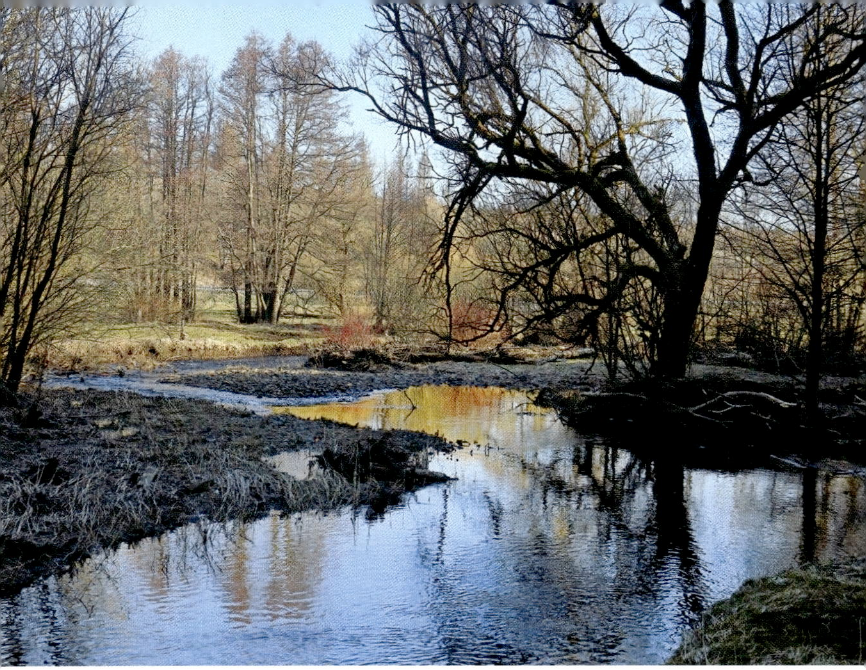

Auencharakter an der Warmen Bode.

rechts aufwärtszieht. Wer indes am Wiesenstreifen fortsetzt, kann diesen auslassen. Ansonsten nähern wir uns mit einer Spitzkehre dem **Kapitelsberg ❷**, 528 m, und seiner interessanten Perspektive ins Bodetal. Rückwärtig gilt es demnächst den Linksabzweig zu beachten, womit wir zurück in die Talsohle gelangen. Ein Stück weit östlich lässt sich das Flüsschen in den Wiesen überschreiten. An der *L98* knapp links versetzt zum **Allerbach ❸**, wo unmittelbar davor und dahinter jeweils Forstwege ansetzen. Wir wählen den zweiten und dann sofort den nicht markierten Grasweg halblinks aufwärts. Nach einem Abschnitt im Wald öffnen sich die ausgedehnten Tanner Bergwiesen. Wir orientieren uns zum oberen Rand und haben später mehrere Möglichkeiten, Richtung Tanne einzudrehen. Mit der letzten kommen wir zum Hotel Tannenpark in der *Lindenwarte* und schließen den Kreis im Bergab durch den *Schierker Weg*.

Weitläufige Wiesen erstrecken sich vor allem an der nördlichen Peripherie des Ortes.

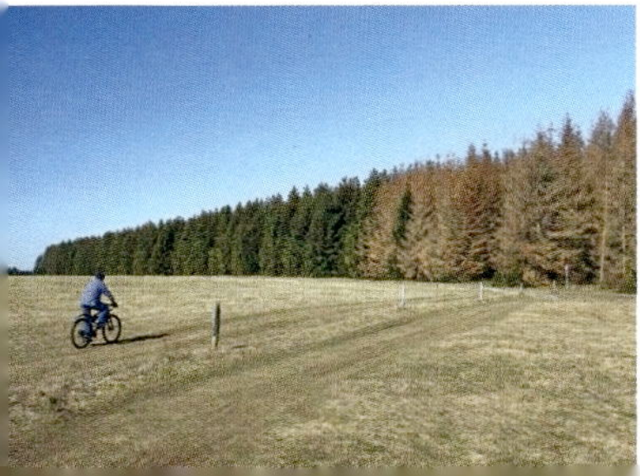

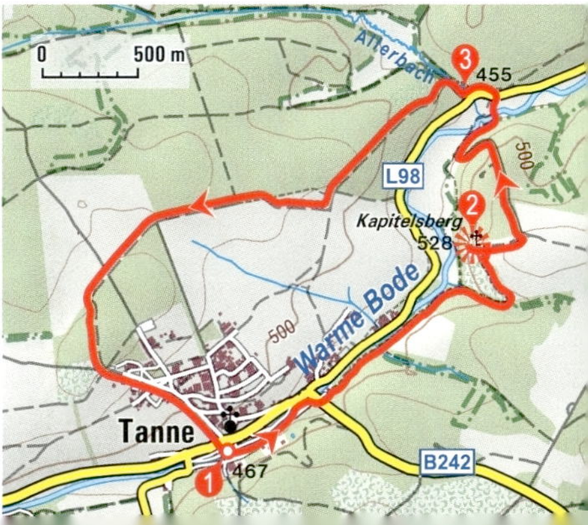

60 Bergwiesenwege um Benneckenstein
Zum Rappbode-Echo

1.40 Std. | 6,1 km | ↗120 m | ↘120 m

Auf den Wiesenhochflächen im südlichen Mittelharz

Auch rund um Benneckenstein fällt die sehr offene, sonnenverwöhnte Lage inmitten sanfter Wiesenwellen ins Auge – ein Zirkel, der sich auf ein bis zwei Kilometern um die Mittelharzer Kleinstadt erstreckt. Reizvolle Wanderwege durchziehen diese Gegend. Im Sinne unseres Mottos »kurz & gut« schlagen wir einen Bogen in den südlichen Bereich, wo Fernblicke bis zum Wurmberg und Brocken schweifen. Besonders idyllisch wird es im Quelltal der Rappbode, die nicht weit entfernt aus dem Roten Bruch sickert. Ein bestimmtes Fleckchen inmitten des artenreichen Biotops wird »Rappbode-Echo« genannt.

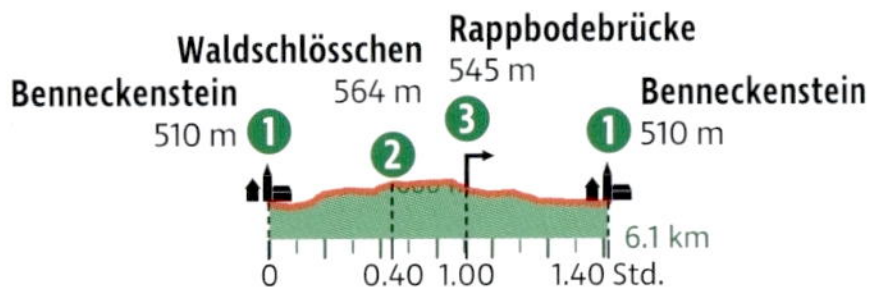

Ausgangspunkt: Benneckenstein, 510 m. Diverse Parkmöglichkeiten in der Stadt, z.B. bei der Laurentiuskirche.
Öffentliche Verkehrsmittel: Buslinien 265 von Wernigerode, 263 von Blankenburg und 23 von Nordhausen nach Benneckenstein.
Anforderungen: Schotter-, Wiesen- und Erdwege gemischt. Bis auf eine kurze steilere Abwärtspassage beim Rappbode-Echo sehr gemäßigter Verlauf.
Einkehr: Hexenhaus, Restaurant Café Werner und Pizza Hexe in Benneckenstein.
Tipps: Heimatstube, Wilhelm-Schmidt-Park und Harzer Schmalspurbahn.
Stempel: Keine.

Von der Kirche in **Benneckenstein** ❶ nehmen wir zunächst einmal die Treppen in die *Unterstadt*. Dort nach links ins offene Wiesengelände und

Im Quellgebiet der Rappbode liegt das sogenannte »Rappbode-Echo«.

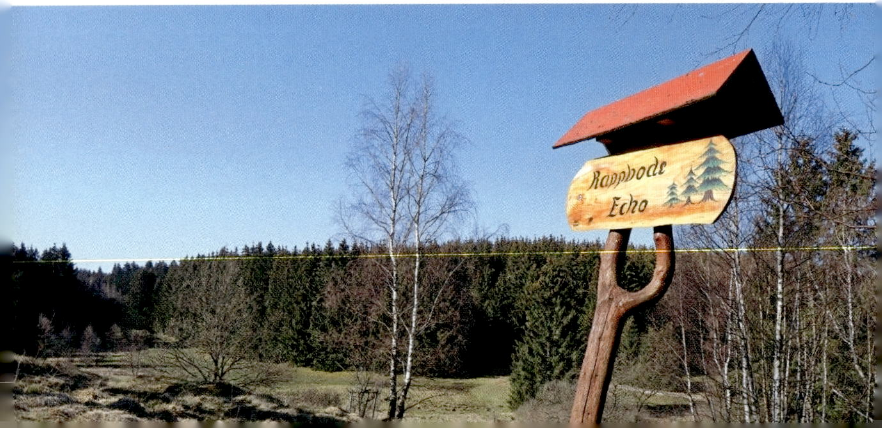

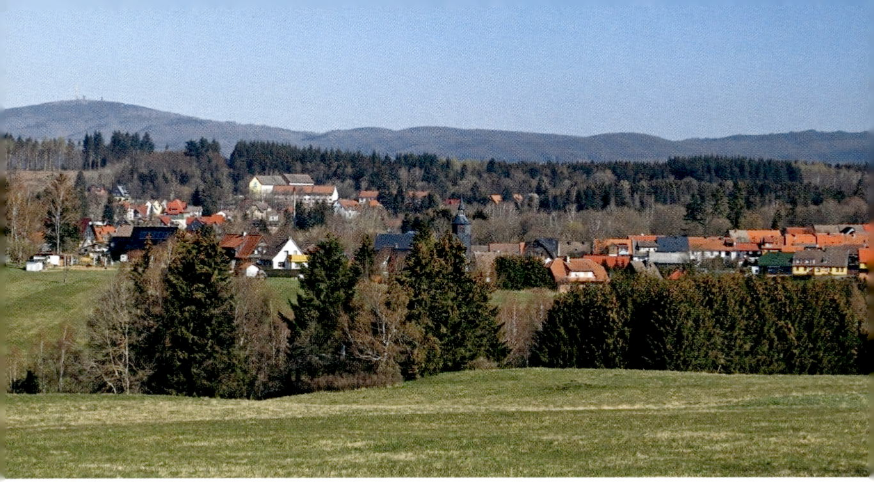

Benneckenstein wird von größeren Wiesenarealen eingerahmt.

bei der Gabelung rechts haltend bergauf. Es tauchen Stationen des Bergwiesen-Lehrpfades auf (QR-Code). Weiter oben existieren zwei Parallelwege – entweder zunächst Richtung Harzhaus (Hotelbetrieb) und im Gehölz kurz aufwärts oder auf der befestigten Trasse oberhalb – um zum ehemaligen Restaurant **Waldschlösschen 2** und zum Schullandheim zu gelangen. In der Nähe liegt die aufgelassene Skisprungschanze. Nach Kreuzen der L98 setzen wir die Route am Südrand der ausgedehnten Freiflächen um den Großen Rappenberg fort. Wo der Hauptweg rechts abknickt, halten wir uns geradeaus über die Wiese abwärts (Trittspur), passieren das »Rappbode-Echo« und stoßen bei der **Rappbodebrücke 3** wieder

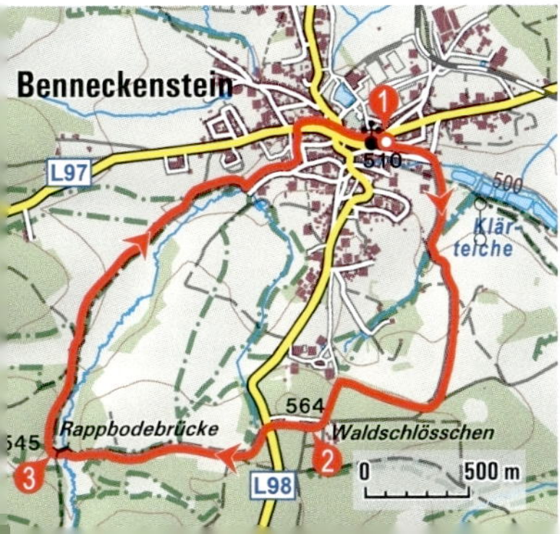

auf einen breiteren Weg. Rund 500 Meter weiter können wir nach rechts ausscheren und auf der Grasnarbe direkten Kurs Richtung Benneckenstein nehmen. Nach der leichten Gefällstrecke gibt es in der Ortslage im Detail verschiedene Möglichkeiten, etwa via *Oberbruch* und *Bauerwiese* zur Durchgangsstraße und zurück zur Laurentiuskirche 1.

St. Laurentius in Benneckenstein.

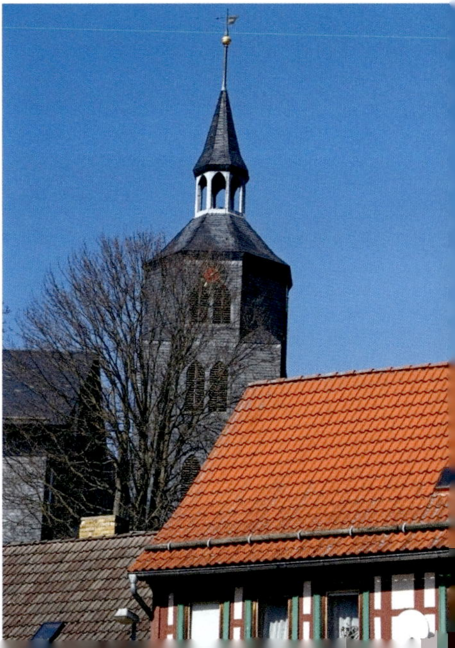

61 Im Ellricher Stadtwald

Über den Harzer Grenzweg

3.15 Std. | 10,3 km | ↗ 420 m | ↘ 420 m

Im nördlichsten Winkel Thüringens

Als nördlichste Stadt Thüringens liegt Ellrich am unmittelbaren Südrand des Harzes, wo dieser ins Thüringer Becken ausläuft. Nur wenige Kilometer entfernt befand sich die innerdeutsche Grenze, was wir zum Anlass nehmen wollen, einmal am sogenannten »Grünen Band«, in diesem Fall am Harzer Grenzweg, unterwegs zu sein. Die Route im Ellricher Stadtwald führt über spannende, oft laubbedeckte Naturwege und erreicht bei der Wendeleiche ihren höchsten Punkt. Sogar ein Durchblick zum Brocken ergibt sich hier, während im Süden der Kamm des Thüringer Waldes die »Skyline« bildet.

Ausgangspunkt: Parkplatz am Südrand des Ellricher Stadtwaldes, ca. 290 m. Zufahrt von Ellrich nordwärts über die Waldstraße bis zu deren Ende.
Öffentliche Verkehrsmittel: Ellrich liegt an der regionalen Bahnverbindung zwischen Nordhausen und Northeim. Vom Bahnhof allerdings 3 km Anmarsch bis zum Ausgangspunkt, vom Stadtkern ca. 2 km.
Anforderungen: Überwiegend unbefestigte Waldwege, abschnittsweise auch nur schmal gepfadet, vor und hinter der Wendeleiche kurzfristig steil. Beschilderungen und Markierungen sind lückenhaft, außerdem gibt es einige nicht offensichtliche Abzweigungen bzw. Richtungswechsel, was ein gutes Orientierungsvermögen voraussetzt.
Einkehr: Keine am Weg, aber in der Nähe z. B. das Ellricher Gaststübl (So Ruhetag).
Variante: Im Ellricher Stadtwald gibt es ein relativ stark verzweigtes Wegenetz, sodass insbesondere die Abstiegsroute auch individuell abgewandelt werden kann (z. B. von der Wendeleiche via Zankecke direkter bergab).
Stempel: Nr. 165 (Wendeleiche), auf einer Variante ggf. Nr. 90 (Roter Schuss).

Unten und rechts: Herbststimmungen im Ellricher Stadtwald.

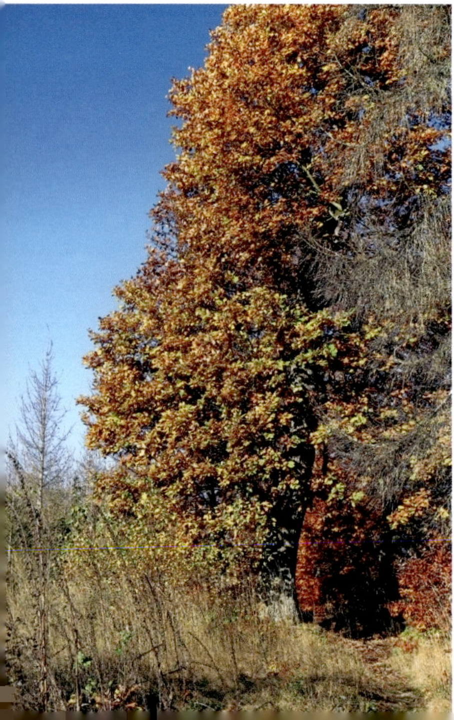

Vom **Parkplatz ❶** orientieren wir uns mit dem grünen Punkt nach Westen, also Richtung Zorge, wandern ein Weilchen am Waldrand entlang, lassen den ersten Rechtsabzweig unbeachtet, folgen dann aber der größeren Trasse leicht ansteigend zum »Spitzen Winkel«, wo wir auf den Harzer Grenzweg stoßen. Diese in Abständen angebrachte,

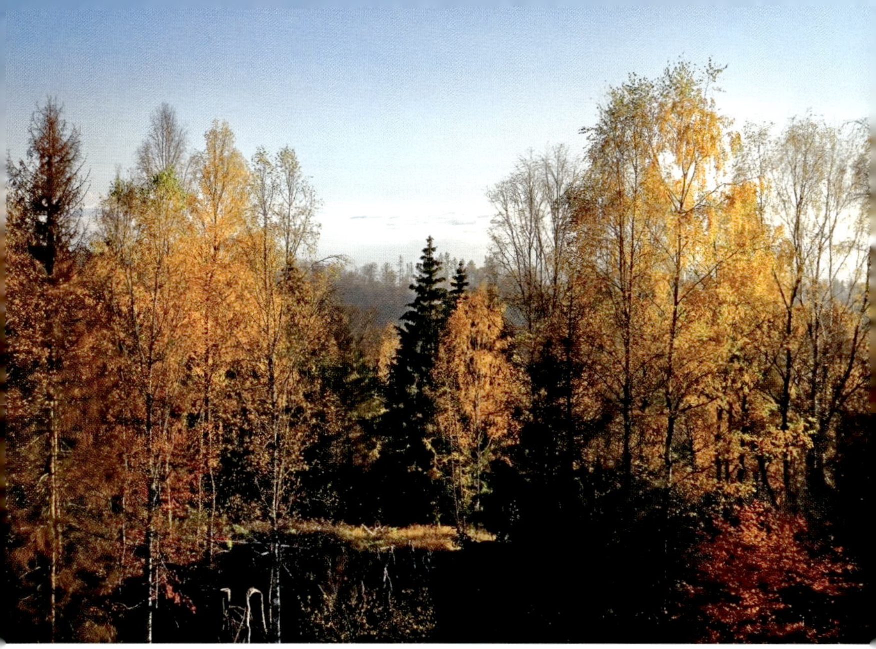

aber nicht sehr auffällige Bezeichnung ist nun maßgebend, womit wir also nicht dem breiten Kolonnenweg folgen, sondern dem unbefestigten Waldweg ein Stück weiter links. Allmählich gewinnen wir an Höhe (aufpassen, dass man auf meist laubbedecktem Untergrund die Route nicht verliert) und kommen zur **Zwei-Länder-Eiche** ❷. Im weiteren Verlauf oft nur schmal und mitunter etwas kräftiger bergauf, im Bereich der Kammlinie, wo sich linker Hand der Große Staufenberg erhebt, markant nach rechts abknickend. In Kürze öffnet sich die abgeschiedene Hundert-Morgen-Wiese unter uns, ehe der Grenzweg – nicht in die Flanke ausbiegend! – den Steilaufstieg zur **Wendeleiche** ❸, 572 m (vor Ort vermutlich unzutreffend mit 586 m angegeben), direkt angeht. Dies ist der schönste Fleck der Tour, ein herrlicher, zu DDR-Zeiten unzugänglicher Rastplatz, wo sich wenige Schritte entfernt auch der Brocken zeigt.

Will man nicht schon von hier aus absteigen, kann man dem schmalen Harzer Grenzweg noch eine halbe Stunde folgen, und zwar an der geheimnisumwobenen Skulptur der Schwangeren Jungfer vorbei sowie mit Gegensteigung über den Sülzhaynblick. Nach knapp 1,5 km ab Wendeleiche gilt es dann rechts auszuscheren ❹. Der Wegansatz dort ist nicht beschildert und auch leicht zu übersehen. Man trifft aber schon

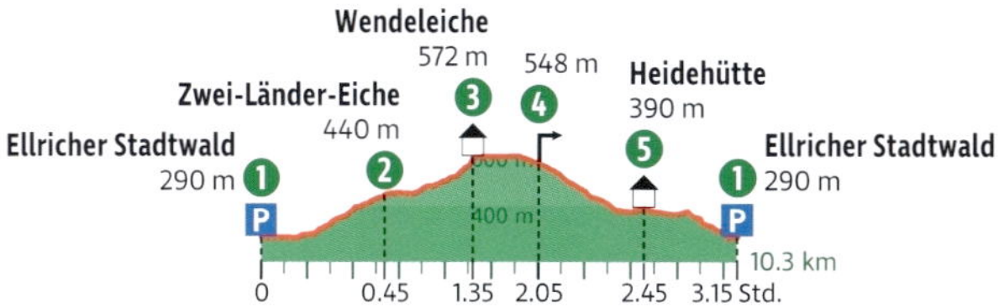

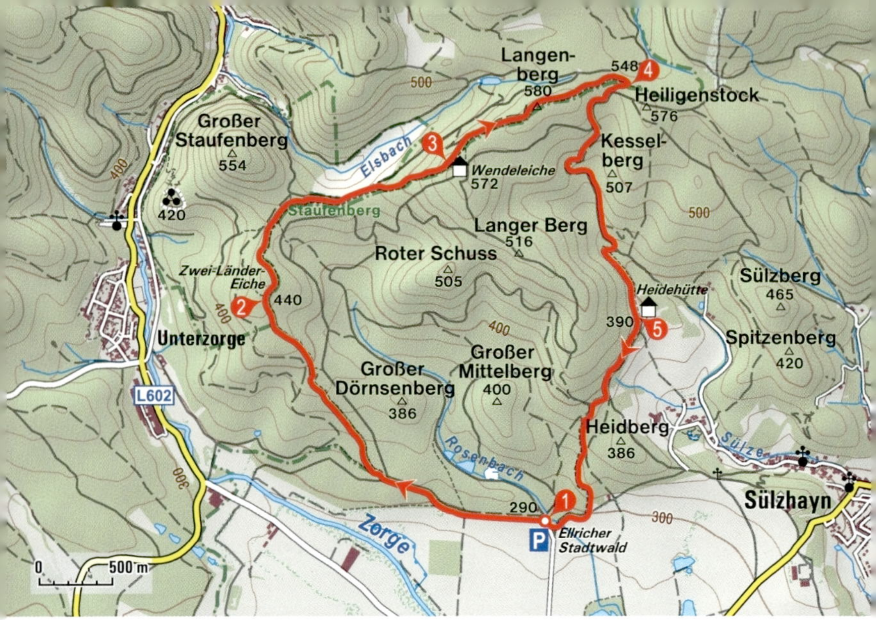

wenige Minuten später auf den unterhalb verlaufenden breiten Betonplattenweg, der übrigens von der Kreuzung bei der Sülzhayner Hütte herführt und notfalls auch noch dort eingeschlagen werden könnte, falls man die Abzweigung zuvor übersehen haben sollte. Nun zunächst am Hang entlang nach rechts und bei der nächsten Gabelung hinter einer Linkskurve am unterem Weg weiter. Damit ins Frankental hinunter, wo wir bald auf die rechte Seite des Bacheinschnitts wechseln sollten (eventuell schlechte Wegverhältnisse wegen Forstarbeiten), aber spätestens dort zu vollziehen, wo der Hinweis »Ellrich über Wolfgangsee, Kaiserblick« spitzwinklig von der Straße fortleitet. Auf der anderen Bachseite haben wir rasch wieder einen angenehmen Waldweg unter den Sohlen, überschreiten zwischendurch die Wiese mit der aussichtsreichen **Heidehütte ❺** und biegen gut 600 Meter danach am besten rechtwinklig nach rechts ab. Nach einem kurzen Gegenanstieg sofort wieder links und mit der Symbolik »rotes Kreuz« abwärts bis zum Waldrand. Schließlich nach rechts in Kürze zurück zum **Parkplatz ❶**.

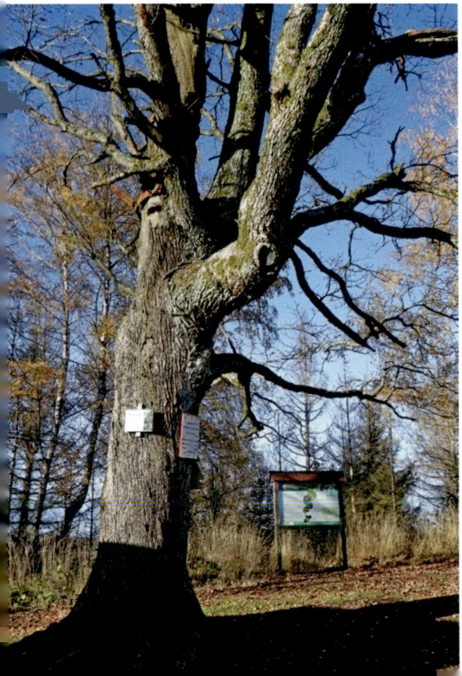

Am Scheitelpunkt der Tour steht die Wendeleiche.

Poppenberg, 600 m

Von Ilfeld über Wetterfahne, Bielstein und Falkenstein

62

3.00 Std. | 10,3 km | ↗ 430 m | ↘ 430 m

TOP

Zum höchsten Berg des thüringischen Harzes

Wer lieber urwüchsige Bergpfade erkundet, anstatt über monotone Forststraßen zu hatschen, ist bei diesem Vorschlag genau richtig. Als Hauptziel auserkoren sei der Poppenbergturm auf dem höchsten Berg Thüringens im Harz. Mit 600 Metern (plus der 33 Meter bis zur Aussichtsplattform) misst er zwar kaum mehr als die zentralen Hochflächen unseres Mittelgebirges, doch die Lage am Südrand sorgt speziell an seinen Ausläufern für ein markantes Relief. Dabei entdecken wir mehrere famose Aussichtspunkte, etwa bei der Ilfelder Wetterfahne, und auch einige Klippen, wie Gänseschnabel, Bielsteine oder Falkensteine. Das umfassende Panorama genießt man natürlich auf dem Poppenbergturm, nicht nur über die Geländewellen des Ostharzes bis zum Brocken, sondern bei klarer Sicht auch bis zur »Skyline« des Thüringer Waldes im Süden.

Ausgangspunkt: Bahnhof Ilfeld, 255 m, oder kleiner Parkplatz 500 Meter nördlich in der Gutsstraße, wo jenseits der Gleise der eigentliche Wanderweg beginnt.

Öffentliche Verkehrsmittel: Von Nordhausen mit der Tram oder der Harzer Schmalspurbahn (HSB) nach Ilfeld. Nordhausen ist aus Richtung Halle, Erfurt, Kassel und Northeim direkt zu erreichen.

Anforderungen: Fast ausschließlich Naturwege, oft schmal gepfadet und teilweise an Steilhängen verlaufend, daher elementare Trittsicherheit angezeigt. Aufgrund der Höhenunterschiede durchaus anstrengend. Allgemein gut ausgeschildert; häufig gilt die Mar-

Erstes Highlight: Blick von der Wetterfahne auf Ilfeld und Umgebung.

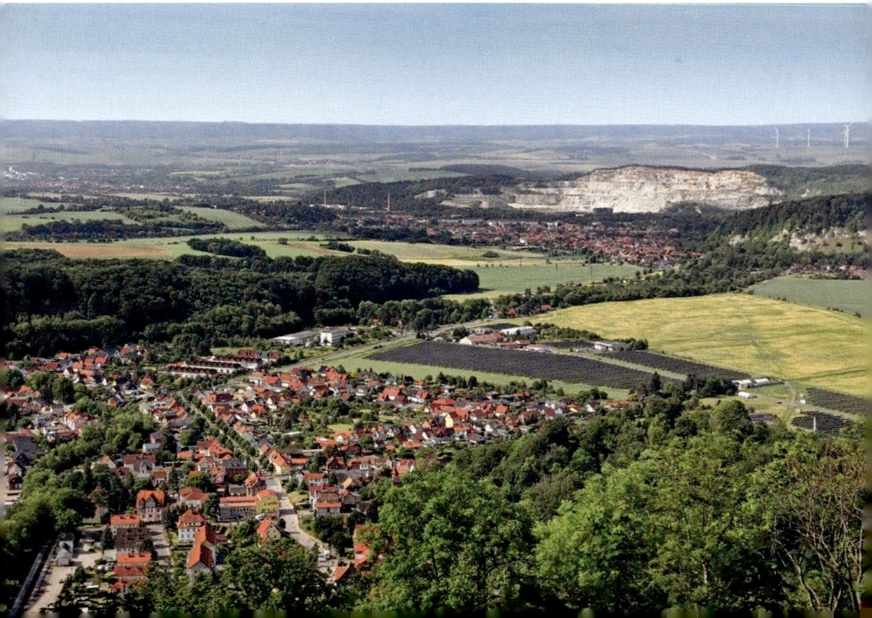

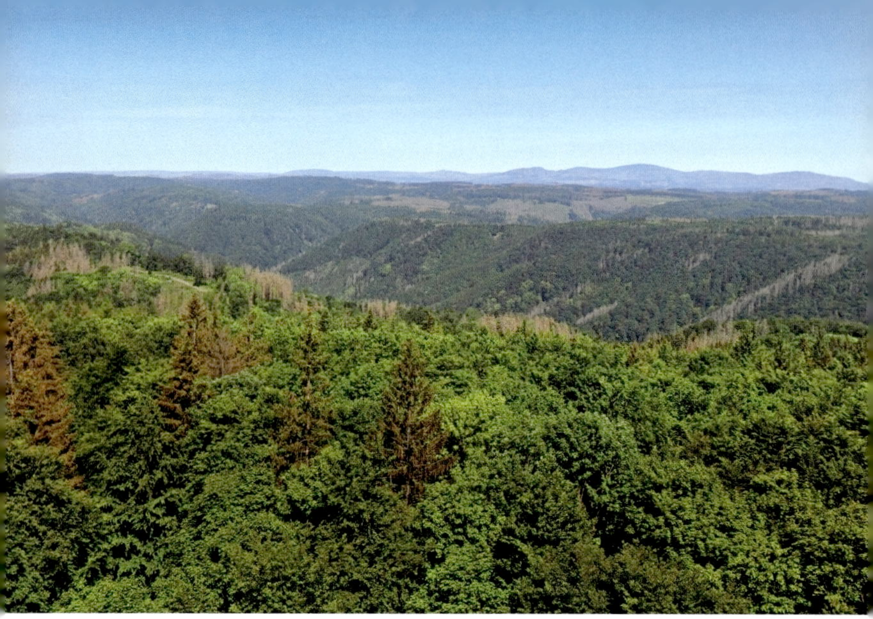

Auf dem Poppenbergturm bietet sich ein umfassender 360-Grad-Rundumblick.

kierung des Dampfloksteigs.
Einkehr: Ilfeld (Hotel Harzparadies, Pub & Eiscafé St. Georg, Pizza Rustica).
Variante: Statt über die Bielsteine kann man zwischendurch auch den Weg über den »Brockenblick« zum Poppenberg wählen, allerdings weniger urwüchsig.
Stempel: Nr. 95 (Ilfelder Wetterfahne), Nr. 92 (Poppenbergturm).

Vom Bahnhof **Ilfeld** ❶ können wir den Pfad neben den Gleisen nutzen, bis es an der *Gutsstraße* die Möglichkeit zum Kreuzen gibt. Hier auch gleich über die Bere hinweg und am Waldhang schräg links aufwärts (Markierung des Südharzer Dampfloksteigs). Nach einem ausgeprägten Eck kommen wir zum profilierten Gänseschnabel und erhaschen von der Felsenkanzel einen Tiefblick ins enge Tal. Bergwärts schließen sich ein paar Schleifen an, ehe sich an der **Wetterfahne** ❷, ca. 475 m, der Blick über Ilfeld hinaus bis ins südliche Harzvorland öffnet. Der Dampfloksteig setzt sich nun gemäßigter am Herzberg fort, wendet sich bei einer Unterstandshütte zuerst nach rechts und dann gleich wieder nach links. Damit sind wir auf dem schönen Schleichpfad Richtung Bielsteine unterwegs und berühren namentlich den **Oberen Bielstein** ❸ mit seiner wildromantischen Perspektive über dem Gottestal. In ähnlicher Manier geht es weiter. Nachdem die Kupfertalsklippe in einigem Abstand passiert

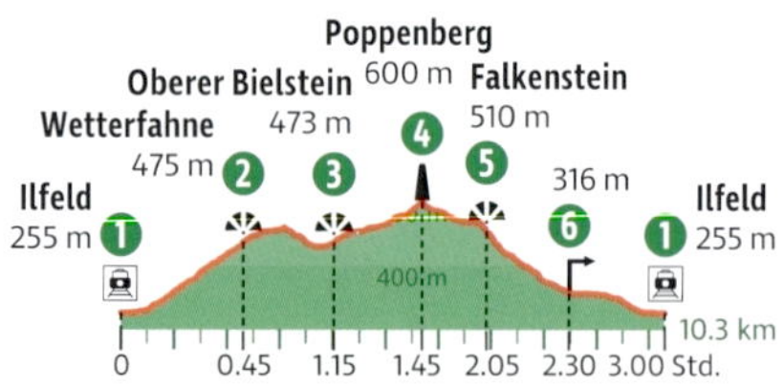

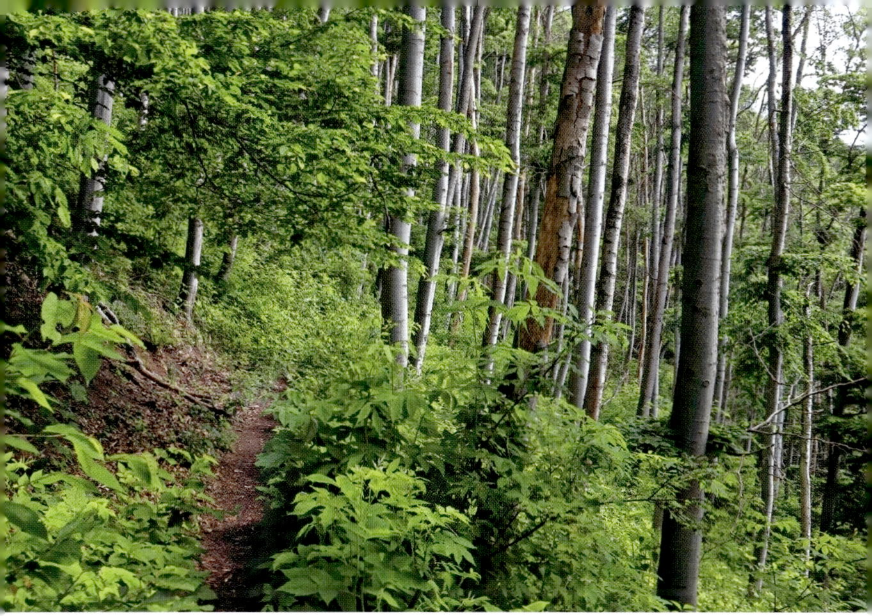

Kleine Naturpfade, wie hier Richtung Bielsteine, prägen die Tour.

ist, schließen wir zu einer Forststraße und mit dieser zur Mehrfachkreuzung am Molkenborn auf. Von dort sind es noch rund 10 Minuten aufwärts bis zum **Poppenbergturm** ❹, 600 m, dessen Stahlkonstruktion uns einen luftigen Ausblick beschert.

Auch der oberste Teil des Abstiegs gehört zum Dampfloksteig. Wir laufen an einem freien Hang entlang, dann links und über die Kuppe des **Falkensteins** hinweg zu den gleichnamigen Klippen ❺, wo es wieder einen lauschigen Rastplatz gibt. Achtung, das Gelände ist hier ziemlich abschüssig. Mit ein paar Kehren hinunter zu einem etwas größeren, gleichwohl unbefestigten Waldweg, zwischendurch eine Abkürzung nutzend und vor dem Großen Liebenberg gen Westen schwenkend. Wenn man jetzt komplett dem Hauptweg folgt, käme man im Ilfelder Ortsteil Wiegersdorf heraus – besser jedoch bei ❻ kurz bergwärts versetzt weiter und dann stets am Hang entlang, allmählich abfallend bis zum anfangs erwähnten Übergang (*Gutsstraße*) respektive zurück zum **Bahnhof Ilfeld** ❶.

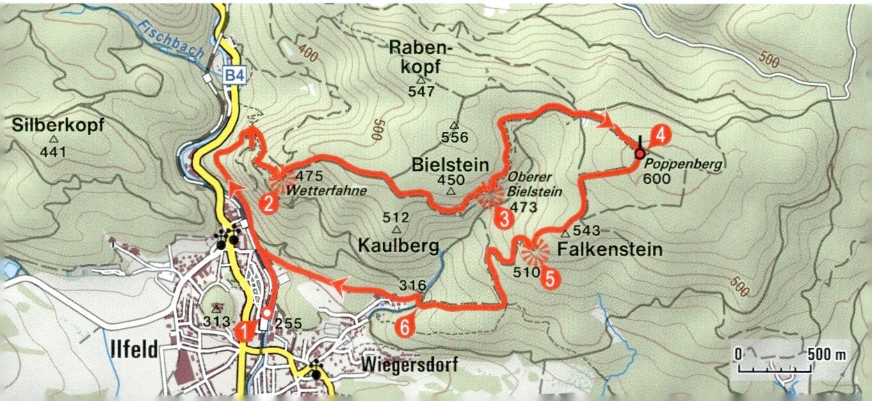

63 Dreiherrenstein und Birkenmoor

Rundtour vom Hufhaus

2.45 Std. | 10,5 km | ↗180 m | ↘180 m

Im territorial zersplitterten Gebiet des östlichen Südharzes

Diese Wanderung weit abseits nennenswerter Siedlungen kann nicht unbedingt mit landschaftlichen Sensationen aufwarten. Sie gleitet in ruhigen Zügen durch eine ausgedehnte Waldgegend dahin und hat ihren idyllischsten Fleck sicherlich am Birkenmoor, wo uns auch ein kleiner Teich erfreut. Kompliziert war ehedem die politische Zugehörigkeit des Gebiets. Einen vagen Hinweis darauf geben uns die um 1735 gesetzten Dreiherrensteine an der Nahtstelle der Kurfürstentümer Hannover und Sachsen sowie des Herzogtums Braunschweig-Wolfenbüttel. Die Besitzungen der Grafschaft Stolberg waren zu diesem Zeitpunkt schon von Kursachsen mediatisiert worden. Eine gewisse Bereinigung der politischen Zersplitterung brachte schließlich 1815 der Wiener Kongress. Noch 1947 grenzten in der Nähe die Länder Preußen, Braunschweig und Anhalt aneinander.

Ausgangspunkt: Hufhaus, ca. 535 m. Zufahrt von der B81 knapp nördlich von Netzkater durchs Tal des Brandesbachs (die Abzweigung ist verkehrsbedingt nur von Süden her gestattet, ggf. in Netzkater wenden).
Öffentliche Verkehrsmittel: Im vorgestellten Rahmen nicht praktikabel. Die nächsten Haltestellen liegen bei Netzkater (Harzer Schmalspurbahn) sowie in Neustadt-Waldbad (Bus von Niedersachswerfen).
Anforderungen: Die meiste Zeit gewöhnliche Forstwege, im letzten Abschnitt ab Birkenmoor unbefestigt (und nach Waldarbeiten evtl. im suboptimalen Zustand). Beschilderungen sind nicht üppig, aber i. A. ausreichend. Meist nur leicht gewelltes Gelände.
Einkehr: Hotel Hufhaus (täglich geöffnet).
Stempel: Nr. 94 (Dreiherrenstein).

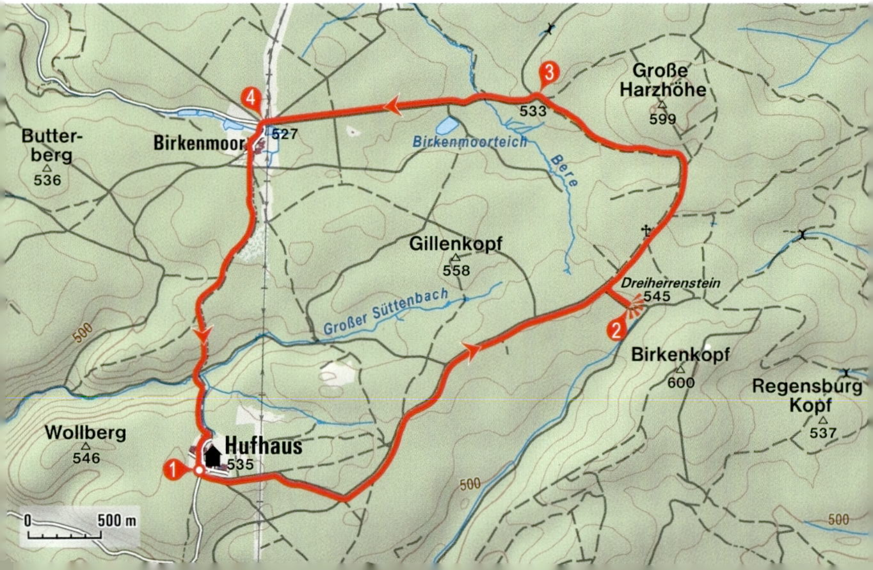

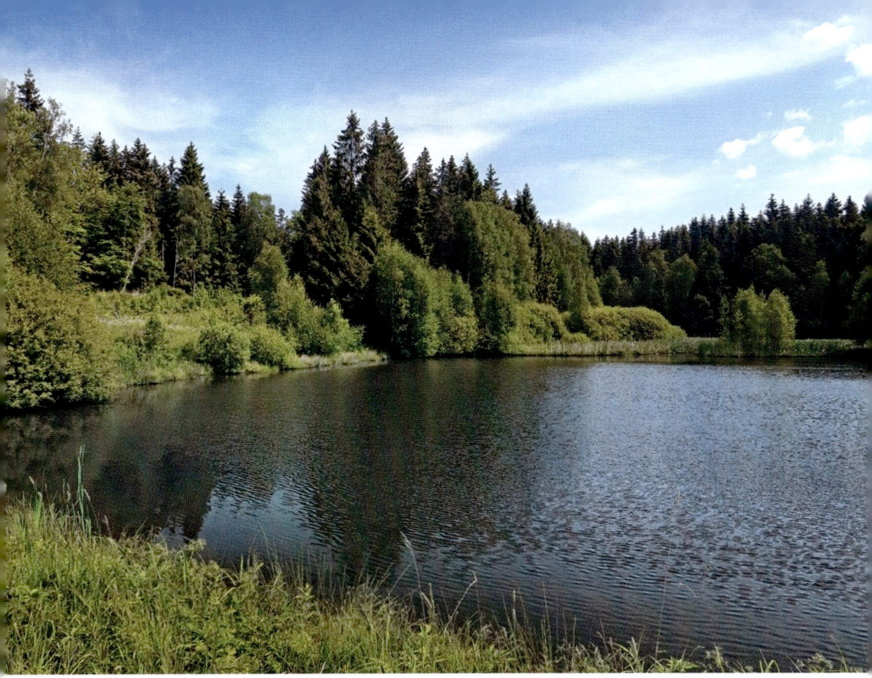

Teich in der Abgeschiedenheit von Birkenmoor.

Vom **Hufhaus** ❶ schlagen wir die ostwärts abzweigende Forststraße (Nr. 46C) ein und wandern zunächst bis zur Hornfeldwiese. Dort nach links und über die Alte Heerstraße nun in Grundrichtung Nordost, bis im Bereich des Brandhai der **Dreiherrenstein** ❷ nach rechts ausgewiesen wird. Nur wenige Minuten dauert dieser Abstecher zur Stempelstelle. Ansonsten geht es weiter auf der Hauptroute, bei einer Y-Gabelung links haltend (also nicht nach Breitenstein) und etwas später mit einer markanten Linksbiegung in Westrichtung. Bei der nächsten größeren Kreuzung ❸ aufpassen: Während man geradeaus zum Haltepunkt Birkenmoor der HSB gelänge, geht es für uns nach links und im Bereich einer kleinen Senke nochmals links, um dann auf einem schnurgeraden Abschnitt die eigentliche Örtlichkeit **Birkenmoor** ❹ anzusteuern. Unmittelbar hinter dem Forsthaus folgen wir dem grünen Dreieck nach links auf einen Grasweg, der sich alsbald nochmals gabelt. Im Gehölz wird es teilweise etwas verschlungen – bei sich verzweigenden Erdwegen achte man auf die richtige Fortsetzung. Überraschenderweise legt sich jetzt noch der Einschnitt des Großen Sittenbachs quer zur Route, womit die finale Gegensteigung zum **Hufhaus** ❶ das einzige steilere Stück der Tour darstellt.

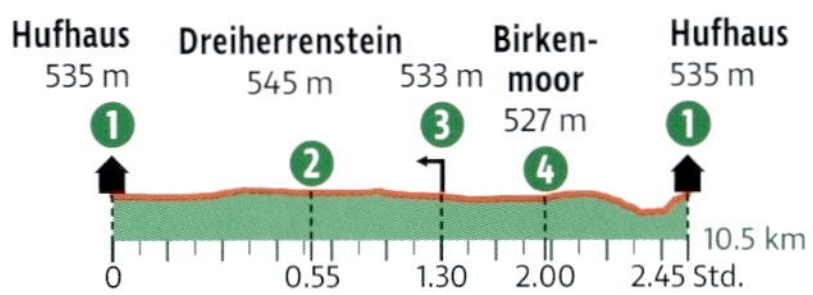

64 Rundweg Rappbodevorsperre
Von Trautenstein über die Trageburg

2.15 Std. | 8,3 km | ↗120 m | ↘120 m

Ein idealer Seerundweg

Das Talsperrensystem der Rappbode ist selbst für den diesbezüglich reich bestückten Harz außergewöhnlich. Neben dem Rappbodestausee als Kernstück besteht es aus den Vorbecken Rappbode und Hassel, dem Hochwasserrückhaltebecken bei Mandelholz und der Überleitungssperre bei Königshütte (Stollenleitung) sowie der Wendefurther Talsperre als tiefstgelegener Einheit. Im Rahmen dieses Wanderbuches lernen wir fast alle Teile irgendwie kennen. Von Trautenstein aus bietet sich eine Umrundung der Rappbodevorsperre an. Ostseitig oberhalb der Eintalung, die jetzt vom Stausee ausgefüllt wird, befand sich einst die Trageburg (Draburg); sie diente zur Sicherung des Fernhandels. Erhalten ist davon fast nichts mehr, doch der Fleck zählt zu den besonders beliebten Aussichtspunkten, der übrigens auch vom Harzer Hexenstieg berührt wird. Für uns geht es jenseits der Staumauer auf der Westseite zurück, größtenteils auf naturnahen Wegen. Nur die großflächige Entwaldung der letzten Jahre mag die Wandererseele doch ein wenig schmerzen …

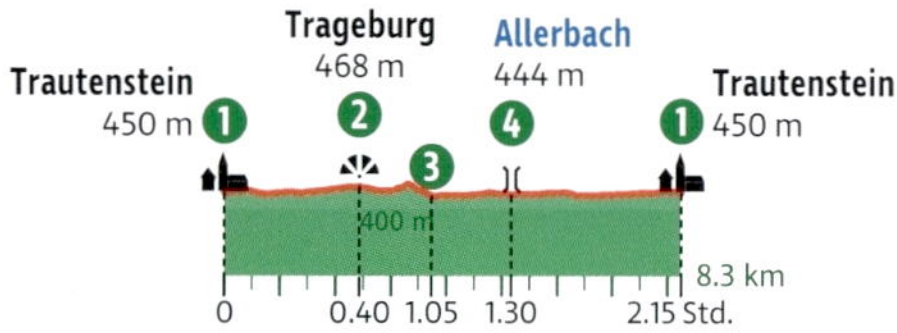

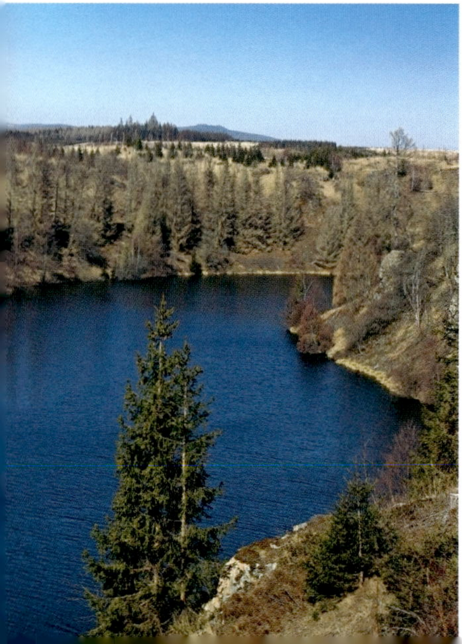

Ausgangspunkt: Trautenstein, Parkplatz beim Dorfgemeinschaftshaus in der Schützenstraße, ca. 450 m.
Öffentliche Verkehrsmittel: Buslinie 263 zwischen Blankenburg und Benneckenstein.
Anforderungen: Teils schmale Trampelpfade, streckenweise breit trassiert. Relativ wenig Höhenunterschied.
Einkehr: Hotel-Restaurant Druidenstein in Trautenstein.
Tipp: Sehenswerte Fachwerkkirche am Druidenstein; Heimatstube im Dorfgemeinschaftshaus.
Stempel: Nr. 52 (Trageburg), einige Gehminuten nördlich der Staumauer evtl. Nr. 56 (Rappbodeblick Trautenstein).

Am Aussichtspunkt Trageburg nimmt man eine erhöhte Perspektive ein.

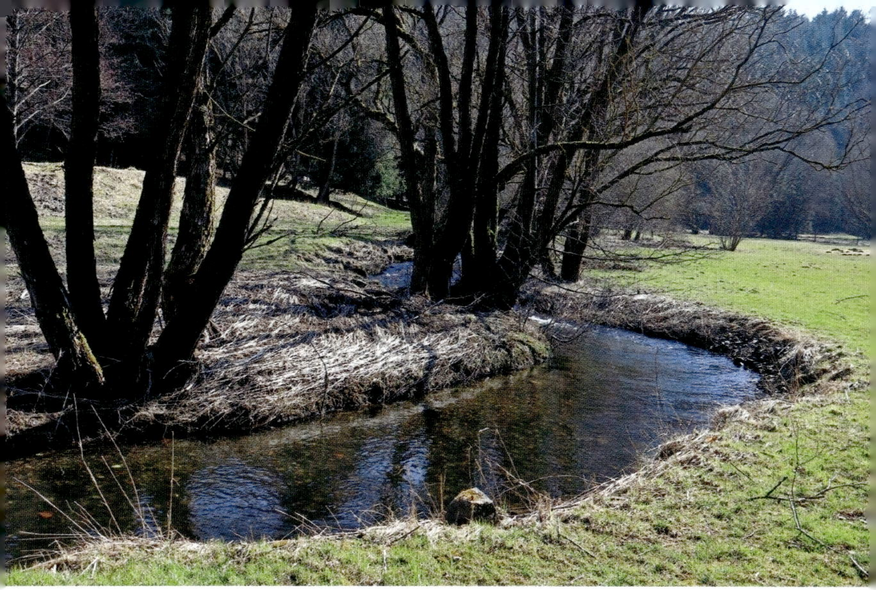

Am Oberlauf der Rappbode bei Trautenstein.

Von **Trautenstein** ❶ bewegen wir uns am Rande des Wiesentälchens, durch das sich die kleine Rappbode dahinschlängelt. Anfangs werden uns zwei parallele Wege angeboten (»Berg« und »Tal«, wobei der Unterschied nur wenige Meter ausmacht); anschließend gemeinsam auf breiter Trasse weiter bis das südliche Ende des Stausees neben uns auftaucht. Mit einem kleinen Anstieg schließen wir zum Harzer Hexenstieg auf und sollten vor der **Trageburg** ❷ nach Möglichkeit – d. h. wenn die Verhältnisse es erlauben – den schmalen Pfad am Hang wählen (anstelle der breiten Forststraße). Es ergeben sich herrliche Perspektiven auf den Wasserspiegel rund 40 Meter tiefer. Der Hexenstieg setzt sich nordwärts fort, zunächst abwärts, dann mit einem Gegenanstieg auf kleinerem Steig sowie an einer Schutzhütte vorbei hinab zur Staumauer der **Rappbodevorsperre** ❸. Gegenüber nehmen wir den Rückweg auf, bis zur Einmündung des Allerbachs ❹ abschnittsweise nur schmal gepfadet, danach breiter ausgebaut. Das Ausgehen der kleinen Bucht kostet etwas Zeit. Allmählich lassen wir den Stausee hinter uns, begleiten hinter einer Schutzhütte noch das Überflutungsgebiet der Rappbode und wechseln am besten wieder auf die östliche Seite, um das letzte Stück zum Parkplatz ❶ dort zu absolvieren.

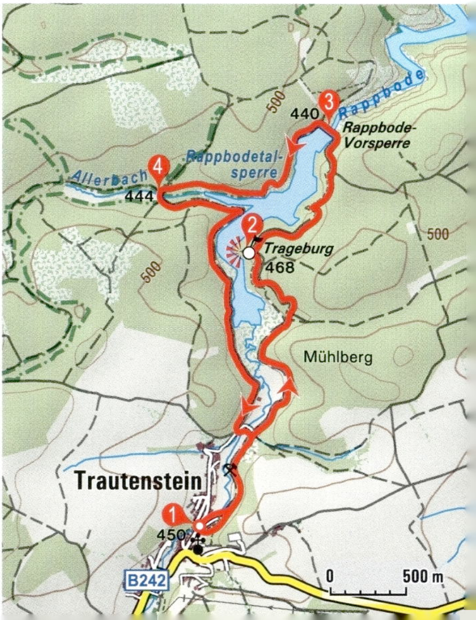

65 Hasselvorsperre und Kleine Rabenklippe

Von der Hagenmühle zum Rappbodestausee

2.30 Std. | 9,5 km | ↗150 m | ↘150 m

Im nordwestlichen Umfeld von Hasselfelde

Der riesige Rappbodestausee wird über zwei Vorbecken gespeist. Jenes bei Trautenstein wurde bereits bei Tour 64 vorgestellt; in diesem Vorschlag soll es um die Hasselvorsperre gehen, deren Umrundung viele schöne Perspektiven bietet. Eine Erweiterung führt in den markanten Geländezwickel oberhalb des großen, gewundenen Stausees, wo die beiden Rabenklippen aufragen. Empfohlen sei die Kleine Rabenklippe, die etwas weniger umständlich zu erreichen ist als die Große und normalerweise auch nicht von Sperrungen wegen Vogelbrut betroffen. Der Blick schweift weit über die Hochflächen des Mittelharzes.

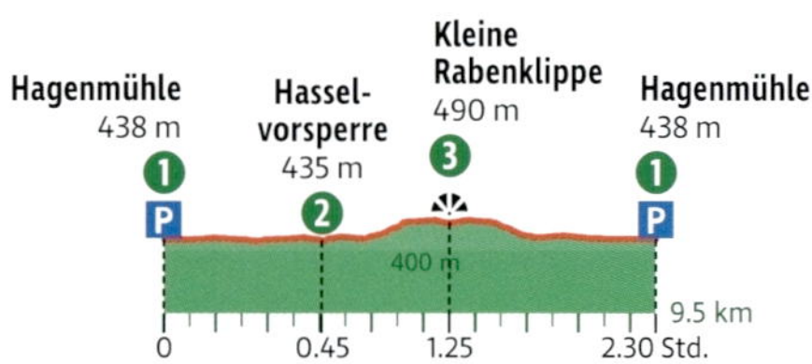

Ausgangspunkt: Parkplatz »Murmelbachtal« bei Hagenmühle, ca. 438 m, etwa 1 km nordwestlich von Hasselfelde (Zufahrt über die Hagenstraße).
Öffentliche Verkehrsmittel: Buslinie 260 von Wernigerode oder 263 von Blankenburg nach Hasselfelde.
Anforderungen: Bequeme Wanderwege am Stausee entlang, auch sonst kaum problematisch, im unmittelbaren Bereich der Rabenklippe erhöhte Vorsicht. Überall ausreichend beschildert (abgesehen von einer kleinen vorteilhaften Abkürzung).
Einkehr: Diverse in Hasselfelde (Zur Krone, Zum Erpel, Lotus, Iman Kebap Haus, Eiscafé Hartmann).
Variante: Zur Großen Rabenklippe muss man vom Weg zur Kleinen Rabenklippe rechts ausscheren – eine Direktverbindung zwischen beiden existiert nicht.
Stempel: Nr. 53 (Hasselvorsperre).

Der Hinweg wird zeitweilig von Felszonen begleitet.

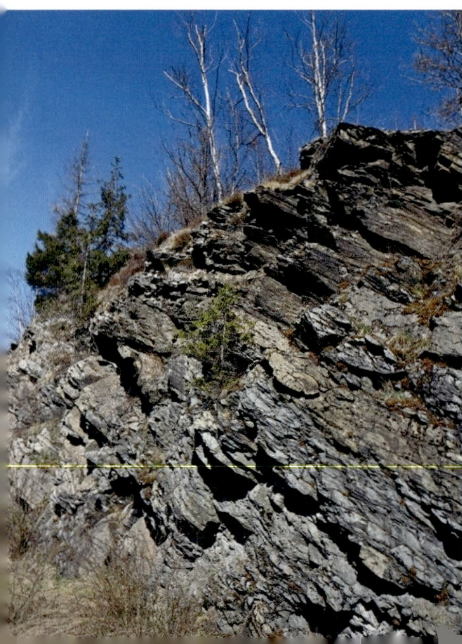

Von **Hagenmühle** ❶ nehmen wir den Rundweg um das Vorbecken Hassel auf, zunächst an der Ostseite, wo einige Kurven für abwechslungsrei-

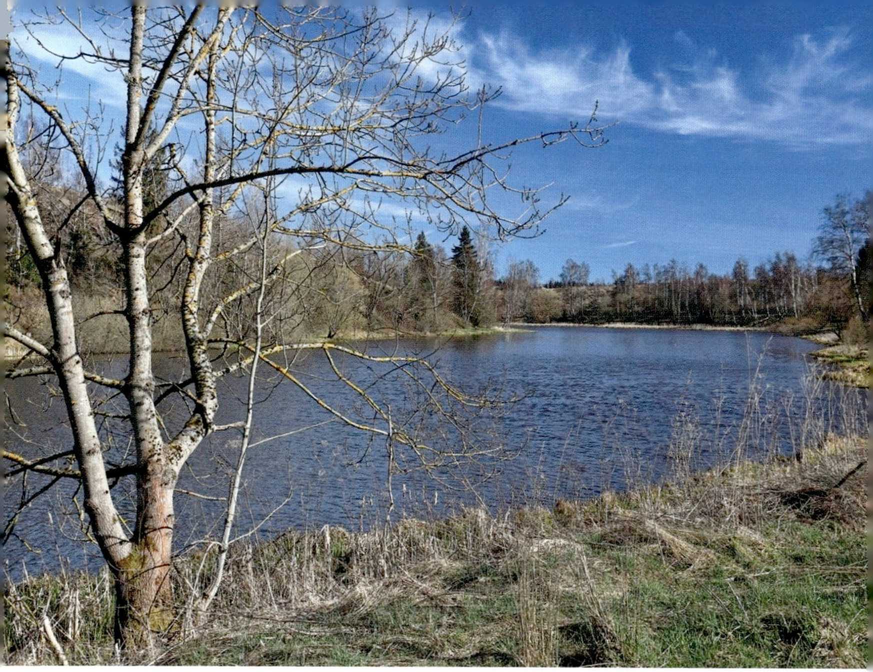

Am Ufer finden wir immer wieder lauschige Plätze.

che Perspektiven sorgen. Nach dem letzten markanten Bogen nähern wir uns der **Hasselvorsperre ❷**, 435 m, und überschreiten die Staumauer. Dahinter steigt unser Weg etwas an und stößt auf eine T-Kreuzung mit befestigter Trasse. Wer sich auf den 5,6 Kilometer langen engeren Rundkurs beschränken möchte, kann sich hier nach links wenden. Ansonsten gehen wir rechts und in der nächsten Geländesenke links aufwärts. Nach etwa 800 Metern lässt sich ein spitzwinkliges Eck über einen rechts abzweigenden Erdweg effektiv abschneiden (nicht markiert). In der Folge geradeaus weiter über die Hochfläche und damit nordwärts Richtung **Kleine Rabenklippe ❸**, ca. 490 m, die sich als felsdurchsetzter Kegel erweist. Zurück wandern wir zunächst am besten auf der gleichen Route, dann jedoch in den Hexenstieg einmündend (bei einem Unterstand) und schließlich westseitig am Hassel-Vorbecken entlang. Der Schotterbelag weicht einer Grasnarbe. Gegen Ende links eindrehend Richtung **Hagenmühle ❶**.

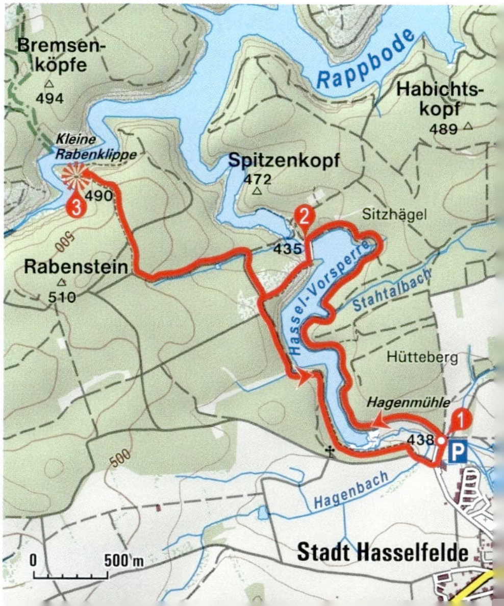

66 Südliche Hasselfelder Runde

Über Meriansblick und Hoyerteich

1.55 Std. | 7,0 km | ↗120 m | ↘120 m

Eine typische, sanft geschwungene Hochflächentour

Mit dieser Wanderung schweifen wir von Hasselfelde ein Stück weit nach Süden aus, gewinnen derweil einen guten Eindruck von der Lage des Städtchens im zentralen Teil der Ostharzer Rumpfflächen und müssen auch diesmal nicht auf ein idyllisches Gewässer verzichten. Es handelt sich um den kleinen Hoyerteich bei Rotacker. Abschnittsweise sind wir auch auf einem Naturlehrweg unterwegs.

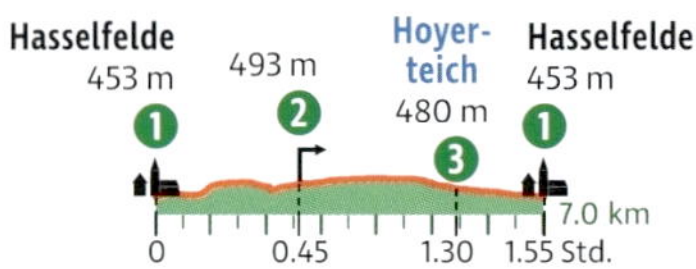

Ausgangspunkt: Bahnhof Hasselfelde, ca. 453 m.
Öffentliche Verkehrsmittel: Buslinien 260 von Wernigerode und 263 von Blankenburg. Von Nordhausen und Quedlinburg verkehrt die Harzer Schmalspurbahn nach Hasselfelde.
Anforderungen: Meist breit trassierte Flur- und Waldwege bei moderaten Höhenunterschieden. Bei Verzweigungen stets ausreichende Beschilderungen.
Einkehr: Diverse in Hasselfelde (Zur Krone, Zum Erpel, Lotus, Iman Kebap Haus, Eiscafé Hartmann), außerdem Hotel-Pension Rebentisch unweit des Hoyerteichs.
Tipps: Neben dem Hoyerteich befindet sich das Waldseebad. Nordöstlich etwas außerhalb von Hasselfelde ist die »Pullman City Harz« nach Vorbild einer Westernstadt entstanden. Dort finden auch öfters themenbezogene Sonderveranstaltungen statt. Zwischen April und November täglich geöffnet, im November/Dezember an Wochenenden.
Stempel: Keine.

Idylle am Hoyerteich.

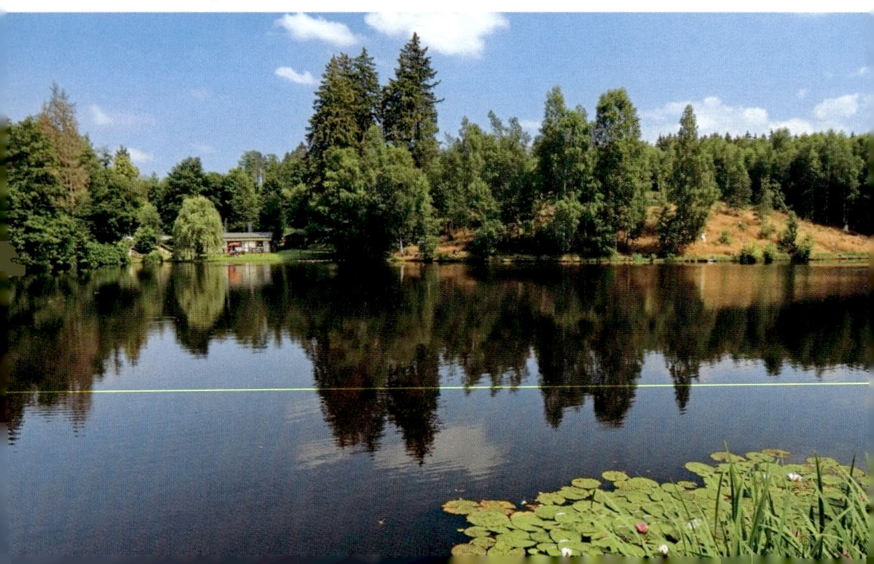

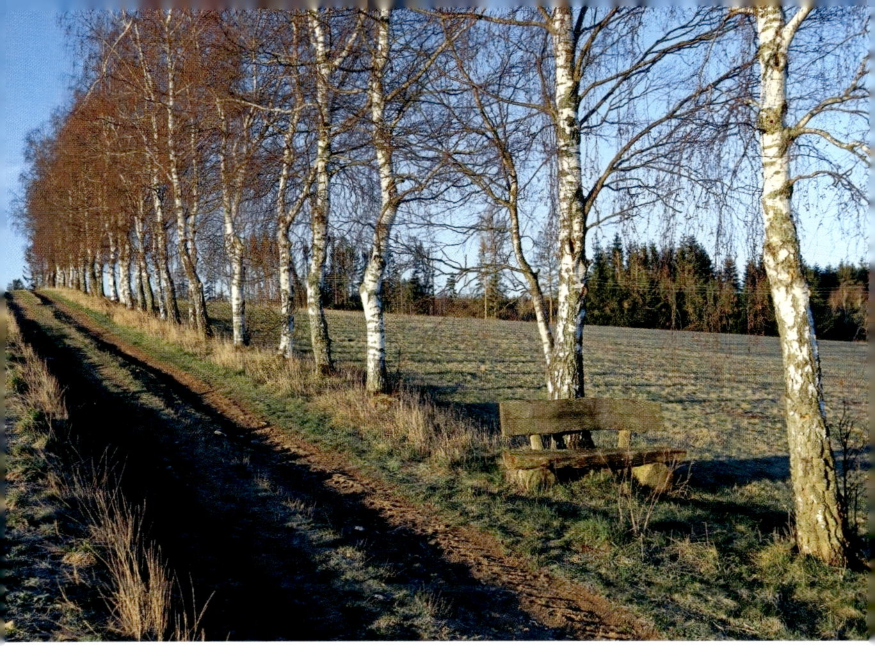

Birkenallee im Bereich Meriansblick.

Vom Bahnhof **Hasselfelde ❶** starten wir am *Kirschenberg*, biegen links ab und folgen den Feldwegen am **Meriansblick** vorbei zum Rande eines Waldareals. Unmittelbar davor nach links bis in die Nähe der Schmalspurbahn. Wir halten uns vorerst Richtung Stiege, bei der nächsten Kreuzung ❷, 493 m, jedoch nach Beschilderung »Waldseebad« markant nach rechts. Bis zu einer Mehrfachkreuzung steht ein etwas monotoner Abschnitt bevor; dann können wir uns für die direkte Fortsetzung zum Hoyerteich entscheiden oder für die kleine, südwärts ausholende Schleife auf dem Naturlehrweg. Nachdem der **Hoyerteich ❸** tangiert ist, geht es mit dem Naturlehrweg weiter nordwärts (oberhalb des Waldseebads entlang) und schließlich durch die Talmulde des Brummeckebachs zurück nach **Hasselfelde ❶**.

Rössern macht eine frostige Nacht nicht viel aus.

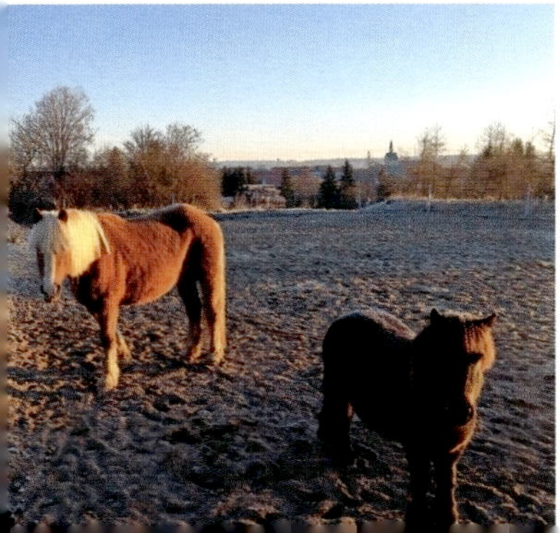

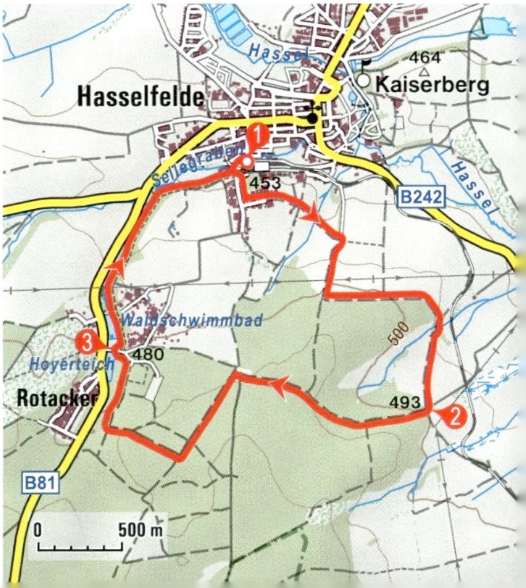

67 Um Stiege

Mit Oberteich, Schulteich und Schloss

1.15 Std. | 4,8 km | ↗70 m | ↘70 m

Eine kurze Stippvisite am Ursprung des Selketals

Beim Dorf Stiege setzen zwei Teiche malerische Akzente, darüber das Jagdschloss sowie am südlichen Ortsrand die pittoreske Stabkirche im norwegischem Drachenstil. All diese Elemente verbinden wir auf einer kompakten Wanderung, die sich nie weit vom Ortsbereich entfernt. Wer also auch mal zufällig hier vorbeikommt, sollte nicht zögern, einen Zwischenstopp einzulegen und diese Eindrücke einzufangen. Wenige Kilometer entfernt entspringt übrigens die Selke, einer der wichtigsten Flüsse im Ostharz.

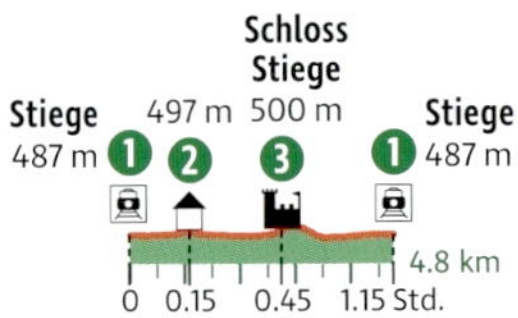

Ausgangspunkt: Bahnhof Stiege, ca. 487 m, am südlichen Ortsrand.
Öffentliche Verkehrsmittel: Buslinie 260 von Wernigerode über Hasselfelde. Von Nordhausen und Quedlinburg verkehrt auch die Harzer Schmalspurbahn.

Anforderungen: Bequeme Wanderwege in Ortsnähe, teils auf Grasnarbe, teils mit Hartbelag. Sehr überschaubare Tour ohne wesentliche Orientierungsschwierigkeiten.
Einkehr: Haus am See, Gasthaus Burgstieg sowie das Café im Schloss (Fr bis So).
Tipp: Ein Spiel- und Spaßerlebnis bietet der 6000 Quadratmeter große Offroadpark direkt oberhalb von Schloss Stiege. Nähere Infos unter www.crude-harz.de.
Stempel: Keine.

Der Schulteich verleiht dem Ort Stiege Glanz und Ausstrahlung.

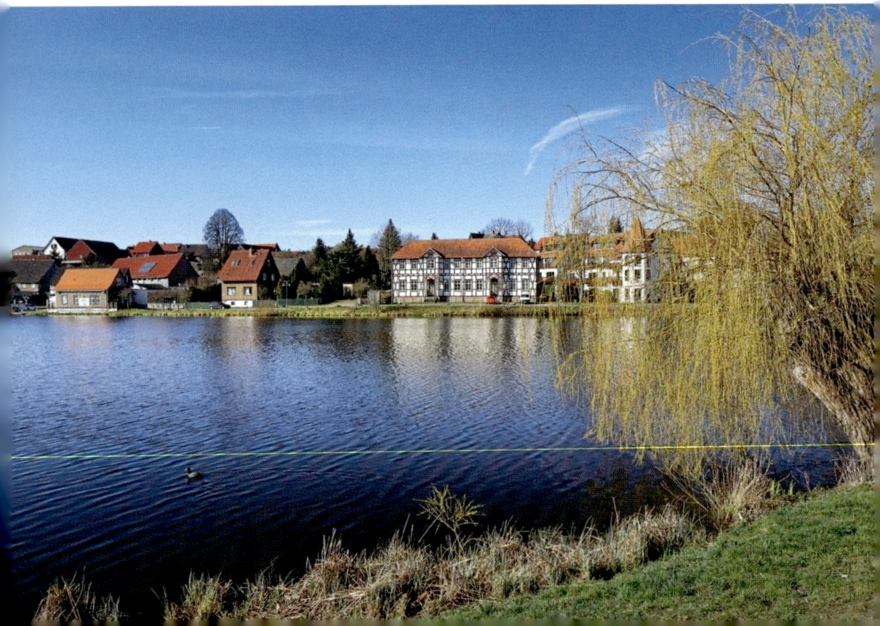

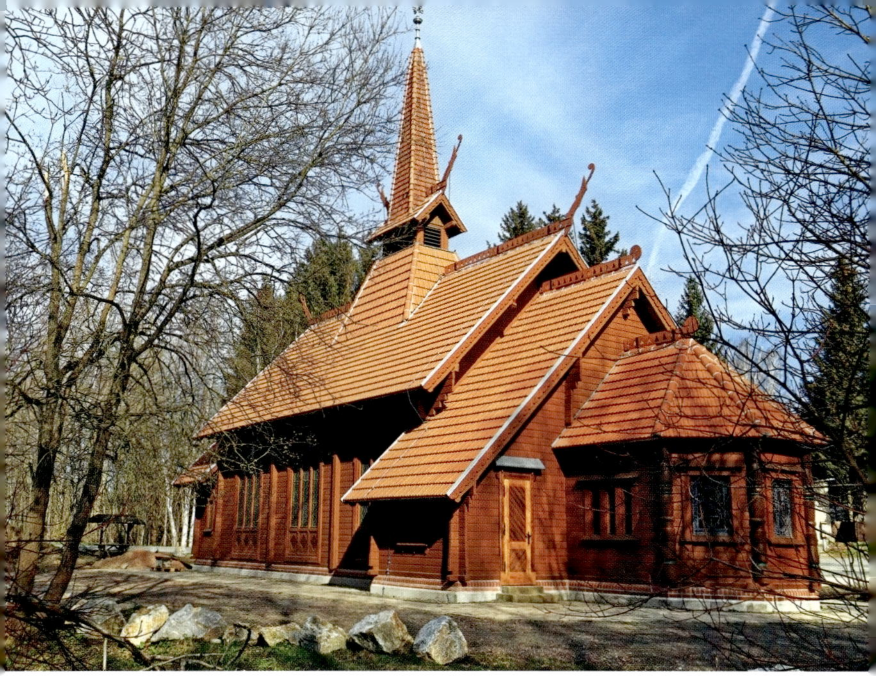

Die neue Stabkirche in Stiege.

Am **Bahnhof Stiege** ❶ nimmt der Selketalstieg seinen Ausgang. Wir folgen diesem zunächst am Südufer des Oberteichs entlang, lassen diese Weitwanderroute nach gut 10 Minuten ostwärts abziehen, wenden uns nach links und können den Osterfeuerplatz (mit Rasthütte) ❷ entweder direkt überschreiten oder knapp links umgehen. Unmittelbar vor der Brücke am Ostufer dann rechts abzweigend zu den Wiesen zwischen Schulteich und Mühlberg. Bei der ersten Gelegenheit queren wir die flache Senke und begleiten nun ein Stück weit das idyllische Nordufer des Schulteichs (auch Unterer Teich genannt). Wer möchte, kann noch das **Schloss Stiege** ❸ oberhalb der *Kirchstraße (B242)* einbinden, eventuell mit kleiner Runde am Offroadparcours »Crude«. Ansonsten wird der Uferweg am Schulteich Richtung *Oberteichstraße* fortgesetzt. Zuletzt an der sehenswerten Stabkirche vorbei zurück zum Bahnhof ❶.

Hier fühlen sich auch Schwäne wohl.

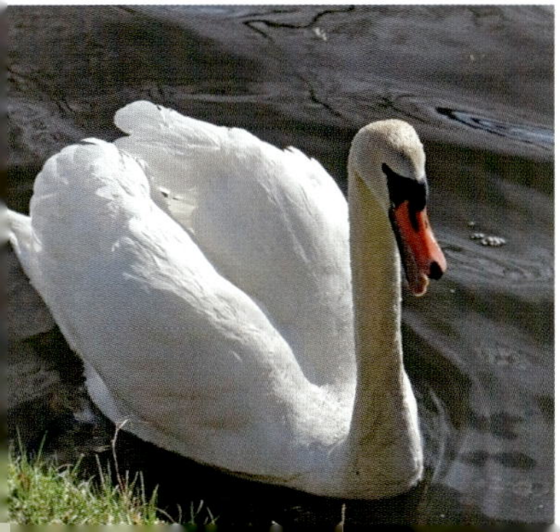

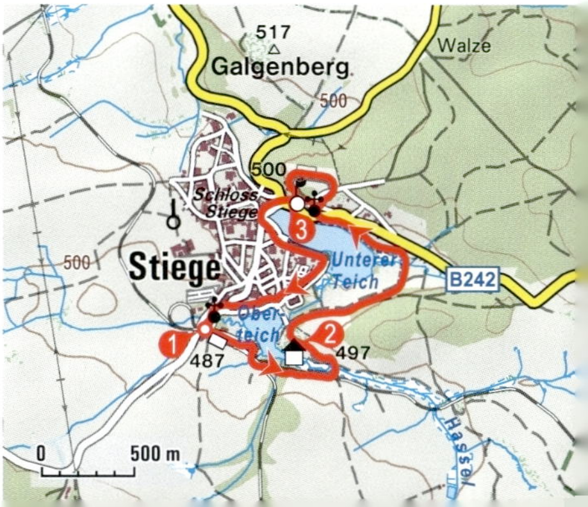

68 Vom Kloster Michaelstein zum Volkmarskeller

Durch Klostergrund und Silberbornsgrund

3.20 Std. | 12,8 km | ↗ 280 m | ↘ 280 m

Spuren klösterlicher Geschichte

Auf dem Weg vom Kloster Michaelstein harzeinwärts Richtung Elbingerode liegt der Volkmarskeller, eine Höhle, die wahrscheinlich schon zu Zeiten der Pfalz Bodfeld (10. Jahrhundert) als Einsiedelei diente. Direkt oberhalb des Eingangs sind heute noch die Relikte der »Oberkirche« zu erkennen. Im 12. Jahrhundert wurde das Kloster am Talausgang ursprünglich von Zisterziensern gegründet, 1543 dann der Reformation unterzogen. Als bedeutendes Kulturgut Sachsen-Anhalts beherbergt es die Musikakademie sowie ein Museum. Es finden regelmäßig Veranstaltungen statt.

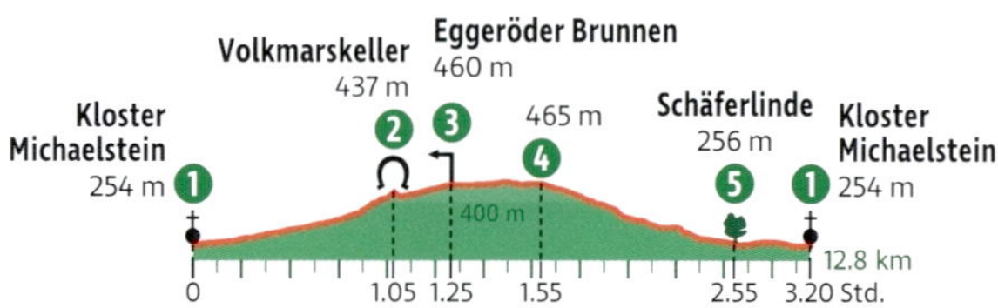

Ausgangspunkt: Kloster Michaelstein, ca. 254 m, westlich von Blankenburg. Parkplatz an der Nordseite des Areals.
Öffentliche Verkehrsmittel: Buslinie 250 zwischen Wernigerode und Thale (Haltestelle »Blankenburg, Michaelstein« am Kreisel).
Anforderungen: Abgesehen von der Passage an den Teichen im Klostergrund und dem kurzen Stichpfad zur Höhle überwiegend gewöhnliche Forststraßen. Eine der längeren Touren dieser Auswahl auf insgesamt gut beschilderten Routen.
Einkehr: Zum Klosterfischer und Hotel Zum Weißen Mönch in Michaelstein.
Tipp: Museum im Kloster Michaelstein, täglich geöffnet von 10 bis 18 Uhr.
Stempel: Nr. 59 (Klostergrund Michaelstein), Nr. 87 (Volkmarskeller).

Geheimnisvoll: der Volkmarskeller.

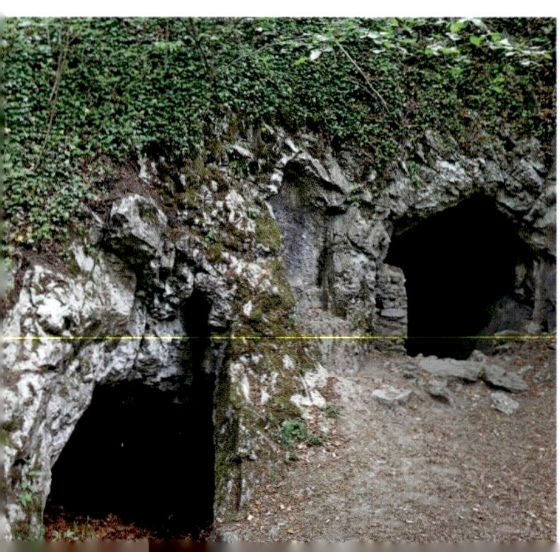

Vom Parkplatz beim **Kloster Michaelstein 1** begeben wir uns in den Klostergrund einwärts, wo wir bald einmal von der Forststraße auf einen kleineren Wanderpfad, der an den Teichen entlangführt, ausweichen können (hier auch Stempelstelle). Man achte aber später auf ein leicht zurückversetztes Einbiegen auf die Forststraße, die nun ohne sonderliche Merkmale in dem bewaldeten Taleinschnitt aufwärts zieht (Nr. 26A). In einer Rechtsbiegung passieren wir einen Gedenkstein aus

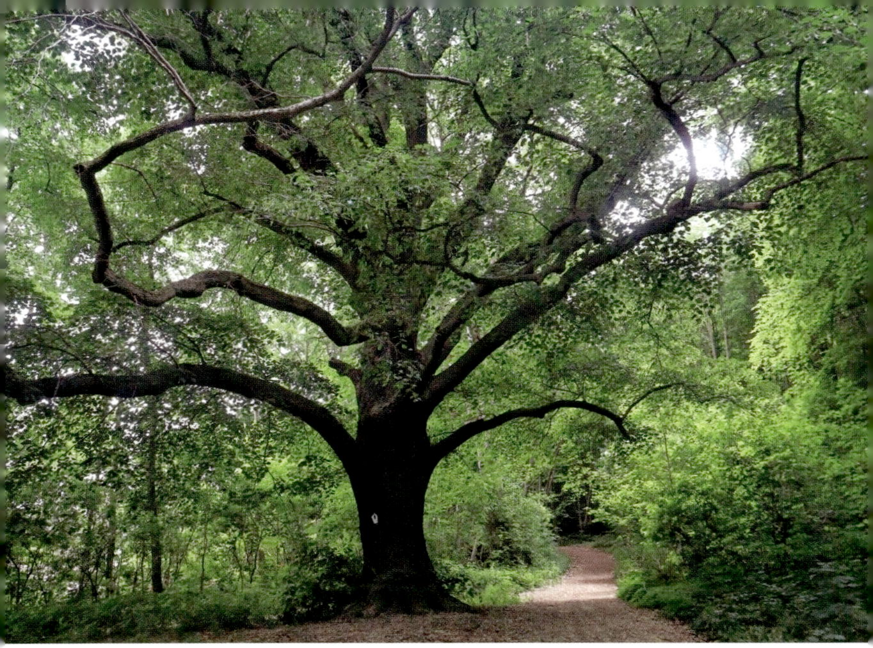

Die mächtige Schäferlinde.

Bergbauzeiten und erreichen kurz darauf den Stichpfad zum **Volkmarskeller ❷**. Man kann sich direkt darüber auch die Fundamente der ehemaligen Kirche anschauen. Der Weiterweg führt von der Stempelstelle Richtung **Eggeröder Brunnen ❸**. Kurz vor der Siedlung scharf links und anhand der roten Punktmarkierung mit einigen Kurven bis zum Ansatz des **Silberbornsgrundes ❹** nahe einer Schutzhütte. Durch das Tälchen des Goldbachs verläuft nun quasi der Rückweg. Bei der imposanten **Schäferlinde ❺**, unmittelbar vor dem Blankenburger Ortsteil Oesig, scharf links am Bastteich 2 vorbei und mit Nr. 50J durch ein Waldstück zurück zum **Kloster Michaelstein ❶**, wo man sich zuletzt noch ein wenig umsehen und auch einkehren kann.

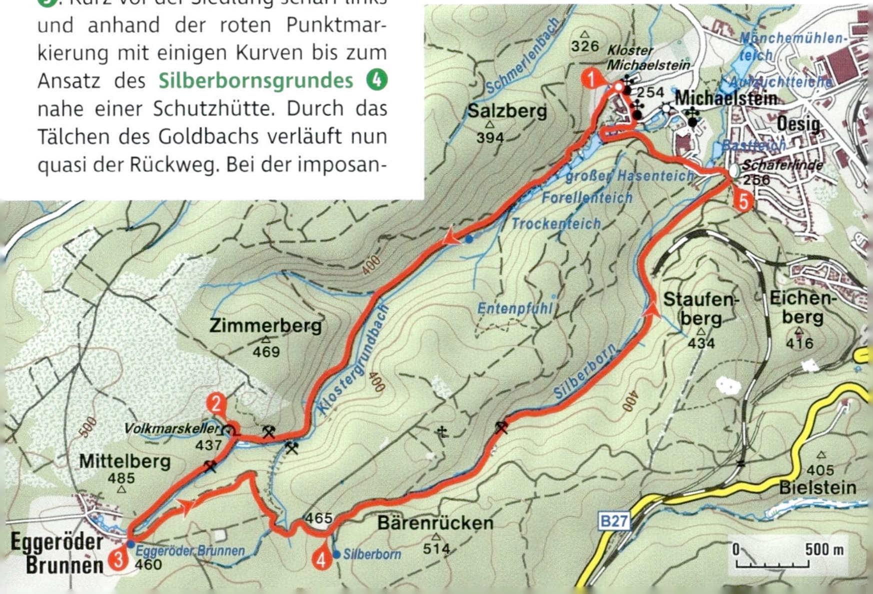

69 Teufelsmauer bei Blankenburg
Von Blankenburg über den Großvaterfelsen

TOP | 2.00 Std. | 4,5 km | ↗ 200 m | ↘ 200 m

Spannender Felsensteig an markanter Sandsteinrippe
Die Teufelsmauer zieht sich als geologische Struktur parallel zum Harznordrand etwa 20 Kilometer durchs Gelände, allerdings mit Unterbrechungen. Es handelt sich um eine Formation aus der Oberkreide, deren Sandsteine sich zunächst durch Silifizierung ungewöhnlich stark verhärteten, im Zuge der tektonischen Überschiebungen steilgestellt wurden und nun durch fortschreitende Erosion im Relief hervorgetreten sind. Ihr topografisch markantester Teil liegt bei Blankenburg. Wer urwüchsige Pfade, die auch mal ein bisschen anspruchsvoller sein dürfen, liebt, ist dort genau richtig. Über die aus dem Waldkleid ragenden Felsen der Sandsteinrippe wurde bereits 1853 ein spannender Kammsteig angelegt. Wo es etwas ausgesetzt zugeht, beruhigen stabile Eisengeländer die Nerven.

Ausgangspunkt: Blankenburg, Parkplätze in der Straße »Schnappelberg« nahe dem Schlosspark, ca. 240 m.
Öffentliche Verkehrsmittel: Blankenburg besitzt eine Bahnverbindung nach Halberstadt, außerdem Buslinien u. a. Richtung Wernigerode, Thale und Quedlinburg.
Anforderungen: Am Großvaterfelsen sowie am Kammweg felsiges Gelände, das Trittsicherheit und teils auch Schwindelfreiheit erfordert, allerdings mit Geländern solide abgesichert. Der Südhangweg ist ein normaler Wanderpfad, wenn auch relativ schmal.
Einkehr: Gaststätte Zum Großvater (Mo Ruhetag), weitere Möglichkeiten im Stadtgebiet von Blankenburg.
Varianten: Fortsetzung ostwärts bis zur Felsformation des Hamburger Wappens. Retour kann man auch den Nordhangweg wählen.
Stempel: Nr. 76 (Großvaterfelsen), evtl. Nr. 74 (Hamburger Wappen).

In den Barockgärten von Schloss Blankenburg.

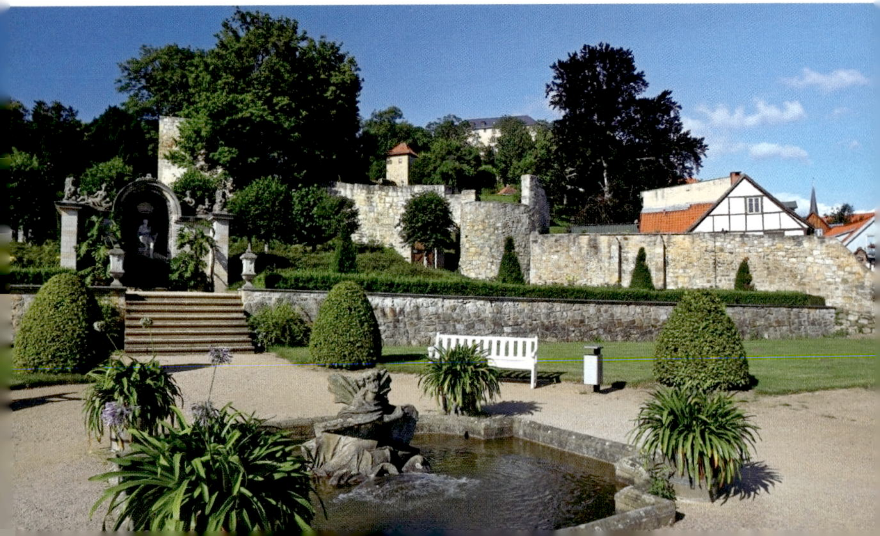

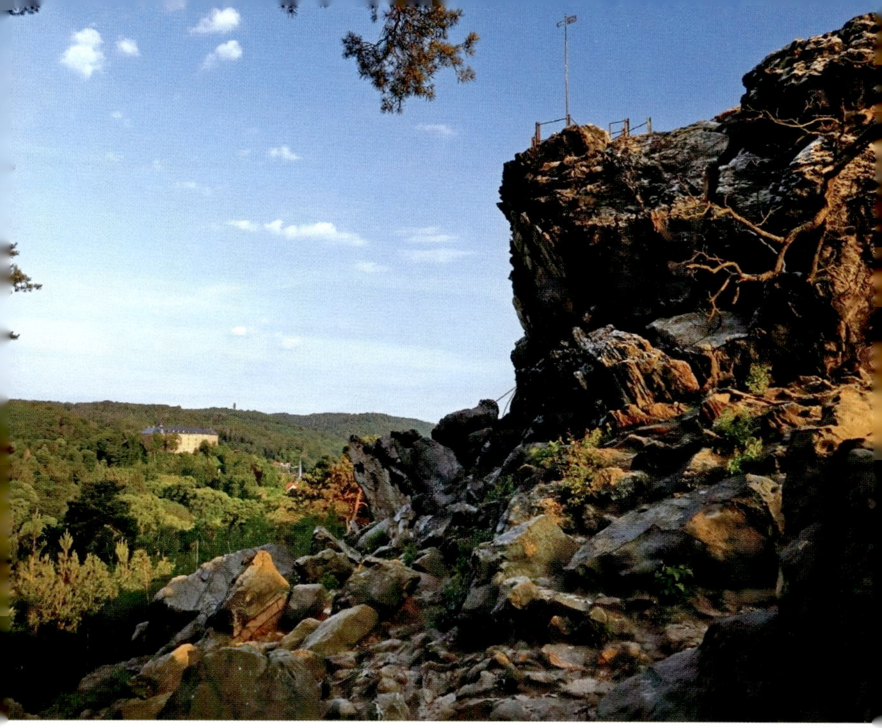

Oben: Der schroffe Großvaterfelsen ist Teil der Teufelsmauer.
Unten: Spannung pur verspricht die Kammüberschreitung.

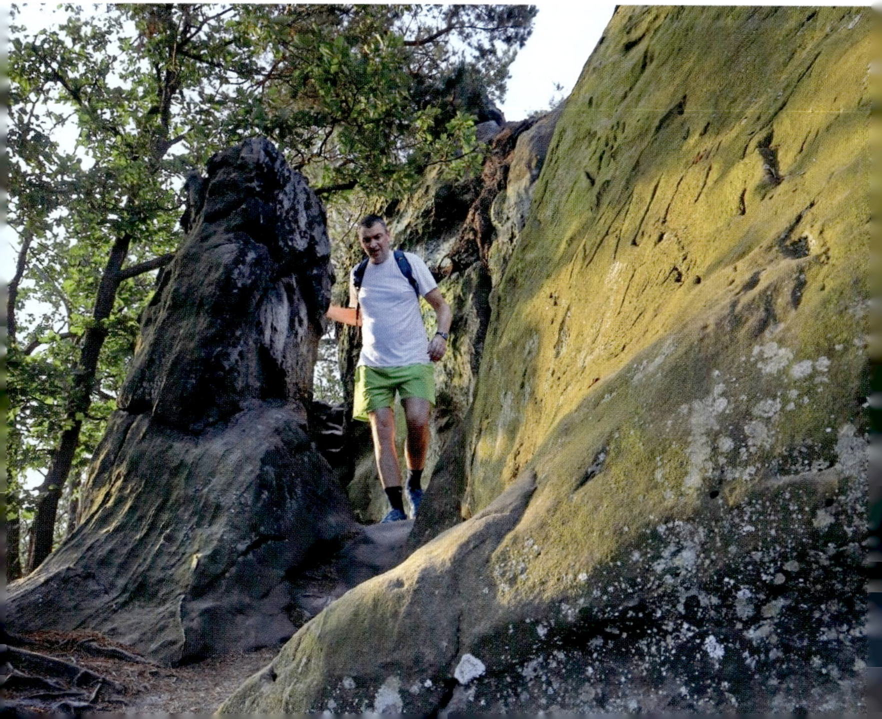

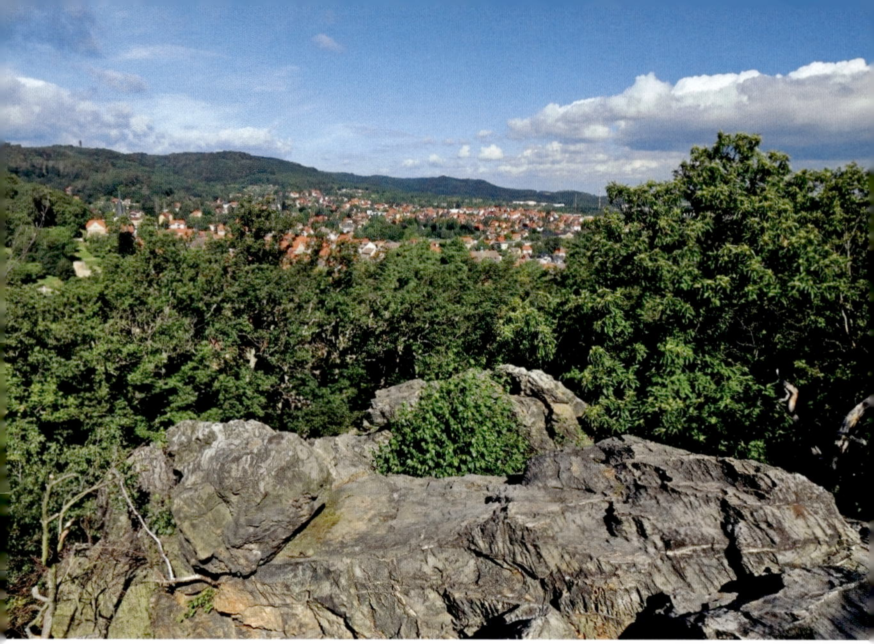

Hier schweift der Blick von der Großmutter über Blankenburg hinweg.

In **Blankenburg ❶** kreuzen wir zunächst die *Hasselfelder Straße (B81)* und beginnen am *Heidelberg* den Teufelsmauer-Anstieg mit einer Steintreppe. Bald gabelt sich der Weg. Wenn wir zunächst die **Großmutter** »mitnehmen« möchten, halten wir uns links. Nach dem kurzen Abstecher auf diese erste Klippe kommen wir rasch zum **Großvater ❷**, 317 m, voran, der sich auf ausgehauenen Tritten fast klettersteigartig erklimmen lässt: ein herrlicher Panorama-Thron, allerdings nur für Schwindelfreie! Für die Fortsetzung achten wir auf die Beschilderung des »Kammweges« (auch E11) und bewegen uns meist direkt oder in unmittelbarer Nähe der felsigen Schichtrippe, die im Detail mit vielen überraschenden Passagen gespickt ist. Eine Weile geht es leicht auf und ab – vorbei an Löbbeckefelsen und Teufelssessel –, ehe sich der Pfad via Heidelbergwarte zum **Südhangweg ❸** absenkt. Mit der lokalen Wegnummer 9 leitet dieser direkt unterhalb der Klippen recht zügig zur Gaststätte »Zum Großvater« und auf dem letzten, bereits bekannten Stück zurück nach **Blankenburg ❶**.

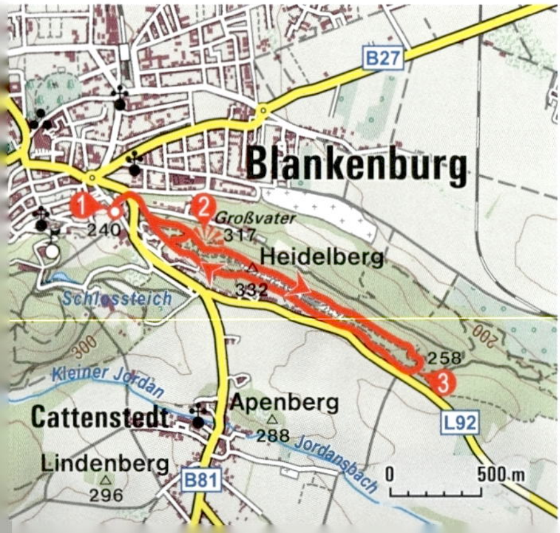

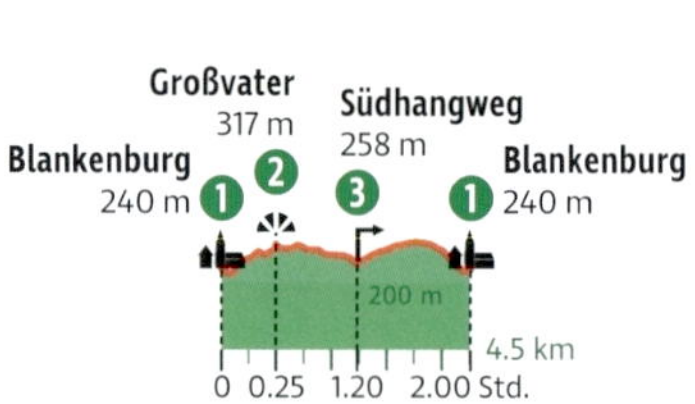

Vom Stemberghaus zur Rappbodetalsperre

Mit Rotestein und Schöneburg

70

2.50 Std. | 11,1 km | ↗ 270 m | ↘ 270 m

TOP

Aussichtsmonumente verschiedenster Epochen

Seit ihrer Eröffnung 2017 hat sich die Hängebrücke an der Rappbodetalsperre zu einem absoluten Publikumsmagneten entwickelt. Immerhin ist sie eine der längsten der Welt und verleiht ein prickelndes Erlebnis hoch über dem Wendefurther Stausee, der die unterste Stufe des ausgedehnten Rappbode-Talsperrensystems bildet. Nur einen Steinwurf entfernt (bitte nicht wörtlich nehmen!) beschreitet man das solide Fundament der Straßenbrücke und macht sich vielleicht so seine eigenen Gedanken über die Sinnhaftigkeit solch künstlicher Attraktionen ... Mir persönlich ist ehrlich gesagt ein Aussichtspunkt wie am Rotestein lieber. Dort kann man sich vollkommen ruhig und entspannt in das Panorama des Rappbodestausees vertiefen. Ähnliches ist auch an der Schöneburg der Fall, wobei hier das Bodetal bei Altenbrak zur Geltung kommt. Ob an dieser Stelle jemals eine echte Burg stand, ist bis heute ungeklärt. Der Standort wäre nicht unlogisch, doch finden sich keine historischen Belege ...

Ausgangspunkt: Stemberghaus/Harzköhlerei, ca. 475 m, an der B81 zwischen Blankenburg und Hasselfelde.
Öffentliche Verkehrsmittel: Haltestelle »Stemberghaus« der Buslinie 263 (Blankenburg – Hasselfelde).
Anforderungen: Meist gut ausgebaute Wander- und Forstwege, streckenweise auch mal schmaler gepfadet und an allen Verzweigungen gut beschildert.
Einkehr: Stemberghaus (täglich 11 bis 17 Uhr); Imbissangebote bei der Hängebrücke.
Hinweis: Die Begehung der Hängebrücke ist gebührenpflichtig (geöffnet täglich von 8 bis 21.30 Uhr).
Stempel: Nr. 60 (Stemberghaus), Nr. 54 (Rotestein), Nr. 63 (Schöneburg).

Die Staumauer des größten Speichers im Harz.

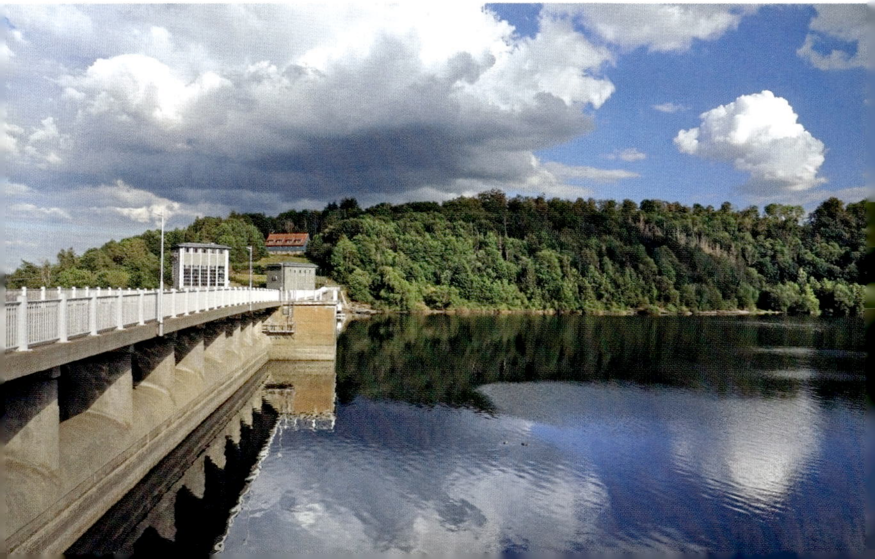

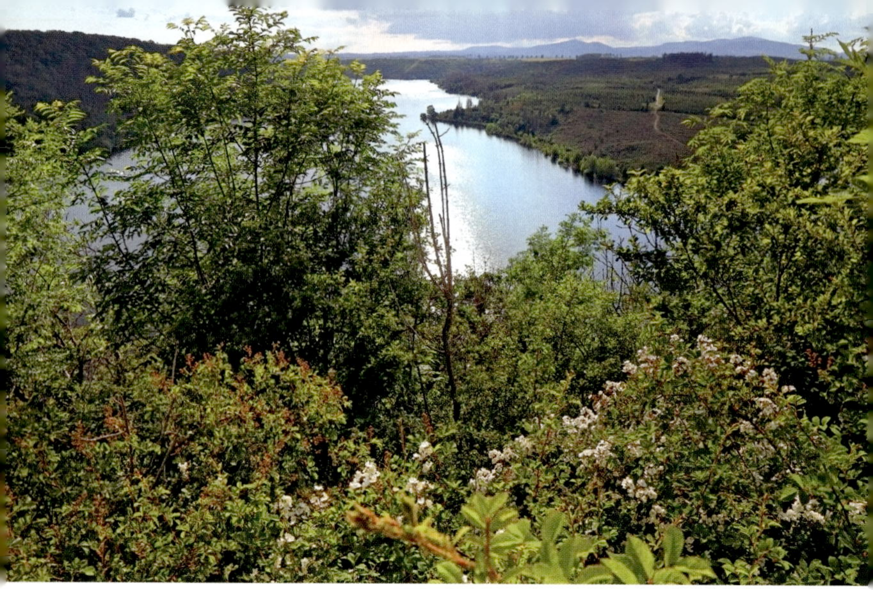

Zunächst besuchen wir den Aussichtspunkt am Rotestein.

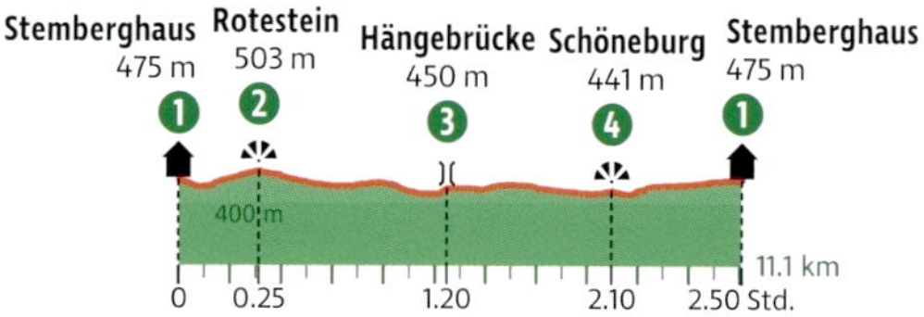

Vom Parkplatz beim **Stemberghaus** ❶ überqueren wir die *B81* und steigen auf der anderen Seite zunächst ein kurzes Stück ab, wenden uns dann nach rechts und erreichen eine Wegekreuzung mit Parkmöglichkeit. Um den tollen Aussichtspunkt am **Rotestein** ❷ mitzunehmen, orientieren wir uns von hier gen Westen (Nr. 27E, grünes Quadrat). Nach diesem Abstecher ist in Grundrichtung Nord das gelbe Dreieck maßgebend.

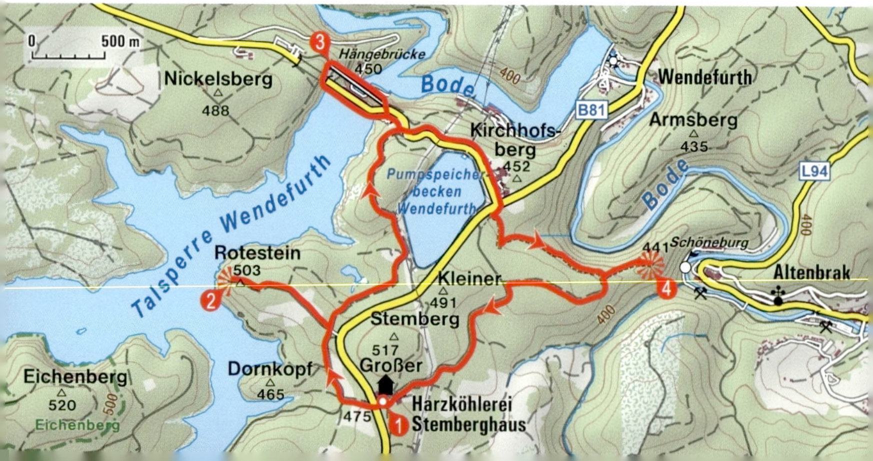

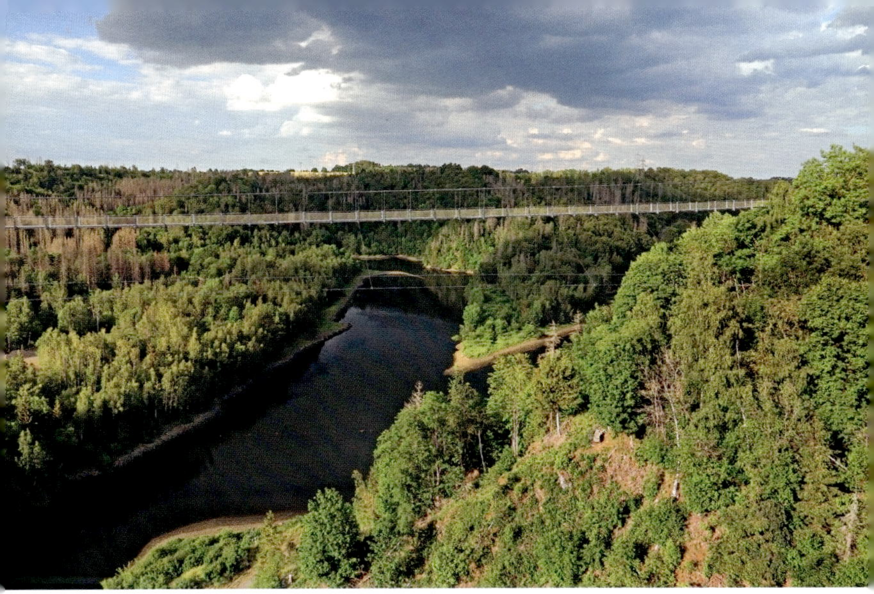

Die Hängebrücke an der Rappbodetalsperre ist zum Touristen-Hotspot avanciert.

Man weicht dem Pumpspeicherbecken sowie dem Kohlenberg linksseitig aus und trifft dann auf die *L96*, die ein Stück weit nach links über die **Rappbodetalsperre** führt. Zunächst wird diese überschritten, ehe wir zum Eingang der **Hängebrücke** ❸ aufsteigen und retour dieses luftige Abenteuer wahrnehmen. Bis zur Einmündung in die *B81* sind wir anschließend noch auf den Verlauf der Straße angewiesen (paralleler Trampelpfad vorhanden). Direkt gegenüber taucht die Fortsetzung dann ins Gehölz ein und vollzieht eine schöne Traverse am Hang einer Bodetalschleife. Linker Hand sollten wir den Abstecher zur **Schöneburg** ❹ nicht versäumen – der Blick von der Unterstandshütte auf Altenbrak ist hinreißend! Für den Rückweg nutzen wir schließlich die Route des Harzer Hexenstiegs, in diesem Abschnitt gleichlaufend mit dem Siebengründeweg und an allen Richtungswechseln gut signalisiert. Mit leichtem Höhengewinn treffen wir somit wieder bei der Harzköhlerei ❶ ein.

Blick von der Schöneburg auf Altenbrak.

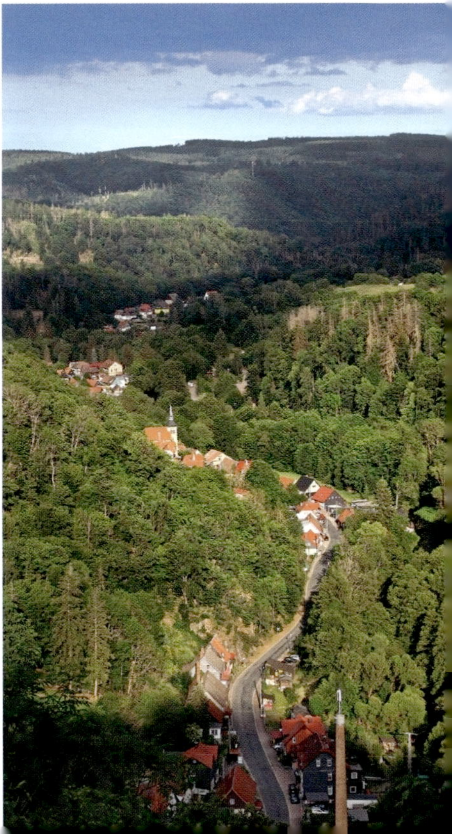

71 Von Altenbrak nach Todtenrode
Über Böser Kleef und Dannes Kleef

2.00 Std. | 7,1 km | ↗200 m | ↘200 m

Im und über dem unteren Bodetal

Der Ferienort Altenbrak schmiegt sich malerisch in die Schleifen des Bodetals, überhöht von waldigen Hochflächen, wo die Kleinstsiedlung Todtenrode einen ganz anderen Eindruck vermittelt. So kommt auf dieser kompakten Wanderung eine durchaus interessante Mischung zusammen – landschaftliches Highlight ist sicher die Aussicht vom Bösen Kleef.

Ausgangspunkt: Altenbrak, ca. 300 m, großer Parkplatz an der Bode.
Öffentliche Verkehrsmittel: Buslinie 257 zwischen Thale und Blankenburg.
Anforderungen: Teils schmale Waldpfade (besonders eine Passage hinter dem Bösen Kleef sowie im letzten Abschnitt, der auch etwas Orientierungsvermögen verlangt), teils gewöhnliche Forstwege.
Einkehr: Forsthaus Todtenrode; diverse in Altenbrak (Harzer Jodlermeister, Weißes Roß, Waldhotel, Café Theodor Fontane).
Stempel: Nr. 64 (Böser Kleef), Nr. 65 (Todtenrode).

Vom Parkplatz in **Altenbrak ❶** über die Bodebrücke ins Unterdorf und alsbald schräg am Waldhang hinauf. Nach einem Rechtsschwenk nähern wir uns bereits dem Aussichtspunkt am **Bösen Kleef ❷**. Setzt man gleich zur anderen Seite fort, bedeutet dies eine Abkürzung, doch ist der Pfad et-

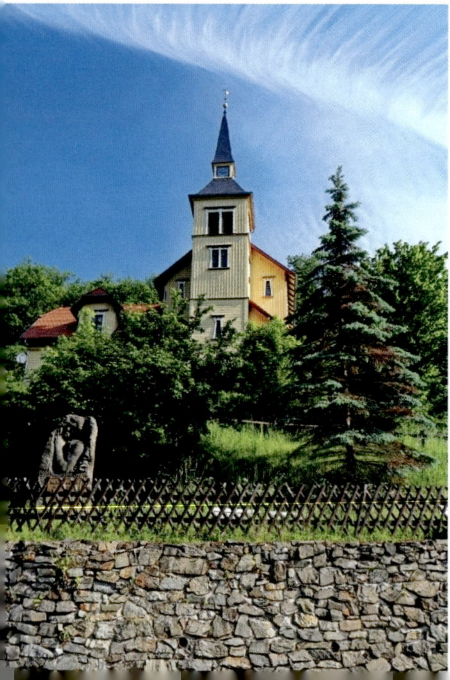

Altenbrak besitzt eine hübsche Kirche.

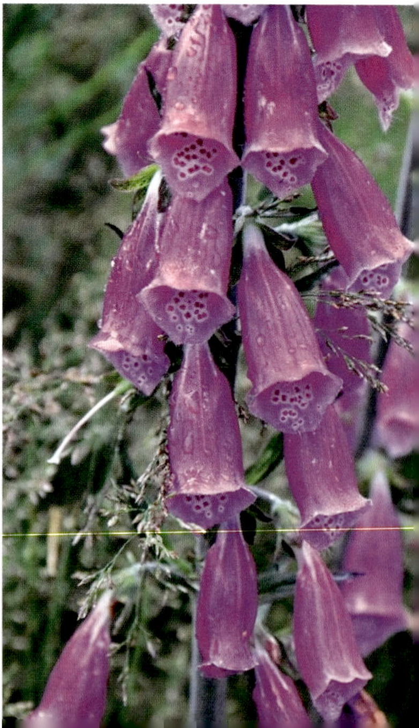

Roter Fingerhut.

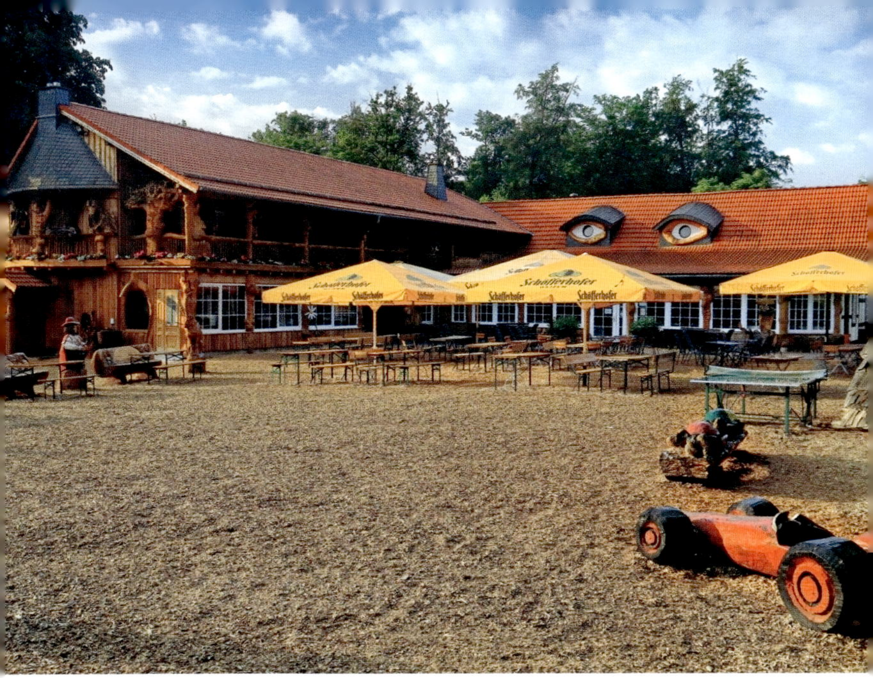

Im kleinen Todtenrode besteht sogar Einkehrmöglichkeit.

was verwachsen und bei Nässe vielleicht unerquicklich. Man gewinnt allerdings rasch Anschluss an einen breiten Forstweg, vollzieht einen Linksknick und kommt aus südlicher Richtung nach **Todtenrode** ❸ mit seinem Gasthaus. Da die gesamte Tour nicht sonderlich lang ist, kann durchaus noch die Umrundung der großen Wiesenlichtung in Erwägung gezogen werden (knapp 2 km). Ansonsten geht es von Todtenrode mit Nr. 37F südwestwärts weiter, über die nächste größere Kreuzung geradeaus hinweg und damit auf einen unbefestigten Weg am Hüttenberg. Dieser wird sogar recht schmal und urwüchsig. Da sich das Versprechen auf den »Brockenblick« nicht wirklich einlöst, ignorieren wir den Hinweis, nehmen dann aber noch den kurzen Stich von einer Unterstandshütte zum **Dannes Kleef** ❹ mit. Ein schmaler Waldpfad führt nach Altenbrak hinunter, am »Jodlermeister« vorbei zur Durchgangsstraße und rechts versetzt über den Bodesteg zum Minigolfplatz und zum Parkplatz ❶.

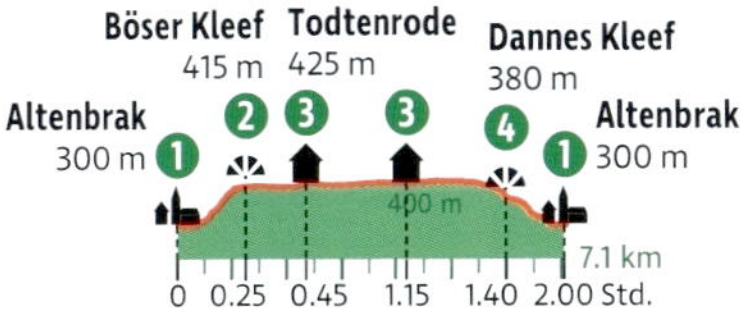

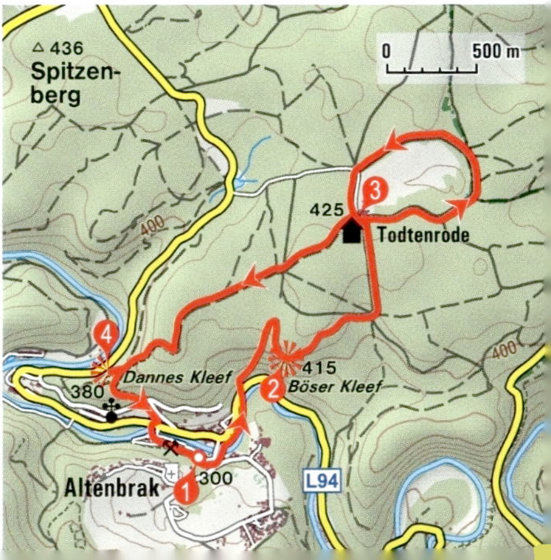

72 Durch die Bodeschlucht

Von Thale hinauf nach Treseburg

TOP | 2.50 Std. | 9,1 km | ↗ 240 m | ↘ 150 m

Im wilden Harzer Grand Canyon

Diese Wanderung durch die wohl urtümlichste und wildeste Talschlucht im gesamten Harz ist ein Klassiker, von der schon historische Reiseberichte schwärmten. In der Tat bekommt man hier das Gefühl, richtig ins Gebirgsrelief einzutauchen. Beidseits schießen die steilen, von kantigen Granitfelsen durchsetzten Flanken in die Höhe – gleich vorn rücken Roßtrappe und Hexentanzplatz zusammen –, weshalb der Slogan vom »Grand Canyon des Harzes« gar nicht so weit hergeholt erscheint. Von Thale aus ist man geschwind drinnen in der Bodeschlucht und vollzieht auf den nächsten fast drei Stunden bis Treseburg all deren Biegungen mit, was immer wieder veränderte Perspektiven und Eindrücke hervorruft. Der Zielort präsentiert sich dann als echtes Idyll an der Bode.

Ausgangspunkt: Bahnhof Thale, 180 m, bzw. Parkplätze in der Umgebung.
Endpunkt: Treseburg, 270 m.
Öffentliche Verkehrsmittel: Bahnverbindung von Magdeburg nach Thale; Buslinie 257 zwischen Treseburg und Thale (ca. viermal täglich direkt, vorab Fahrpläne studieren).
Anforderungen: Sehr naturnahe Wege und Steige, die streckenweise am Steilhang verlaufen (Steinschlaggefahr beachten). Oft steindurchsetzter Untergrund, aber angesichts der wilden Umgebung doch gut trassiert, stellenweise mit Geländern abgesichert. Grundlegende Trittsicherheit erforderlich, orientierungsmäßig klar vorgezeichnet.
Einkehr: Gaststätte Königsruhe, diverse Möglichkeiten in Treseburg.
Stempel: Nr. 178 (Königsruhe/Hirschgrund), Nr. 69 (Sonnenklippen).

Treseburg ist das Ziel der Wanderung.

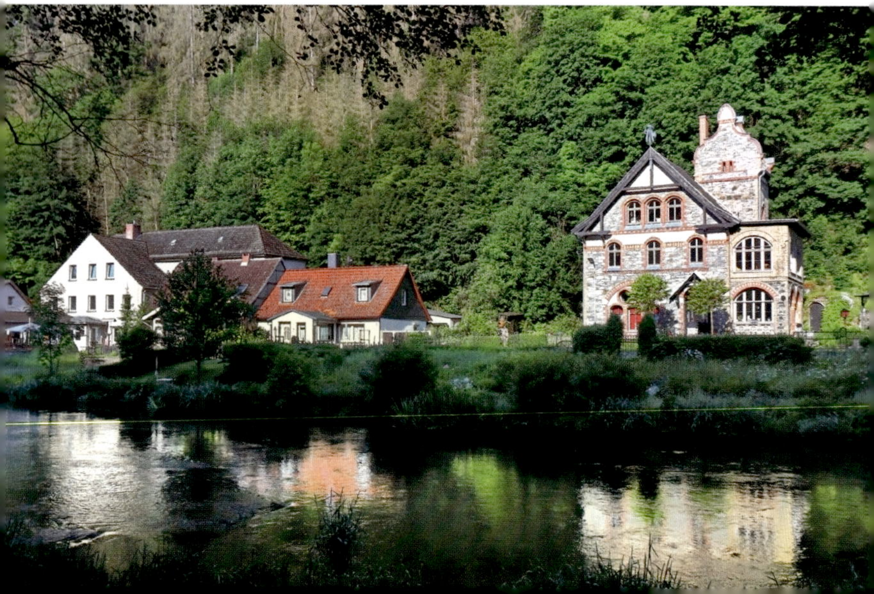

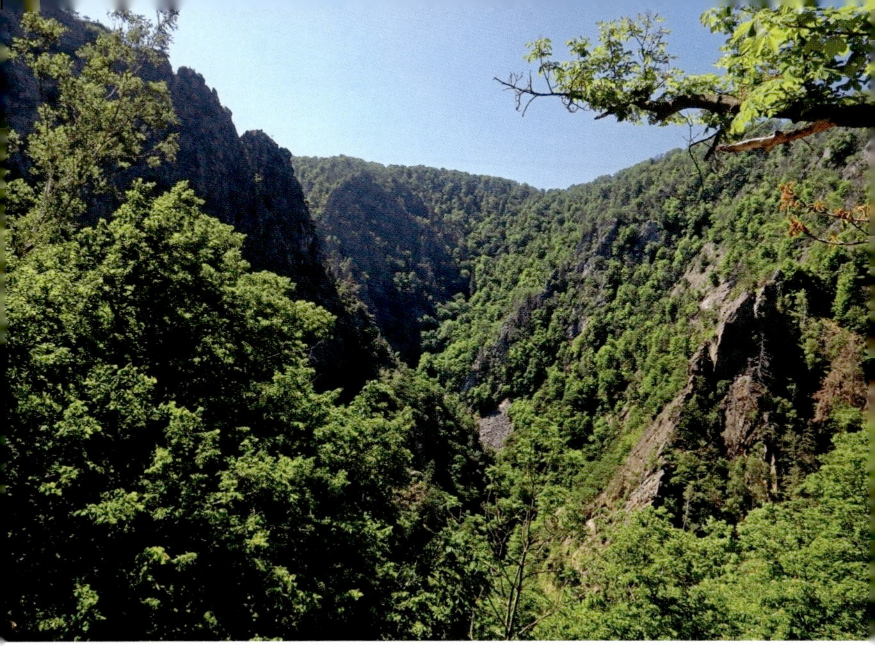

Wohl nirgends im Harz zeigt sich ein derartig markantes Relief wie in der Bodeschlucht.

Vom Bahnhof **Thale** ❶ durch den Park mit der Petrikirche und auf die rechte Seite der Bode, wo man hinter der Talstation der Kabinenbahn (die Richtung Hexentanzplatz hinaufschwebt) schon in die Schlucht eintritt. Man lässt die Katerbrücke links liegen und kommt auf gutem Weg zur **Königsruhe** ❷, einem der ältesten Biergärten Deutschlands, voran. Dahinter wird die Trasse steiniger. Wir passieren den Abzweig in die Schurre (durch die kehrenreich die Roßtrappe erstiegen werden kann), wechseln über die **Teufelsbrücke** auf die linke Seite und bleiben dort auch bis Treseburg. Im wilden Bodekessel muss der Weg ein gutes Stück nach

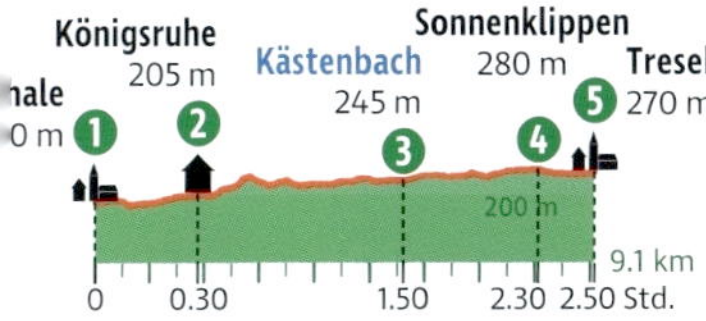

Die Jungfernbrücke im äußeren Talabschnitt.

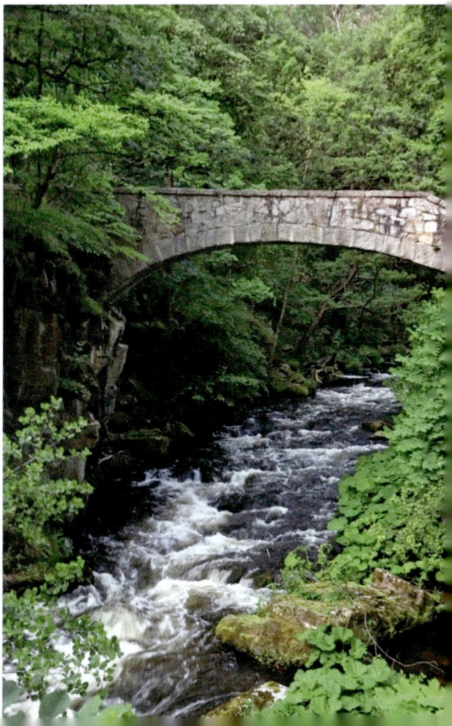

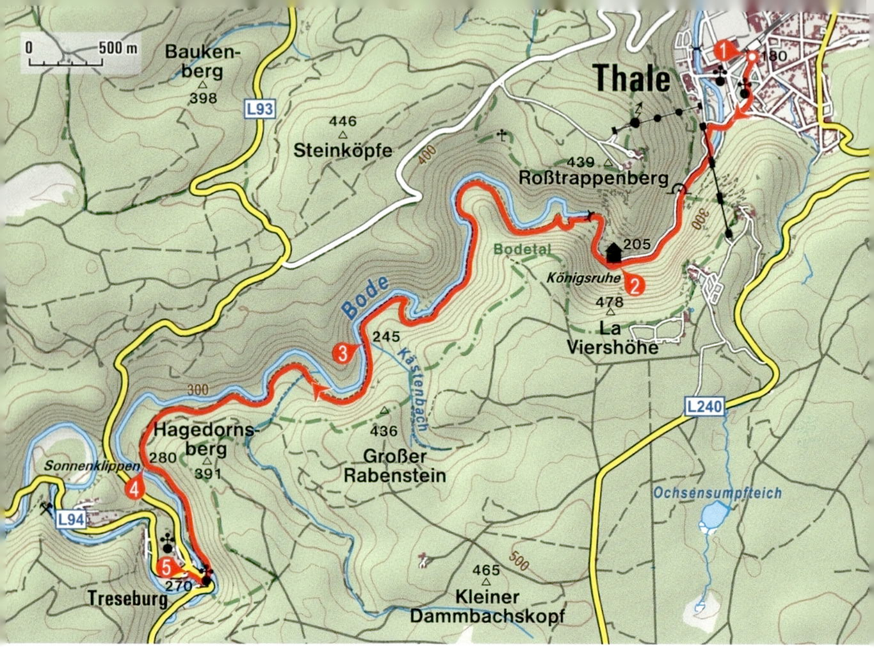

Von erhöhter Warte lässt sich der »Grand Canyon« des Harzes wunderbar überblicken.

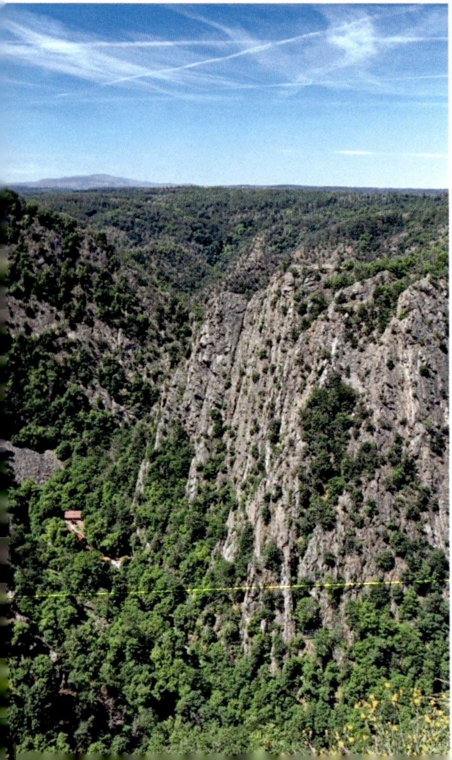

oben ausweichen, nähert sich später aber wieder dem Flussufer an und vollzieht mit diesem einige ausgeprägte Schleifen, unter anderem am **Langen Hals**. Die steilen Gewitterklippen erheben sich gegenüber, während wir den kleinen Kästenbach **3** queren und bald darauf bei einer Unterstandshütte auch den Dambach. Südwärts eindrehend kommen wir an den **Sonnenklippen** **4** vorbei und erreichen mit dem letzten Bogen unseren Zielort **Treseburg** **5**, wo wir uns gern noch ausführlicher umsehen.

Urtümlich schlängelt sich der Weg durch die Bodeschlucht.

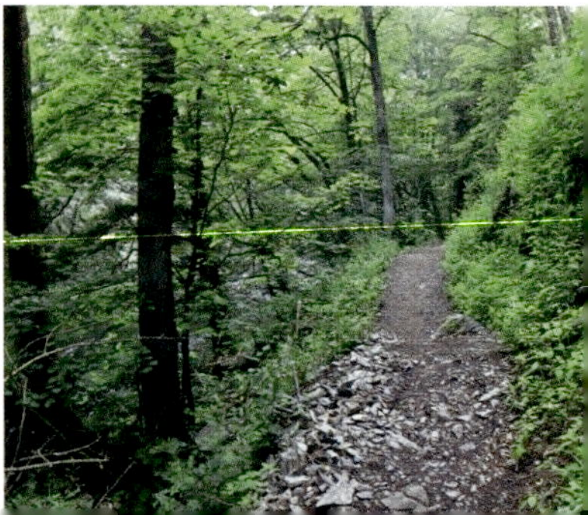

Roßtrappenfelsen, 403 m

Von Thale hinüber in die Schurre

2.20 Std. | 7,7 km | ↗280 m | ↘280 m

Zur grandiosen Aussichtskanzel über der Bodeschlucht

Wo die Bode bei Thale das Harzgebirge mit einem Paukenschlag verlässt, befinden sich auf beiden Seiten altbekannte Aussichtskanzeln, die frappierende Tiefblicke in die urtümliche Schlucht erlauben. Von den Höhenparkplätzen und Seilbahnstationen aus sind sowohl Hexentanzplatz als auch Roßtrappe für jeden Ausflügler leicht und rasch erreichbar, doch verspricht der Aufstieg von unten sicher ein Plus an Erlebnis. Pfiffig schlängelt sich der Steig im Bergwald zunächst zur versteckten Bülowshöhe empor, die einen ersten Vorgeschmack gibt. Buchstäblicher Höhepunkt ist natürlich das Panorama vom granitenen Roßtrappenfelsen (genau gesagt handelt es sich hier um diverse Stellen mit leicht unterschiedlichen Perspektiven), wo sich das wohl schroffste Relief des gesamten Harzes wunderbar entfaltet. Die Steilabbrüche hinab zum Bodefluss werden anschließend auf dem Zickzackkurs durch die Schurre elegant ausgetrickst. Ein bisschen wähnt man sich hier schon in alpinen Gefilden …

Ausgangspunkt: Bahnhof Thale, ca. 180 m, bzw. der Großparkplatz in der nahen Straße »An der Hütte«.
Öffentliche Verkehrsmittel: Bahnverbindung von Magdeburg über Quedlinburg nach Thale, außerdem regionaler Busverkehr.

Anforderungen: Gut angelegte Serpentinenwege im Steilgelände, zum Teil etwas steinig. Elementare Trittsicherheit und gute körperliche Verfassung angezeigt; speziell in der Schurre Steinschlaggefahr beachten (diese Passage war schon des Öfteren gesperrt).

Aussichtskanzel an der Roßtrappe.

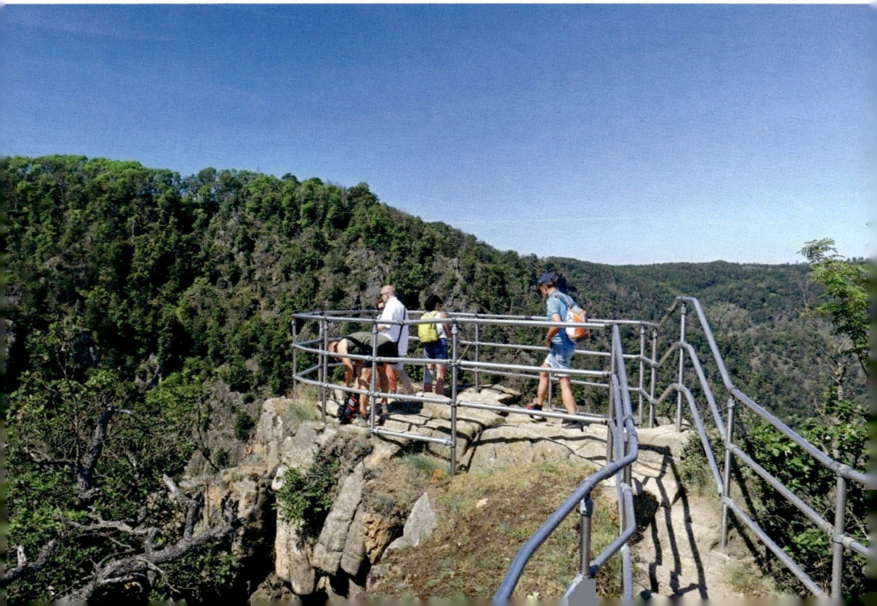

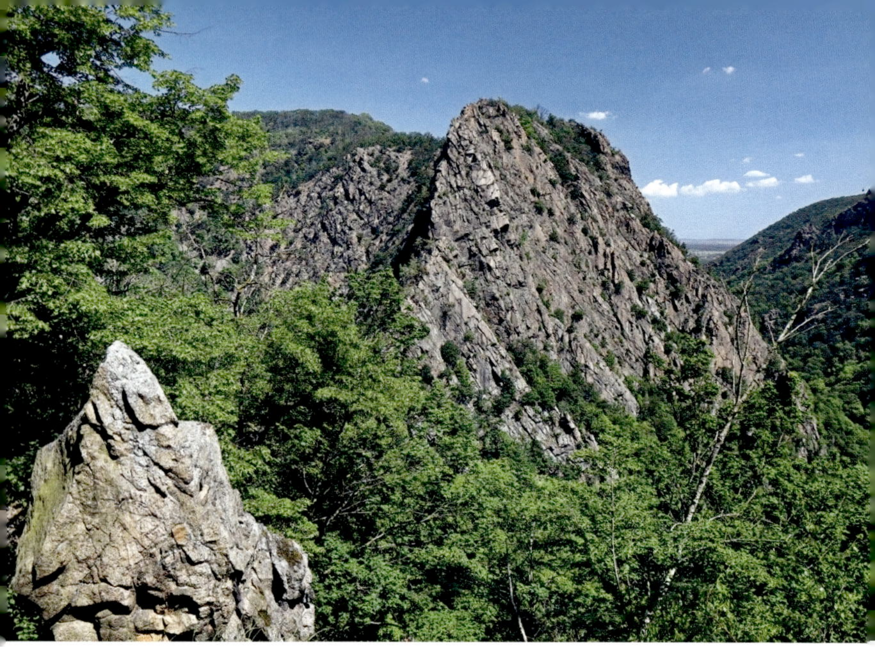

Der Roßtrappenfelsen von der gegenüberliegenden Talseite gesehen.

Blick in die Bodeschlucht.

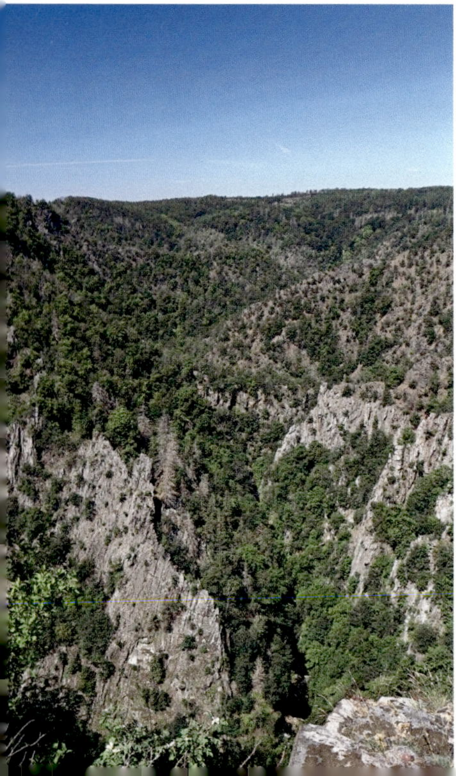

Einkehr: Restaurant Roßtrappe, Gaststätte Königsruhe und weitere in Thale.
Variante: Wer sich den steilen Aufstieg sparen möchte, kann den Sessellift nutzen. Auf der anderen Talseite führt eine Gondelbahn Richtung Hexentanzplatz, wo es allerhand touristische Infrastruktur gibt.
Tipps: Für Sportliche lockt in Thale ein Hochseilgarten, für Geschichtsinteressierte das Hüttenmuseum (hüttenmuseum-thale.de).
Stempel: Nr. 71 (Roßtrappe), Nr. 178 (Königsruhe).

Vom Bahnhof in **Thale** ❶ orientieren wir uns zum Eingang ins Bodetal, dessen Schlucht gleich hinter der Talstation der Kabinenbahn beginnt. Allerdings wandern wir nur wenige Minuten hinein, um uns bei der ersten Möglichkeit nach Hinweis »Roßtrappe« rechts aufwärts zu wenden ❷. Der Weg holt deutlich nach Norden aus, vollzieht bei der Downhillstrecke eine Spitzkehre und führt mit einigen Windungen zunächst zur

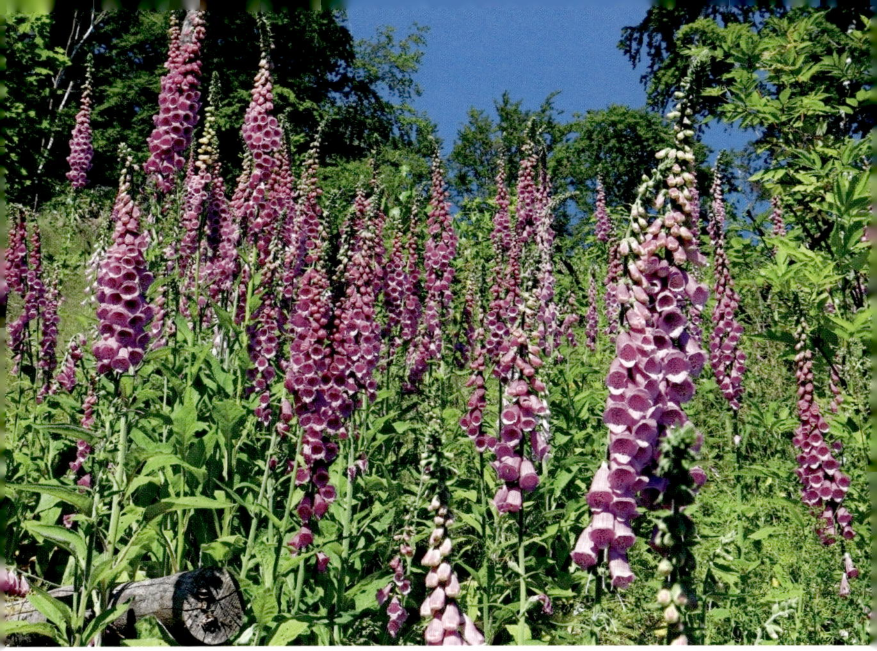

Im Frühsommer blüht üppig der Rote Fingerhut.

Bülowshöhe 3, einer mit Steiganlage erschlossenen Felskanzel. Ein paar Serpentinen noch und wir gelangen zum Berghotel Roßtrappe nahe dem Parkplatz. Von dort führt ein gut ausgebauter, mit Geländern abgesicherter Weg bis zum am weitesten vorspringenden **Roßtrappenfelsen 4**. Bereits ein Stück davor zweigt der Zickzacksteig in die Schurre ab: aufwendig trassiert und fortwährend von Witterungseinflüssen heimgesucht. Fast 200 Meter tiefer betreten wir den Grund des Bodetals und wandern einige Minuten talauswärts bis zur **Königsruhe 5**, wo wir einen lauschigen Biergarten finden – einen der ältesten überhaupt in Deutschland. Dahinter wird der Weg vergleichsweise gemütlicher. Vorerst bleibt die Bode aber noch eng eingefasst – unter anderem liegt der Goethefelsen zum Greifen nah. Man lässt die Katerbrücke hinter sich und wandert talauswärts Richtung **Thale**. Dort am Roßtrappenlift vorbei, beim Hochseilgarten über die Brücke und durch den Park mit der fotogenen Petrikirche zurück zum Bahnhof 1.

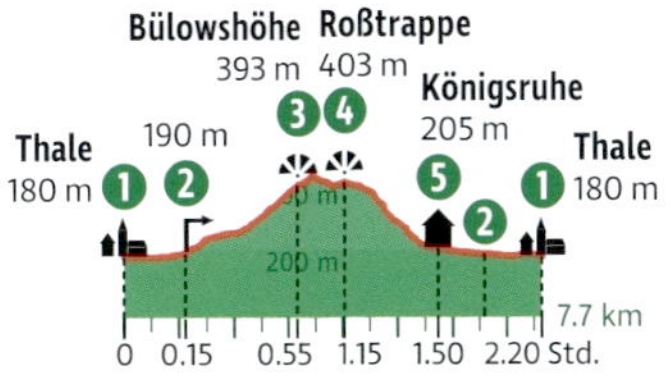

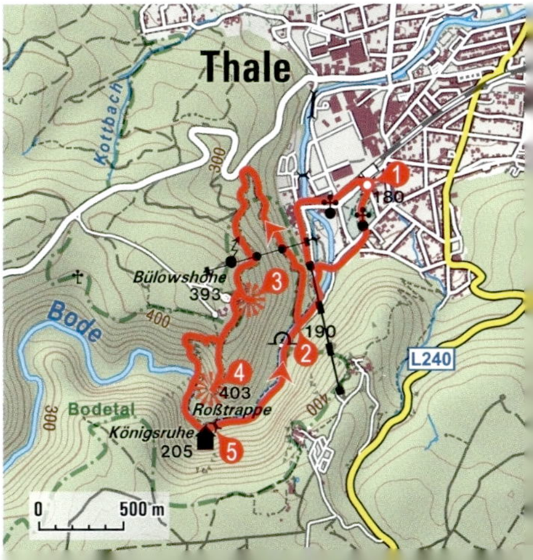

74 Teufelsmauer bei Weddersleben

Rundtour im ältesten Naturschutzgebiet

2.00 Std. | 7,3 km | ↗ 120 m | ↘ 120 m

Verwitterte Felsstummel wie ein kariöses Gebiss

Die sagenumwobene Teufelsmauer tritt an verschiedenen Stellen des nördlichen Harzvorlandes in Erscheinung – den großartigen Teil bei Blankenburg haben wir im Rahmen von Tour 69 schon kennengelernt. Zwischen Weddersleben und Neinstedt setzt sich in offener Landschaft noch eine Reihe von Felsruinen gleichsam wie ein kariöses Gebiss in Szene. Dieser Bereich wurde bereits 1852 unter Naturschutz gestellt, als einer der ältesten überhaupt in Deutschland. Schon damals erkannte man die geomorphologische und botanische Besonderheit der Sandsteinrippe, die erdgeschichtlich der Oberkreide zuzuordnen ist und vor etwa 85 Millionen Jahren abgelagert wurde. Tektonische Beanspruchung an der Harznordrand-Verwerfung sowie Erosion führten zum heutigen bizarren Erscheinungsbild. Über die eigenständig benannten König-, Mittel- und Papensteine können wir eine rund zweistündige Rundwanderung absolvieren.

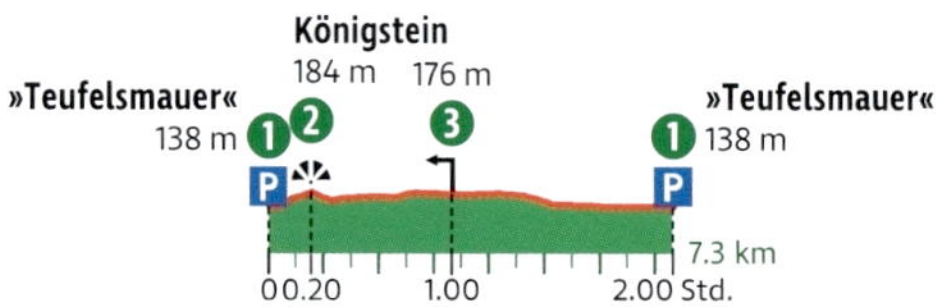

Ausgangspunkt: Parkplatz »Teufelsmauer«, ca. 138 m, an der Straße zwischen Neinstedt und Weddersleben.
Öffentliche Verkehrsmittel: Buslinie 251 zwischen Quedlinburg und Thale; Haltestelle »Weddersleben Teufelsmauer«.
Anforderungen: Überwiegend gut ausgebaute Wege, nur im Bereich der Papensteine eher schmal gepfadet, beim Rückweg vom Typus her Feldwege. Ordentlich markiert und nicht besonders anstrengend.
Einkehr: Keine am Weg, aber ggf. in den umliegenden Orten.
Variante: Eine ganz kurze Variante ist möglich, wenn man hinter den prägnantesten Felsen dem ersten Abzweig nach links folgt (insgesamt weniger als 1 Std.).
Stempel: Nr. 188 (Teufelsmauer).

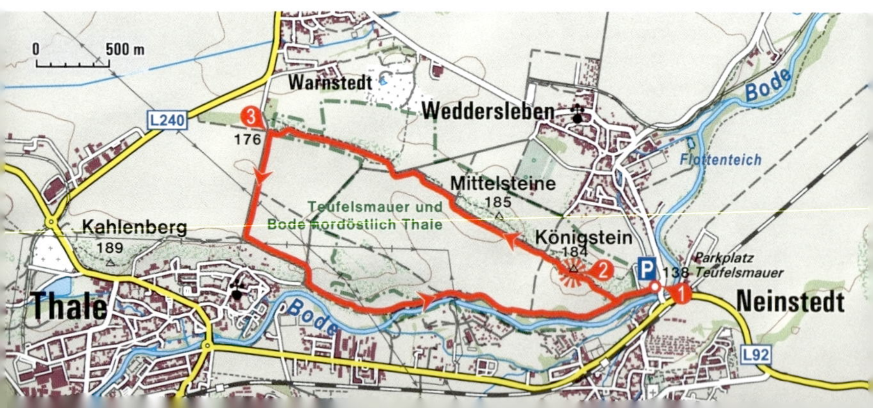

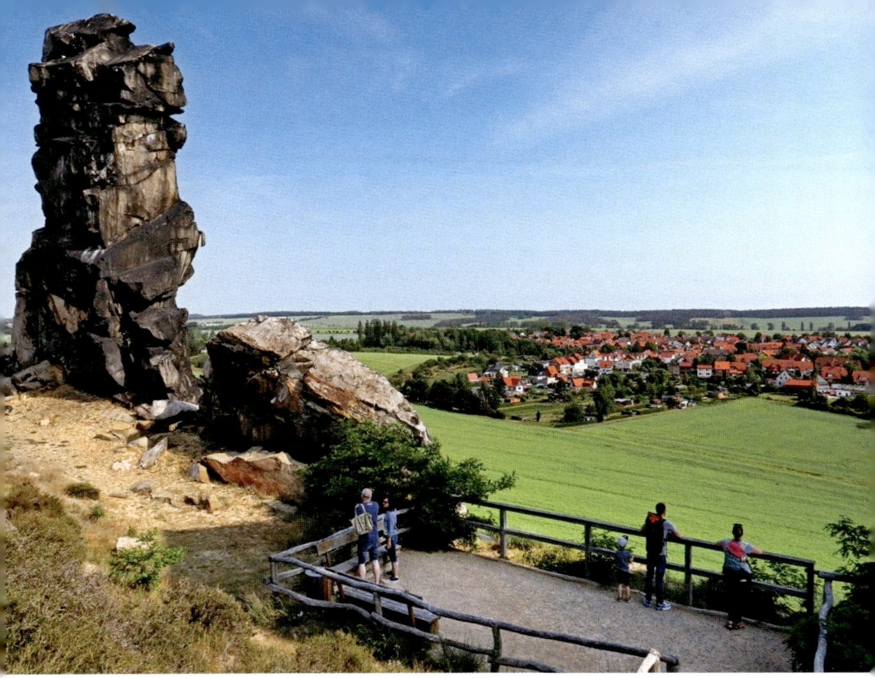

Bizarrer Felsstummel, der Hingucker schlechthin an der Teufelsmauer.

Vom **Parkplatz ➊** mit wenigen Schritten zum Ufer der Bode, ein paar Minuten parallel zu ihr und dann rechts gegen die Teufelsmauer aufwärts. Bevor wir die Kammlinie erreichen, lockt links ein angelegter Pflanzengarten zur botanischen Erkundung. Dann passieren wir bereits die markantesten der ausgewitterten Felsformationen mit dem **Königstein ➋**, wo sich auch ein Aussichtspodest befindet. Aus der nachfolgenden Senke geht es weiter über die sogenannten Mittelsteine, kurz auf der Thalenser Chaussee und im dritten Abschnitt schließlich über die Papensteine. Dahinter dreht der Teufelsmauerstieg rechts nach Warnstedt ab, während wir die umgekehrte Richtung einschlagen, also gen Thale ➌. Dort könnte man sich eventuell das ehemalige Kloster Wendhusen anschauen, ansonsten wird aber noch in der Feldmark links abgezweigt. Man kommt wieder in den Bereich der Bode zurück und begleitet diese auf gut zwei Kilometern bis zum Ausgangspunkt ➊.

In der Feldflur leuchtet uns farbenfroh der Mohn entgegen.

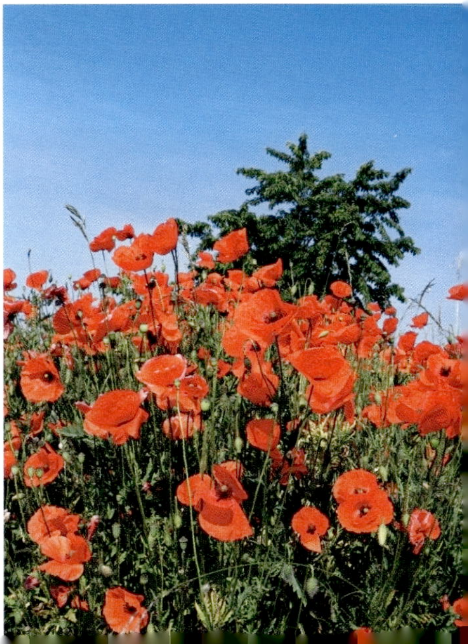

75 Rund um Stecklenberg

Ruine Lauenburg, Sommerklippen und Glockenstein

2.15 Std. | 7,6 km | ↗ 350 m | ↘ 350 m

Auf Entdeckerpfaden zu historisch interessanten Zielen

Direkt am östlichen Harznordrand unweit von Thale liegt der kleine, idyllische Ort Stecklenberg. Neben der Kirche entdecken wir ein Modell der rekonstruierten Lauenburg, deren Ruinen wir (neben der unterhalb gelegenen Stecklenburg) anschließend in Augenschein nehmen. Die Anlage bestand aus Haupt- und Vorburg – von Letzterer öffnet sich ein weiter Blick ins nördliche Flachland. Auf der anderen Seite des Wurmbachtals finden wir mit den Sommerklippen und dem Glockenstein zwei weitere interessante Anlaufpunkte. Die Archäologie vermutet in dem massiven Felskörper aus Ramberggranit eine altgermanische Kultstätte; einer Sage zufolge weist der Glockenstein durch seinen Klang in der Walpurgisnacht Hexen den Weg ...

Ausgangspunkt: Stecklenberg, Parkmöglichkeit an der Hauptstraße, ca. 177 m.

Öffentliche Verkehrsmittel: Busverbindung von Thale bzw. Quedlinburg (Linie 253).

Anforderungen: Größtenteils naturbelassene Waldwege mit zwei kräftigen Steigungen, besonders schmaler Verlauf an den Sommerklippen. Diese Passage ist nicht markiert, ansonsten zuverlässig beschildert.

Einkehr: Keine auf der Route und im Ort.

Variante: Aus dem Wurmbachtal führt die Markierung des E11 und des blauen Punkts (Nr. 51B) ohne Berührung der Sommerklippen Richtung Glockenstein.

Stempel: Nr. 187 (Lauenburg), Nr. 73 (Glockenstein).

Der sagenumwobene Glockenstein.

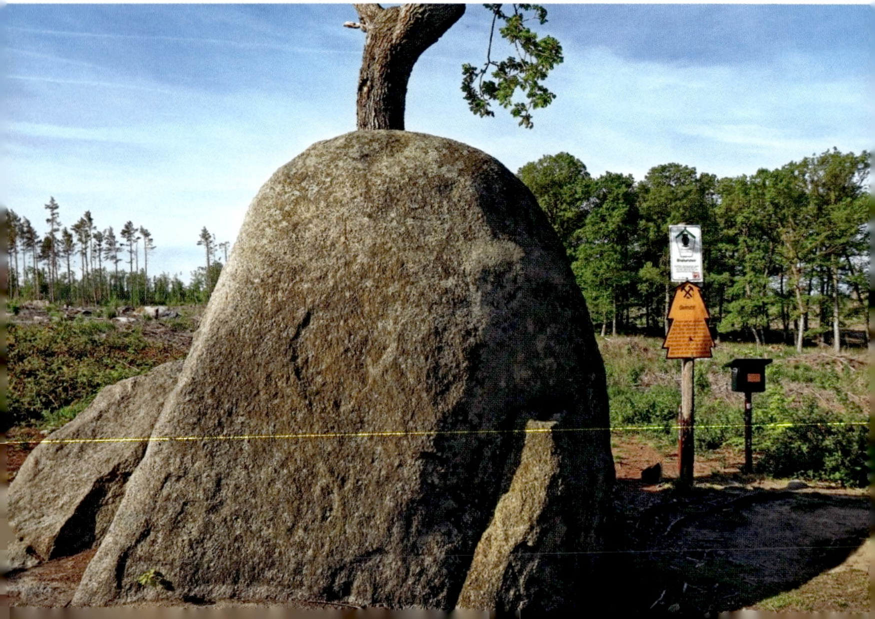

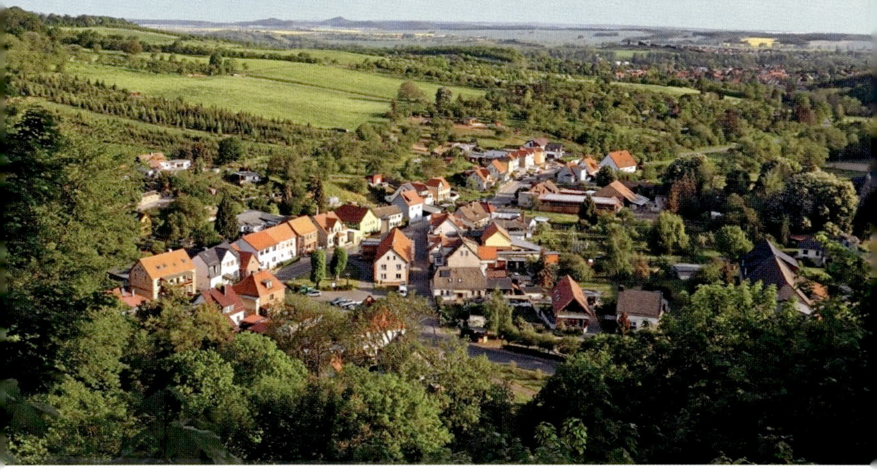

Tiefblick auf Stecklenberg.

In **Stecklenberg ❶** orientieren wir uns zur Kirche und steigen vom Spielplatz direkt neben der Rutschbahn bergauf. Rasch kommen wir zur Ruine der Stecklenburg und auf einem schräg ansteigenden Waldweg zur **Lauenburg**. Hier können wir zuerst das Areal der einstigen Hauptburg erkunden und anschließend bei der Vorburg eine stählerne Aussichtsplattform ❷ besteigen. Eine zwischenzeitliche Gefällstrecke bringt uns ins Wurmbachtal. Dort etwa 10 Minuten auf dem breiten Forstweg aufwärts, bis kurz vor dem signalisierten Abzweig des E11 scharf rechts ein kleiner Schleichpfad in den Hang hineinzieht. Mit ihm erreichen wir nach einer Steilpassage die **Sommerklippen ❸** inklusive einiger Steinbruchrelikte. Ein Stück weiter gabelt sich die Spur: Während man geradeaus über den Küchenberg fortsetzen könnte, geht es links zur Vereinigung mit dem markierten Hauptweg und am Rande einer Freifläche zum sagenumwobenen **Glockenstein ❹**, ca. 400 m. Um die nächste Kurve schwenken wir in den Einschnitt des Reinickenbachs, verlieren deutlich an Höhe und wählen bei der Y-Gabelung den rechten Ast. Damit allmählich zum Waldrand hin und an einer Obstplantage entlang. Mit einem Rechtsknick kommen wir schließlich zurück nach **Stecklenberg ❶**.

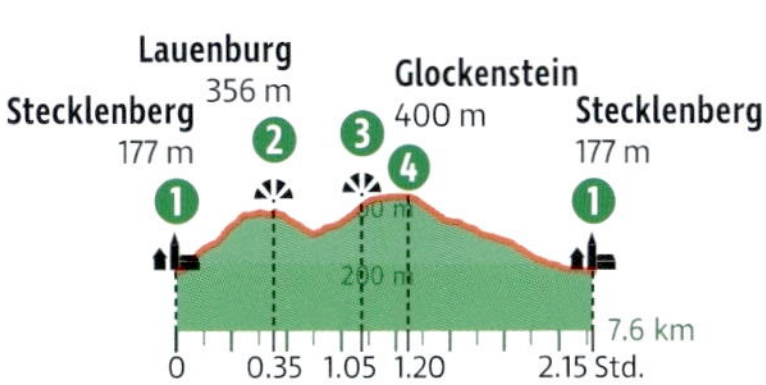

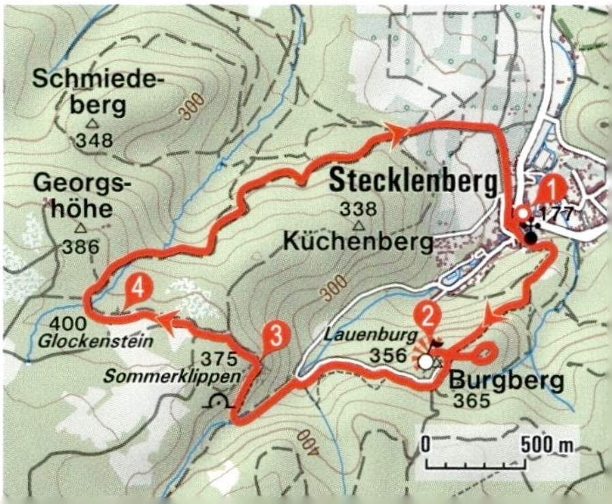

76 Anhaltinischer Saalstein und Neuer Teich

Von Bad Suderode über den Preußenturm

2.50 Std. | 9,8 km | ↗ 270 m | ↘ 270 m

Weitere Kleinode am Harzrand

Knapp südlich der kulturhistorisch bedeutsamen Stadt Quedlinburg fungiert Bad Suderode als Eintrittstor in den Harz. Oft bezieht ja schon der unmittelbare Rand des Mittelgebirges aus seinem abrupten Landschafswechsel unwiderstehliche Reize, was sich bei einer Schau vom ursprünglich bereits 1845 errichteten Preußenturm vorzüglich offenbart. Ein Stück weit einwärts lassen sich mit den Klippen des Anhaltinischen Saalsteins und dem Neuen Teich zwei Elemente entdecken, die den Harz an sich typischerweise prägen.

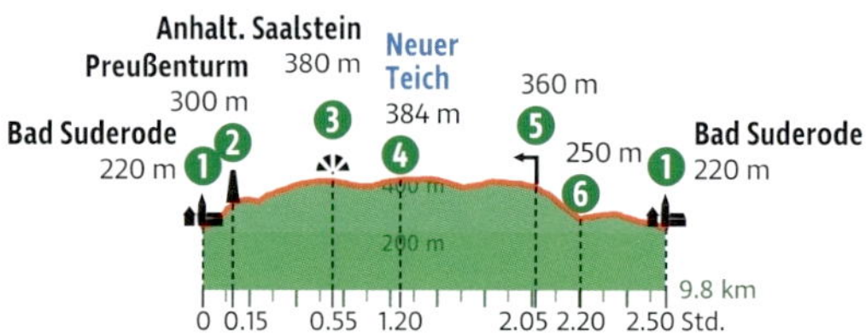

Auch dem Neuen Teich statten wir einen Besuch ab.

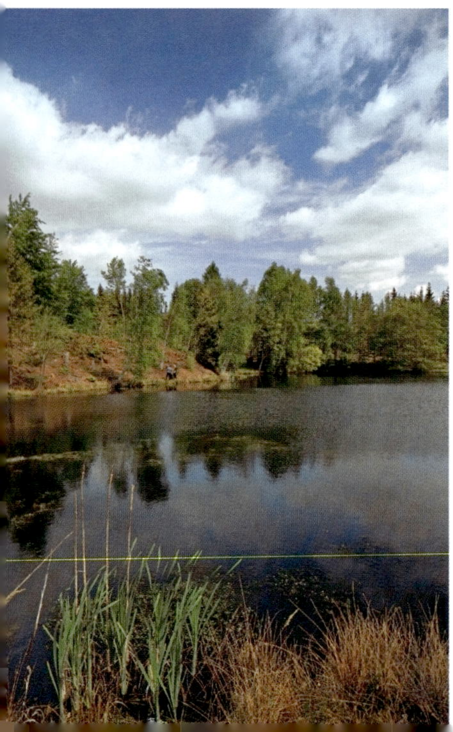

Ausgangspunkt: Beim Kurhaus in Bad Suderode, 220 m. In der nahen Brinkstraße befindet sich ein Parkhaus.

Öffentliche Verkehrsmittel: Busverbindungen von Quedlinburg, Thale, Aschersleben, Wippra (Harzgerode) und Stolberg (Güntersberge). Außerdem Haltepunkt der Selketalbahn in Bad Suderode.

Anforderungen: Teils gut gangbare Waldwege (nur ein nicht markierter Abschnitt beim Abstieg ins Hagental und ein kurzes Stück am Neuen Teich sind leicht verwachsen), teils breitere Forststraßen. Im Nahbereich des Kurorts gut beschildert, sonst fehlen an manchen Stellen Wegschilder.

Einkehr: Bad Suderode (Hotel Am Kurpark, Kur-Café etc.).

Varianten: Parallel zum Grenzweg kann auch der Heckenrosenweg Richtung Spinne gewählt werden. Auf dem Rückweg evtl. direkt durchs Hagental (insbesondere bei feuchten Bedingungen).

Stempel: Nr. 185 (Preußenturm), Nr. 186 (Anhaltinischer Saalstein).

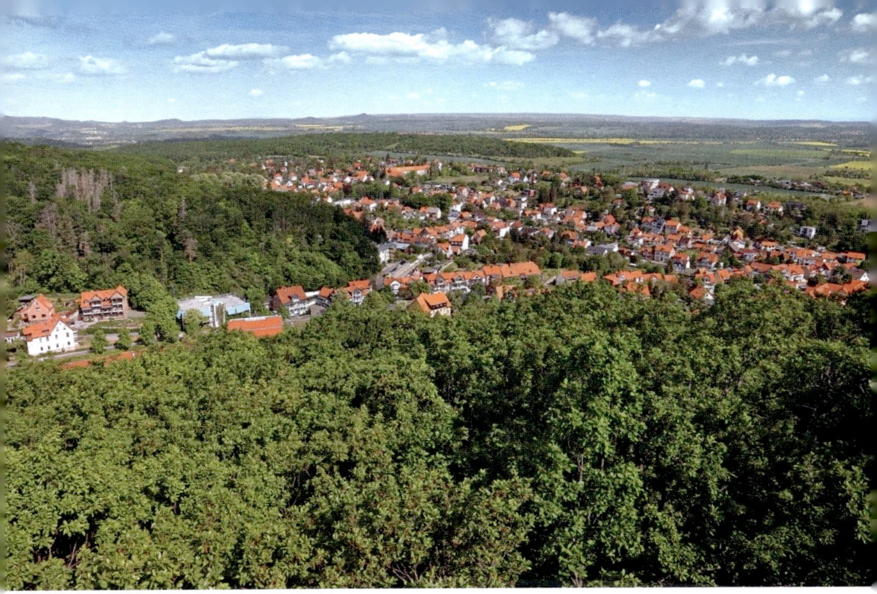

Der Preußenturm eröffnet eine tolle Perspektive auf Bad Suderode.

Von den Kuranlagen in **Bad Suderode** ❶ gelangen wir auf einem ansteigenden Weg – eventuell mit kleinem Schlenker via Ölbergshöhe – zügig zum **Preußenturm** ❷, der uns sofort den besten Überblick der Gegend gewährt. Im weiteren Verlauf folgen wir mit Bezeichnung R1 bzw. 44G dem Grenzweg, beachten später den Rechtsknick und steuern damit die Klippe des **Anhaltinischen Saalsteins** ❸ hoch über dem Kalten Tal an. Die Fortsetzung leitet mit einigen Kurven zum Kreuzungspunkt Spinne und links haltend zu einer Brücke über den Hagentalbach. Wir bleiben diesseits und schließen nach gut 600 Metern zum **Neuen Teich** ❹ auf. Auch wenn man natürlich gleich über den Damm die Seite wechseln kann, lässt sich dieser auch kurzweilig umrunden (eine kurze Passage am Westufer hat durch Forstarbeiten allerdings etwas gelitten). Danach treten wir auf der parallelen Forststraße den Rückweg an und haben bei der erwähnten Brücke verschiedene Möglichkeiten. Nach rechts ausholend können wir im Bereich der Kupferberge Richtung Haferfeld weiterwandern. Nach anderthalb Kilometern empfiehlt es sich aber, bei einer Kreuzung den unbefestigten Weg scharf links einzuschlagen ❺ und nach wenigen Schritten die talwärts führende Schneise. Sie ist zwar nicht gänzlich hindernislos,

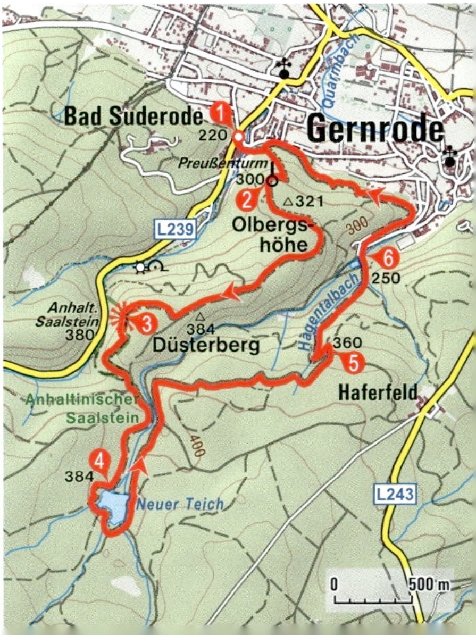

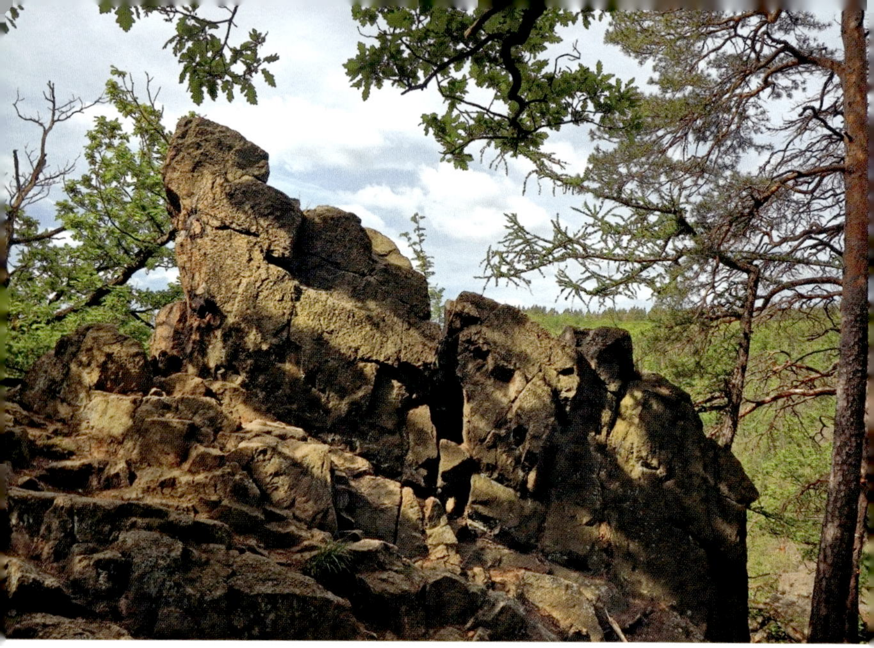

Felsformation am Anhaltinischen Saalstein.

aber doch gut zu durchqueren. Unten kommen wir zum Mensingteich im **Hagental ❻** und setzen gegenüber auf dem sogenannten Panoramaweg fort. Allzu viele Ausblicke darf man wegen des Baumbestands allerdings nicht erwarten – nur bei einer markanten Kurve öffnet sich ein Fenster auf Gernrode. Gleichwohl handelt es sich um einen reizvollen Ausklang unserer Tour Richtung **Bad Suderode ❶**.

Blick ins Zentrum von Gernrode.

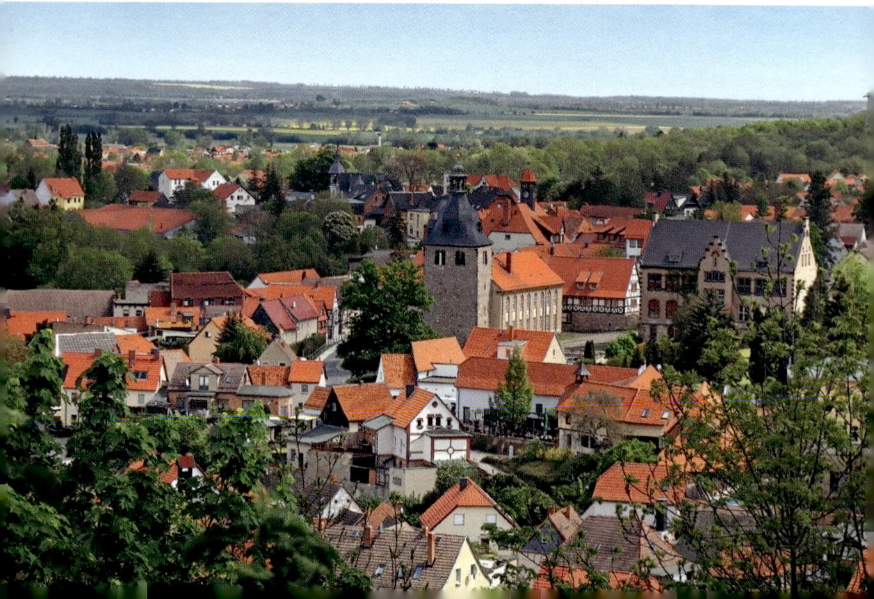

Viktorshöhe und Bremer Teich

Von Friedrichsbrunn zum Sternhaus

1.55 Std. | 7,3 km | ↗ 60 m | ↘ 220 m

Ramberg-Höhenweg und Bärweg

Mithilfe der Buslinien von Quedlinburg (bzw. Bad Suderode) ist diese Streckenwanderung auf den östlichen Harzhöhen konzipiert. Von Friedrichsbrunn aus gelangt man quasi ohne beschwerliche Aufstiege zur Viktorshöhe, in deren Bereich wir als Besonderheit die beiden aus wollsackverwitterten Granitfelsen getürmten Teufelsmühlen entdecken. Einst haben sich auf der Bergkuppe ein Aussichtsturm und sogar eine beliebte Waldgaststätte befunden, doch zeitigen die Reste heute leider einen verwahrlosten Zustand und das Panorama ist sehr eingeschränkt. Beim Weiterweg passieren wir jene Stelle, wo Ende des 17. Jahrhunderts der letzte Braunbär auf anhaltiner Boden erlegt wurde, und später den Bremer Teich, an den sich ein abgeschiedenes Campingareal schmiegt. Nomineller Endpunkt ist – nach Kreuzen der Selketalbahn – das geschichtsträchtige Sternhaus, dessen Name sich von den zahlreich aufeinandertreffenden Wegen ableitet.

Ausgangspunkt: Friedrichsbrunn, Parkplatz Ramberg am nordöstlichen Ortsrand, 575 m, bzw. Bushaltestelle »Schreiberstraße«.
Endpunkt: Sternhaus, 411 m, an der Straße zwischen Gernrode und Mägdesprung.
Öffentliche Verkehrsmittel: Buslinie 255 von Quedlinburg über Bad Suderode und Friedrichsbrunn nach Güntersberge bzw. Stolberg. Vom Sternhaus verkehrt die Buslinie 242 über Bad Suderode Richtung Quedlinburg. In der Nähe auch der Haltepunkt Sternhaus-Ramberg der Selketalbahn.
Anforderungen: Die meiste Zeit nor-

Forsthaus Spiegelshof.

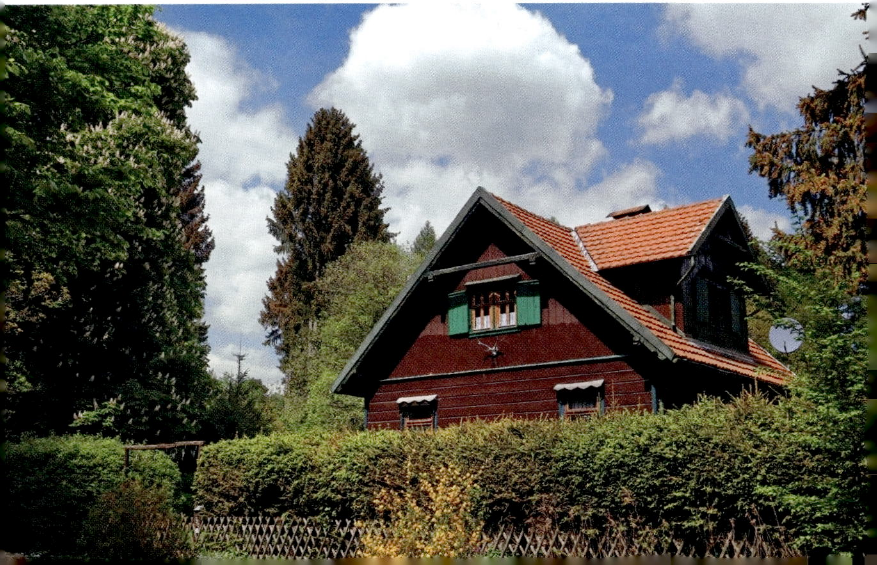

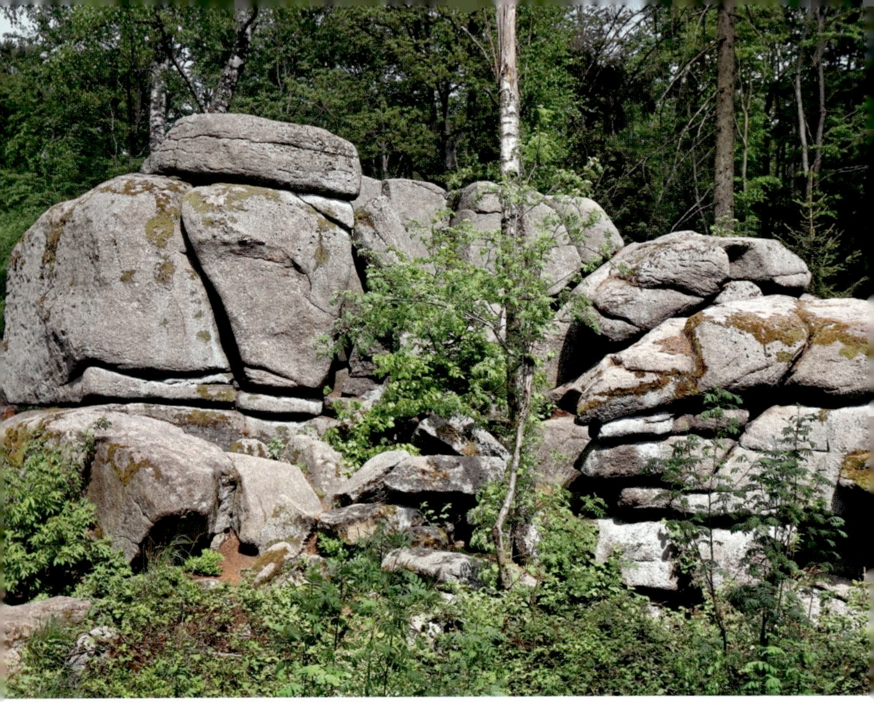

Die Große Teufelsmühle im Bereich der Viktorshöhe.

male Forststraßen, dazwischen kürzere unbefestigte Abschnitte an Viktorshöhe und Bremer Teich. Sehr gemäßigte Höhenunterschiede. Im Wesentlichen leicht zu finden (im Bereich der Viktorshöhe auf die korrekte Fortsetzung achten).
Einkehr: Hotel Harzresidenz bei Friedrichsbrunn; Campingplatz am Bremer Teich, Sternhaus (Mo/Di Ruhetag, Mi/Do nur abends).
Variante: Wer einen Rundkurs bevorzugt, kann ab Sternhaus zunächst der Langen Allee folgen, von der Kreuzung P. 446 dann Richtung Viktorshöhe hinauf und zurück wie im Detail beschrieben. Gehzeit ca. 2.30 Std.
Stempel: Nr. 189 (Große Teufelsmühle), Nr. 184 (Bärdenkmal), Nr. 196 (Bremer Teich).

Von **Friedrichsbrunn** ❶ nehmen wir am großen Parkplatz den Ramberg-Höhenweg (Kürzel R5) auf und wandern in Grundrichtung Südost. Nach einer ganzen Weile wird die Forststraße kurz vor dem Soldatengrab auf einen unbefestigten Waldweg verlassen, der gegen die **Viktors-**

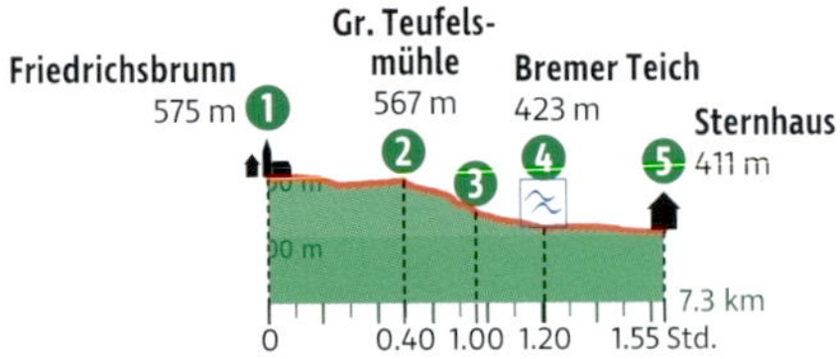

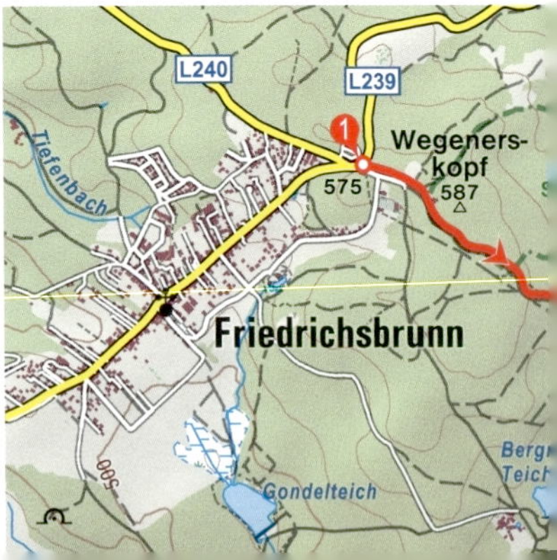

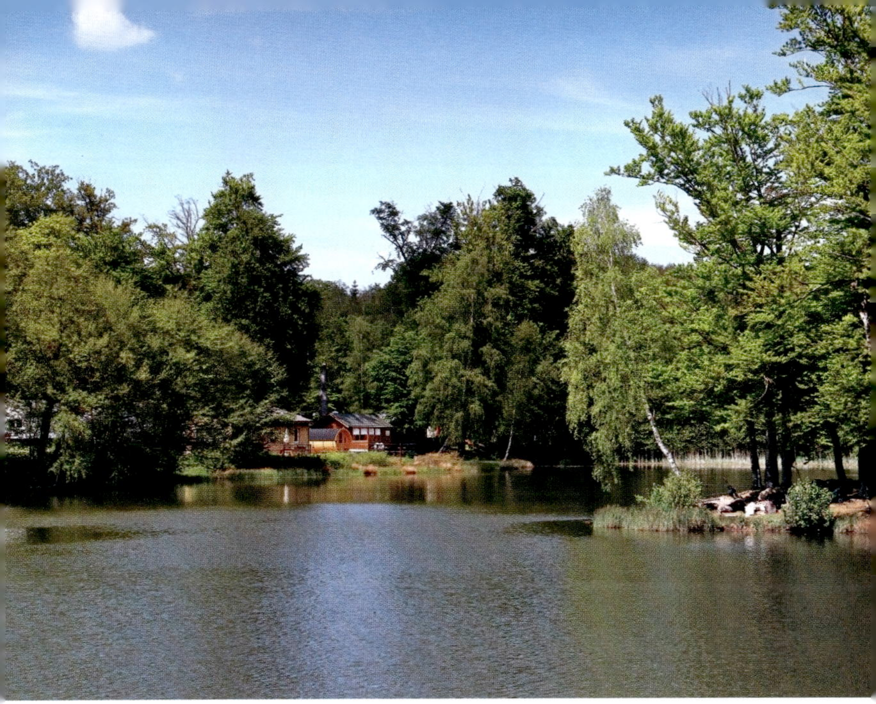

Am Bremer Teich befindet sich ein großes Campingareal.

höhe, 581 m, etwas ansteigt. Die eigentliche Kuppe lohnt eigentlich nur einen Besuch, wenn man morbiden Charme liebt, davon abgesehen wird man aber die beiden aus widerstandsfähigem Ramberggranit bestehenden **Teufelsmühlen ❷** bestaunen. Bei der kleinen zweigt südostwärts eine Wegschneise (Nr. 44E) ab, die uns über zwei Querwege hinweg tiefer bringt. Wir stoßen auf den Bärweg (Nr. 43B) und kommen nach einem Rechtsknick zum **Bärdenkmal ❸**, 472 m. Die Forststraße setzt sich Richtung **Bremer Teich ❹** fort, wobei man diesen am schönsten an seiner Ostseite tangiert. Im Campingareal ergeben sich übrigens Bade- und Einkehrmöglichkeit. Knapp nördlich schert der Bärweg von der Zufahrt nach rechts aus und zieht am Spiegelshof vorbei sowie über die Selketalbahn hinweg nahezu eben zum **Sternhaus ❺**.

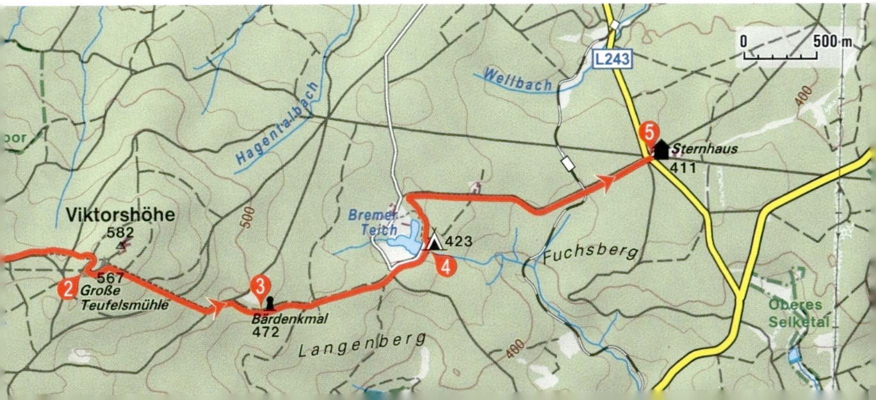

78 Friedrichsbrunner Tälerweg

Durch die Uhlenbachtäler und zum Gondelteich

2.10 Std. | 7,9 km | ↗120 m | ↘120 m

Versteckte Kleinode zwischen Friedrichsbrunn und Siptenfelde

Auf der Hochfläche des Ostharzes liegen zwischen Friedrichsbrunn und Siptenfelde recht versteckt die beiden Uhlenbachtäler eingeschnitten. Wir können sie im Rahmen einer gut zweistündigen Rundwanderung kennenlernen und beiläufig drei lauschige Teiche entdecken: beim Forsthaus Uhlenstein, ein Mini-Exemplar im Kleinen Uhlenbachtal sowie den beliebten Gondelteich unterhalb der Friedrichsbrunner Trollblumenwiese.

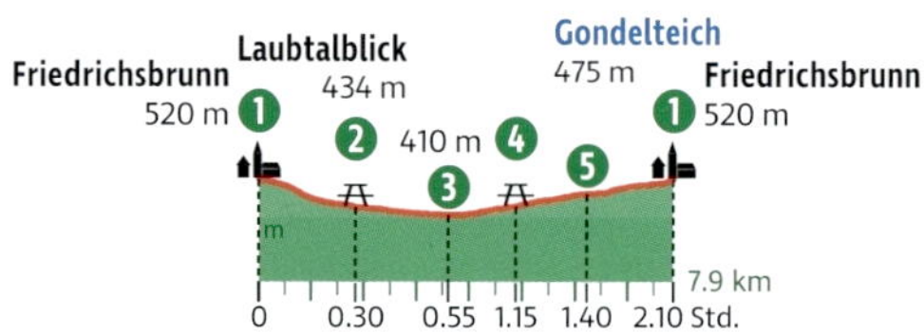

Ausgangspunkt: Friedrichsbrunn, Parkplatz am südwestlichen Ortsende, ca. 520 m.

Öffentliche Verkehrsmittel: Buslinie 255 zwischen Quedlinburg und Güntersberge bzw. Stolberg (Haltestelle »Kinderheim«); Buslinie 256 von Thale (Haltestelle »Ortsmitte«).

Anforderungen: Wege unterschiedlicher Beschaffenheit, längere Abschnitte unbefestigt. Zuerst moderat bergab, in der zweiten Hälfte wieder bergauf. Die Tour ist mit dem Kürzel R3 markiert, allerdings nicht immer deutlich.

Einkehr: Imbiss »Zum Hasenwinkel« (direkt am Parkplatz), Zur Unterklippe, Haunolds Braustübl, Zur Harzstube, Schützenklause, Kaffee Bonnhoeffer, Hotel Harzresidenz (alle in Friedrichsbrunn).

Variante: Im Kleinen Uhlenbachtal gibt es streckenweise einen parallelen Verlauf.

Stempel: Nr. 191 (Laubtalblick); Sonderstempel beim kleinen Teich.

Im Großen Uhlenbachtal herrscht wunderbare Stille.

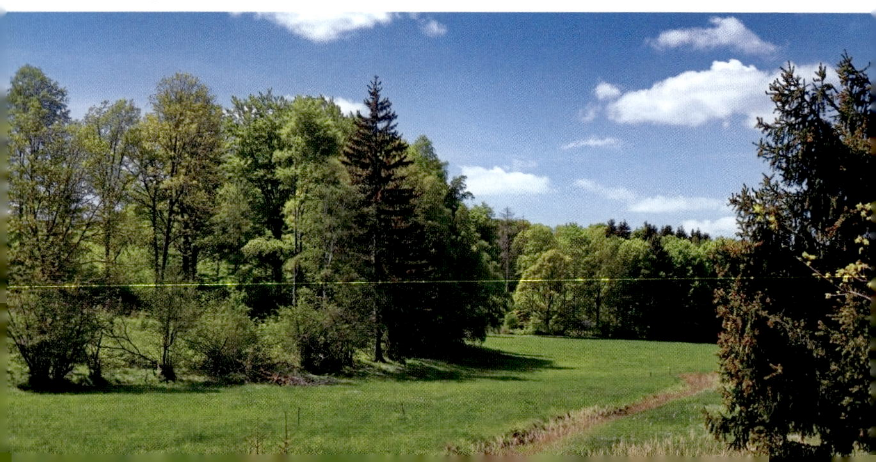

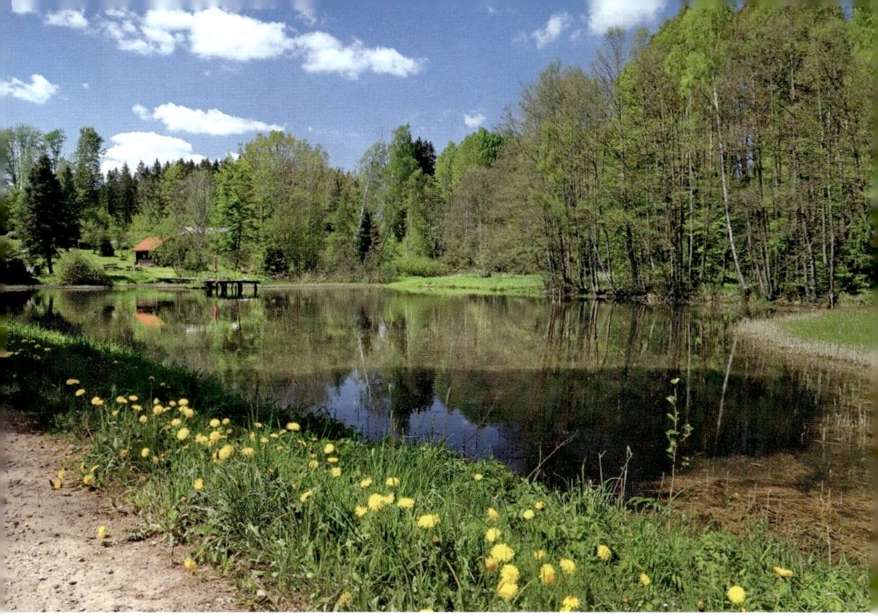

Hübscher Teich beim Forsthaus Uhlenstein.

Vom Parkplatz bei **Friedrichsbrunn** ❶ gehen wir über die Wiese hinab zum ersten Querweg und auf diesem nach rechts ins Gehölz. Dort achten wir in Kürze auf die rechts abzweigende Bezeichnung R3. Man verliert merklich an Höhe und folgt dann dem recht schmalen Pfad am Rande des Großen Uhlenbachtals, das in diesem Bereich auch Laubtal genannt wird. Daher der Name **»Laubtalblick«** ❷ bei einem Rastplatz mit Wanderstempelbox. Die Fortsetzung südwärts verläuft leider auf einer herkömmlichen Forststraße. Bevor wir den Abzweig ins Kleine Uhlenbachtal wahrnehmen, lohnt sich noch ein kurzer Abstecher zum **Forsthaus Uhlenstein** ❸ mit seinem Teich.

Anschließend also ins Kleine Uhlenbachtal hinein, wo der Weg nicht befestigt und teils etwas rustikaler ist. Bei einem kleinen **Teich** ❹ wird man auf die rechte Seite gelotst. Ein Stück weiter knickt die Route bei einem Felsblock rechts ab und nähert sich nun dem **Gondelteich** ❺, dessen Damm zuletzt mit einem Linksschwenk erreicht wird. Wir passieren das linksseitige Ufer und drehen vor der Trollblumenwiese zum Hauptweg Nr. 46E ab. Schließlich noch ein Stück aufwärts bis zum Ausgangspunkt ❶.

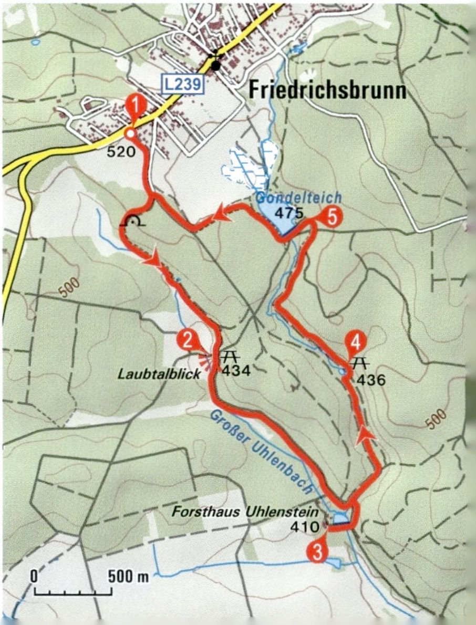

79 Josephskreuz, 580 m

Kurzaufstieg vom Forsthaus Auerberg

0.45 Std. | 2,7 km | ↗ 90 m | ↘ 90 m

Zum Unterharzer »Eiffelturm« bei Stolberg

Die 38 Meter hohe Stahlkonstruktion besitzt eine gewisse (beabsichtigte) Ähnlichkeit mit dem Wahrzeichen von Paris und wird als größtes eisernes Doppelkreuz der Welt beworben. Jedenfalls ist das Josephskreuz auf der Südkuppe des Großen Auerbergs – entsprechend auch Josephshöhe genannt – eines der meistbesuchten Ausflugs- und Wanderziele weit und breit. Das umfassende 360-Grad-Panorama erschließt sich nur jenem, der gegen Gebühr auch die knapp 200 Stufen bewältigt. Dann schweifen die Augen über die weiten, sanft gewellten (und erschreckend kahl gewordenen) Harz-Hochflächen, entdecken 36 Kilometer entfernt im Nordwesten den Brocken und 20 Kilometer gen Süden den Kyffhäuser. Nach dem Motto »kurz & gut« wird hier tatsächlich der schnellstmögliche Zugang vorgestellt: nur ein Katzensprung hinauf zur großen Aussicht, für die man sich einen klaren Tag reservieren sollte …

Ausgangspunkt: Parkplatz beim Forsthaus Auerberg, ca. 493 m, an der Kreuzung L236/L235 (zwischen Straßberg, Schwenda und Stolberg).
Öffentliche Verkehrsmittel: Haltestelle »Auerberg« an den Buslinien 254 (Stolberg – Harzgerode), 255 (Stolberg – Quedlinburg) und 461 (Stolberg – Sangerhausen).
Anforderungen: Sehr kurze Wanderung, aber auf den vorgeschlagenen Waldpfaden ziemlich steil. Völlig problemloser

38 Meter Höhe misst die Stahlkonstruktion des Josephskreuzes.

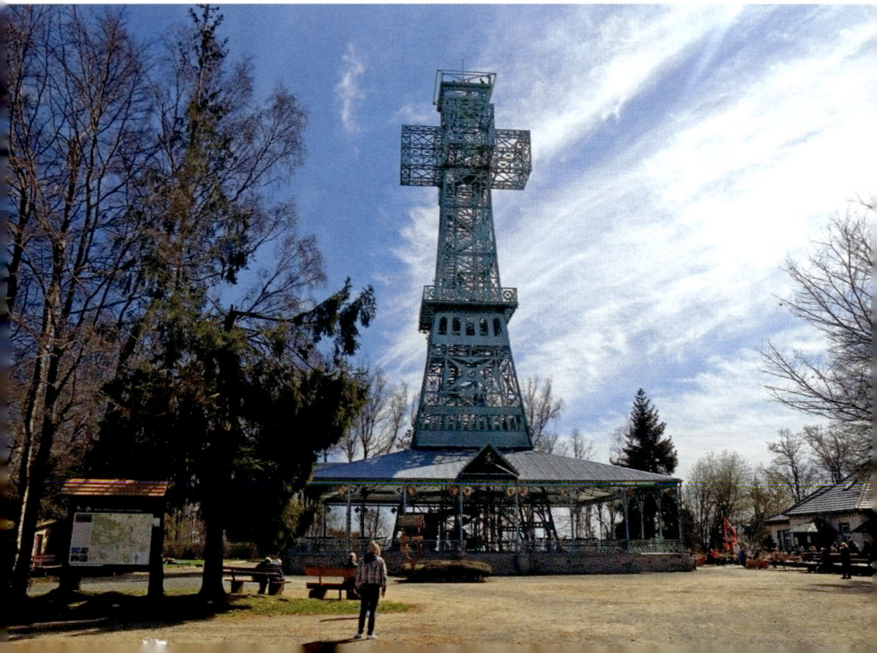

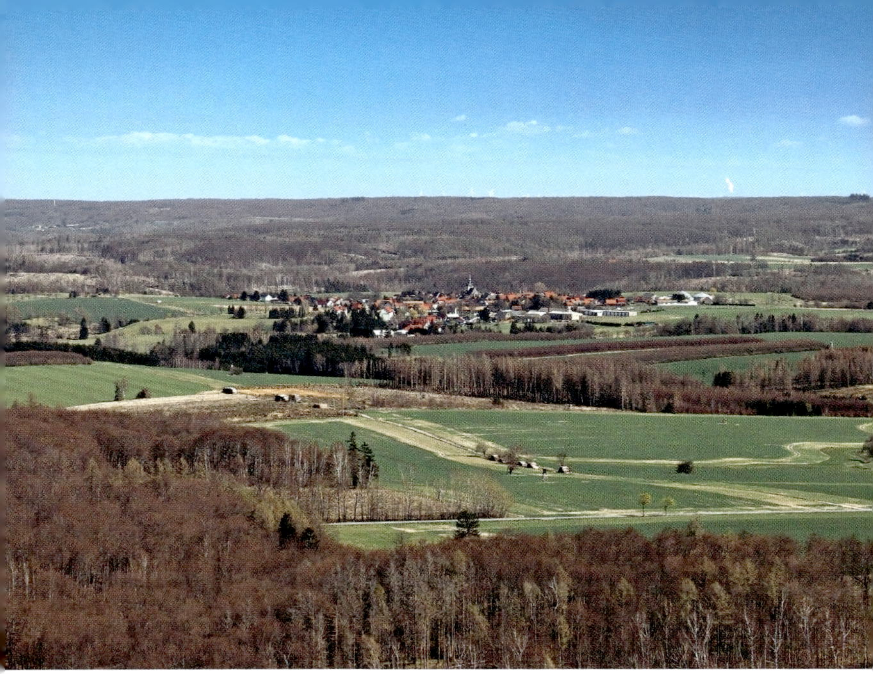

Garantiert einer der besten Aussichtspunkte im Ostharz: das Josephskreuz.

Aufstieg über den Fahrweg möglich.
Einkehr: Bergstübl Josephskreuz (Mo Ruhetag).
Variante: Eine 10-km-Rundwanderung von Stolberg aus ist im Rother-Wanderführer Harz beschrieben. Außerdem kann man auch in Schwenda starten.
Stempel: Nr. 215 (Josephshöhe).

Vom Forsthaus **Auerberg** ❶ nutzen die meisten vermutlich ohne weitere Gedanken das Bergsträßchen, dabei kann man leicht links versetzt an einem Waldsteig typischeres Wanderfeeling erwarten. Dieser zieht im ersten Teil recht steil an, flacht nach oben hin ab und kommt rasch zum Ziel beim riesigen **Josephskreuz** ❷, 580 m. Die Turmbesteigung (38 Hm zusätzlich zur obigen Angabe) sollte man sich nicht entgehen lassen – erst damit ergibt sich die volle Aussicht über das östliche Harzgebirge.

Für den Rückweg wählen wir abwechslungshalber den Turmstieg auf der Südostseite. Dieser mündet weiter unten in die Holzchaussee, mit der es nordwärts annähernd horizontal zurück zum Parkplatz ❶ geht.

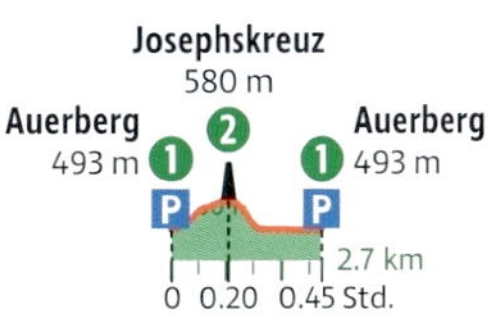

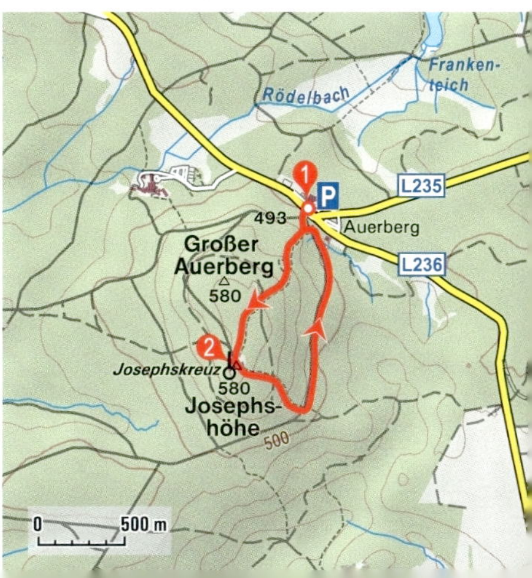

80 Rund um Stolberg

Über die Bandwege

1.50 Std. | 5,3 km | ↗ 260 m | ↘ 260 m

Verwinkeltes Auf und Ab über Lude-, Kaltes- und Zechental

Zu den malerischsten Siedlungen im Harz zählt zweifellos Stolberg, das bis vor wenigen Jahren sogar Stadtrecht besaß. Seine Geschichte begann vor rund 1000 Jahren als Knappensiedlung und blühte unter dem Grafengeschlecht derer zu Stolberg schon im Hochmittelalter auf. Als weithin sichtbares Wahrzeichen thront die Schlossresidenz über Stolberg, architektonisch in Teilen durch die Renaissance überprägt. Bedingt durch das Relief mit drei markanten Seitentälern, die sich zur Thyra vereinigen, lässt sich im näheren Umfeld ungewöhnlich abwechslungsreich wandern. Immer wieder werden dabei herrliche Aussichtspunkte berührt, etwa bei der Lutherbuche. Die Pfade an den Hängen heißen oft »Bandweg« – aus mehreren Teilstücken zusammengesetzt vollziehen wir unsere enge Rundtour. Wer mag, kann ein Kulturprogramm draufsatteln.

Ausgangspunkt: Ehemaliger Bahnhof Stolberg, ca. 284 m. Großer Parkplatz und Bushaltestelle.

Öffentliche Verkehrsmittel: Stolberg besitzt Busverbindungen mit Berga-Kelbra, Quedlinburg und Sangerhausen.

Anforderungen: Nicht sehr lange, aber wegen des kleinräumigen Auf und Ab (auch mit Steilpassagen) durchaus etwas anstrengende Tour. Es überwiegen kleine Naturpfade; hier und da elementare Trittsicherheit vorteilhaft. An allen wichtigen Abzweigungen de-

Tiefblick von der Lutherbuche in die Altstadt.

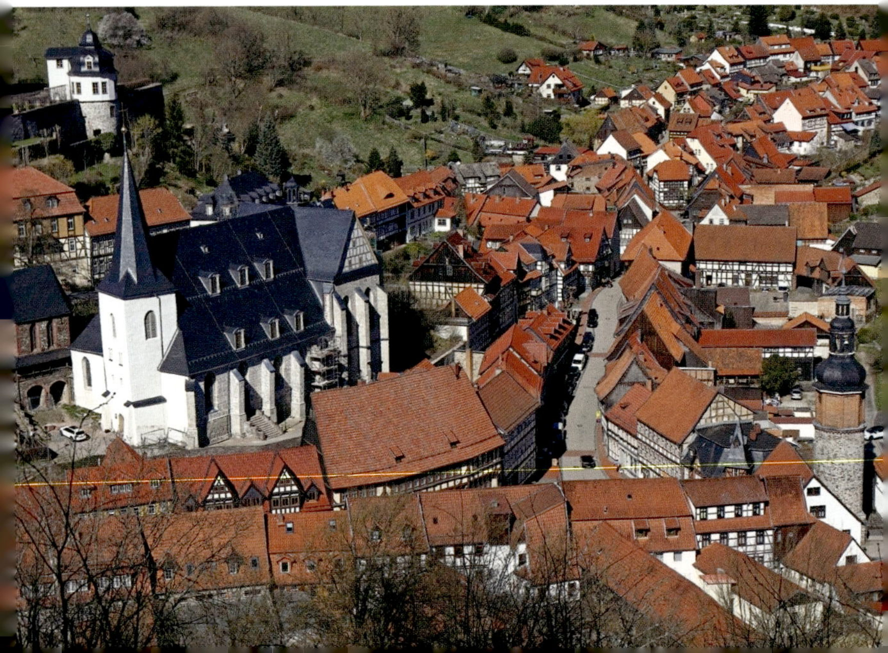

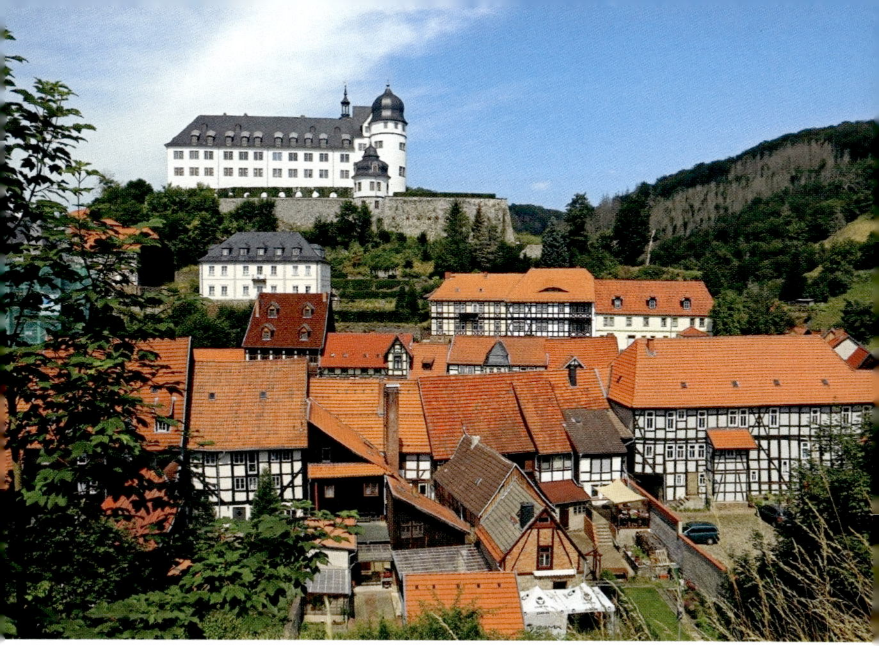

Stolberg mit seinem Residenzschloss.

tailliert beschildert.
Einkehr: Etliche Möglichkeiten in Stolberg, speziell in der Altstadt.
Tipps: Schloss Stolberg kann täglich außer montags zwischen 10 und 17 Uhr besichtigt werden. Sehenswert ist auch das historische Stadtbild als solches. Im südlichen Stadtbereich befindet sich das Freizeitbad »Thyragrotte«.
Stempel: Nr. 216 (Lutherbuche).

Vom Bahnhof **Stolberg** ❶ fällt der Einstieg über die »Himmelsleiter« sogleich knackig aus. Zum wundervollen Aussichtspunkt **»Lutherbuche«** ❷ können wir dann über den Unteren oder besser noch über den Oberen Bandweg gelangen. Letzterer setzt sich am Waldhang fort und fällt später zur Freilichtbühne im **Ludetal** ❸ ab. Beim geschlossenen Café Waldfrieden wechseln wir auf die andere Seite, wo erneut ein Steilstück bewältigt werden muss, um Anschluss zur Unteren Hirschallee zu erhalten. Damit steuern wir nun das mächtige **Schloss Stolberg** ❹ an (mit Innenhof und Aussichtsterrassen). Über eine Treppe lässt sich unmittelbar zur Straße *Schloßberg* abkürzen. Kurzzeitig geht es in die

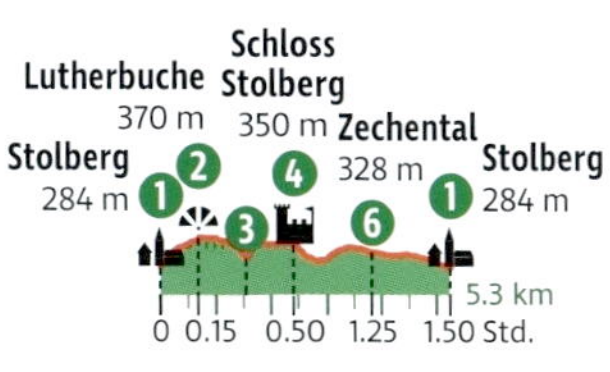

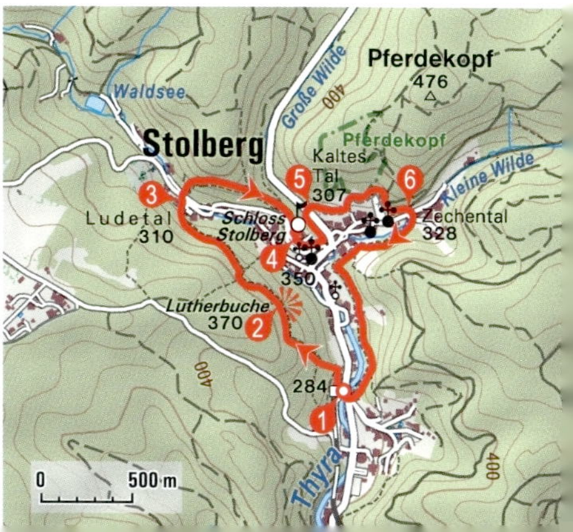

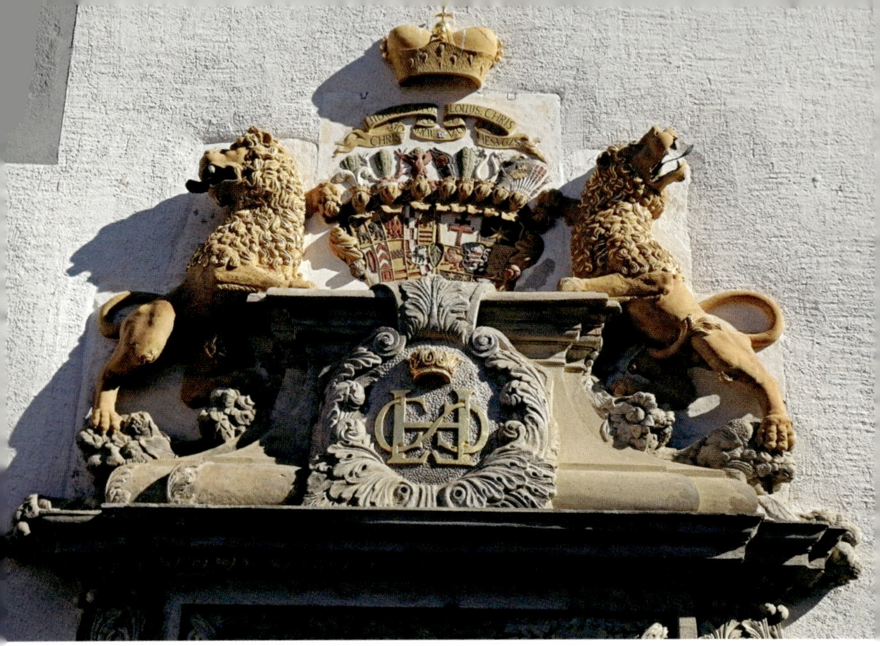

Impressionen aus Stolberg ...

... das zu den sehenswertesten Orten im gesamten Harz gehört.

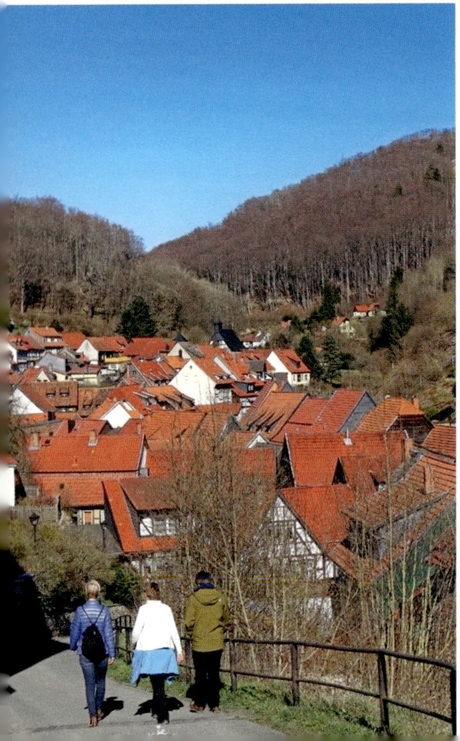

Altstadt hinunter. Wir wenden uns ins **Kalte Tal ❺** und vor dem Parkplatz rechts hoch auf den Unteren Bandweg. Dieser nimmt einen etwas verwinkelten Verlauf am Siegfried-Herold-Teich oberhalb des Friedhofs vorbei und führt hinüber ins **Zechental ❻**. Gegenüber leitet die Fortsetzung mit weiteren schönen Ausblicken zunächst mit etwas Auf und Ab gen Westen, schließlich um das Eck bei der Mägdewiese herum südwärts und zurück zum kleinen Stadtpark bzw. Bahnhof ❶.

Unverbaut: abseits gelegenes Haus am Steilhang.

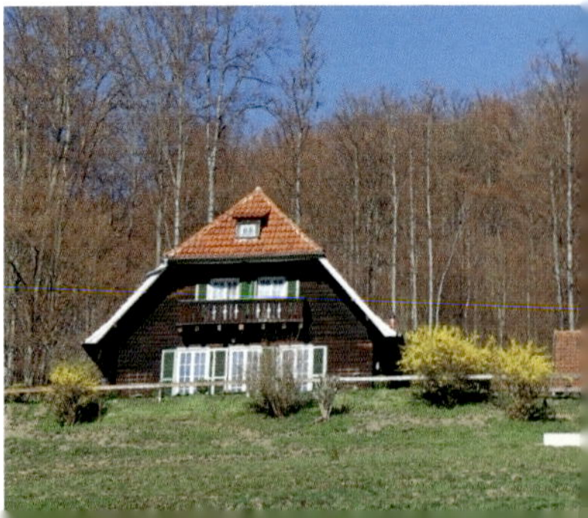

Von Straßberg zum Frankenteich

Mit Rückweg über die Grube Glasebach

81

2.40 Std. | 9,7 km | ↗150 m | ↘150 m

Auf den Spuren des Unterharzer Bergbaus

Der größte bergbaurelevante Teich des Unterharzes entstand Anfang des 18. Jahrhunderts südwestlich von Straßberg, wo sich damals ein regionales Zentrum inklusive Silberverhüttung ausbildete. Der Frankenteich darf im Übrigen auch als einer der schönsten gelten. Schon die Annäherung weiß zu gefallen, wenn wir dafür den Oberen Poetenweg wählen und zwischendurch am wesentlich kleineren Maliniusteich Station machen. Wer sich besonders für die Montangeschichte interessiert, findet im Besucherbergwerk der Grube Glasebach eine hautnahe Veranschaulichung. Davon abgesehen ist der Rückweg durchs Glasebachtal auch einfach ein nettes Wandervergnügen.

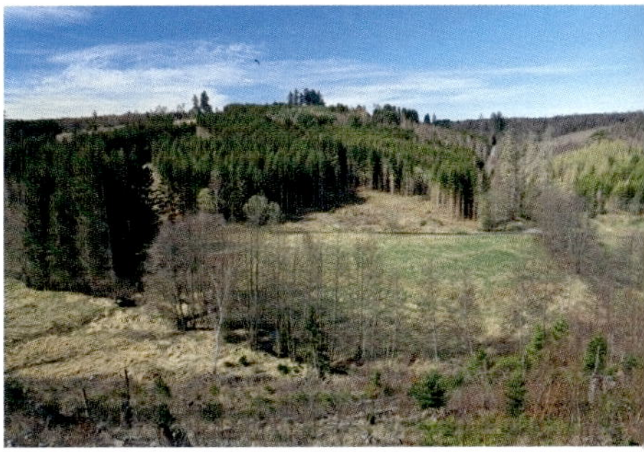

Ausblick vom Poetenweg über dem Rödelbachtal.

Ausgangspunkt: Straßberg, ca. 364 m. Parkplatz in der Hauptstraße (gegenüber der Bergschänke).

Öffentliche Verkehrsmittel: Buslinie 254 zwischen Harzgerode und Güntersberge bzw. Stolberg. In Straßberg

Siesta am Frankenteich.

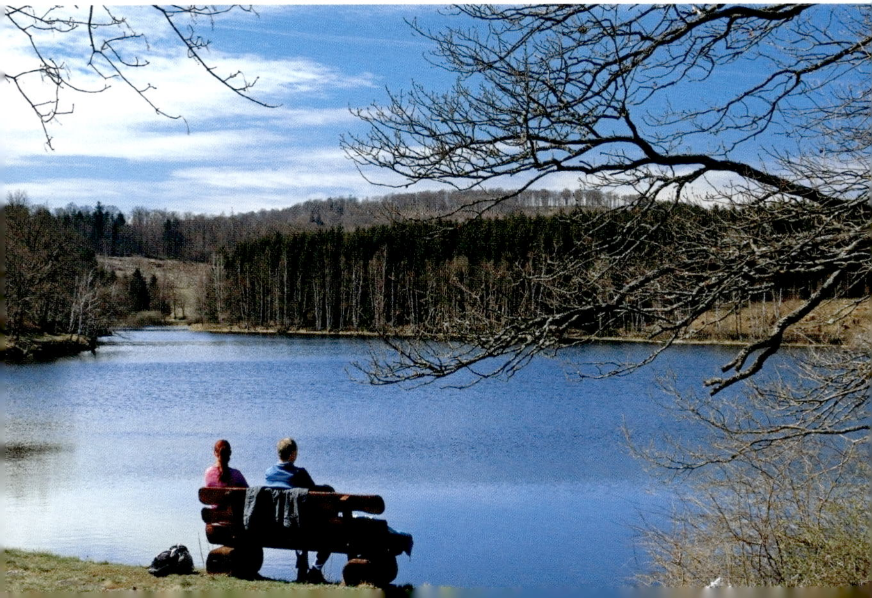

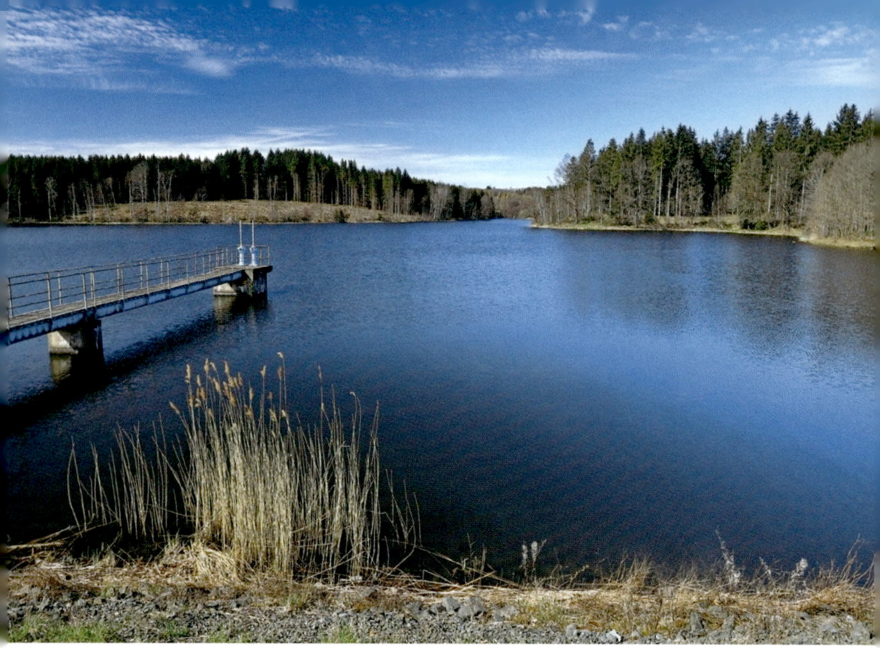

Der schon seit über 300 Jahren bestehende Frankenteich ist der größte seiner Art im Unterharz.

hält auch die Selketalbahn der HSB.
Anforderungen: Wechsel zwischen Graswegen und befestigten Wirtschaftswegen. Nicht überall beschildert, deshalb gewisses Orientierungsvermögen vorteilhaft.
Einkehr: Restaurant Bergschänke (Di Ruhetag); Pizzeria Straßberg (nur Fr bis So geöffnet).
Tipp: Bergwerksmuseum Grube Glasebach; Öffnungszeiten täglich von 9.30 bis 16 Uhr. Führungen dauern bis zu 2 Std.; Reservierungen unter Tel. 039489 226.
Variante: Kürzester Zugang zum Frankenteich vom Forsthaus Auerberg.
Stempel: Keine.

In **Straßberg** ❶ orientieren wir uns anfangs zum *Mühlweg*, nehmen den ersten Linksabzweig und wenden uns aus dem *Anger* mit dem Oberen Poetenweg (Nr. 34F) schräg links bergauf. Nun steht eine aussichtsreiche Strecke am Hang über dem Rödelbachtal bevor. Später gelangen wir in den Talgrund und wandern dort an der Heiligenbergsquelle vorbei zum kleinen **Maliniusteich** ❷. Im Kiliansgrund verzweigt sich das Sträßchen, wobei wir uns mit dem Achtbuchenweg halblinks halten und damit zum **Frankenteich** ❸, 435 m, ansteigen. Gleich vorn wird der Damm überschritten. Bevor wir die etwas höher verlaufende Forststraße ansteuern, lohnt sich die Begehung des Uferweges in seinem

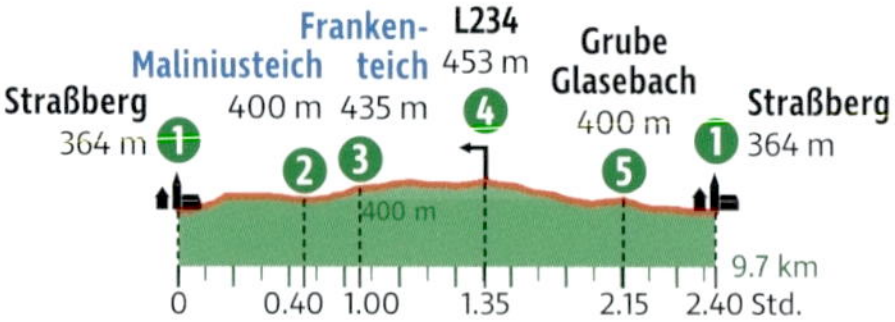

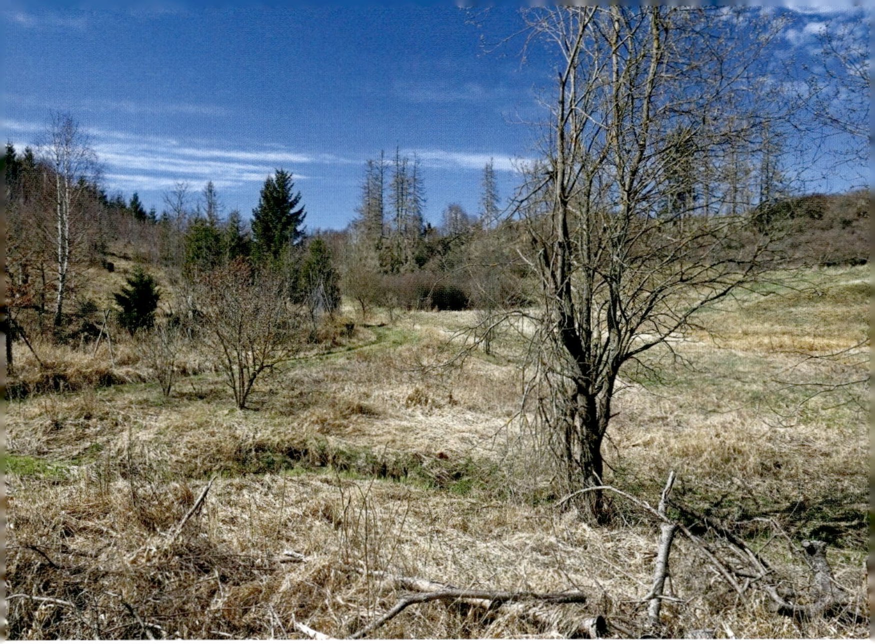

Der Rückweg führt durchs das Glasebachgebiet.

wohl schönsten Abschnitt. Dann scharf links auf die besagte Forststraße, die etwas eintönig den Kohlberg ostwärts überschreitet. Wir nähern uns der *L234* ❹, folgen dieser knapp 200 Meter in Richtung Straßberg und achten dann auf den Abzweig eines etwas unscheinbaren Grasweges. Dieser kreuzt später den Haynschen Weg und senkt sich ins Glasebachtal ab. Die Route ist jetzt durch den idyllischen Talverlauf vorgezeichnet. Wer Lust hat, kann die nahe **Grube Glasebach** ❺ besichtigen. Davon abgesehen schlängelt sich der Weg linksseitig gegen das Selketal hinaus und schwenkt zuletzt links in Richtung **Straßberg** ❶ ein.

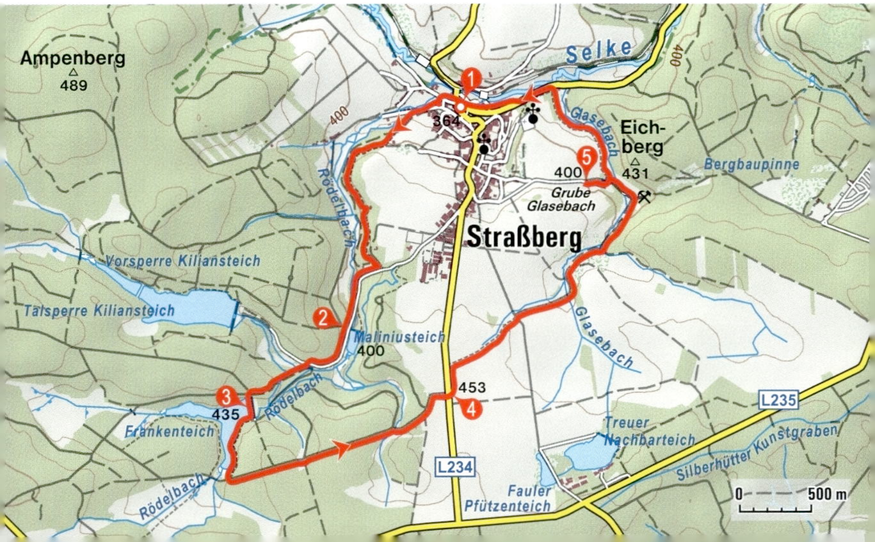

82 Gondelteich und Grenzteich bei Neudorf

Über den Dankeröder Berg

1.30 Std. | 6,2 km | ↗100 m | ↘100 m

Kleine Idyllen an der Schmalen Wipper

Neudorf liegt als erholsamer Ferienort auf der Hochfläche des Unterharzes unweit von Harzgerode. Die Umgebung zeigt einen Wechsel von offener Feldflur und bewaldeten Arealen, zudem eine Reihe von Teichen, unter denen der Birnbaumteich dezidierte touristische Funktion erhalten hat. Die nächstgelegenen sind der Gondelteich und der Grenzteich.

Ausgangspunkt: Neudorf, Parkmöglichkeit an der Kreuzung im Ortszentrum (hier auch Bushalt), 438 m, oder bei der Kirche.
Öffentliche Verkehrsmittel: Busverbindungen von Harzgerode und Güntersberge nach Neudorf.
Anforderungen: Meist breite Flurwege, lediglich im Bereich der beiden Teiche schmalere Pfade. Nur wenig Auf und Ab. Die Markierung ist stellenweise etwas lückenhaft, aber doch einigermaßen nachvollziehbar.
Einkehr: Bauernstübl und Caféhaus Tina (Fr–So), beide in Neudorf.
Tipp: Ganz in der Nähe von Neudorf befindet sich der Ferienpark Birnbaumteich, in der Schulstraße die Heimatstube.
Stempel: Keine.

In **Neudorf ➊** beginnen wir in der *Hauptstraße*, nahe der Kirche etwas abkürzend durch die *Hinterstraße*. Direkt gegenüber zieht ein Grasweg in die Feldmark hinaus. Wir beachten einen Rechtsschwenk und kommen damit zum malerischen **Gondelteich ➋**, der am besten ostseitig umkurvt

Die offene Landschaft bei Dankerode lässt strengen Harzcharakter vermissen.

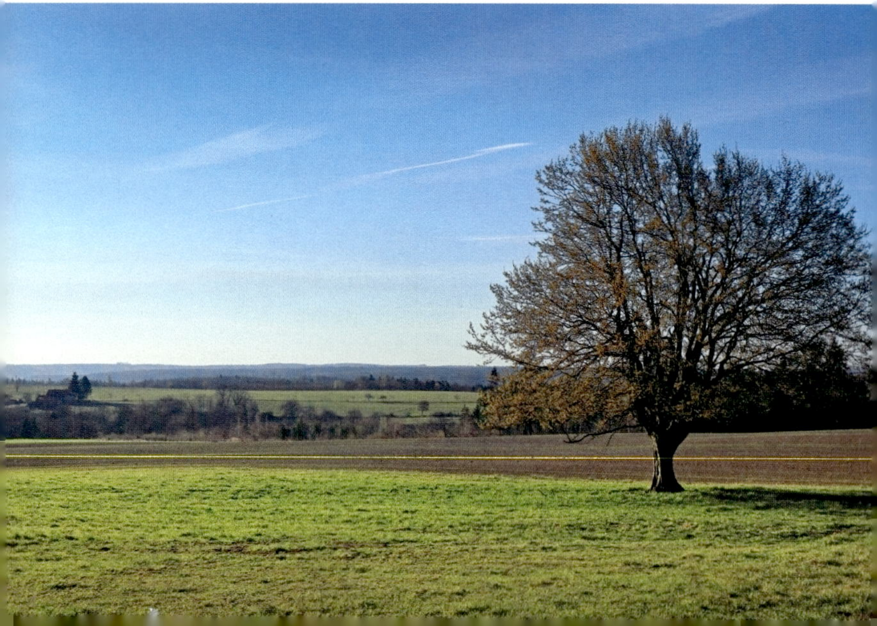

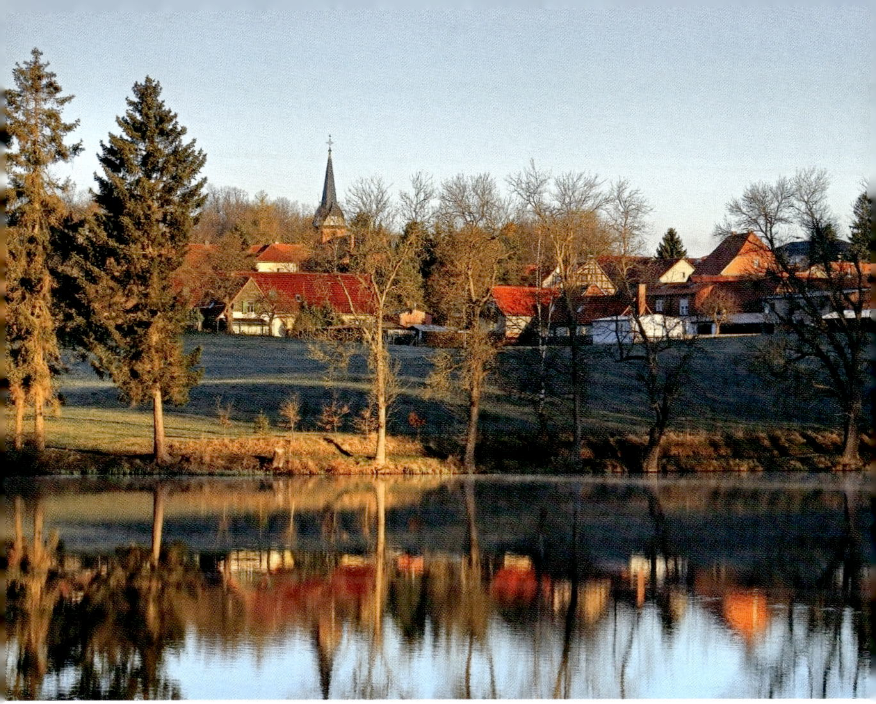

Am Ortsrand von Neudorf liegt der malerische Gondelteich.

wird. Am *Pfaffenberg* kurz südwärts zum Wald hin und minimal rechts versetzt dem Hinweis »Grenzteich« folgend ins Gehölz. Bereits wenige Minuten später erreichen wir den etwas düsteren **Grenzteich** **3** und wenden uns auf der anderen Seite sofort nach rechts. Dieser Waldweg fehlt in vielen Karten, stellt – abgelöst durch einen Grasweg – jedoch die günstigste Verbindung zur breiten Wirtschaftsfahrbahn nach Dankerode dar (ansonsten ginge es eintöniger am Zechenhaus vorbei). Nachdem ein kleines Wildgehege passiert ist, biegt unsere Route an der **Tränke** **4** scharf nach rechts ab

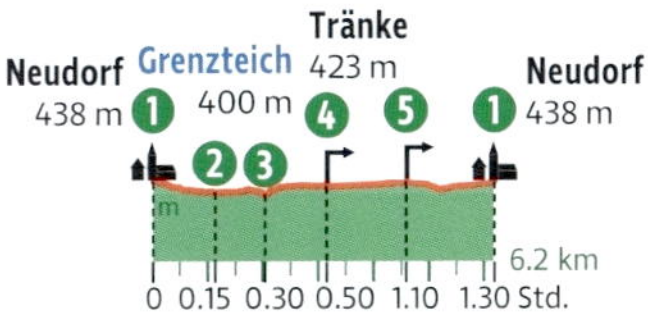

und entfernt sich von Dankerode. In meist freier Flur wandern wir nun über den Dankeröder Berg westwärts, bevor nach 1,4 Kilometern der nächste Rechtsknick erfolgt **5**. In einer seichten Senke über die Schmale Wipper hinweg und rechts haltend hinein nach **Neudorf**, wo sich der Kreis im *Haynschen Weg* schließt.

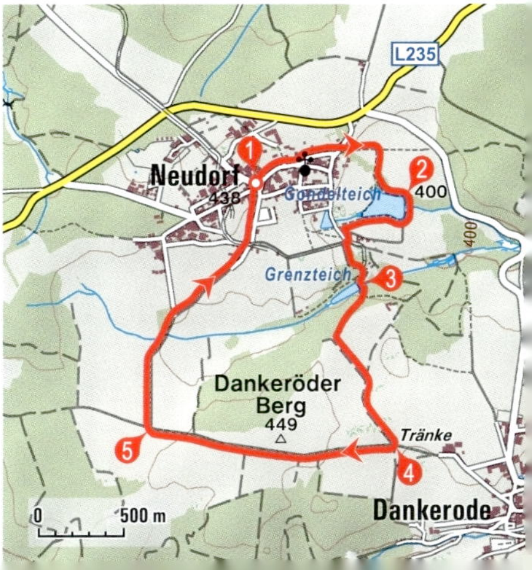

83 Zwischen Mägdesprung und Alexisbad

Über Köthener Hütte, Luisentempel und Verlobungsurne

2.15 Std. | 6,7 km | ↗ 250 m | ↘ 230 m

Auf dem spektakulärsten Abschnitt des Selketalstiegs
Die Selke durchfließt eines der topografisch wichtigsten und schönsten Täler im Ostharz. Mal schlängelt sich das Flüsschen durch liebliche Wiesenlandschaften, mal hat es sich markant ins Relief eingeschnitten, wie auf der windungsreichen Strecke zwischen Alexisbad und Mägdesprung. Hier befindet sich auch der wohl spannendste Teil des gesamten Selketalstiegs – hinsichtlich des Wegverlaufs an sich und wegen der dichten Drängung besonders sehenswerter Punkte. Wenn wir in Mägdesprung starten, kommen wir als Erstes zur Mägdetrappe mit dem Alexiuskreuz, passieren anschließend Köthener Hütte und Pionierklippe, nehmen auch Luisentempel und Friedensdenkmal mit und genießen bei der Verlobungsurne am Habichtstein ein letztes tolles Panorama hoch über Alexisbad. Ein Erlebnis für sich ist die Fahrt mit der Selketalbahn – rein logistisch zwischen den beiden Ortschaften zwar nur kurz, doch spricht ja eigentlich nicht viel gegen eine Erweiterung …

Ausgangspunkt: Bahnhof Mägdesprung, ca. 295 m, der Selketalbahn.
Endpunkt: Bahnhof Alexisbad, ca. 320 m, der Selketalbahn.
Öffentliche Verkehrsmittel: Die Selketalbahn verkehrt zwischen Quedlinburg und Hasselfelde. Außerdem gibt es die Buslinie 242 von Quedlinburg über Mägdesprung und Alexisbad Richtung Harzgerode bzw. Braunschwende.
Anforderungen: Überwiegend kleinere Wanderpfade mit einigem Auf und Ab, dabei auch relativ steile Abschnitte. Zuverlässige Markierung im Rahmen des »Selketalstiegs« sowie mit lokalen Angaben.

Tiefblick auf Alexisbad.

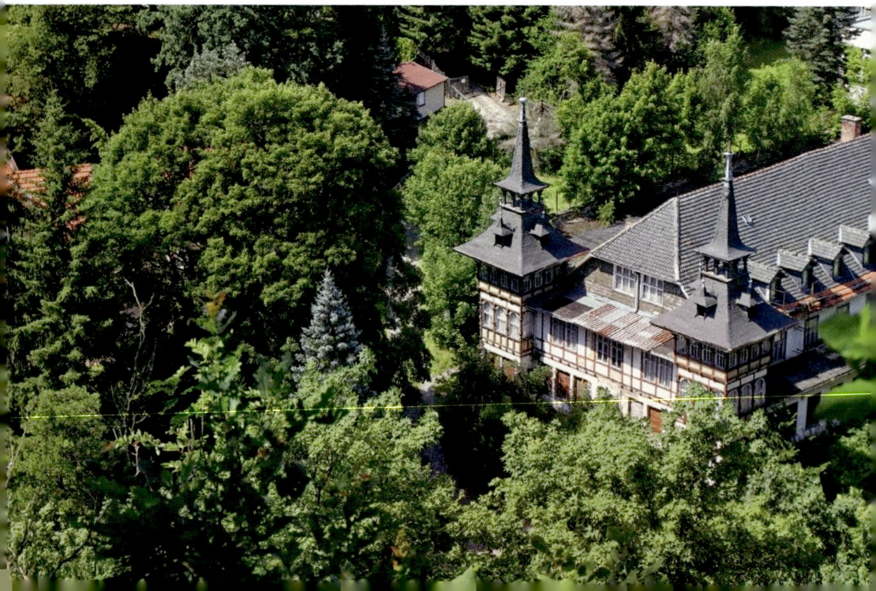

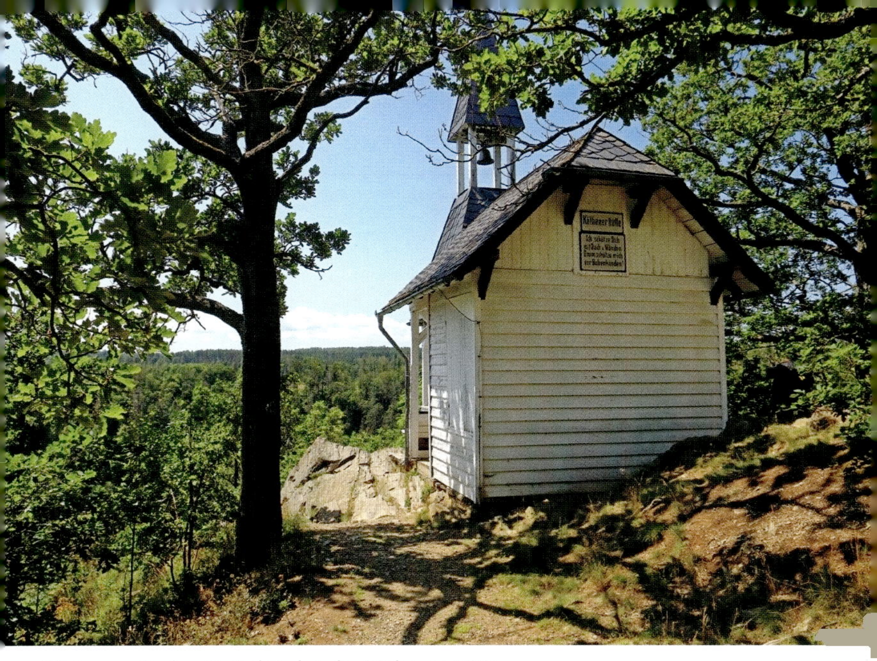

Wildromantischer Rastplatz bei der Köthener Hütte.

Einkehr: Habichtstein, Morada und Elysium (alle in Alexisbad).
Variante: Ab Köthener Hütte kann man auf dem Klippenweg wesentlichen Höhenverlust vermeiden, allerdings kommt man dann nicht an Luisentempel und Friedensdenkmal vorbei (etwa 15 Min. kürzer).
Stempel: Nr. 195 (Köthener Hütte), Nr. 177 (Verlobungsurne).

Vom Bahnhof in **Mägdesprung** ❶ folgen wir zunächst der *B185* durch den Ort, ehe im Bereich der Abzweigung nach Harzgerode der kräftige Aufstieg zur **Mägdetrappe** beginnt. Bei einer Aussichtskanzel passieren wir das Alexiuskreuz und schwenken bald darauf nach rechts. Ein angenehmer Höhenweg zieht nun hinüber zum nächsten Panoramablick, der sich bei der **Köthener Hütte** ❷ am sogenannten Kapellenfelsen öffnet. Hier gilt es zu entscheiden, ob wir am Klippenweg die Höhe einigermaßen halten oder auf dem Pionierweg (als Teil des Selketalstiegs)

Felsklippen und dichter Wald – an der Mägdetrappe umgibt uns typisches Harzflair.

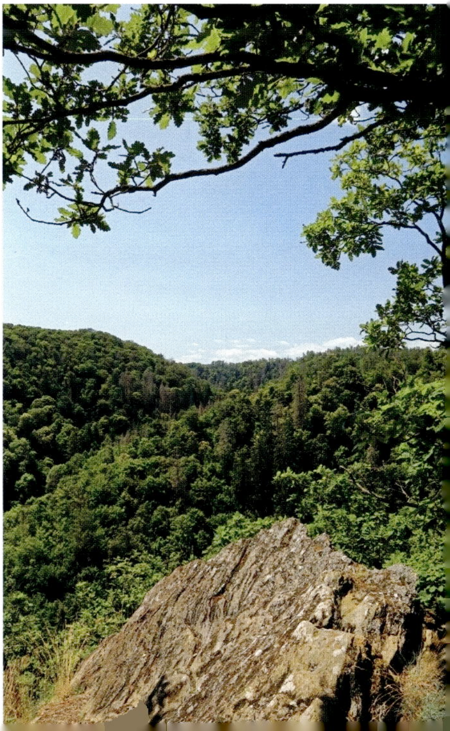

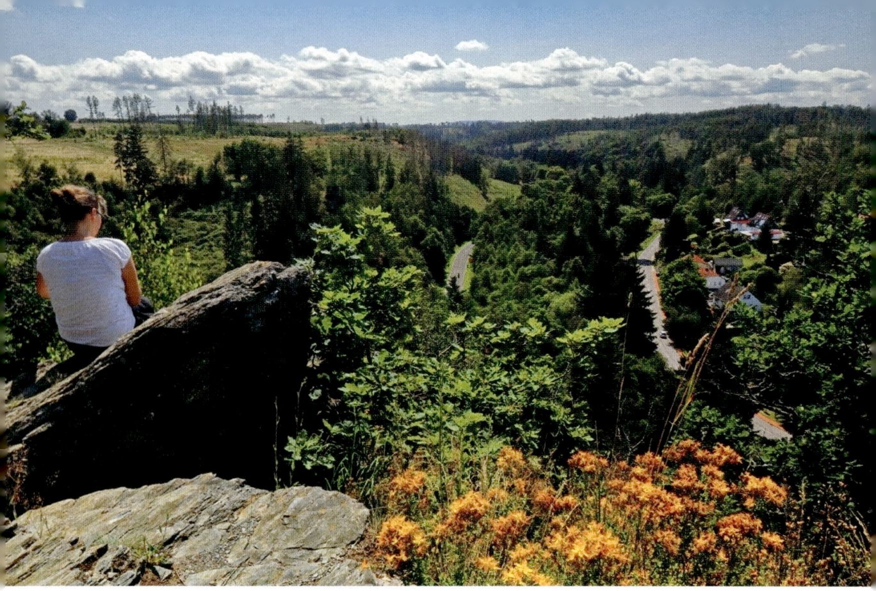

Der letzte reizvolle Aussichtspunkt liegt an der Verlobungsurne.

fast bis ins Tal absteigen wollen. In letzterem Fall kommen wir während der nächsten Gegensteigung rasch zum schon 1823 errichteten **Luisentempel** ❸, können gleich darauf die Luisenklippe mitnehmen (eingeschränkte Sicht) und schließen dann wieder zum Klippenweg auf. Nach dem folgenden großen Rechtsbogen lässt sich nochmals etwas nach unten ausscheren, um auch das **Friedensdenkmal** ❹ zu besuchen. Abermals wird ein bewaldeter Geländeeinschnitt ausgegangen, ehe wir uns am Birkenhäuschen vorbei der berühmten **Verlobungsurne** ❺ nähern. Von der Schulter des Habichtsteins blickt man sehr schön selketalaufwärts. Mit einem scharfen Wegknick an dieser Stelle leiten wir den Abstieg zur *B242* ein, müssen die Gleise des Harzgeröder Zweigs überschreiten und gleich dahinter den Trampelpfad Richtung Alexisbad einschlagen. Hinter der Selkebrücke zur Kreisstraße und nach rechts zum nahen Bahnhof ❻.

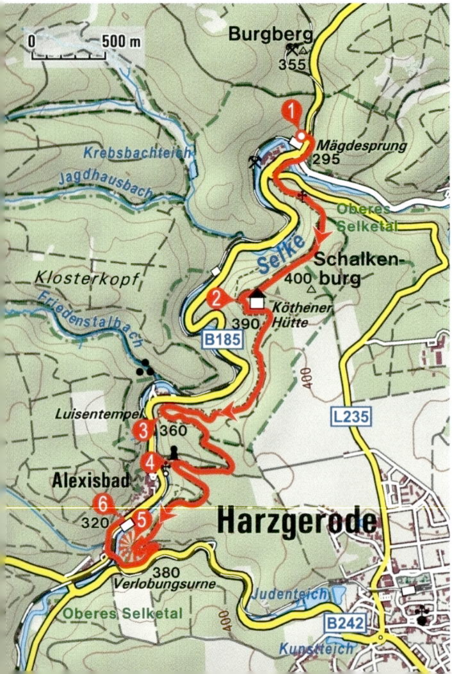

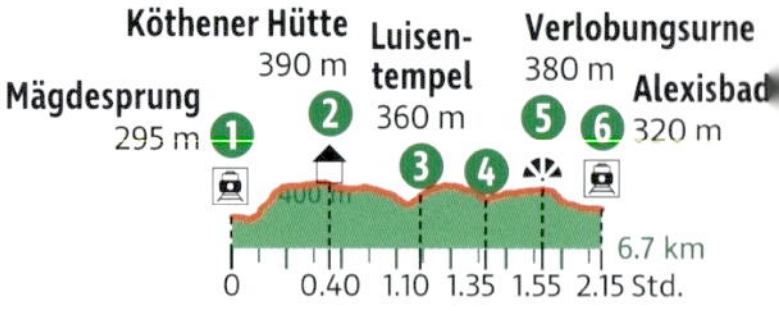

Burgruine Anhalt, 398 m

Kurzrunde von der Selkemühle

1.15 Std. | 4,3 km | ↗170 m | ↘170 m

Zum Namensgeber eines ganzen Landstrichs

Im 12. Jahrhundert entstand auf dem Großen Hausberg über dem Selketal eine der mächtigsten Burganlagen des Harzgebiets, in ihren Ausmaßen vergleichbar mit der berühmten Wartburg bei Eisenach. Gegründet wurde sie vom altsächsischen Adelsgeschlecht der Askanier, die nach Teilung ihrer Linien auch als Anhaltiner bezeichnet werden. Schon Anfang des 14. Jahrhunderts verlegten sie ihren Stammsitz allerdings nach Harzgerode und die Burg verlor an Bedeutung, um schließlich ganz zu verfallen. Freilich geht von diesem Ort noch heute eine gewisse Mystik aus. Er wirkt daher recht anziehend für eine Spritztour aus dem idyllischen Selketal.

Ausgangspunkt: Selkemühle, ca. 237 m. Zufahrt von Mägdesprung bis zum Parkplatz beim Fahrverbot im Selketal.
Öffentliche Verkehrsmittel: Kein Anschluss zum Ausgangspunkt. Im 5 km entfernten Mägdesprung halten die Selketalbahn und die Buslinie 242 zwischen Quedlinburg und Harzgerode/Wippra.
Anforderungen: Gut gangbare Waldwege, im Aufstieg zumindest mittelsteil, im Abstieg moderates Gefälle.

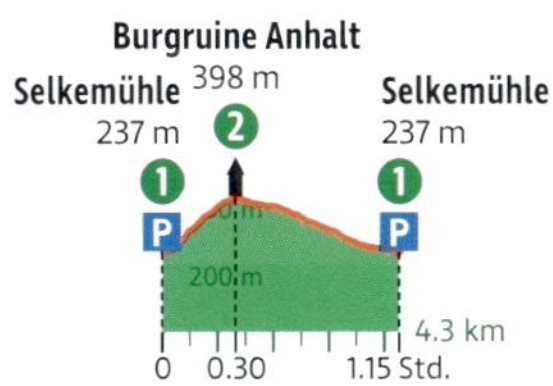

Eine der kürzesten Touren dieser Auswahl; an allen Verzweigungen zuverlässig markiert.
Einkehr: Keine an der Route, evtl. der Selketaler Waldgasthof im IV. Fried-

Burg Anhalt war einst eine bedeutungsvolle Anlage der Askanier.

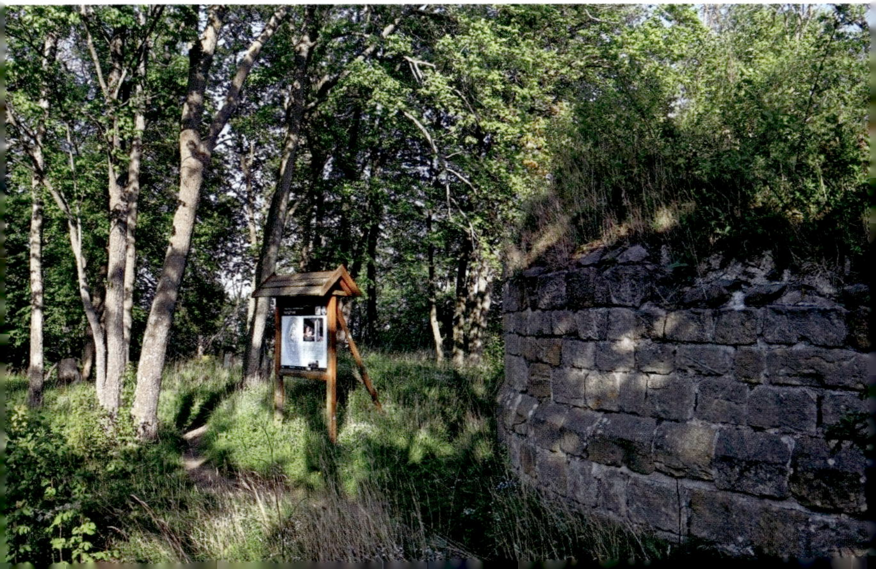

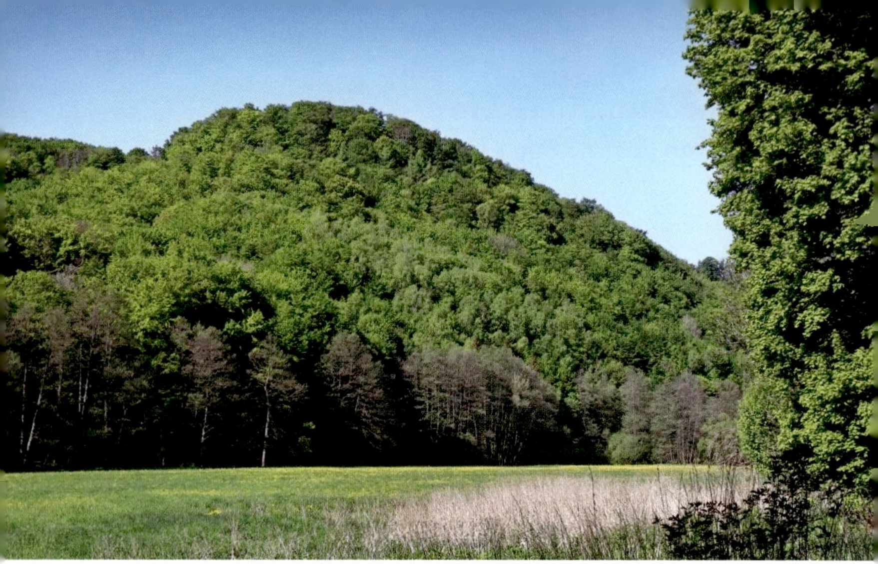

Hoch über dem Selketal können wir die Relikte der Burg entdecken.

richshammer. Das Gasthaus Selkemühle ist geschlossen!
Tipp: Beliebt ist die Selketaldurchquerung zwischen Selkemühle und Meisdorf, ggf. auch mit dem Rad.
Stempel: Nr. 197 (Burgruine Anhalt) südöstlich unterhalb des höchsten Punktes.

Vom Parkplatz bei der **Selkemühle** ❶ über die Brücke und sofort am Waldhang halblinks hoch. Die Route vollzieht einen Rechtsknick sowie einen lang gezogenen Linksbogen, um sich schließlich von hinten mit einem weiteren Bogen zur **Burgruine Anhalt** ❷ hinaufzuwinden. Das kompakte Areal mit seinen Schautafeln lässt sich auf Pfadspuren näher erkunden. Retour setzen wir den Weg zunächst südostwärts fort, klinken uns aus der Verbindung nach Wilhelmshof dann aber nach wenigen Minuten aus und folgen den Schleifen am Kleinen Hausberg allmählich tiefer. Später markant nach links (Westen) eindrehend zurück zur Selkebrücke und zum Parkplatz ❶.

Die Selke auf Höhe von Selkemühle.

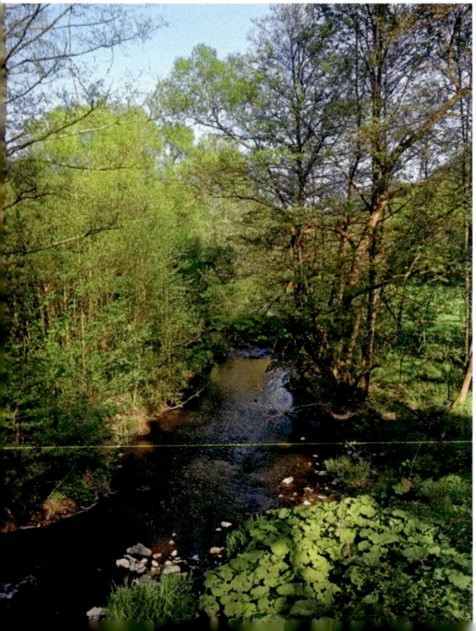

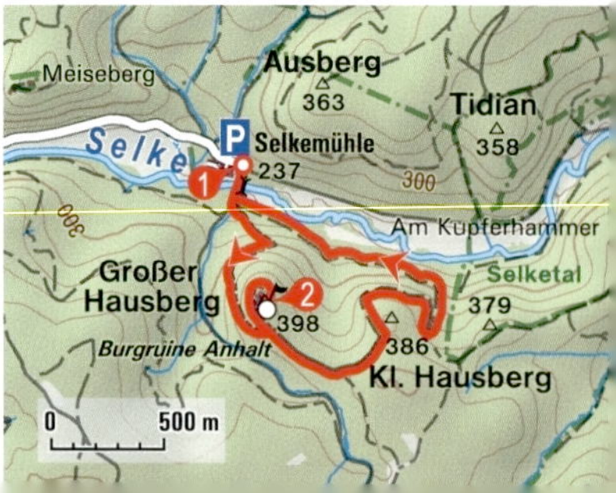

Burg Falkenstein

Rundtour im Selketal

3.00 Std. | 11,9 km | ↗ 230 m | ↘ 230 m

Hochmittelalterliches Prunkstück am Ostrand des Harzes

Im Gegensatz zu den meisten mittelalterlichen Burgen, an die heutzutage nur noch mehr oder weniger auffällige Ruinen erinnern, präsentiert sich Burg Falkenstein über dem Selketal mit einer prachtvollen Ausstrahlung, die schon oft als Filmkulisse gedient hat und natürlich auch einen Besuchermagnet darstellt. Kaum eine halbe Stunde dauert die Wanderung dorthin. Ein bisschen mehr darf es für uns aber schon sein, vor allem wegen der bezaubernden Eindrücke, die man im autofreien Teil des Selketals gewinnen kann. Dort sind wir während der ersten Stunde unterwegs, steigen dann zu den Höhen der Hirschplatte an, können beim Gartenhaus einen Zwischenstopp einlegen und feiern die Burg quasi als krönenden Abschluss. Wer die Besichtigung der Wanderung voranstellen möchte, kann die Marschrichtung auch umkehren.

Ausgangspunkt: Parkplatz beim Hotel »Zum Falken«, ca. 195 m. Zufahrt von Meisdorf Richtung Pansfelde und dann rechts abzweigend.
Öffentliche Verkehrsmittel: Per Bus von Quedlinburg bzw. Aschersleben nach Meisdorf (Linie 240); kein Anschluss zum Ausgangspunkt. Zum Gartenhaus von Pansfelde bzw. Ermsleben (Linie 543).
Anforderungen: Vorwiegend befestigte Trassen mit einer längeren Steigung. Der Eselsstieg am Falkenstein ist naturbelassen. Zuverlässig beschilderte, insgesamt schon etwas ausgedehntere Tour.

Das idyllische Selketal liegt dem Falkenstein gleichsam zu Füßen.

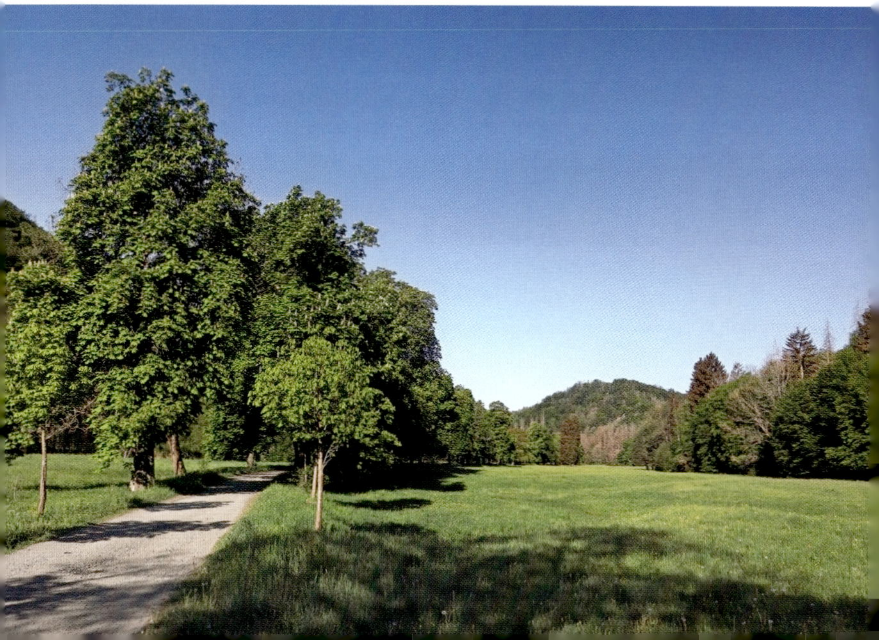

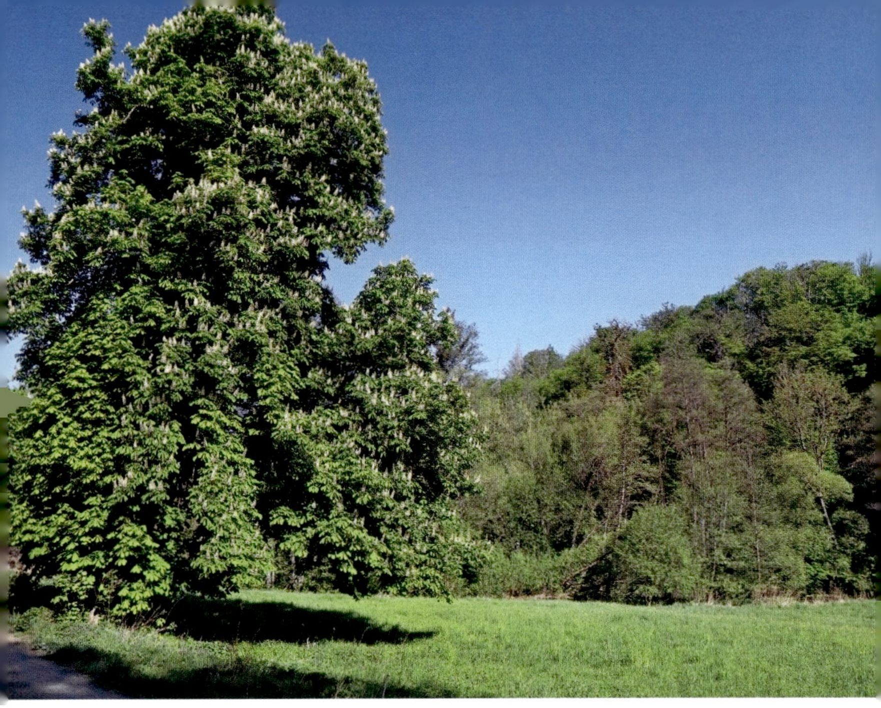

Am Weg durchs Selketal stehen mächtige Kastanien Spalier.

Einkehr: Gartenhaus, Burggaststätte »Krummes Tor« sowie Hotel »Zum Falken« und Waldschänke am Ausgangspunkt.
Variante: Die Tour kann auch beim Gartenhaus begonnen werden (Straßenverbindung zwischen Meisdorf und Pansfelde).
Tipp: Besichtigung der Burg Falkenstein inklusive Falknerei-Vorführung (zwischen 10 und 18 Uhr, Mo geschlossen).
Stempel: Nr. 203 (Schutzhütte am Mettenberg), Nr. 200 (Burg Falkenstein).

Am Hotel **»Zum Falken« 1** nehmen wir den Selketalstieg bzw. die lokale Nr. 44C auf und folgen dem Verlauf der Selke, die auch mal gekreuzt wird. Hinter der Thalmühle offenbaren sich nach jeder Biegung neue Wiesenböden, die so charakteristisch für dieses Tal sind. Der Weg selbst ist nahezu eben. Nach knapp vier Kilometern erreichen wir bei der Schutzhütte »Am Mettenberg« den wichtigen Linksabzweig des **Hirschsteinweges 2**. Nun also über die Bachbrücke hinweg und auf einer Forststraße längere Zeit bergauf. Die Köhlerhütte und den Standort des Alten Falkensteins an der Hirschplatte lassen wir links liegen und schlie-

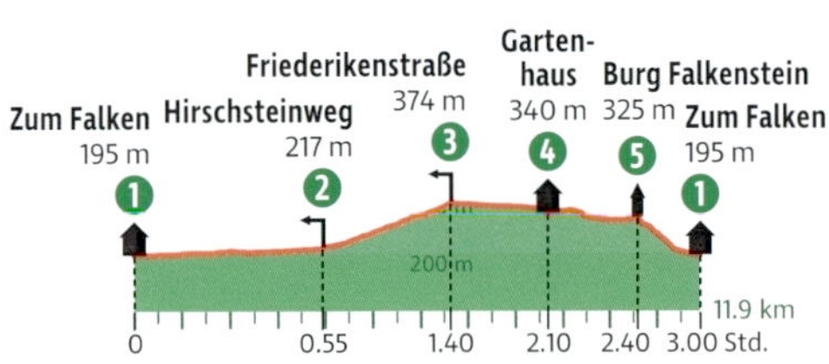

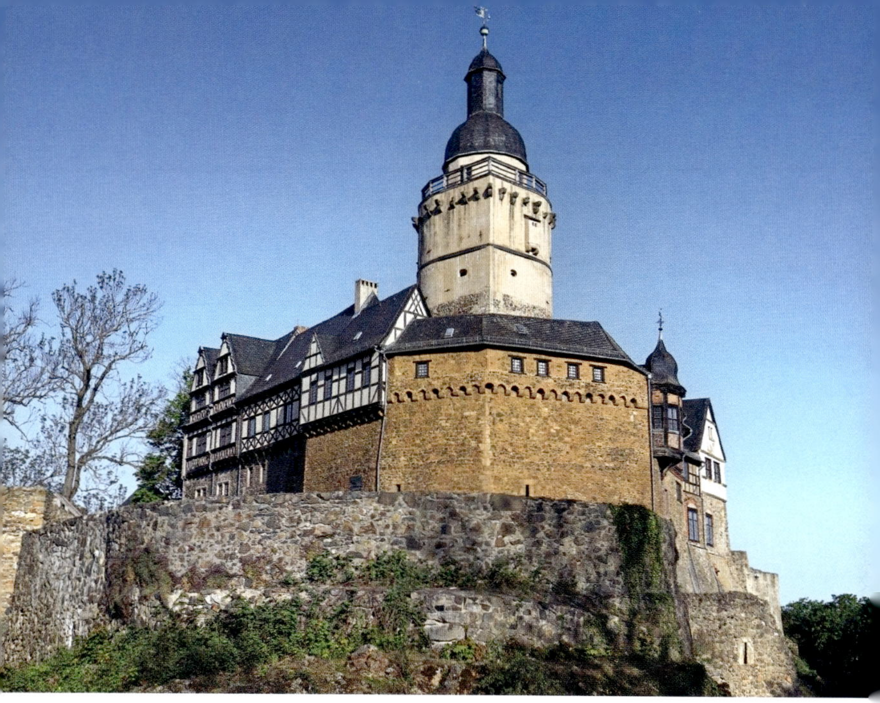

Stolze Festung wie aus dem Bilderbuch: Burg Falkenstein.

ßen zur **Friederikenstraße 3**, 374 m, auf. Diese ist so breit, dass zwei LKW nebeneinander Platz haben, und leitet nordostwärts Richtung **Gartenhaus 4**. Falls dort keine Einkehr geplant ist, können wir bereits kurz davor links zur Burg abbiegen. Man tangiert das Gelände eines Reiterhofs, schwenkt nochmals nach links und hat bis zur **Burg Falkenstein 5** einen lauschigen Wegabschnitt vor sich. Das Finale der Tour vollzieht sich dann mit etwas stärkerem Gefälle über den Eselsstieg, der uns praktisch direkt wieder zum Ausgangspunkt **1** zurückbringt.

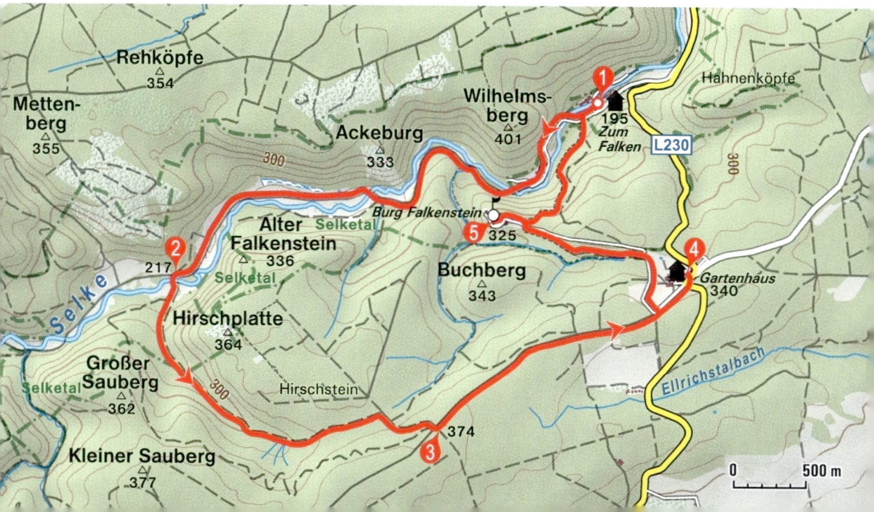

86 Rund um Wippra

Durch die Wippertäler nach Popperode

2.10 Std. | 8,0 km | ↗ 170 m | ↘ 170 m

Entdeckertour im Mansfelder Land

Die östlichsten Harzausläufer sind in ihrer touristischen Bedeutung kaum mit dem großen Rest des Mittelgebirges vergleichbar. Eine reizvolle Landschaft offenbart sich aber auch hier, etwa rund um den staatlich anerkannten Erholungsort Wippra. Er liegt am Rande des Mansfelder Landes im Tal der Wipper, die ihrerseits am Auerberg entspringt. Wir erkunden hier den engeren Umkreis und benötigen auf unserem Streifzug durch versteckte Winkel durchaus etwas Routeninstinkt.

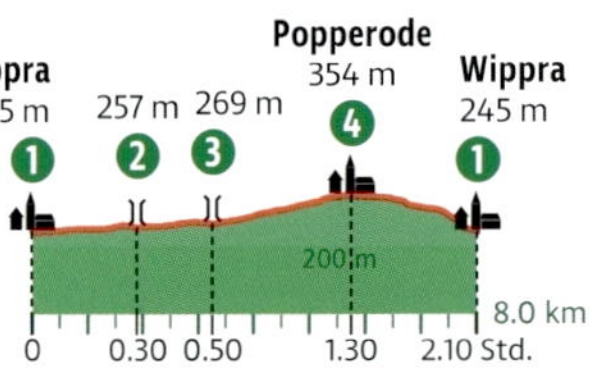

Ausgangspunkt: Wippra, ca. 245 m. Parkmöglichkeiten im Ortskern.
Öffentliche Verkehrsmittel: Busverbindungen mit Sangerhausen (Linie 460), Hettstedt (Linie 423) und Quedlinburg (Linie 242). Am Wochenende verkehrt die »Wipperliese« zwischen Klostermansfeld und Wippra.
Anforderungen: Wiesenabschnitte, Feld- und Waldwege gemischt, häufig unbefestigt, bei Nässe streckenweise eventuell unerquicklich. Markierungen sind oft spärlich oder fehlen ganz, daher gutes Orientierungsvermögen angezeigt.
Einkehr: Mühlencafé, Uta's Eiscafé, Wesemanns Fischerstübchen (alle in Wippra).
Tipp: Wipperia Funpark (geöffnet Sa/So von 11 bis 18 Uhr). Außerdem gibt es in Wippra ein Museum der Traditionsbrauerei.
Stempel: Keine.

Wir starten an der Wipperbrücke in **Wippra** ❶ und folgen in Kürze dem Wiesenstreifen rechts vom Flüsschen, stets nah am Saum des Gehölzes entlang. Nach einer Weile gelangen wir zum Damm des neuen

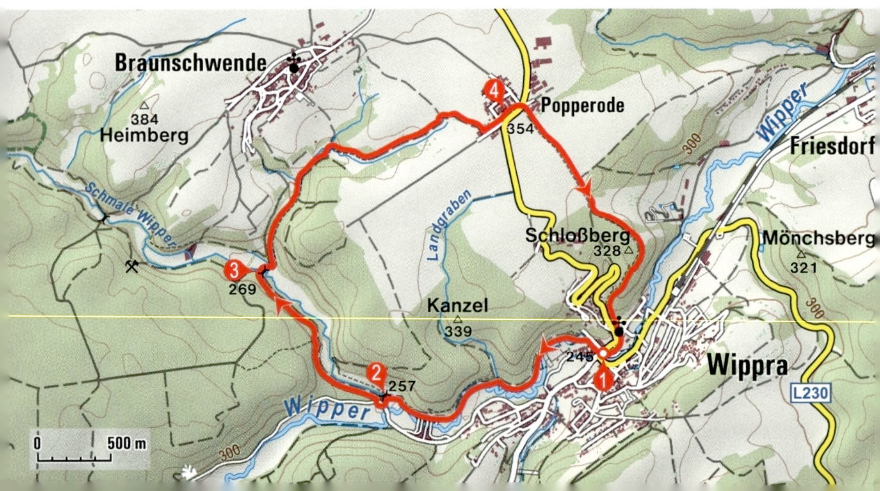

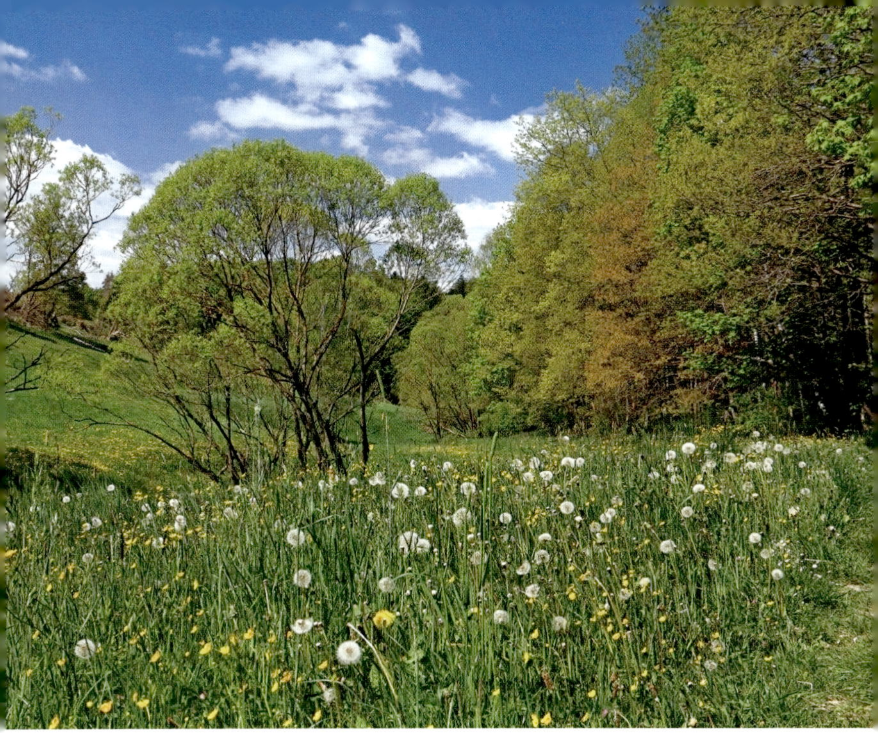

Oben: Urwüchsige Wiesentäler sind auf dieser Wanderung prägend.
Unten: Blick in die hügelige Gegend um Friesdorf.

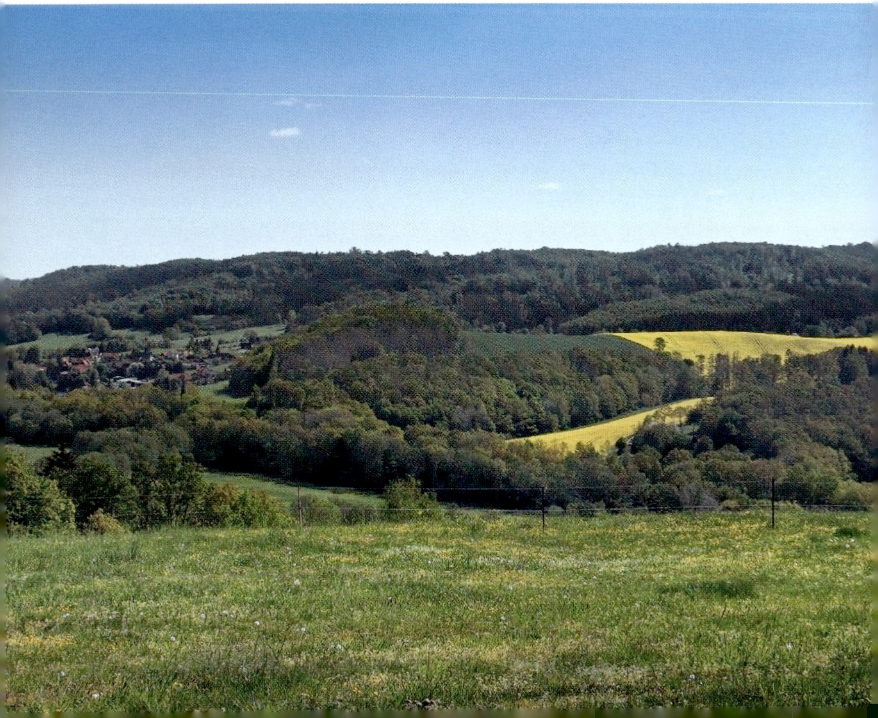

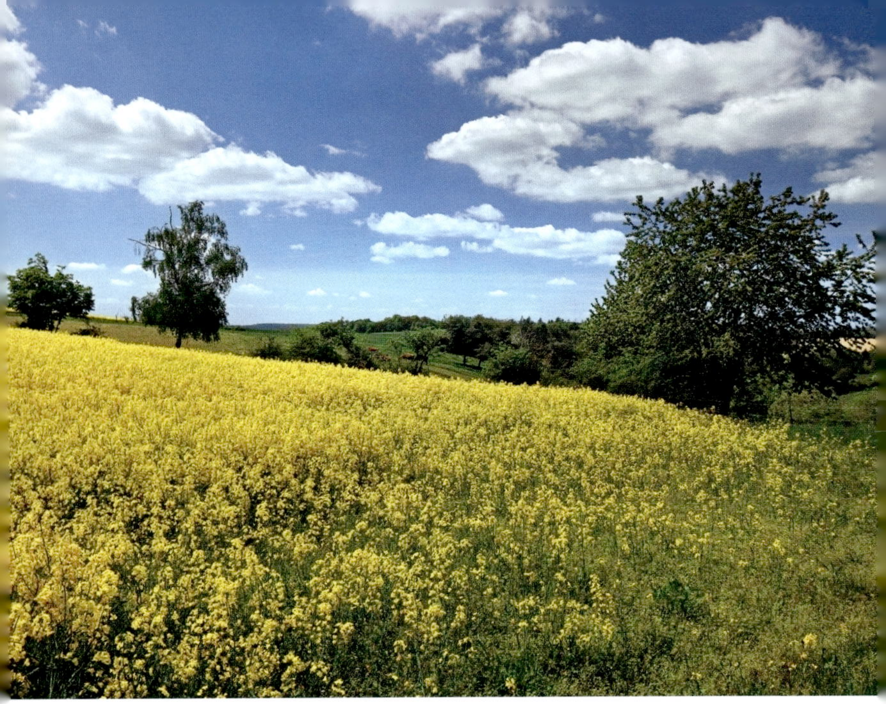

Im Frühjahr verleihen die Rapsfelder der Landschaft eine freundliche Note.

Hochwasserrückhaltebeckens am Zusammenfluss von Alter und Schmaler Wipper. An Letzterer orientieren wir uns weiter, hinter dem Damm zunächst mit einer Wiesentraverse, alsbald aber zu einer Bachbrücke ❷, die uns auf die linksseitige Forststraße leitet (bei Nässe hingegen besser die Dammkrone selbst überschreiten!). Der Wiesengrund wird später erschwert passierbar, deshalb sind wir auf den festen Weg angewiesen. Nach einer Weile wird die Schmale Wipper wieder nach rechts gekreuzt ❸. Wenige Schritte danach aufpassen, dass man nicht Richtung Braunschwende abschweift, sondern mit einer spitzwinkligen Rechts-links-Kombination die Route am gegenüberliegenden Bergsockel erwischt. Diese wird teilweise zum schmalen Pfad, verbreitert sich in einer Aufwärtspassage, welche in der Rechtskurve allerdings verlassen werden muss, um direkt wieder zum Bach abzusteigen (unten entlang erscheint der ehemalige Pfad total verwachsen). Jetzt gibt der idyllische, ostwärts ansteigende Taleinschnitt die Leitlinie vor. Bald haben wir nur noch die Grasnarbe (und eventuell eine leidlich erkennbare Traktorspur) unter den Sohlen. Man kommt auf die Höhen bei **Popperode** ❹ und etwas verwinkelt zur Bushaltestelle an der *L230* in Ortsrandlage. In der folgenden Linkskurve der Straße biegen wir scharf rechts auf einen Feldweg ab (Markierung roter Balken). Dieser fällt nun leicht ab, umgeht eine Weide auf der rechten Seite und taucht ins Wäldchen am Schlossberg ein. Bei gelegentlichen Verzweigungen nutzen wir immer die Hauptspur und folgen ihr in urwüchsiger Umgebung hinab nach **Wippra** ❶. Dort schließt sich der Kreis durch die *Bottchenbachstraße*.

Rund um Hainrode

Auf dem Karstwanderweg

2.45 Std. | 10,0 km | ↗ 280 m | ↘ 280 m

Wo vor Urzeiten das Zechsteinmeer lag

Als vor rund 265 Millionen Jahren – im geologischen Zeitalter des Perms – das Zechsteinmeer die Gegend überflutete, entstanden jene gips- und anhydrithaltigen Gesteine, die später ausschlaggebend für die Reliefformung entlang des Harz-Südrandes werden sollten. Der über 230 Kilometer lange Karstwanderweg durchquert diese Landschaft zwischen Förste (Niedersachsen) und Pölsfeld (Sachsen-Anhalt). Bei Hainrode, einem besonders schön gelegenen Dorf am Unterharz, wollen wir eine kleine Stippvisite unternehmen. Dabei umgibt uns eine vielgestaltige Topografie mit Mischwäldern, geschwungenen Wiesenfluren, Streuobstwiesen und Trockentälern. Der Verlauf auf naturnahen Wegen macht viel Freude und lässt uns die Landschaft aus allmählich wechselnden Perspektiven in Ruhe erleben. Viel Touristenverkehr herrscht hier ohnehin nicht!

Ausgangspunkt: Parkmöglichkeit beim Friedhof in Hainrode, ca. 255 m. Zufahrt nur über Großleinungen möglich.
Öffentliche Verkehrsmittel: Buslinie 462 von Sangerhausen nach Hainrode.
Anforderungen: Häufig relativ naturbelassene Feld-, Wald- und Wiesenwege mit einigem Auf und Ab, daher etwas Grundausdauer erforderlich. Als Hainröder Rundwanderweg sehr mangelhaft beschildert, das »K« des Karstwanderwegs taucht hingegen in dichten Abständen auf.
Einkehr: Keine in Hainrode, am nächsten liegt das »Bauernstübel« in Großleinungen.

Zur Zeit der Obstblüte im April.

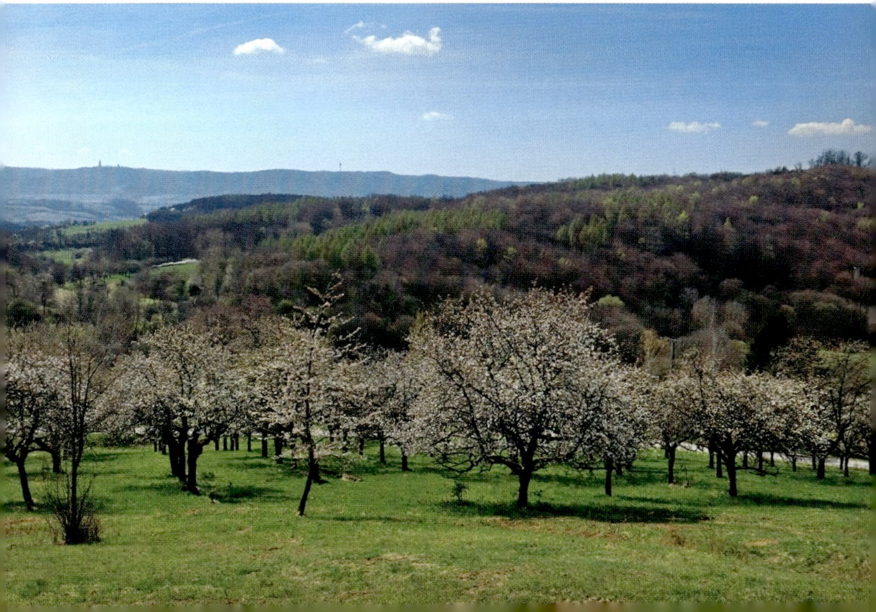

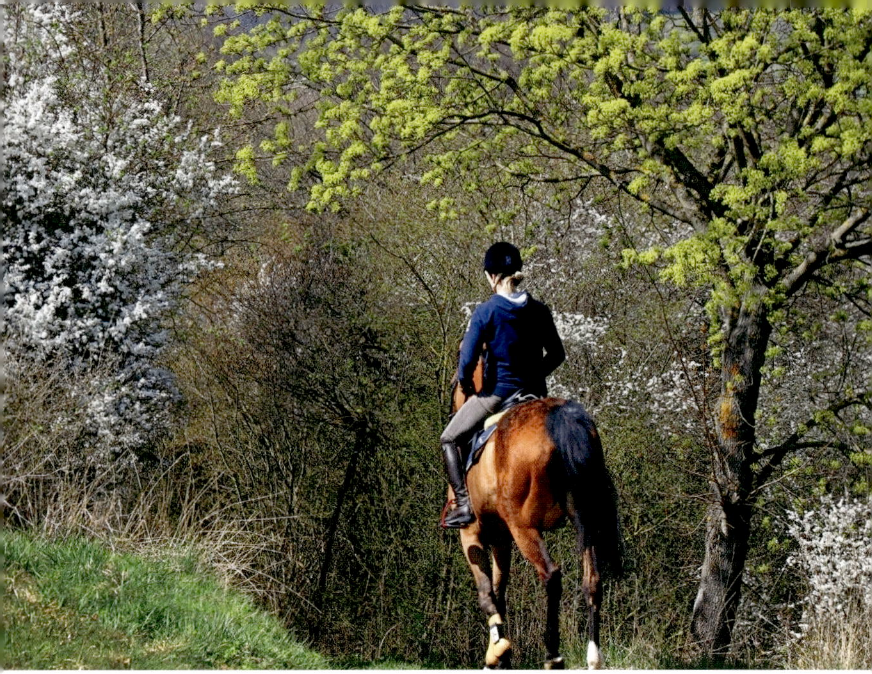

Auch eine Möglichkeit, die Natur zu entdecken …

Tipp: Bei dieser Gelegenheit kann man auch das unweit gelegene Dorf Questenberg besuchen und Kurzaufstiege zur Ruine sowie zur Queste unternehmen. Großartige Aussichtspunkte!
Stempel: Nr. 210 (Schöne Aussicht).

Vom Friedhof in **Hainrode** ❶ starten wir am *Hainröder Wachberg*, wechseln links in die *Hainröder Bergstraße* und begeben uns dann nordwärts zum Waldrand. Bei der Kreuzung wiederum links und am Grillplatz **»An der Steier«** ❷ vorbei ansteigend. Inzwischen können wir uns am Karstwanderweg orientieren, und zwar westwärts weiterhin in Waldrandnähe. Nach einem Linksbogen im Reesental folgt eine Rechts-links-Kombination. Der geschotterte Flurweg führt nun zu einer herrlich gelegenen Rasthütte mit Stempelkasten, als **»Schöne Aussicht«** ❸ bezeichnet. Die Schau reicht bis zum Kyffhäuser hinüber. Nach einem Gefälle kreuzen wir die Verbindung zwischen Hainrode und Questenberg geradeaus und folgen einem Grasweg, der links eindrehend weiter in ein morphologisch interessantes Trockental abfällt. Später wendet sich unser Karstwanderweg dort scharf links bergauf ❹. In ei-

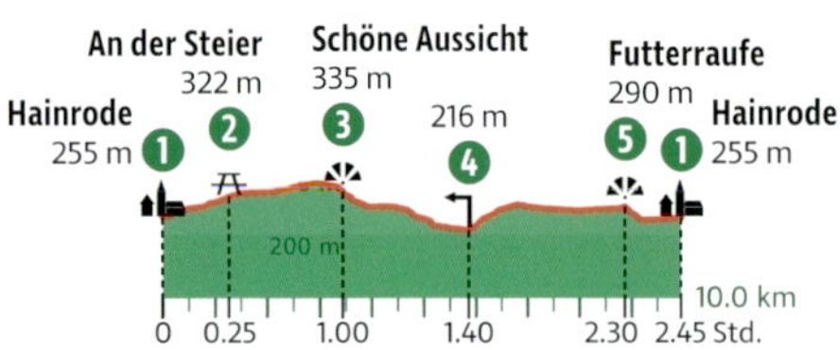

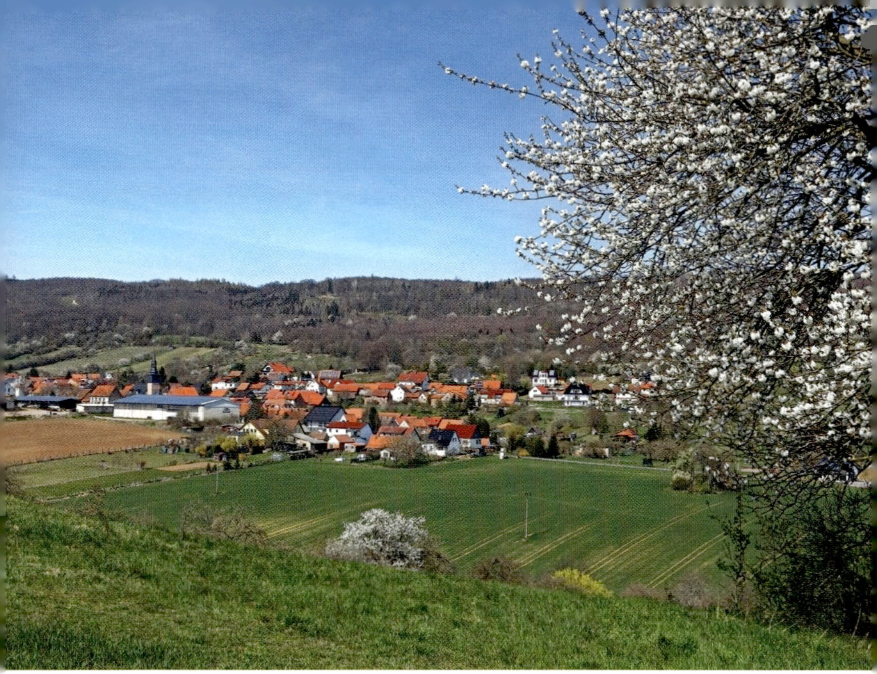

Hainrode liegt ganz im Südosten des Harzgebietes.

nem Waldstück gilt es nun nochmals ordentlich Höhe zu gewinnen. Auf dessen anderer Seite überblickt man die »Drebsdorfer Flur«, wendet sich hier nach links hinab und könnte nach einem Rechtsknick schlussendlich Richtung Hainrode etwas abkürzen. Es lohnt sich allerdings, noch ein kleines Stückchen am Karstwanderweg zu bleiben und auch den Aussichtspunkt **»Futterraufe« 5** mitzunehmen. Über die Wiese zügig bergab zu einem Feldweg, dann zur Straße hin und wenige Meter rechts versetzt auf die finale Fortsetzung zum Ausgangspunkt **1**.

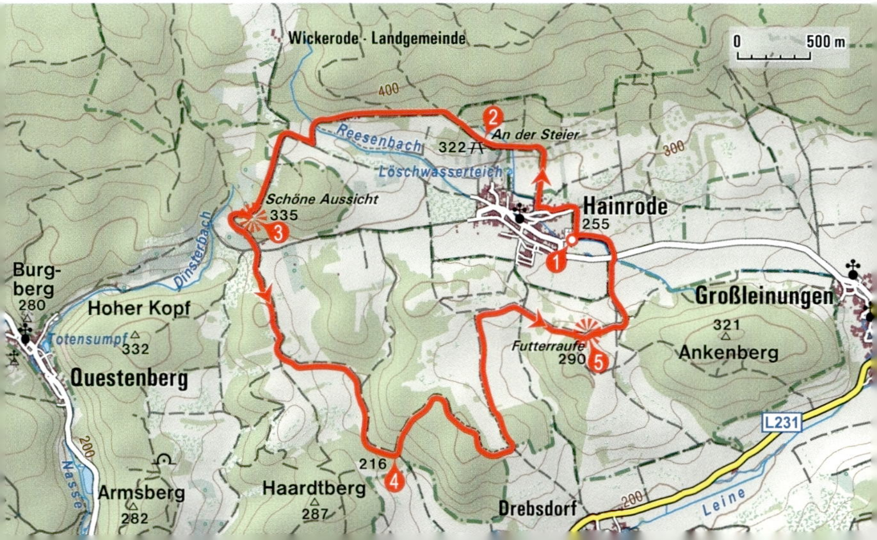

88 Von Wettelrode zum Kunstteich

Durch den Kalmusgrund

2.00 Std. | 7,4 km | ↗150 m | ↘150 m

An den südöstlichen Harzausläufern

Wo der Unterharz im Südosten mit seinen letzten Höhen abebbt, mag auch der Wandertourismus keine Höhenflüge mehr erleben. Grundsätzliche Rückschlüsse auf die Qualität sollte man aus dem geringeren Bekanntheitsgrad allerdings nicht ziehen. Wenn wir bei Wettelrode in die Runde durch den Kalmusgrund einsteigen, können wir immerhin noch zeitweise unter grünem Blätterdach unterwegs sein. Und mit dem Kunstteich gibt es einen Fleck, der eigentlich richtig typisch für unser Mittelgebirge ist. Auch hier wurde nämlich rund acht Jahrhunderte lang Bergbau betrieben. Das Kupferschiefer-Bergwerk »Röhrigschacht« ist schließlich in ein Museum überführt worden – eine Führung bringt uns dort in eine Tiefe von 283 Metern. Es gibt eben allenthalben zwei Welten im Harz: über und unter Tage …

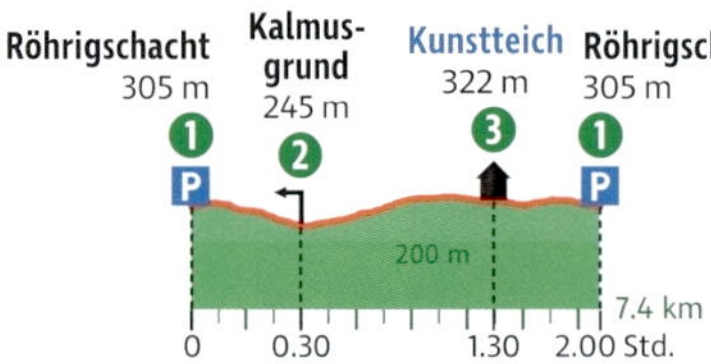

Ausgangspunkt: Parkplatz beim ErlebnisZentrum Bergbau Röhrigschacht, ca. 305 m, in Wettelrode (westlicher Ortsrand).
Öffentliche Verkehrsmittel: Busverbindungen von Sangerhausen nach Stolberg (Linie 461) bzw. nach Kleinlei-

Idyllischer Weg im Kalmusgrund.

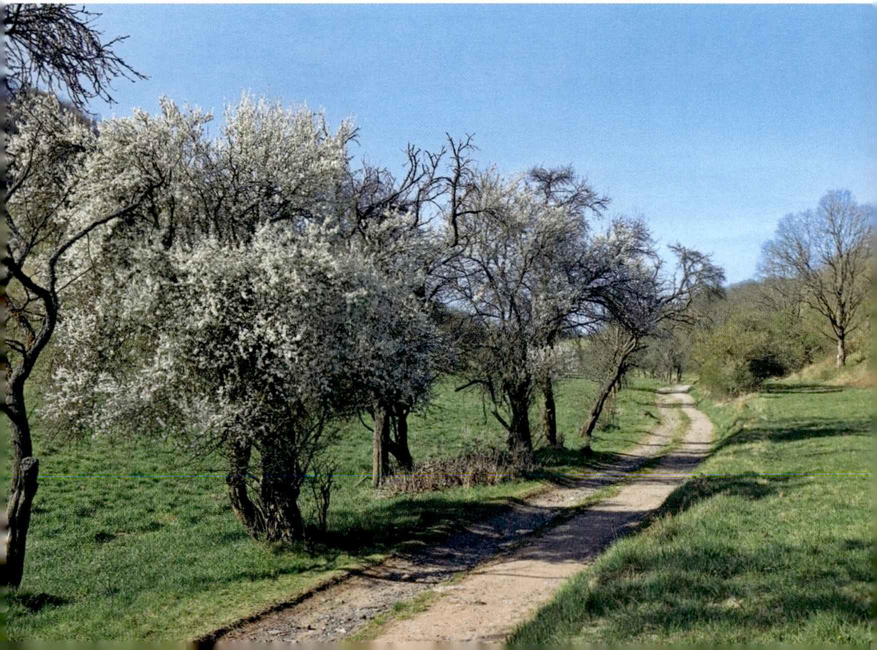

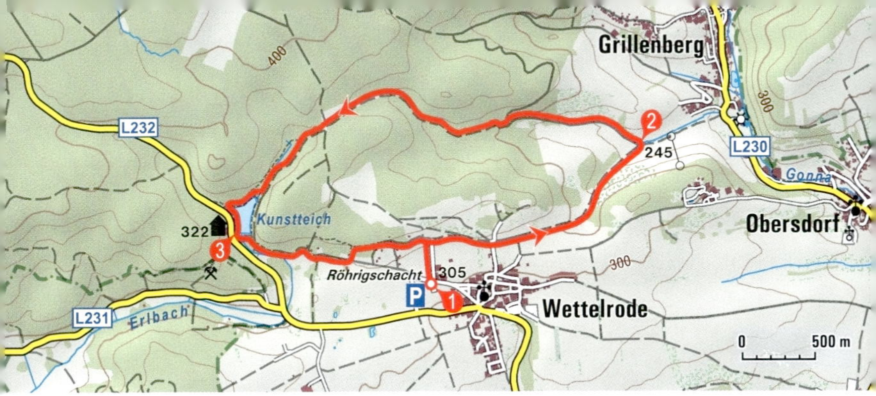

nungen (Linie 462), jeweils mit Haltestelle in Wettelrode.
Anforderungen: Überwiegend bequeme Wald- und Feldwege mit gemäßigten Steigungen. Anhand der Grünpunkt-Markierung gut zu verfolgen.
Einkehr: Waldcafé am Kunstteich (Mo/Di Ruhetag); Bergmannsklause (Mo/Di Ruhetag); Gaststätte »Zum Stuppel« in Wettelrode (Mo Ruhetag).
Tipp: Der Röhrigschacht ist zum Schaubergwerk ausgebaut; geöffnet von Mi bis So jeweils von 10 bis 16 Uhr, www.roehrigschacht.de.
Stempel: Nr. 222 (Bergbaulehrpfad Wettelrode) in der Nähe.

Vom Parkplatz **Röhrigschacht ❶** geht es an der Westseite des Bergbaugeländes kurz aufwärts, bis wir auf den Karstwanderweg treffen. Damit nun oberhalb des Dorfes Wettelrode entlang gen Osten (auch von grünem Punkt und schwarzem Dreieck begleitet). Die Route fällt in Richtung Grillenberg allmählich ab. Im **Kalmusgrund ❷** folgen wir kurz vor einer Unterstandshütte dem scharfen Linksabzweig des Grünpunkts und leiten die Gegensteigung ein. Streckenweise war der Weg zuletzt durch Forstarbeiten in Mitleidenschaft gezogen. Man achte außerdem auf die etwas undeutlich trassierte Fortsetzung auf der linken Seite der markanten Wiesenschneise. Hier wird der Weg allerdings bald besser. Auf der Scheitelhöhe des Kalmusgrundes wird eine Forststraße leicht links versetzt gekreuzt. Im anschließenden Bergab nähern wir uns dem **Kunstteich** und können dort im Waldcafé ❸ einkehren. Über den Staudamm setzt sich die Grünpunkt-Markierung fort, ebenso stoßen wir wieder auf den Karstwanderweg. Überwiegend in Waldrandnähe geht es teils etwas verwinkelt ostwärts zurück zum Startpunkt beim **Röhrigschacht ❶**.

Förderturm des Röhrigschachts, der im Übrigen besichtigt werden kann.

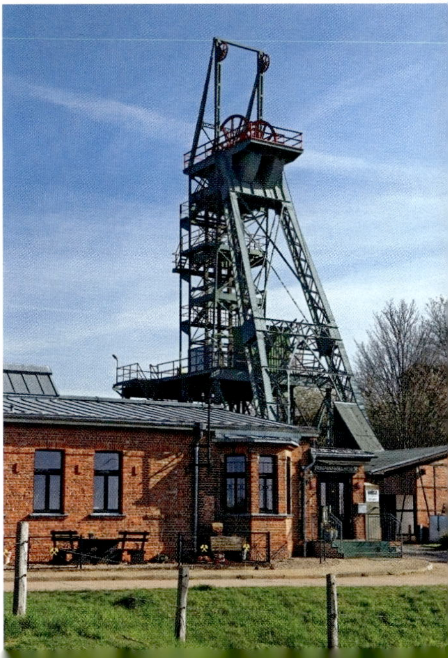

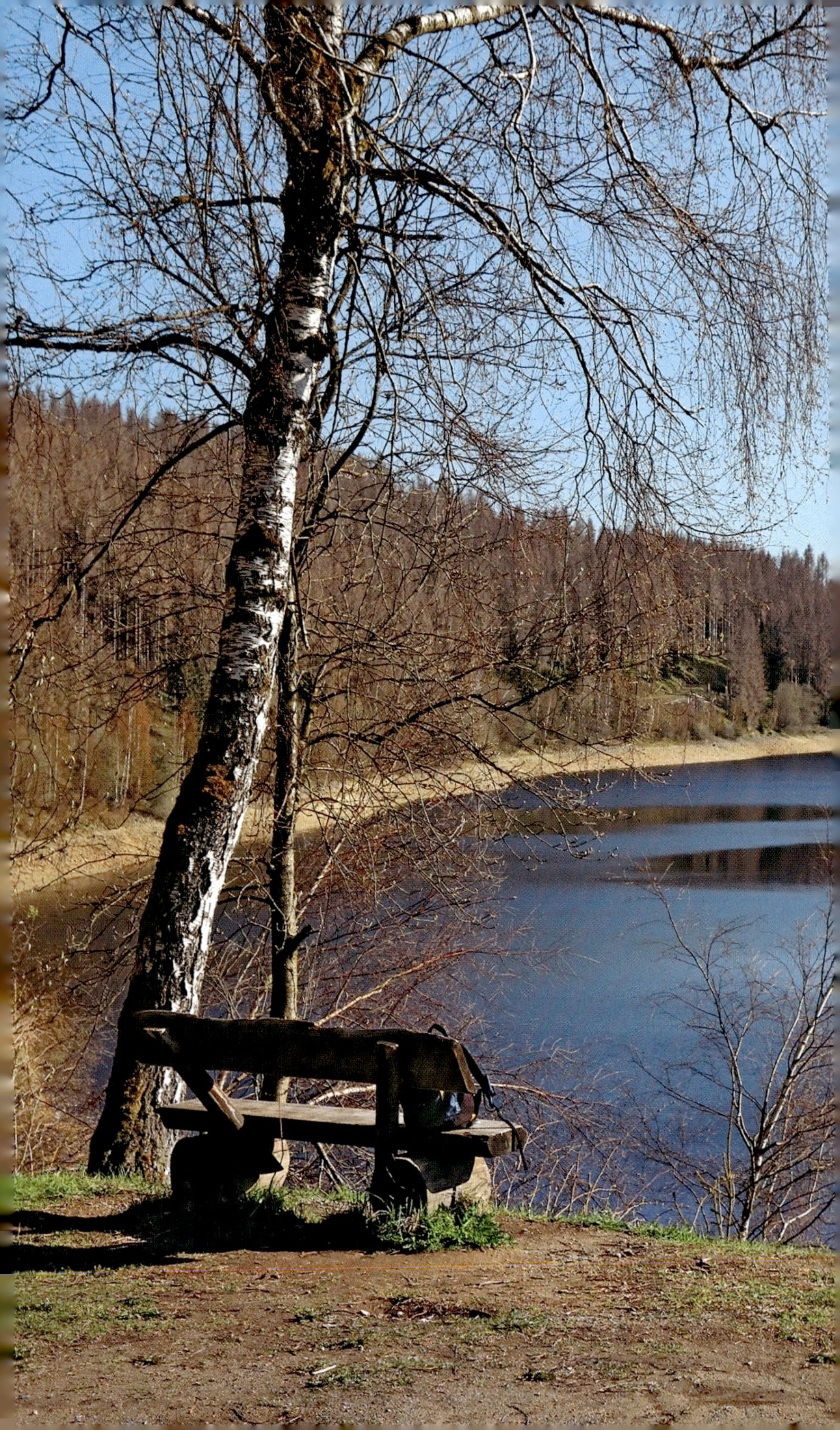

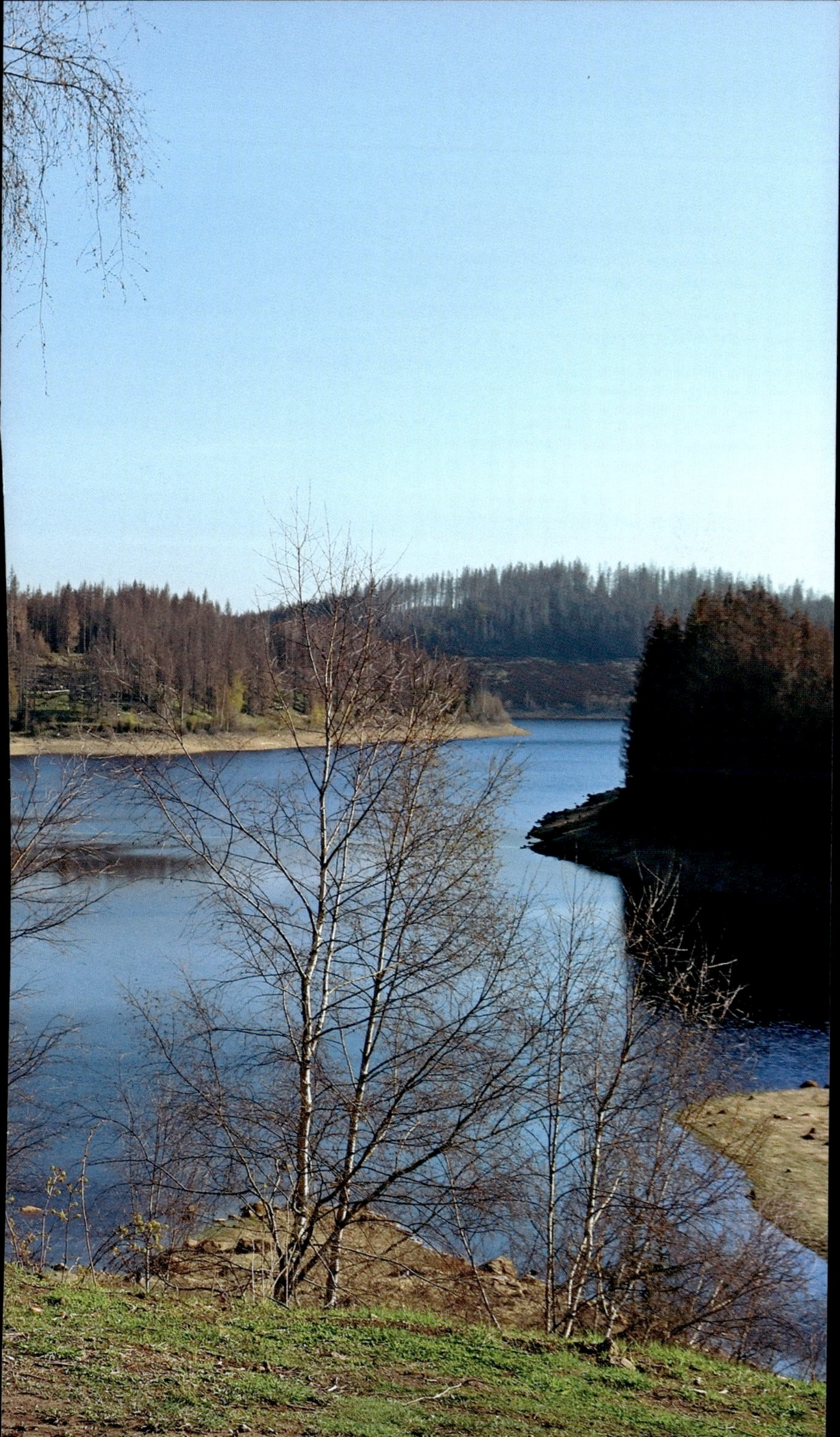

Stichwortverzeichnis

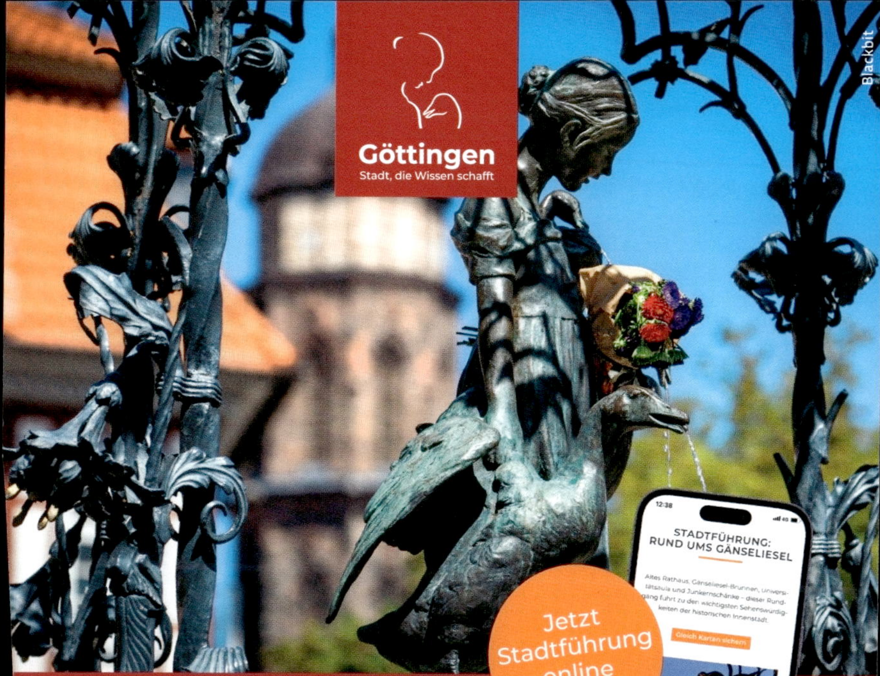
Göttingen
Stadt, die Wissen schafft
Blackbit

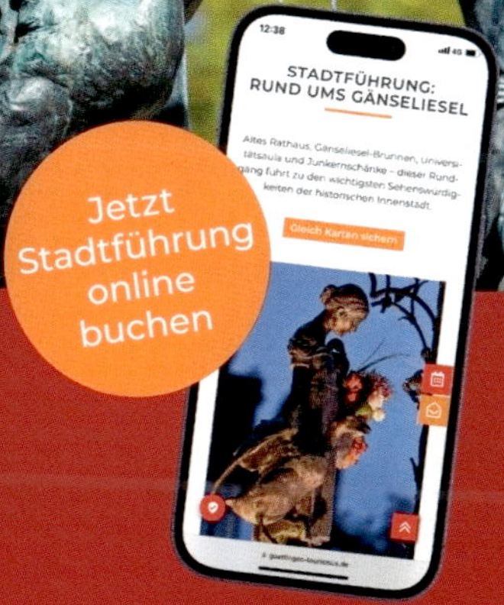
STADTFÜHRUNG:
RUND UMS GÄNSELIESEL
Jetzt Stadtführung online buchen

Impressum

Umschlagbild: Traumblick auf Schloss Wernigerode.

Bild im Innentitel: Am Oderteich im Oberharz.

Bild S. 28/29: Am Wiesenbeker Teich bei Bad Lauterberg.

Bild S. 134/135: Blick vom Ilsestein hinein ins Brockengebiet.

Bild S. 250/251: Der Eckerstausee auf der Grenze zwischen West- und Ostharz.

Alle 292 Fotos vom Autor.

Kartografie: 88 Wanderkärtchen im Maßstab 1:50.000
Geodaten © OpenStreetMap und Mitwirkende, kartografisches Design: Freytag & Berndt Prag, www.freytagberndt.cz
sowie 2 Übersichtskärtchen im Maßstab 1:500.000 und 1:900.000
© Freytag & Berndt, Wien

Werk-Nr.: 3329

1. Auflage 2023

ISBN 978-3-7633-3329-5

MIX
Papier aus verantwortungsvollen Quellen
FSC® C021956

Wir freuen uns über jeden Korrekturhinweis zu diesem Wanderbuch!
Bitte per E-Mail an: **leserzuschrift@rother.de**

ROTHER BERGVERLAG · Keltenring 17 · D-82041 Oberhaching
Tel. +49 89 608669-0 · www.rother.de